嘉定区名校长名教师培养工程成果书系

嘉定双名工程

U0683224

Rang Xiezuo He Xinling Yiqi Zhifanyemao

让写作和心灵一起枝繁叶茂

——中学生"写作成长"教学设计系列集

孟琰玲 主编

上海教育出版社
SHANGHAI EDUCATIONAL
PUBLISHING HOUSE

总　序

　　为深化嘉定"品质教育"内涵发展，2014年，嘉定区教育局启动实施教育系统第三期人才培养工程。依托"双名工作室"载体，以提升校长课程领导力、教师课程执行力和形成教学风格为主要内容，发挥区域名师的引领、辐射和示范作用，致力于培养一批师德高尚、教学特色鲜明，在全区乃至全市有一定影响力的优秀教师，全面提升教育人力资源素养。

　　第三期"双名工作室"由特级校长、特级教师、区学科带头人担任主持人，采取个人申报、组织推荐、专家评审和教育局审核相结合的办法，确立名校长工作室4个、名师工作室45个，工作室教师成员由全区骨干教师、学科新星和部分优秀青年教师组成。我们旨在通过"双名工作室"这一机制，一方面加强优秀教师管理与培养，助推教师形成鲜明教学特色，成长为学科名师；另一方面整体提高研究能力，解决教师教学工作中的实际问题，全面提高学校教育教学质量。

　　工作室研究课题全面对接教育综合改革重点项目，紧密结合学校管理和教育教学实际，充分体现"研以致用"。综观研究课题，主要分为三类：一是研究改进学校管理，重点研究课程管理和改革，以增强教师课程意识和执行能力，落实教育综合改革的相关要求，助推品质教育发展。二是研究解决教学疑难问题，重点研究提高课堂教学效率的方式，以改进教师教学方法和学生学习方法，努力实施减负增效，提升学生学习学业质量。三是研究促进教师成长方法，重点研究有效教学活动的组织、云教研和教师自主科学研究等，以总结提炼教师成长规律和促进因素。历经三年的深度实践研究，至2016年底，各工作室成果喜人，由上海教育出版社结集出版，形成嘉定区名校长名教师培养工程成果书系。

　　翻开这套嘉定区名校长名教师培养工程成果书系，我们欣喜地看到，三年来工作室主持人和成员悉心学习、刻苦研究、坚持实践、品质提升的过程，一批师德高尚、教学特色鲜明的优秀教师正在全区乃至全市崭露头角。

衷心希望，在教育综合改革进程中，嘉定区名校长名教师培养工程成果书系能够发挥积极作用，给予学校和教师前瞻性的启示；更加希望，工作室主持人和成员传承开拓，充分发挥引领、辐射和示范作用，沿着名师成长之路砥砺前行。

嘉定区教育局局长　姚伟

农历丁酉年春节

目录

六年级　学会观察　眼中有物

第 一 学 期

八年级　提炼思想　言之有理

第　一　学　期

高三年级　辩证思维与追求境界

第 一 学 期

第 二 学 期

序

写作能力是公民的一项基本技能。这种能力的基础训练，需要在基础教育阶段完成。很久以来社会公众对中学写作教学不是很满意，原因固然有很多，但一些中学教师对写作教学的信心不足、对写作教学规律的研究不够，也是重要原因之一。

一些教师对写作教学不那么认真，以为中学写作教学就是让学生写一写、教师改一改，如此而已，其实不然。写作活动涉及写作任务、写作动机、写作内容、写作过程、文本类型与语言模型、写作评价诸多要素，每一要素又可细分为若干项。从写作主体来说，每一个学生的阅读视野、表达基础、认知风格以及思维习惯也不一样，每个学校的教学环境与传统也有不同，语文教师要顾及这么多因素，不了解写作教学的特点，不将写作教学的规律与本校、本班级学生的具体情况结合起来，要做到有效的写作教学是不可能的。

孟琰玲老师是上海市语文特级教师，她对语文教学有足够的热情与担当。她带领嘉定区一批有追求的中青年语文教师，在探索语文教学规律、寻找改进语文教学的良策方面成绩斐然，在嘉定区乃至上海市都有不小的影响。最近几年，她的团队围绕中学生"写作成长"这一课题开展教学设计的系列化研究，力求有所突破。他们的研究，不是抽象地构建写作训练体系，而是直面学生写作的真实现状与教师写作教学的真实困难，从写作教学的设计入手，寻找改进写作教学的策略。为此，他们研制调查问卷，考察学生写作态度，分析教师给出的写作任务，思考学生与教师的心理品质对写作的影响，等等。调查分析的问题有深度，调查的结果对项目的推进有直接的帮助。几年探索下来，颇有收获，而这一本写作教学设计集就是代表性成果。本书较好地反映了他们对写作的认识，内容丰富，特点鲜明，其探索精神值得称赞。

本书较系统地呈现了中学七年的写作教学内容的框架，从"学会观察，眼中有物"开始，到"重在体验，心中有情""提炼思想，言之有理""积极创作，言之有新"，目标有一定的序列性，凸显了初中生成长这一心路历程。高中三年目标定位为"自我意识与体悟人生""抽象逻辑与评判社会"和"辩证思维与追求境界"三个层级，既考虑学生心理成长的规律，也与目前高考对写作教学的要求一致。该书从写作内容的获得、写作技巧的练习、语感的培养、思维品质的提升，到写作兴趣的激发、写作水平的反思等六个方面进行探索，既有层次性，又有操作性，所构建的写作教学内容是立体的，而不是平面的或者线性的。本书还针对学生写作的真实困难，注意教学活动多样化，能为个性化的写作活动提供支撑。

书中对写作本质的思考也显示出这个团队的专业追求。写作既是书写生活、抒发自我的手段，也是与人交流的基本途径。基于此，本书非常注重引导学生建立写作与生活的联系，通过"观察生活""记录生活""欣赏生活""点燃生命""感悟生活""认知自我"等诸多单元，将写作技巧的指导、思维品质的训练始终与生活的体验关联起来，指导学生有感而发，写出真我。同时，该书也有意识地引导学生为交流而写作，做到有明确的写作目的与交流对象，不写无病呻吟、孤芳自赏之作。如高一年级第一单元的两点教学目标为"1.明确演讲主题与内容，分析听众心理情况。2.掌握演讲中推动情绪的写作技巧"，这就抓住演讲词撰写的关键，即满足听众的需求与及时引导、激发听众的情绪，增强演讲的感召效果。

从本书的教学设计看，他们把学生的语言训练放在核心的地位。语言与思维互为表里，语言建构与思维发展是语文学习的根本目标，写作能力的高低取决于思维品质与语言运用能力。本书初中阶段的写作指导始终关注语感的培养，引导学生品读经典之作，分享同龄人的佳作等，使学生在阅读中汲取他人的言语智慧，建构自己的言语经验。语言的建构与运用不能脱离生活，不能光追求"程式化"的没有生命力的书面表达。本书还单独设立专题，把"遣词造句"与"情感表达"始终融合在一起进行训练，这也很好地体现了他们对写作本质的认识。高中阶段的设计,更突出逻辑思维的培养,注重学生思辨能力的养成,始终把思维训练与语感培养有机结合起来。从使用角度看,本书还有"使用建议"和"教学反思"栏目,内容实在,表达温馨,所提的建议与教学实践反思虽然较为有限,但都值得参考。

有效的写作教学过程,是学生逐步提高写作能力和写作兴趣,建构自己的写作经验的过程,也是学生心灵心智逐渐走向成熟的过程,往往还是语文教师自己的专业取得进步以及精神丰富的过程。古语云,立言以立人。古今中外那么多学者与一线教师始终不渝地进行写作教学的探索,其意义也在于此。几年下来,孟老师团队中的成员也获得了专业上的成长和生命品质的提升,善莫大焉。

当然,在探索写作教学序列化的过程中,还是需要保持对写作复杂性的清醒认识,如何丰富多元可选的菜单式设计,为不同学校的不同学生写作素养的成长提供更有针对性的帮助,将是该研究后续努力的重点,让我们继续期待。

郑桂华

2016 年 11 月 2 日

编 写 说 明

    2013 年 6 月,我们组成了一个团队,并成为"上海市中小幼中青年骨干教师团队发展计划"32 个团队之一。团队 18 位教师分别来自于四所初中、四所高中和区教师进修学院。虽然我们面对的是不同层次的教学对象,拥有着不同特点的教学风格,关注的是不同领域的教学问题,但是为了探讨中学生的写作教学,我们走到了一起。

    从语文教学的角度审视,我们的阅读教学是有章可循的。每天我们投入了那么多的时间进行备课、上课、作业批改、课后辅导,对于每一篇课文的教学目标的设定、教学难点的确立常常苦思冥想。那么对于作文教学呢? 好像我们命题的设想经常源于某一本书上的一段话、某一张考卷上一道经典的作文题或者和同事间的某一次无意谈话。我们还经常把中考的作文题给六年级的学生做,高考的作文题给高一的学生做。我们也很少去思考每一次的作文之间存在怎样的关系:是在上一次作文上的进一步提升? 还是偶然、随意的因素更多一些? 我们也常常埋怨学生厌烦写作的表现,会责怪学生作文的雷同、无趣、肤浅,但是很少静下心来去思考这些现象的背后是不是和我们写作教学中的无序、狭隘、模式化、碎片化密切相关。如果我们能够沉下心来认真研究作文教学的内容和策略,促使学生写出具有个性、充满真情、自由表达、思想成熟的作文,是不是可以帮助学生实现写作过程的快乐和幸福?

    要研究学生,研究学生的心理发展状态,教师就要找到与学生心理需求相契合的作文教学方法,并有针对性地进行教学训练。皮亚杰等专家的儿童心理发展理论也认为儿童发展的每一个阶段中,都具有独特的认知结构;儿童认知结构的发展是一个连续构造的过程;儿童认知结构的每一个阶段都是前一阶段的延伸。教育要按照儿童的认知结构(智慧结构)来组织教材,调整教法。这些理论都启示我们:作文教学应该是在符合学生的心理发展轨迹的前提下按照他们的认知结构来组织和设计,因此教师要充分注重写作学习过程的设计,把写作学习过程与学生成长过程融为一体。

因此在这三年里,团队成员致力将研究领域和实践探究主题聚焦于中学生"写作成长"。它是指中学生的心理和认知逐渐摆脱稚嫩、走向成熟,同时经过教师系统的作文教学指导,他们也能实现写作能力不断提升、写作兴趣不断提高、写作素养不断完善的过程。

我们将从六年级到高三年级共七年的写作教学内容进行了梳理和统整,依据学生的心理、思想和认知结构等发展,七个学年分别以"观察、体验、思考、创新、体悟、逻辑、辩证"为关键词。每一学年分为两个学期,每个学期包含2到4个单元。七个学年共有38个单元、113篇教学设计。每一篇教学设计中除了包含必要的教学目标、教学重难点、教学过程以外,我们还提出了教学建议,提供了学生范文和片段。由于我们设定的写作教学内容既关注"怎么写",还关注"写什么",因此有些单元是以"写作方法指导"为编排原则,有些单元是以"写作内容指导"为编排原则,在教学设计的编排上尽量体现由易到难、由局部到整体、由形象到抽象的过程,使学生作文的深度和广度日臻完善,力图使学生感受到"习作是一件循序渐进的事情",从而有效减少他们对写作的畏难情绪,并进而对写作产生持续的兴趣,实现"写作成长"。

对于语文教学来说,作文教学的科学性和系统性一直是我们关心的问题。学生心智的成熟,有助于他们在写作中流露真情、深刻表达。同样,作文能力的提高也会有助于学生学习及生活质量的提高。这两者相辅相成,可以促进学生整体写作素质的和谐发展。教师正确引导学生去体验生活、感受生活,去探究、思考,去表达、收获,这样既能有效提高作文教学的效果,也能为提高学生的生活质量打好基础。

作为教师,我们在使用本书时,可以根据自己的教学实际和学生的实际情况选用或增删。本书设计的作文课基本上是两周一次的作文指导课,而其他作文课型,比如作文评讲课、作文升格课等较少涉及。因此教师在使用过程中可以对每个单元、每个学期、每个学年的教学内容进行适当替换,通过统筹规划、有序推进、合理调整,大大提高本书的使用效果。

三年中,我们的研究过程一直在专家的亲临指导下进行。感谢陈小英、陈军、王白云这些一线专家经常来到我们中间作实践指导,他们的报告总能使我们耳目一新、豁然开朗;感谢郑桂华博士、赵志伟教授等高等院校的专家们给我们提供理论上的引导;感谢市师资培训中心给我们搭建的上海市中青年骨干教师团队发展项目这个平台;感谢嘉定区教育局为我们工作室的运行给予的保障和支持;感谢嘉定二中周凤林校长对我们研究工作的莫大帮助和鼓励。

本书的编写,是我们这个团队的探索、研究和实践,虽然有各位专家的指导和帮助,但终因我们视野的局限、教学水平的有限,所收的教学设计必然存在着不足与问题,敬请所有阅读本书的读者谅解,并能给我们提出宝贵的意见。

写作在成长,我们永远在路上。

孟琰玲
2017 年 9 月

静听心语,探索写作教学的另一种思路

——孟琰玲语文名师工作室简介

　　"写作教学,是一门学问,更是一种艺术。写作教学,由教师设定,但更应根据学生而定。"这是嘉定区语文名师工作室主持人孟琰玲对中学写作教学的思考。在教学中,孟琰玲对不少学生认为"无趣、单调"的写作活动进行积极探索与研究。在她看来,如果依据学生的心理成长来合理安排写作教学内容、推进写作教学节奏,会有效提升学生的写作期待,扭转功利化、模式化的写作教学现状,从而在另一种教学思路中取得实效。

　　孟琰玲是上海市语文特级教师,上海市中小学中青年骨干教师团队主持人,上海市语文名师基地学科导师,华东师范大学免费师范生兼职导师,两次被评为嘉定区学术技术带头人,四届嘉定区教育系统名师工作室主持人、四届嘉定区教育系统语文学科带头人,嘉定区高层次创新创业和急需紧缺人才。曾获上海市中青年教师教学评优活动一等奖、首届上海市语文大讲堂"十大语文教学之星"称号。主持过全国级课题的子课题"电子阅览在语文'自主阅读'中的实践和研究"、市青年教师课题"二期课改理念下高中语文课型优化的实践性研究",并领衔"市名校长名师培养工程"专项课题、华东师范大学基础教育课题及区重点课题等近十项。《曹操和杨修》和《再别康桥》两课的教学实录由上海教育音像出版社出版发行。曾获上海市五一劳动奖章、华东师范大学普教基地科研先进个人等荣誉。《中国教育报》和《上海教育》杂志等对她作过人物介绍。

　　孟琰玲语文名师工作室是一个年轻的团队,共有成员15位。孙凤老师上课富有激情,在写作教学中既有实践又有思想,她对于"写作成长"初中部分教学内容的编排起到了核心作用。王冰清老师大气智慧,在她的表达中体现出她对语文学科的深刻领悟和深度解读。王燕君老师踏实沉稳,在团队成员研讨时

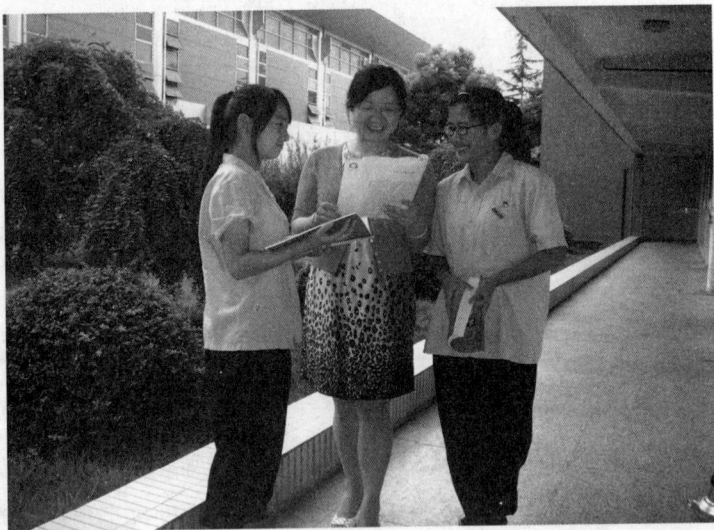

善于汲取大家的智慧,并不断进行整合提炼。范雅君和申玲娣老师总能在大家感觉思维枯竭的时候,不失时机地将教学研究推向新的高度与深度,令人耳目一新。刘鹏程老师睿智稳重,虽话语不多,但对于很多研究的问题都有独到的视角。赵萍、秦萍和姚源源老师内秀蕴藉,从她们的眼里能读到专注,每一次工作室的任务她们都能完成得让人钦佩。王玲和施敏慧老师细致耐心,无论是调查报告的分析还是论文写作都几易其稿,体现出孜孜以求、力臻完美的追求。"上海市语文教学之星"张丽杰老师谦虚诚恳,既能汲取大家的长处,又能以自己的教学思想让大家获得共鸣。许正芳老师好学善思,对项目研究能举一反三,将理论灵活巧妙地运用在教学实践中。陈慧老师思想活跃,从她身上能感受到由于语文的美带来的教师内外兼修的美。胡晨老师年轻活泼,在她的文字里常常流淌着对学生的关爱和对语文教学的执着。万海燕老师天性乐观、敢于表达,在她的课堂上能看到学生无拘无束的心灵绽放。夏侯畀春老师聪明敏悟,常在不经意的言谈间闪现她教学智慧的火花。工作室的每一个人都个性鲜明,又都互相融合。

孟琰玲语文名师工作室围绕中学生"写作成长"教学设计系列化开展研究。为了让学生实现"写作成长",他们追根溯源,剖析当前中学生写作中存在的模式、无序、狭隘、肤浅等弊病产生的原因;他们研以致用,探索优化作文个性、序列、交际、思想的教学内容和策略;他们观照生命,帮助学生实现写作过程的快乐、真情、自由境界。从调查问卷研制与分析、理论学习与专家讲座、教学观摩与个案研究,再到教学设计系列化研究,整个过程关注学生在写作中获得的循序渐进的成长。工作室的研修方式从公共平台个人智慧式、分组主题探讨式,到初高中学段推进式,依据项目的研究现状予以不断调整。在有计划、有步骤地按照方案推进实施的过程中,研究工作基本形成了"纵深线难题突破、横向面专业积淀、交叉型实践锤炼"的培训思路,为通过项目研究提升教师的专业发展探索了不同路径和方式,并获得了经验。

三年中,工作室培养机制的进一步完善激活了学员的整体活力,激发了他们专业追求的内驱力。工作室成员共成功申报 8 项区级以上相关研究课题;发表了教育教学论文 18 篇,其中区级以上获奖论文 13 篇;出版个人专著 4 部;开设区级以上公开课和讲座 19 次。许正芳老师获市、区中青年教师教育教学评比一等奖。在本项目研究中,工作室既完成了初高中作文教学设计系列集,还完成了相关写作论文集。工作室成员不仅在磨砺中获得专业成长,而且其良好的教师形象在同行中产生较大影响,得到众多教育同行的肯定。他们共获得区级以上荣誉 27 项,可见其示范辐射作用不断凸显。

孟琰玲语文名师工作室成员:
前排(左起):姚源源、秦萍、陈慧、孟琰玲、刘鹏程、赵萍、胡晨、王玲、范雅君
后排(左起):王燕君、张丽杰、许正芳、孙凤、王冰清、申玲娣、施敏慧

六年级

学会观察　眼中有物

第 一 学 期

第一单元 成长记事 感动于心

1 观 察 生 活
——凝神觅材

❋**教学目标**

1. 懂得生活是写作的源泉,激发热爱生活的感情。

2. 学会观察生活的方法,用学习的方法来观察、关注、感受、理解生活。

3. 有意识地寻觅材料,开阔视野。

❋**教学重点**

探究观察生活的方法。

❋**教学难点**

运用观察生活的方法,主动寻觅材料。

❋**教学设想**

"巧妇难为无米之炊",没有充分、生动的材料,只在技巧上兜圈子、翻花样,写出来的文章必然是内容干瘪的。本节课的设计,旨在引导学生意识到生活是写作的源泉,对接触到的人和事物有浓厚的观察兴趣,学会观察生活的方法。除了对自己的所见、所闻作观察记录外,还要注意主动寻觅。

❋**教学过程**

一、导入

生活是一个广阔的空间,有了生活才有了文学,才有了许许多多触动我们心灵的作品。我们面对生活也有自己的体验与认识,只是当我们将自己的感受变为流动的文字时,总觉得我们的字里行间缺少一些东西。

我们的文章中究竟缺少了什么?

现在,就让我们一起走进生活的空间,捕捉一组也许我们熟视无睹或者不曾了解的镜头,一起去体验生活、审视生活、感悟生活,这或许能给我们的生活带来一点新的收获!

二、关注生活,感悟真情

播放音乐,展示一组图片"母女情深"。

同学们,在我们欣赏的组图"母女情深"中,你看到了什么? 也许某一幅图片会勾起你对童年生活的美好回忆,在你的成长中,一定有很多发生在你和母亲之间的动人故事,希望你能与我们分享你的故事。

三、赏析经典,探究观察的方法

1. 经典片段一

我的很重的心忽而轻松了,身体也似乎舒展到说不出的大。一出门,便望见月下的平桥内泊着一只白篷的航船,大家跳下船,双喜拔前篙,阿发拔后篙,年幼的都陪我坐在舱中,较大的聚在船尾。母亲送出来吩咐"要小心"的时候,我们已经点开船,在桥石上一磕,退后几尺,即又上前出了桥。于是架起两支橹,一支两人,一里一换,有说笑的,有嚷的,夹着潺潺的船头激水的声音,在左右都是碧绿的豆麦田地的河流中,飞一般径向赵庄前进了。

两岸的豆麦和河底的水草所发散出来的清香,夹杂在水气中扑面的吹来;月色便朦胧在这水气里。淡黑的起伏的连山,仿佛是踊跃的铁的兽脊似的,都远远的向船尾跑去了,但我却还以为船慢。他们换了四回手,渐望见依稀的赵庄,而且似乎听到歌吹了,还有几点火,料想便是戏台,但或者也许是渔火。

那声音大概是横笛,宛转,悠扬,使我的心也沉静,然而又自失起来,觉得要和他弥散在含着豆麦蕴藻之香的夜气里。

——鲁迅,《社戏》

明确:调动感觉器官(视觉、听觉、触觉、嗅觉)认真观察,材料应入目、入耳、入心。观察切忌笼统,要拆开来看,拆穿来看(开船前准备、开船)。

2.经典片段二

她用她的长眉，妙目，手指，腰肢，用她鬓上的花朵，腰间的褶裙，用她细碎的舞步，繁响的铃声，轻云般慢移，旋风般疾转，舞蹈出诗句里的离合悲欢。

我们虽然不晓得故事的内容，但是我们的情感，却能随着她的动作，起了共鸣！我们看她忽而双眉颦蹙，表现出无限的哀愁；忽而笑颊粲然，表现出无边的喜乐；忽而侧身垂睫，表现出低回婉转的娇羞；忽而张目嗔视，表现出叱咤风云的盛怒；忽而轻柔地点额抚臂，画眼描眉，表演着细腻妥帖的梳妆；忽而挺身屹立，按箭引弓，使人几乎听得见铮铮的弦响！像湿婆天一样，在舞蹈的狂欢中，她忘怀了观众，也忘怀了自己。她只顾使出浑身解数，用她灵活熟练的四肢五官，来讲说着印度古代的优美的诗歌故事！

——冰心，《观舞记》

明确：观察要有序(自上而下)，要细致而全面(六个"忽而")，要有独特的发现(不仅写"四肢"，更突出"五官")。

3.佳作借鉴：《泰山一片月》(沈世豪)

赏析：(1)定点观察与动点观察相结合，从山上、山下不同方位观察。(2)观察中注意比较。以"潮润润""妩媚""缠绵"的特征与眼前泰山月对比。(3)主体与背景和谐地组合。(4)主观感受逐层深化。

凡此种种，如不用眼细致观察，用耳仔细谛听，用心深入感受，是不可能如此生动的。当然，相关的知识、文字的功底也十分重要。

四、小结

一个人的生活范围有限，除了观察日常所见、所闻外，还要注意主动寻觅。《聊斋志异》的作者蒲松龄背着席子到乡间道路旁摆设茶摊，遇到野老村夫，便请他们说古道今，讲述各种故事，他则一边听一边记录。老舍先生创作《骆驼祥子》时，花很多功夫去寻觅有关素材，不仅自己搜集，而且请朋友了解、记述。

有一双发现的眼睛，有一颗善感的心灵，面对生活多一份思考，你就不会缺少写作的素材了！有一种感觉，叫震撼；有一种心情，叫激动；有一种声音，叫呐喊；有一句老话，叫行动！

五、布置作业

以"今天的放学路上"为话题，写一篇不少于500字的文章。

附:学生优秀习作

身边的感动

嘉定区迎园中学 沈 炀

感动是一种细腻的感情，就像一泓清清的小溪，在我们人生的道路上静静地流淌着，总蕴藏在难以发现的地方，唯有用心去体会，才能感受到那泓小溪带给我们生命的润泽。

在一个平凡的冬日里，老师宣布放学后，我快速理好了书包，冲出教室。顾不着外面的寒冷，便直接奔向了校门口，到了校门口却没见到妈妈熟悉的身影。

稍作巡视后，我立马调转头，来到门卫间打电话。我快速拨打了妈妈的电话，正在等待接听的我突然感受到了从电话前面的小窗吹来的寒风，因为寒冷，我立即把手团成拳头状，以便保暖。"妈妈有事耽搁了，你在学校门口等一会儿，我马上就要到了!""哦!"听着妈妈急促的声音，我若有所思地说着。挂了电话，转身看了看墙上的钟，都已经五点了，天色也黑了。

走出门卫间，外面的寒冷着实让我打了个寒噤，我一边不断摩擦双手来换取些许温暖，一边探着头寻找妈妈骑电瓶车的身影，但一辆、两辆……一个、两个……都不是。心中的扫兴和焦急渐渐汇聚成对妈妈的抱怨，明明说好了是五点的，她怎么这么不守时，还偏偏天气这么冷，今天可能是本周最冷的一天吧？不，可能是昨天更冷一些，记得昨天放学时还下着雨，那种寒冷在肌肤上的咬噬更加重了一股气力。昨天来接我的妈妈可在那样的环境中等了我近四十分钟吧！她没有一句怨言，可我现在才等了这么一会儿就牢骚漫天。如果说十分钟很漫长，妈妈又是怎样熬过四十分钟；如果说现在的天气很冷，那么妈妈又是如何在雨中站立着，等待我放学。我一切所谓的"牺牲"抑或是"付出"赶不上妈妈十分中的一分，但我却在抱怨。妈妈默默地不求回报地为我付出了十四年，而且还未停止，她依旧带着一天工作的劳累，顶着寒风，骑着电瓶车，风雨无阻地向学校赶来。

想着，想着，心中不禁激起一股暖流，记忆的大门也不禁被打开了，妈妈每天对我点滴的付出和关怀，看似平凡，也似乎没有电视、书籍上的爱来得伟大，但她却在尽她所能爱我、呵护我——可以为我不经意的一句话去精心准备；可以为我的兴致而到处打听兴趣班，并承担起接送的重任；可以为我的一点成绩而高兴半天，更是为我的些许付出感到万分欣慰和喜悦……其实妈妈的爱在平凡中又透露着不平凡，她用她的双手为我撑起了一片天。渐渐的，我的抱怨消失了，取而代之的是心中满满的感动。

这个世界上总有一些感动在我们身边发生，这些感动不一定要夹杂着血与泪的牺牲，反而是生活中那些微不足道的细节构成了那份最真实的感动。

❋ **使用建议**

作文教学首先要进行观察能力训练，观察能力训练的目的不仅在于让学生通过观察获得写作素材，解决作文"写不具体"的问题，更要使学生养成观察的良好习惯。作文观察系列训练是一项系统工程，本课的教学仅是抛砖引玉，引导学生从身边的事物中去发现，去寻找写作的灵感，逐步培养写作的兴趣，不再害怕写作文。

❋ **教学反思**

随着社会的发展，当今时代学生接触的事物越来越多，但学生大多没有仔细留意它们、细心观察它们，只是限于表面上的认知。教师要尽量提供一定数量的实例，让学生从实例中学会观察，由开始的被动参加到主动参与，引导学生互动交流，认真倾听他人的发言，体会共享发现的乐趣。

秦　萍

2 记 录 生 活
——完整具体

❋ **教学目标**

1. 学会怎样把一件事写具体。

2. 增强写作的自信心，培养乐于书面表达、勤于动笔的良好习惯。

❋ **教学重点**

学会围绕中心，抓住事情的重点部分进行具体叙述。

❋ 教学难点

能完整清楚地叙述一件事。

❋ 教学设想

叙事作为一种基本的写作能力,是每一个从小学开始就练习写记叙文的初中生都应该熟练掌握的。然而,不少学生叙事能力薄弱,流于"虚、大、空",有的干脆不涉及叙事,采用散文化的排比段形式,凭空铺陈感言,无病呻吟。本节课的设计,旨在加强初中生叙事能力的指导和训练。

❋ 教学过程

一、导入

在作文批改中发现,有一部分学生的作文不理想,主要是在叙事写人的过程中空洞平淡,缺乏具体而鲜明的描述。今天我们一起来探讨一下怎样才能让叙事生动形象起来。

二、品析句子,明确方法

1. 比较效果

天空有一道彩虹。

天空有一道彩虹,弯弯的,长长的,像架在半空的一座七彩天桥。

明确:运用形容词和比喻句,给人如在眼前的感觉。

2. 方法归结

明确:叙述+修饰词+修辞。

3. 实践运用

运用上述方法,把下列句子写得更具体生动。

远处传来琴声,_____。

示例:远处传来琴声,优美的,动听的,像一把钥匙,打开人们苦恼的心结,给予人们平静的感觉。

三、欣赏片段,体会叙事的生动形象

场子里一片喧哗。台上,顶碗少年呆呆地站着,脸上全是汗珠,他有些不知所措了。还是那一位姑娘,走出来扫去了地上的碎瓷片。观众中有人在大声地

喊:"行了,不要再来了,演下一个节目吧!"好多人附和着喊起来。一位矮小结实的白发老者从后台走到灯光下,他的手里,依然是一叠金边红花白瓷碗。他走到少年面前,脸上微笑着,并无责怪的神色。他把手中的碗交给少年,然后抚摸着少年的肩胛,轻轻摇撼了一下,嘴里低声说了一句什么。少年镇静下来,手捧着新碗,又深深地向观众们鞠了一躬。

——赵丽宏,《顶碗少年》

思考:这段话主要写了什么?作者通过这段描写,表现了什么?作者运用什么方法来表现这个中心?

明确:要想把事情写生动、写具体,就要在叙述事情发展的过程中,抓住特定的情景和人物特点,灵活运用神态、动作、语言等各种描写方法。

四、实践演练

1. 观看录像短片,注意观察细节

2. 根据观察所得,分组当堂写作

3. 师生点评习作片段

随堂选取学生的习作片段进行点评:

你觉得这个片段的优点是什么?举例说一说。

你认为片段中哪个句子写得最好?为什么?

你认为还有哪些不足?举例说一说(用词是否生动准确、句子是否具体、重点是否突出)。如果让你改一改,你会怎么写?

五、课堂总结

1. 叙事要完整

叙事,必须交代清楚事情的来龙去脉。一般包括时间、地点、人物、起因、经过和结果。但也有一些特例,根据具体情况省略某一部分。

2. 经过要具体

若要给读者留下深刻的印象,事件的经过必须详写,让事件中的每一个人都充分地展示自己,他们的外貌、语言、举止乃至表情都是鲜活的材料,展现出人物鲜明的个性。

六、作业布置

1. 修改自己的习作片段。

2. 写一篇不少于 500 字的作文。

题目:一件难忘的事。

提示:这个题目要求写一件事,而且是要写印象深刻的事。这件事可以是自己经历的,也可以是自己看到的。最好选择自己亲身经历过,并对自己产生思想震动的事情来写,因为写真实和触及自己情感的事情,更容易写出真情实感,引起读者的共鸣。

附:学生优秀习作

一件难忘的事

嘉定区迎园中学　奚嘉煜

生命是一条没有回程的单行线,我们随着时间的齿轮滚动向前。在我们的人生道路中,每一次的经历都会在我们的档案中。档案是一部历史巨著,记载着无数的故事;档案是一条纽带,连接着过去、现在和未来。今天就来聊聊我和档案的故事吧。

今年,我已经十四岁了,走进房间,打开抽屉,就能看到我从幼儿园到初中这十多年的档案完整地保存在其中,翻看它们,总能勾起我的回忆。

那次演讲经历令我十分难忘。当得知老师推选我参加比赛时,我真是既兴奋又紧张:能够在众人面前展示自己的才能,机会难得,可万一表现不好,是不是会辜负老师和同学对我的信任?

"别怕,当作一次练习,相信自己!"老师好像早已看出了我的担忧,为我鼓劲加油。"哦",我轻轻地应答了一声,但内心却无比坚定地接受了此项挑战,每天都积极地为演讲做着准备——写讲稿、练发声、排动作……那段时间,我忙得不亦乐乎。

正式比赛的日子到了。看着一个个选手陆续登台,听着他们充满激情的演讲,感受着热烈的赛场氛围,我陶醉其中。轮到我上场了,看着台下坐着那么多观众,我根本分不清哪些是我熟悉的面孔,索性扫视一周,微笑着开始我的演讲。预想的那种害怕、紧张的心情伴随我的时间并不长,因为我全身心地投入到了演讲之中。当我演讲完最后一个字时,我同样收获了热烈的掌声。弯腰致谢的那一瞬间,我很清楚地意识到最终的结果已经不是那么重要,重要的是我心里的呐喊——演讲,我来啦!

我又翻开了一本本成长册,从小学到初中的,看到我的一笔一画从歪歪扭扭到整整齐齐,就像看到了自己一步步的成长。

有人说,成长是一首美妙动听的歌,我们可以学会欣赏;有人说,成长是一艘扬帆远航的船,我们可以学会驾驶。但是,成长究竟是什么呢?是辛弃疾"为赋新词强说愁"到"欲说还休"中流露出的无奈,还是杜甫"会当凌绝顶,一览众山小"的豪情壮志?每个人对成长的定义都不一样,只是,我们都在成长的路上,策马扬鞭,一路扬尘而行。

看着一本本成长档案,仿佛时间停滞了似的。在将来的日子里,我依旧会好好保存我的档案,继续抒写我与档案的故事。

✿ 使用建议

课前准备工作要充分:教师要对学生记事习作进行收集、整理,或拍摄学生课本剧表演的视频等,以便让学生在作文训练中有话可说。教学中,要循序渐进地引导学生体会叙事完整具体的内涵,在完成从感性认识到理性认识的同时,归纳技法,及时演练,螺旋式提升叙事能力。

✿ 教学反思

引导学生比较例子,自主归纳叙写技法,帮助学生"疑、思、议"。强调方法从实践中来,到实践中去,学练应紧密结合。教学流程从句到段到章,从单一到综合,循序渐进。虽然仅凭一节课,学生的能力提高相对有限,但学生通过本课学习能够掌握一定的思维方法,并以此为起点,不断在实践中加以完善,使写作能力得到长足的发展。

秦　萍

3　萃取生活
——场面描写

✿ 教学目标

1. 了解什么是场面描写,掌握场面描写的基本要领。

2. 学会在写作中运用简单的场面描写加强文章的表达力。

✿ 教学重点

探究场面描写的基本方法。

✿ 教学难点

运用点面结合的方法,恰当取舍,展现一个较完整的场面。

✿ 教学设想

练习场面描写是写好记叙文的一项基础训练。本节课的设计,旨在以一些场面描写作为例子,引导学生从中总结出方法,并在作文中有意识地加以运用。学生能够根据表达主题的需要,在叙述事件的过程中,安排一些或大或小的场面描写,有助于刻画人物性格,使文章富有浓郁的生活气息。

✿ 教学过程

一、讨论导入

什么是场面,有哪些可以作为场面描写的内容?

一些人物在一定时间、一定地点所发生的某件事中的一个生动画面,就是场面。比如师生一同庆祝儿童节、一次生日聚会、一场比赛,等等。场面描写离不开人物,人物不能只是一个,众多人物的共同活动才构成场面。

例如:(1)考试的场面;(2)市场上叫卖的场面;(3)大家听老师讲课的场面;(4)看电视时的场面;(5)讨论的场面;(6)踢球的场面;(7)下棋的场面……

二、探寻"点面结合"的写法及表达效果

1. 赏析经典片段一

她先说:"你的强记能力,连我也自叹不如。以前,我在这一方面也是很受我的老师称赞的。"沉默了一会儿,只听见一群相思鸟在教室外的老榕树上幸灾乐祸。她又说:"要是你总是这么糟蹋它,有一天,它也会疲累的。那时,你的脑子里还剩下些什么?"

——舒婷,《在那颗星子下》

思考:划线句主要运用了哪种描写方法? 有什么作用?

明确:抓住环境描写,渲染气氛,增强事件的真实感。

2. 赏析经典片段二

"阿阿，阿发，这边是你家的，这边是老六一家的，我们偷哪一边的呢？"双喜先跳下去了，在岸上说。

我们也都跳上岸。阿发一面跳，一面说道，"且慢，让我来看一看罢。"他于是往来的摸了一回，直起身来说道，"偷我们的罢，我们的大得多呢。"一声答应，大家便散开在阿发家的豆田里，各摘了一大捧，抛入船舱中。双喜以为再多偷，倘给阿发的娘知道是要哭骂的，于是各人便到六一公公的田里又各偷了一大捧。

我们中间几个年长的仍然慢慢的摇着船，几个到后舱去生火，年幼的和我都剥豆。不久豆熟了，便任凭航船浮在水面上，都围起来用手撮着吃。吃完豆，又开船，一面洗器具，豆荚豆壳全抛在河水里，什么痕迹也没有了。双喜所虑的是用了八公公船上的盐和柴，这老头子很细心，一定要知道，会骂的。然而大家议论之后，归结是不怕。他如果骂，我们便要他归还去年在岸边拾去的一枝枯柏树，而且当面叫他"八癞子"。

——鲁迅，《社戏》

思考：这个片段写了一件什么事？作者是怎样写出其中的情趣的？

明确：场面分解、场面转换、场面描写。

3. 赏析经典片段三

大灰蒙蒙的，又阴又冷。长安街两旁的人行道上挤满了男女老少。路那样长，人那样多，向东望不见头，向西望不见尾。人们臂上都缠着黑纱，胸前都佩着白花，眼睛都望着周总理的灵车将要开来的方向。一位满头白发的老奶奶，双手拄着拐杖，背靠着一棵洋槐树，焦急而又耐心地等待着。一对青年夫妇，丈夫抱着小女儿，妻子领着六七岁的儿子，他们挤下了人行道，探着身子张望。一群泪痕满面的红领巾，相互扶着肩，踮着脚望着，望着……

——吴瑛，《十里长街送总理》

赏析：这段场面描写中，"天灰蒙蒙的，又阴又冷。长安街两旁的人行道上挤满了男女老少。路那样长，人那样多，向东望不见头，向西望不见尾。人们臂上都缠着黑纱，胸前都佩着白花，眼睛都望着周总理的灵车将要开来的方向"是对"面"的描写，是总的交代。而对老奶奶、青年夫妇、红领巾的描写，则是"点"的突出。整个场面中，既有环境的描写，又有情节的渲染，更有人物的特定的活动，点面结合、富有层次，为全文的哀悼、悲痛气氛作了很好的铺垫。

4. 写法归纳

明确:场面描写有两种方法:

一是全景式。即从整体、全局着眼,全面、概括地表现一定时间与环境中人物活动的全貌,也称之为"面"的描写。它的目的在于给读者勾勒出这个场面总的概貌和气氛。

另一种是特写式。即在全景的场面描写中,将描写的镜头对准某个有代表性的局部,细描细绘。这种有代表性的局部往往是作者描写的主要人物在特定环境中的特定活动,这种描写也称为"点"的描写。

三、实践运用

1. 出示学校运动会的照片、视频

思考:怎样把场面描写得生动?

明确:要注意观察,观察参赛队员的面部表情和动作,猜测他们的心理,听大家的议论和参赛队员的感想。

2. 口头作文——先同桌互说,后展示表达,师生相机点评

明确:认真组织语言,把自己看到的、听到的、想到的,用准确生动的语言描述出来。作为一名参与者,因你身历其中,要注意一个"感"字,将自己赛前、赛中、赛后的感受表达出来。

3. 片段写作——描写运动会的一个精彩场面

明确:注意以下几个方面。

(1) 描写周围环境;

(2) 人物的神态、动作、心理活动;

(3) 抓住整体氛围,突出气氛活跃、紧张、激动、快乐、悲伤等;

(4) 句式力求简洁、生动、准确,语句变换形式多样;

(5) 修辞手法的运用:比喻、夸张、拟人等。

四、课后作业(二选一)

1. 以"运动会一角"为题目,描写当时的场面。

2. 以"瞬间"为话题,运用场景描写的方法写一篇作文。

附:学生优秀习作

爱 的 瞬 间

嘉定区迎园中学 邱 晗

抬头仰望,秋季的天空蓝得出奇,似乎把人的心灵都给净化了。清幽的桂花香伴着些许凉意的秋风,有一种说不出的宁静。

我走向那张古色古香的木椅,准备在这儿消磨一下午的时间。我从包中随手抽出一本书,静静地看了起来。渐渐的,我被书中的情节所吸引,作者的文字带我进入一个如梦如幻的世界。书页的边角微微泛黄,望天,也是个如梦如幻的世界。突然间,苍老的声音打破了这美丽的宁静。

"老头子——过来扶我一把!"我顺着声音望去,一位老人正向他妻子缓缓地走去。两人的头发已花白,只有几根风年残烛的黑发还在做着无谓的拼搏,满脸的皱纹显示了岁月这把刀的残酷。"腰的老毛病又犯啦?""嗯——"颤颤巍巍的声音又响起,秋风也似乎刮大了,更在削弱本就低沉的声音。老人那双像枯树皮般的手搭上了妻子的腰,妻子的一条瘦弱的胳膊无力地搁在老人的肩上,隐约间,我看见老人的手还在轻轻地揉捏着。

秋风中,他们两个互相扶持着走近我身旁,步履蹒跚。老人的手紧紧扶住妻子的腰,而她原本软弱的手竟也紧紧抓住了他的肩膀,似乎历经怎样的沧桑变化也无法使他们的手松开,我惊讶于他们看似枯老无力的手居然有这样大的力量。虽然只是一瞬间,却一下子诠释了"执子之手,与子偕老"这句话,此时我分明看到两人脸上洋溢的那种幸福感与满足感。

这是一幅两个人同撑起一方天空的风景,风也罢,霜也罢,雨也罢,雪也罢,执子之手,每一刻都是如此的美好,每一刻都值得用所有的时光去回味……

秋风又有意无意地刮得越来越强了,削弱了他们瘦小的背影,却并没能削弱他们爱的瞬间。再次抬头望天,天已被夕阳染成了金黄色,极美极美,桂花香也愈加浓烈,沁人心脾,有一种说不出的和谐。这一切也似乎在赞美老夫妇之间"执子之手,与子偕老"的那一瞬。

如此细微的爱,是人世间最朴素也最伟大的爱的瞬间。其实,不仅是他们,每对情侣、每组家庭,都有这样的爱的瞬间。回家时,父母满脸笑容接过书包,是爱的瞬间;摔倒时,朋友轻轻地扶起你,是爱的瞬间;失败时,老师一个鼓励的眼神,是爱的瞬间;甚至你走在路上,对陌生人报以一个微笑,也是爱的瞬间……生活中这样爱的瞬间如繁星一样数不胜数。一个动作,一句话语,一个眼神,一个微笑,都是爱的瞬间。即使是微小的、普通的一瞬间,只要用心去发现,同样也能发现爱的瞬间。

抬头望天,夕阳下的天空绚丽得出奇,四周清幽的桂花染香了天空,染美了这爱的瞬间。

❋ 使用建议

生活中,动人的、有趣的、有意义的场景不少。学校生活中的集体活动丰富多彩,学生经常以学校组织的集体活动为素材进行创作,但写得好的并不多,主要缺点在于描写比较笼统。教师要有意识地进行活动素材(照片、视频)的积累,以此来唤醒学生已有的记忆,充实习作的内容。

❋ 教学反思

播放运动会的视频、照片可以激发学生的兴趣,让学生有话可说,只是在场面描述中缺少中心人物意识。对人物的描写要视情况区分笔墨的轻重与多少。活动中捕捉形象要让形象本身表演,而学生在写作时往往是加评加注,把自己的猜测变成对他人的直接描写,教学设计中应循序渐进地让学生逐步认识并改变不规范的写作方法。

秦　萍

第二单元　伴随左右　铭记心中

1　渐进认知
——用心读人

❈ **教学目标**

　　1. 学习经典段落,引导学生对人物形象渐进认知,由外而内深入理解。

　　2. 学会倾注情感,具体认识人物的描写对于表现丰富而立体的人物形象的作用。

❈ **教学重点**

　　通过列举经典段落,引导学生学会由人物形象的初步认知到深入理解。

❈ **教学难点**

　　逐步认识人物描写对于表现丰富而立体的人物形象的作用。

❈ **教学设想**

　　对于人物形象的理解与写作,尤其是在文中呈现一个丰富而立体的人物形象,学生有时会无从入手。本节课试图通过六年级第一学期的课文《凡卡》,用课内的文章启发学生如何渐进地认识与表现人物,进一步掌握人物描写的方法。第一步从作文题"我的妈妈"入手,引导学生对人物形象作深入思考。第二步通过对人物形象的初步认知、深入体验、情感迸发、命运(情绪)变化,对人物形象作渐进式认识与展现。第三步学以致用,运用习得的思维方式与方法进行训练。

❈ **教学过程**

一、导入

　　只有对人物形象深入理解,才能更好地将人物形象写实、写活。认识人物形象通常先由外在的印象入手,再逐步认识人物的内在思想和精神品质。以作文"我的妈妈"为题,进一步引导学生对于人物形象的渐进认识与展现。

二、品味经典

九岁的凡卡·茹科夫,三个月前给送到鞋匠阿里亚希涅那儿做学徒。圣诞节前夜,他没躺下睡觉。他等老板、老板娘和几个伙计到教堂做礼拜去了,就从老板的立柜里拿出一小瓶墨水,一支笔尖生了锈的钢笔,摩平一张揉皱了的白纸,写起信来。

——契诃夫,《凡卡》

明确:读者对九岁的凡卡有一个初步的形象认知,比如他的年龄很小,他的偷偷摸摸的举动,但读者还不知道这个小学徒写信的内容及这样做的用意。

1. 人物形象的初步认知

凡卡伤心地叹口气,又呆呆地望着窗口。他想起到树林里去砍圣诞树的总是爷爷,爷爷总是带着他去。多么快乐的日子呀!冻了的山林喳喳地响……要砍圣诞树了,爷爷先抽一斗烟,再吸一阵子鼻烟,还跟冻僵的小凡卡逗笑一会儿。……许多小枞树披着浓霜,一动不动地站在那儿,等着看哪一棵该死。忽然不知从什么地方跳出一只野兔来,箭一样地窜过雪堆……

——契诃夫,《凡卡》

明确:这段家乡美丽的夜景以及和爷爷一起砍圣诞树的情景,给凡卡留下了美好的回忆。这是一段多么快乐的生活!此时的凡卡只有在回忆中重温这段快乐的体验了。

2. 人物形象的深入体验

顿时,老板娘的"火山"也喷发了,揪着凡卡的头发,拿皮带揍着骨瘦如柴、弱不禁风的凡卡,凡卡昏倒了。

他好不容易才醒过来,拿脏手背揉揉伤口,伤口像刀割了一样。凡卡伤心地哭了,哭得那么伤心,就是石头也会被他感动的。

——契诃夫,《凡卡》

明确:这段凡卡被老板娘毒打的画面,令人揪心。"揪"和"揍"让我们看到了凡卡悲惨的生活,于是九岁的凡卡终于情感迸发出来了,他的伤心痛苦也让读者心痛。

3. 人物形象的情感迸发

原来是喝得醉醺醺的邮差驾着马车撞到了凡卡,邮差非但不下马车救凡卡,而是轻蔑地对凡卡说:"穷小子,撞死活该! 写封信——不贴邮票,不写收信人地址,谁给你寄!"说完,便用手一撕,再一撕,再撕,再撕……手一扬,风一吹,凡卡给爷爷写的信变成千万只蝴蝶,漫天飞舞……凡卡用剩下的最后一口气,轻轻地叫了一声:"爷——爷……"用剩下的最后一点力气,捡了一张碎片,放在胸前,慢慢地死去了……

——契诃夫,《凡卡》

明确:凡卡的孤独、痛苦、绝望以及最后悲剧性的命运,充分反映了沙皇统治下俄国社会中穷苦儿童的悲惨命运,揭露了当时社会制度的黑暗。

4. 人物形象的命运变化

小结:在经典片段中,人物形象随着情节的发展而不断地丰富与立体起来。对人物形象的描写也是作者不断渐进式认知的结果。同时通过品读经典作品的人物描写,认识与理解用心读人对于感受人物形象的作用。

三、学以致用

示例:

1. 妈妈外在形象的初步认识

我的妈妈是一个地地道道的农村妇女。她身材高大,皮肤黝黑,双手在常年重活中生出了许多老茧。

2. 妈妈人物形象的深入体验

妈妈干活任劳任怨,用奶奶的话说就是"干活不要命的人"。在我的印象中,妈妈从没说过累,好像她总是有使不完的劲儿。

3. 妈妈人物形象的情感迸发

记得一次因为逃学,我差点挨了妈妈的打。她高高地扬起巴掌,瞪着眼,一副要打我的恶狠狠的样子。在我惊恐的仰望中,妈妈的手突然停在了半空,脸上的肌肉也紧紧地绷着……

4. 妈妈人物形象的情绪变化

记得小时候我上电梯,我扶着电梯的扶手,胆怯地把脚抬起又落下,几次都不敢踩上去。这时,妈妈赶紧拉着我的手,那双手多么温暖、多么有力。她还鼓励我说:"没事,大胆把脚放上去,别害怕……"

四、作业布置

运用所学知识,对作文《我的妈妈》作进一步修改,要求抓住人物的渐进认知,表现丰富、立体的人物形象。

附:学生优秀习作

父爱,一生的财富

嘉定区嫄城实验学校　朱　颖

父爱是山,呵护生命的火;父爱是火,点燃希望的灯;父爱是灯,照亮前行的路;父爱是路,引领你的一生。

曾经不懂父亲笔直的脊梁因何弯曲,不懂父亲俊朗的面容因何憔悴,不懂父亲浓黑的头发因何斑白,不懂父亲大半辈子的辛劳究竟为谁。

直到初三……

那天狂风怒吼,草木萧条,我坐在公共汽车上准备下车后独自回家,可是,我却看见了一个人,黑压压的天下,凛冽的风中,那人不住地颤抖。风不停地掀翻他的衣角———是父亲! 透过窗子,清晰地看见了父亲的白发,不是月亮清辉的点染,没有华丽的辞藻的装饰,就是白发,是一根根、一片片的白发,父亲的白发,一次次被狂风压倒却又一次次不屈地挺立,那一倒一立中,我知道一定是为了谁。

那被不断压倒和挺起的究竟是父亲的白发还是父亲的心? 车靠站点,我快步走下,显然,父亲望见了我,他不再用手指堵住进风的大衣,而是快步向我跑来。他的大衣彻底向狂风屈服了,但他却丝毫没有在意裸露出来的红色毛衣在这莫名的黑暗中跳动着,向我奔来。

那一刻,我分明看到了父亲严寒中向我靠近的那颗火热的心,那一刻,我一任泪水滂沱。

我想起有一双手时常把我搂在温暖的怀里让我撒娇,让我倍感快乐与温馨;有一双手常常把我高高举起"开飞机";有一双手时刻把握着我的方向,教我做事一丝不苟;有一双手把曾迷恋电脑游戏的我拉回,扶上正轨……那就是父亲的手。父亲轻轻携起我的手,想使我的手暖和起来,但我触到的分明是冰一样凉的大手。我紧紧地将父亲的手攥住,父亲却忙躲开:"我的手太凉了。”我不顾父亲的躲闪，一把抓回那双冰凉的大手，我知道：我抓住的是我这一生的财富。

父亲用生命的衰老化作山，化作火，化作灯，化作路，化作一点一滴的父爱，陪伴我每一天、每一秒，陪伴我这一辈子。父亲啊，您的爱是女儿一生的财富，因为有了您的爱，女儿一生不会贫穷。

✲ 使用建议

本节课以六年级第一学期的课文《凡卡》为载体，用课内的文章启发学生如何渐进地认识与表现人物，以及掌握人物描写的思考方法。所以，需要先对课内的讲读文章《凡卡》进行教学之后，再实施本堂课的教学内容。

✲ 教学反思

课堂教学中以《凡卡》为切入点，在教学中应让学生充分理解文本内容，体会人物的形象。再结合作文题《我的妈妈》，引导学生对人物形象作深入思考。通过对人物形象的初步认知、深入体验、情感迸发、命运（情绪）变化，对人物形象作渐进式认识与展现。在学以致用的环节中，需要运用习得的思考方法进行训练，加深学生对渐进认知的感性认识与理性思考。

孙　凤

2 “形”如其人

——肖像描写

✲ 教学目标

1. 具体认识人物的肖像描写在表现人物形象中的作用。

2. 学习经典片段，遵循细致观察的原则，归纳肖像描写的方法。

3. 根据表现人物性格或内心思想的需要，有重点地进行人物的肖像描写。

✲ 教学重点

学习细致观察和赏析经典片段，归纳肖像描写的方法。

✲ 教学难点

通过赏析经典，学习有重点地进行人物的肖像描写。

✲ 教学设想

学生描写人物的肖像容易千篇一律，眉毛胡子一把抓，而不能鲜明地刻画人物的个性。本节课探究肖像描写的方法,让学生学会有针对性地进行重点选择,运用人物肖像描写的方法鲜明地刻画人物形象。所以,第一步,先通过学生习作把问题呈现出来,指出肖像描写"千人一面"的弊病。第二步,通过学习名家经典片段,遵循细致观察的原则,归纳肖像描写的常用方法。要求做到:准确选择,人物形象逼真可信;精心选择,人物性格特征鲜明;深入选择,人物精神品质凸显。第三步,学生运用习得的方法修改习作,以求达到内化的效果,并能根据表现人物性格或内心思想的需要,有选择性地进行人物肖像描写。最后通过作业加以巩固与训练,以达到写作能力的提升。

✳ 教学过程

一、导入

"字如其人",书法是人的心理描绘,是以线条来表达和抒发作者情感心绪变化的。今天我们学习的是"形"如其人,一个人的肖像描写也可以反映一个人的心理。今天这节课通过赏析与学习人物肖像描写,解读更丰富的人物形象。

二、问题呈现

1. 我的妈妈有着乌黑亮丽的头发、细腻洁白的手、纤细修长的手指、高挺的鼻子。平常穿着一件白色的 T 恤和一条蓝色的牛仔裤。

2. 我的妈妈有着一头乌黑亮丽的头发,她的那双手不算怎么美丽,但我能从中感到这些年的辛劳,这些年来妈妈的头发上又增添了几丝银发。

3. 我的妈妈有着一头乌黑亮丽的长发,还有着一双纤细的手,但她那手背上已经添了几条皱纹,黑发中也已增添了几根银丝,那是她为我操劳而留下的。

明确:上面三段描写妈妈肖像的文字,存在"千人一面"的弊病,这是学生习作中常见的问题。对于作文中存在的这一问题,我们该如何解决呢?

三、赏析经典

1. 赏析经典片段一,探究人物肖像描写的方法

我疑心这是极好的文章,因为读到这里,他总是微笑起来,而且将头仰起,摇着,向后面拗过去,拗过去。

——鲁迅,《从百草园到三味书屋》

明确:在被称为全城最严厉的书塾中,读书经历教条、枯燥、乏味。私塾老师自我陶醉地朗读,虽有对学生兴趣的阻止,但他读书时微笑的神态,平日里也没有一副凶神恶煞的样子,学生也并不那么怕他。三味书屋的气氛是沉闷的,但却没有严重的压抑感。

方法 1:准确选择,人物形象逼真可信。

2. 赏析经典片段二,探究人物肖像描写的方法

最初是骨学。其时进来的是一个黑瘦的先生,八字须,戴着眼镜,挟着一叠大大小小的书。一将书放在讲台上,便用了缓慢而很有顿挫的声调,向学生介绍自己道:"我就是叫作藤野严九郎的……"

——鲁迅,《藤野先生》

明确:《藤野先生》中写藤野的"黑瘦""八字须""缓慢而很有顿挫的声调""戴着眼镜,挟着一叠大大小小的书",抓住特征,几笔勾勒,就勾画出了一个生活俭朴、治学严谨的学者形象。

方法 2:精心选择,人物性格特征鲜明。

3. 赏析经典片段三,探究人物肖像描写的方法

韩麦尔先生……胳膊底下夹着那怕人的铁戒尺……我们的老师今天穿上了他那件挺漂亮的绿色礼服,打着皱边的领结,戴着那顶绣边的小黑丝帽。这套衣帽,他只在督学来视察或者发奖的日子才穿戴。

——都德,《最后一课》

明确:虽然"胳膊底下夹着那怕人的铁戒尺",但韩麦尔先生出现在读者面前时却非常温和,而且还穿戴着不寻常的衣帽,原来他在和自己的学生与祖国做最后的告别!他在万分悲痛之际、在强大的压力之下保持着自己的镇定,维持着自己的形象,这是一种高贵的气度与爱国情感!

方法 3:深入选择,人物精神品质凸显。

小结：在经典片段中，人物肖像描写都是为了突出人物形象而进行的。通过肖像描写展现其生活状况、生活环境，表现其人物性格、人物心理、情感变化、精神品质等内容。

四、重点探究

运用所学的方法，有选择性地进行肖像描写，交流讨论。

（1）我的妈妈有着乌黑亮丽的头发、细腻洁白的手、纤细修长的手指、高挺的鼻子。平常穿着一件白色的 T 恤和一条蓝色的牛仔裤。

（2）我的妈妈有着一头乌黑亮丽的头发，她的那双手不算怎么美丽，但我能从中感到这些年的辛劳，这些年来妈妈的头发上又增添了几丝银发。

（3）我的妈妈有着一头乌黑亮丽的长发，还有着一双纤细的手，但她那手背上已经添了几条皱纹，黑发中也已增添了几根银丝，那是她为我操劳而留下的。

明确：材料（1），建议可以通过着重描写妈妈休闲的穿着打扮，表现她的随性与自然。材料（2），建议可以重点描写妈妈粗糙而不再光滑的双手，体现妈妈为家庭的操劳。材料（3），建议可以抓住黑发中增添的银丝展现妈妈对我倾注的心血与爱。

五、赏析评点

张老汉一身粗布衣服，衔着烟斗，乐呵呵地拿着存款单，眼睛不由得眯成了一条缝。他心里想着：今天终于可以把自己积存多年的钱拿出来了。他用颤抖的手捧着存款单，端详着，微微点了几下头。他的嘴里呐呐自语道："这下好了，总算可以解决了。"然后他小心翼翼地把钱揣进怀里，迈步走出了信用社。刚走不远就用手压压口袋，生怕它长了翅膀飞了似的。这样反复了几次，他才把手放开，扣紧扣子，倒背着手大步走了。

明确：这里运用神态、动作、语言及心理描写，将张老汉拿到积存的钱时那种激动、兴奋、小心的内心写得淋漓尽致。可见，人物的肖像描写可以和人物动作、语言、心理描写相结合，共同把人物写"活"。

六、作业

1. 完成片段仿写《那孩子真脏》。

2. 运用所学的人物描写方法,以"我的某某老师"为题,写一位自己最喜爱的老师。

附:

1. 仿写片段

他的头发像鸟窝,黑乎乎的脸被正往下流的汗水冲出一条条小白沟,脖子上的泥垢厚厚的,远远看去像戴了几个黑项圈;再看看那球鞋,本来的白色被泥土和汗渍弄得面目全非,散开的鞋带被踩在脚下,更令人难以容忍的是他浑身上下还散发着一股恶臭。

2. 学生优秀习作

我的语文老师

毕业那年,我们就换了一位语文老师,他就是给我印象极深的杨老师。

在他给我们上课前,有消息透露:此人年上花甲,性格外向,喜怒无常……喜怒无常? 我的心抽搐了一下,说真的,先畏三分。带着这种惴惴不安,我迎来了他的第一次课。

"来了!"有人一声惊呼,只见一个老人从通道那端缓缓"颠"来,教室顿时静然,一双双好奇的眼睛齐刷刷地射向他:好一个醉仙人! 走起路来左一颠,右一颠,两只手臂大幅度摆动,那头颅还优哉游哉地伴着摇晃。上得讲台,略一扫视,喘息未平就"哇啦哇啦"讲开了课。

和新学生不讲套话也罢,总要作点自我介绍、提点要求什么的,可他啥也不讲,真是个毛躁老头儿!

第二天,关于"怪老头"的轶事便传开了。别的都忘了,只记得"小灵通"说,当年他伯父听他讲课,他曾经在讲台上讲《孔雀东南飞》,背啊背呀,禁不住潸然泪下,不能自已,直到悲痛咽住,才停下喘息,而且把学生们也感动得个个落泪。我们听后全都捧腹大笑,这是替古人落泪,滑稽得可爱。有趣的是,三十年后的今天,他又要向我们讲《孔雀东南飞》了,多想看他泪挂两腮哟。

可等到了,他要我们先自习注释,尔后略讲几句难句,接着便是范读。好些女同学都抿嘴窃笑。瞧他摇头晃脑,拖腔拖调,这是朗读吗? 哦,这也许就叫"吟哦"吧! 我禁不住也想笑。可他似乎沉浸在课文意境中,对同学的鬼脸、窃笑视若无睹。有些人自觉没趣,便也纷纷捧起书来听他读了。渐渐地,他越吟越带感情,越来越凄切,读到刘兰芝告别小姑时,他喉头颤动,已不像前边那般流畅了,听得出,他沙哑酸涩的声音是理智克制感情的结果。这时,默无声息的教室里,一张张面孔,也都露出悲恻的神情。我不断咬着牙,不让泪水涌出。直到下课后,大家的心里还是沉甸甸的,无人哗笑,无人追跑。

上他的课,我总被他的情感所左右。他不是演员,但他情感的微妙变化却似春末夏初变幻莫测的云天。渐渐地,我也养成带感情朗读的习惯,读到好章段,我竟也旁若无人,忘乎所以。如今,细细琢磨一下他的一句话:"读到有情时,文也通大半。"哎,说他喜怒无常,莫非指此而言?

现在,我就要离开他了,但是他讲课时的声音笑容将会永远留在我的心里。

✿ 使用建议

探究人物肖像描写的方法,需要有一定量的文本阅读积累,才能对此有较为感性的认识。所以,建议在课内安排学习集中表现肖像描写的文章,让学生有一定的感受与认识之后,再进行写作学习。

✿ 教学反思

本堂课从学生习作中呈现的问题这一实际出发,以"千人一面"的肖像描写为切入点,整个教学过程的实施较为顺畅与自然。通过教材中经典片段的赏析,学生方法的习得较为合理、有效,最后的修改环节也水到渠成。但若要在课堂中呈现较为热烈的思维碰撞,还需要教师在课前做好充分的准备,尤其是需要学生具备一定的观察与体验能力。教师需要在这方面做好引导与指导工作。

孙　凤

3　活现人物
——神态描写

✿ 教学目标

1. 培养学生的观察能力,理解神态(笑)描写的作用与方法。
2. 通过学习"笑"的片段写作,感受人物丰富的内心情感。

❋ **教学重点**

学习经典作品中人物神态(笑)的描写方法。

❋ **教学难点**

体会、理解与运用人物神态(笑)的描写方法。

❋ **教学设想**

神态描写能活现人物,刻画人物性格,深入人物内心,反映人物形象。人物神态的细微变化,若同语言和行动相结合,可以淋漓尽致地展现人物形象。本节课试图找到一个神态描写恰当的切入口,以"笑"为抓手进行深入探究。探究笑容在生活中的重要作用,实则探究笑容背后的意义与本质。只要有爱,心中就会有真善美的情怀。笑的形式是多种多样的,生活中不能缺少笑。美好的笑容是一种国际语言,不用翻译,就能打动人们的心弦。

通过理解神态描写的作用,引导学生习得描写的方法。第一步通过交流关于"笑"的成语,明确其丰富的内涵。第二步通过学习名家经典片段,归纳神态描写的常用方法:调动"五觉";运用修辞;虚实结合;结合其他描写。第三步运用习得的方法进行描写的片段训练,通过作业加以巩固与训练,以达到写作能力的提升。

❋ **教学过程**

一、导入:交流关于"笑"的成语

如:莞尔一笑、嫣然一笑、喜笑颜开、笑里藏刀、皮笑肉不笑……成语中笑的情感有褒有贬,笑的形式多种多样,生活中不能缺少笑。美好的笑容是一种国际语言,不用翻译,就能打动人们的心弦。有时开怀的笑能展现出自信的魅力,莞尔一笑能缩短两个人之间的距离。无论何种形式的笑,都是人物丰富情感的表达。

二、体会"笑"的内涵

1. 展示的每张图片中呈现了一种怎样的笑?

2. 每张图片笑容背后折射出怎样不同的内心世界?

明确:根据图片内容进行人物内心情感的把握与体验。

三、赏析经典

1. 赏析片段一：理解神态（笑）描写的作用

贾母这边说声"请"，刘姥姥便站起身来，高声说道："老刘，老刘，食量大似牛。吃一个老母猪不抬头！"自己却鼓着腮不语。众人先还发怔，后来一想，上上下下都哈哈大笑起来。史湘云撑不住，一口饭都喷了出来。林黛玉笑岔了气，伏着桌子嗳哟。宝玉早滚到贾母怀里，贾母笑的搂着宝玉叫"心肝"。王夫人笑的用手指着凤姐儿，只说不出话来。薛姨妈也撑不住，口里的茶喷了探春一裙子。探春手里的饭碗都合在迎春身上。惜春离了座位，拉着她奶母叫揉一揉肠子。地下无一个不弯腰屈背，也有躲出去蹲着笑去的，也有忍着笑上来替她姊妹换衣裳的。独有凤姐鸳鸯二人撑着，还只管让刘姥姥。

——节选自《红楼梦》第四十回

明确：人物栩栩如生，语言生动形象。如：史湘云心直口快，开朗豪爽，爱淘气，甚至敢于喝醉酒后在园子里的大青石上睡大觉……

方法1：调动"五觉"。

2. 赏析片段二，探究人物神态描写的方法

——姐姐，你要不送斗笠来，哪怕晚送一会儿，我正好淋个澡。可惜……

——啪（是一只手打在另一只手上）。

——嘻嘻。

——格格。

笑声冲出银线织的雨帘，笑声掀动金黄的大斗笠。

——高风，《金黄的大斗笠》

明确：表现了姐姐对弟弟的关爱和姐弟俩真挚的亲情。

方法2：运用修辞。

3. 赏析片段三，探究人物神态描写的方法

他走到少年面前，脸上微笑着，并无责怪的神色。他把手中的碗交给少年，然后抚摸着少年的肩胛，轻轻摇撼了一下，嘴里低声说了一句什么。

——赵丽宏，《顶碗少年》

明确：表现了老者对少年的鼓励与支持和对他的坚信。

方法3:虚实结合。

4.赏析片段四,探究人物神态描写的方法

表姑不解地问我们这是干什么,我们说狗呢,我们的电动狗呢?表姑愣了一下,接着就笑起来,笑得没完没了,上气不接下气。待她笑得不笑了,才擦着笑出的泪花说:"表姑逗着你们玩哪,嫌你们老在院子里闹,不得清静。"

——铁凝,《一千张糖纸》

明确:通过愣住的表情及语言描写表现表姑对我们欺骗之深、伤害之大。

方法4:结合其他描写。

小结:"笑"这一神态描写能充分展现人物形象,写作时还需思考描写"笑"(神态)特定的语境、情境以及篇章的内容,这样的描写才是最有表现力的。

四、实践操练:从以下三种"笑"中任选其一进行描写(小白板交流)

1.老师的微笑。

2.冲向终点时的笑容。

3."校园美容师"的笑容。

五、布置作业

1.课外阅读冰心的《笑》。

2.请每人从家里带一张有笑容、有故事的照片,下节课进行写作训练。

附:学生优秀习作

1.实践片段(学生遭遇挫败后描写老师的笑容)

你毫无倦色地微笑着,那笑容是盛开在人们脸上的一朵美丽的花,散发着迷人的芬芳。

你毫无倦色地微笑着,那笑容像一朵雨后绽开的太阳花,含着晶莹的雨珠,坚定地点着头。这微笑明丽、温暖、亲切、和蔼。

你的笑容是一缕春风,像母亲的手抚摸着我,吹散我郁积在心头的阴霾。那散发着稻田般芳香的笑容扑面而来,温暖着我受伤苦闷的心。你的笑容在滴水成冰的日子把我的烦乱理成顺畅。

　　阳光总在风雨后，不管失败还是痛苦，我明白要对自己快乐地笑一笑。明天，阳光依然明媚，蓝天依然美好。

2. 学生优秀习作

微　笑

嘉定区嘤城实验学校　封雪菲

　　微笑，是多么温暖而美好的词语。它恰如一朵绽放的花朵，散发着迷人的芳香。在我的班主任身上，我看到了微笑的多种意义。

　　微笑是鼓励。人总是会有失败，我不曾否认我六年级时失败过。以前，每学期都要举行一次写作比赛，可因为六年级上学期参加比赛却名落孙山，我就没勇气再去参加了。在比赛报名的几天中，我被自己搞得十分心烦，老师见我这样，仿佛一下就读懂了我的心思，慢慢走过来，伏在我身旁，摸了摸我的头，轻声细语地说："怎么了？是因为比赛吗？其实你完全可以参加的，只要你自信一点，然后多努力一点，就可以了。"我低着头，支支吾吾地说："可是，我——我失败——过啊！"老师坐到我的前面，说："看着我！"我慢慢抬起头。老师微笑着说："你看，只要笑一笑，没什么大不了，失败不可怕，可怕的是你无法在失败中站起来。"老师的话，仿佛一语惊醒梦中人，那微笑仿佛是前进的动力，是的，我爬起来了，我也不会再在那条路上跌倒了，永远不会……

　　微笑是严厉。小学时的我和其他孩子一样调皮可爱，也犯过不少错。有一次，在上数学课，我和同桌讲话，正巧被路过的班主任看到了，但她却一句话也不说，走回办公室。下课后我心想：完了，这一次完了。果然，老师叫我到办公室里去。来到办公室，老师在安静地坐着改作业，对我说："你先在外面等 2 分钟。"语气中没有带责罚的语调，这让我放心了。2 分钟后老师问我："你刚才看见我在这 2 分钟之内干什么？"我羞愧着说："在改我们的作业。"老师满意地点了点头，对我说："我 2 分钟可以改 12 本作业，这短短的时间能做的可多了，如果上课不讲话，珍惜 20 个 2 分钟，就可以听很多的知识，但相反，那么你就不只少了这 40 分钟，而是一整节课的知识。"老师微笑着，仿佛如一缕阳光缓缓移过，在我脸上留下一个温暖的印记。话语中不乏严厉与关爱，使我明白：珍惜每一分钟，就会有不同的收获。

我永远也不会忘记那微笑,它提醒着我,不让我的人生走偏路,也让我时刻在反省自己,回顾一天有何收获。

✽ 使用建议

笑的形式是多种多样的,生活中不能缺少笑。本节课以"笑"这一神态描写为切入点进行深入探究,试图深入人物内心,反映人物形象。内容从名著到课内文本,再到学生生活实际。在写作训练中,选择的材料来自于学生熟悉的校园:老师的微笑;冲向终点时的笑容;"校园美容师"的笑容。这样的笑容如果仔细观察,每天在校园都能看见。所以,建议在上课之前,引导学生对校园自然环境或人文环境作仔细的观察与思考,这将有助于学生在课堂上积极投入与有效生成。

✽ 教学反思

本课人物的神态描写,以"笑"为切入点,试图以典型描写引导学生进行有效训练。探究笑容在生活中的重要作用,实则是探究笑容背后的意义与本质,运用习得的方法进行片段描写的训练。通过作业加以巩固训练,也在一定程度上促进学生写作能力的提升。

孙　凤

第三单元 自然山水 风景如画

1 自 然 风 光
——抓住特点

❀ **教学目标**

1. 懂得描写景物、介绍事物要抓住特点。

2. 初步掌握抓住特点来说明事物的方法。

3. 培养仔细观察事物的能力。

❀ **教学重点**

学习例文,懂得抓住特点来说明事物。

❀ **教学难点**

仔细观察事物,掌握抓住特点来说明事物的方法。

❀ **教学设想**

许多学生在观察事物时往往走马观花、不仔细,因此不能抓住事物的特点来写景状物。本节课旨在探究抓住特点描写景物、介绍事物的方法,培养学生仔细观察事物的能力。第一步先通过比较篮球和铅球的不同,分析两者在大小、轻重、制作材料、球体构造等方面不同的特点。第二步通过学习名家的经典片段,遵循细致观察的原则,归纳抓住特点写景状物的常用方法:一是仔细观察,生动描绘,写出特点;二是仔细观察,运用比较,突出特点。第三步运用习得的方法进行口头训练——介绍自己的书包,要求从外形、颜色、质地、功用等方面进行介绍,说明书包的特点。最后通过作业加以巩固与训练,完成本堂课的教学目标。

❀ **教学过程**

一、导入

教师拿出一个篮球,请学生介绍其特点;再拿出一个铅球作比较,请学生作介绍。

明确:必须抓住大小、轻重、制作材料、球体构造等方面的不同,即事物不同的特点,才能清楚地介绍这两种球。

二、通过举例说明,掌握抓住特点描写景物或说明事物的方法

1. 讨论:如何抓住特点,准确地描写景物、介绍事物

(1) 它们面容清秀,眼睛闪闪发光,身体矫健,四肢轻快,非常敏捷,非常机警。玲珑的小面孔,衬上一条帽缨形的美丽尾巴,显得格外漂亮。

——布丰,《松鼠》

明确:通过仔细观察,生动描写松鼠的面容、眼睛、身体、四肢、尾巴的特点。

(2) :桃树、杏树、梨树,你不让我,我不让你,都开满了花赶趟儿。红的像火,粉的像霞,白的像雪。……"吹面不寒杨柳风",不错的,像母亲的手抚摸着你。风里带来些新翻的泥土的气息,混着青草味儿,还有各种花的香,都在微微润湿的空气里酝酿。鸟儿将巢安在繁花嫩叶当中,高兴起来了,呼朋引伴地卖弄清脆的喉咙,唱出宛转的曲子,与轻风流水应和着。

——朱自清,《春》

明确:从视觉、听觉、触觉、嗅觉等多个角度去描绘春天,突出春天生机盎然的特点。

小结:仔细观察,要用眼、耳、口、鼻、手去看、听、尝、闻、触摸,有时还要做些实验,才能抓住事物的特点。

方法1:仔细观察,生动描绘,写出特点。

2. 观察时,可以从事物的形状、性质、构造、成因、功用等方面入手,还可以通过比较,突出事物之间的相同点和不同点

例如:

(1) 松鼠的叫声很响亮,比黄鼠狼的叫声还要尖些。要是被惹恼了,还会发出一种很不高兴的恨恨声。

——布丰,《松鼠》

明确:通过和黄鼠狼的叫声进行比较,突出松鼠叫声响亮的特点。

(2) 我国的建筑,从古代的宫殿到近代的一般住房,绝大部分是对称的,左边怎么样,右边也是怎么样。苏州园林可绝不讲究对称,好像故意避免似的。东边有了一个亭子或者一条回廊,西边决不会来一个同样的亭子或者一道同样的回廊。

——叶圣陶,《苏州园林》

明确:把苏州园林和古代的宫殿、近代的一般住房进行比较,突出苏州园林不讲究对称的特点。

方法 2:仔细观察,运用比较,突出特点。

三、口头表达训练

1. 内容:请你介绍自己的书包。

2. 以小组为单位,进行交流,再推荐几位学生在全班交流。

要求:从外形、颜色、质地、功用等方面进行介绍,突出书包的特点。

四、布置作业

写自己熟悉的一件小物品,要求:仔细观察,运用比较,生动描绘,写出其特点。

附:学生优秀习作

笔　架

在我的写字台上,一直放着一个精美的笔架,这是我朋友送给我的生日礼物,因此我对它倍加爱惜。笔架的底座长约 23 厘米,宽约 8 厘米,通体呈黑色,显得凝重而又古朴,给人静态美的感受。

其中最引人注目的就是木雕花了。木雕花被镶嵌在两块椭圆形的玻璃之间,玻璃片周围有一根黑色木条,用来把周围的木雕花和玻璃片扎紧,显得十分和谐。在木雕花的高处,横伸出一枝"迎客松",宛如在向客人打出欢迎的手势,让人看了格外亲切,而那针状的松叶正如一把把扇子,使人想到清风袭来的凉爽与惬意。

木雕中部是凹凸不平的山石,悬崖峭壁也陡然而生,就在这"奇峰峻岭"之上,竟然还有一座做工精细、小巧玲珑的廊亭。在廊亭顶部的四角,还有不足两毫米的饰物,可见匠师技术的熟练和用心之奇特。小亭两旁还有些许绿树、红花,想必小亭一年四季也不会感到寂寞了。

木雕下端的山谷之间,还刻有两只亭亭玉立的白鹤,它们形态各异,身姿优美,一只昂首挺胸,仿佛正在为观看它的人高歌一曲;另一只则在俯视,那长嘴在田间拨弄着,仿佛在寻找食物,瞧它那焦急的样子,虽然是饥饿难耐,让人看了有些心疼,但也更加显示了匠师的精湛的技艺和高超的技术。整幅作品自然流露出令人向往的安适的情调,真是让人赞叹不已。

一个小小的笔架,却为我增添了不少的情趣,它的古朴典雅,让我感受到安静平和的心态,使我能够静下心来……

❀ 使用建议

在选取课文中的片段指导学生写作方法的过程中,可采用读读议议的方法,引导学生思考,概括出描写景物或说明事物的方法。在进行口头训练的时候,也可选取其他物品对学生进行训练,要求学生运用比较,生动描绘出物品的特点。

❀ 教学反思

导入新课时,先让学生细致观察,比较篮球和铅球的特点,激发学生的学习兴趣。通过观察实物,让学生明白只有抓住事物的不同特点,才能更准确地介绍事物。教学中选取课文中的片段指导学生掌握写作方法,以读促写,以写促读,能收到良好的效果。

赵　萍

2　山清水秀
——有条有理

❀ 教学目标

1. 学会根据事物的特点,确定说明的顺序,有条理地说明事物。

2. 引导学生留心观察事物,训练学生的思维。

❀ 教学重点

根据事物的特点确定说明顺序,继而有条理地对事物进行说明。

❀ 教学难点

按照一定的顺序对事物进行说明。

❀ 教学设想

学生在写景状物时常常会思路混乱,随心所欲,不能有条理地说明事物的特点。本节课学习根据事物的特点确定说明顺序,继而有条理地对事物进行说明,进一步培养学生仔细观察事物的能力。第一步,先通过比较两段文字有何不同,认识到有条理地介绍事物的好处。第二步,通过课内所学的片段,归纳有条理地说明事物常用的三种顺序,即时间顺序、空间顺序和逻辑顺序。第三步,运用习得的方法进行思维训练,调整两段文字的语序,一是按照时间顺序,二是按照空间顺序。第四步,要求学生写话:按照空间顺序介绍自己的教室。最后通过作业——写作“我们的学校”加以巩固与训练,完成本堂课的教学目标。

✲ 教学过程

一、导入

英国作家斯宾塞曾经说过:“如果一个人的知识缺乏条理,那他的知识越多,他就越感到困惑不解。”我们在写作文的时候,如果缺乏条理,就会让人产生思路混乱、杂乱无章的感觉。这堂课上,我们就一起学习如何有条理地说明事物。

二、比较两段文字,认识有条理地说明事物的好处

学生阅读介绍温度计的两段文字,进行比较。

片段一:温度计有水银,水银会上升或下降。温度计有一根很细的玻璃管。温度高时水银就上升,温度低时水银就下降。玻璃管下面有一个圆球,玻璃管上有刻度。

片段二:温度计有一根很细的玻璃管,管上刻着标明温度的数字。管的下端有个玻璃泡,水银就装在管的下端的玻璃泡内。玻璃泡周围温度改变时,由于水银的热胀冷缩,管内水银液面会升降,就可以从管内的水银面对应的刻度读出温度数值。

分析:玻璃管是主要部分,所以先写。写了玻璃管后,再写管下端的玻璃泡,由下至上来写。从玻璃泡内的水银到玻璃管上的刻度,这是由内到外来写。写到周围温度变化影响管内水银面的升降,又是从内外互相联系来写。这样说明就有条理了。

明确:说明事物时,一般可以依据事物的构成有条理地来写,或由下至上,或由前到后,或由内到外,或由主要到次要,或由局部到整体,使读者了解各部分的相互关系。

三、结合课内所学课文,分析说明顺序,进一步加深印象

1. 魏学洢的《核舟记》(空间顺序)

分析:文章一开始向读者介绍民间雕刻艺人王叔远精湛的技艺和核舟的内容,然后按空间顺序描写了船的四个部分,分别为船舱、船头、船尾和船背。最后对核舟上雕刻的人、物、字进行统计,与开头相呼应。可以说,作者经过细致观察,准确地把握了这件雕刻品的各个细节,再按一定的空间顺序来写,从而鲜明地表现了它的整体形象。

2. 张岱的《白洋潮》(时间顺序)

分析:文章按照时间顺序来写白洋潮,而且选择了不同的观察角度(环视、仰视、俯视、近视、远视……),抓住了景物最突出的特点"从远及近"进行描写,思路清晰,有条理。例如:

见潮头一线,从海宁而来,直奔塘上。

稍近,则隐隐露白,如驱千百群小鹅擘翼惊飞。

渐近,喷沫溅花,蹴起如百万雪狮,蔽江而下,怒雷鞭之,万首镞镞,无敢后先。

再近,则飓风逼之,势欲拍岸而上。

3.《生物入侵》(逻辑顺序)

分析:这是一篇事理说明文,是按照"从现象到本质"的逻辑顺序说明的。文章从解释"生物入侵者"这个概念入手,接着陈述现象,介绍了"生物入侵"给人类带来的危害和对生态环境的破坏作用,再探究原因,最后讨论对策。

四、阅读下列语段,学习如何有条理地对事物进行说明

1. 片段一

① 这幢新楼共有 14 间,一色白墙青瓦,水泥粉门面,天蓝色门窗。

② 楼南种着一排水杉树,像一排站立的战士。

③ 楼前有阳台,由一个个砖砌的柱子支撑着;门前是片水泥晒场,平如镜面。

④ 由楼向东走十多步路便是一条带状小河,围着东侧转了两个弯。

⑤ 楼后边五米外同样是一排水泥平顶小屋,楼房与小平屋之间用围墙围着,靠东边的围墙上还有一个月亮门。

⑥ 共有七个门户敞开,看来有七户人家居住,都是一式的两层楼。

⑦ 这地方的风景还不错呢!

说明:正确的排列顺序为①⑥③②⑤④⑦,这样连缀的依据是按"空间顺序"介绍这幢新楼。

2. 片段二

① 直到 18 世纪末叶以前,人们还在一直用针手工缝制衣服。

② 以后,《绣花笔记》中写道:"宋绣所用针为朱汤所制,大三分以制衣,小三分以作绣。"

③ 随着生产的发展,终于在 1790 年,英国人逊德制造了第一台链式线迹缝纫机。

④ 菲律宾还发现了公元前两千多年的青铜针古物。

⑤ 不过,缝纫机仍离不开针。

⑥ 我国很早就有了针,在山顶洞人遗址的文物中,就有一枚骨针,针体光滑,长 82 毫米,直径 3.3 毫米,针身略弯,尖端锋利。

⑦ 而我国在公元 2 至 4 世纪,就有了铸铁技术,那时也可能有金属针了。

⑧ 晋代冯翊的《桂苑丛谈》中谈到过金针(即绣花针),看来,至少晋代已经有了针。

⑨ 可见宋时的针已按不同用途制成了不同的规格,那时针更普遍了。

说明:正确的排列顺序为⑥④⑦⑧②⑨①③⑤。这样连缀的依据是按"时间顺序"排序,以介绍"针"的发展过程。

分析:这段文字在说明的时候没能根据时间顺序来安排,致使读者在阅读时感到思路混乱。可见,说明事物的时候如果失去了条理,就会带来理解上的困惑,让人感到不知所云。那么,说明事物怎样才能做到条理清楚呢?

3. 总结:写景状物时怎样才能做到有条理

明确:写景状物时要按照一定的顺序来写——时间顺序、空间顺序(准确使用方位词)、逻辑顺序。

说明:介绍抽象事物,按照逻辑顺序,不仅要说明事物是"怎样的",而且要进一步说明"为什么会这样",这就要求按照认识事物的规律,步步深入地加以说明,或由浅入深,或由表及里,或由现象到本质,或由原因到结果来进行介绍。另外,在介绍事物的变化发展过程时,也可按照时间的顺序来写。总之,只有按照事物本身的构成和规律,确定说明的顺序,文章才能有条不紊、层次清楚。

五、练习写话,再交流

按照一定的顺序介绍自己的教室。(空间顺序)

六、布置作业

题目:我们的学校。
要求:根据一定的顺序,有条理地介绍我们的学校。

附:学生优秀习作

我们的学校

一走进我们学校的大门,一条笔直的林荫道就展现在眼前,道路两边,一棵棵枝繁叶茂的香樟树笔直地挺立着,像威武的士兵,日日夜夜守护着我们的校园。路的左边是宣传画廊,右边是大操场,路的尽头是电子屏和一尊名为"翔"的雕塑。

两栋教学楼分列在雕塑的南北两面。每天,都能听见同学们朗朗的读书声。教学楼的东面则是行政楼和实验楼,北面是学校食堂。

学校大操场有着400米环形塑胶跑道。中间绿色的草坪就像是一块巨大的毛毯,踩上去软软的,我们经常在草坪上打滚、翻跟头,惬意极了。每到体育课或者课余时间,就能看到同学们在操场上踢足球,在跑道上飞奔……矫健的步伐、此起彼伏的欢呼声,充满了整个操场。

操场的东边是司令台,北面则是由大理石砖铺成的升旗台,升旗台上耸立着高达20米的旗杆。每逢星期一,全校师生就会聚集在大操场上举行升旗仪式。整齐的校服,雄壮的国歌,鲜艳的五星红旗迎风飘扬,成了一道美丽的风景线。

大操场的南边种了一排紫荆花,每到春天,有的含苞待放,有的迎风怒放,紫红色的小花挨挨挤挤。风一吹来,一个个被吹落的花苞像一个个小伞兵随风飘荡。伴着微风,淡淡的花香扑鼻而来,令人神清气爽。

穿过教学楼去操场,你一定还会看到一个小小的池塘,数十条金鱼悠闲自在地在水中游来游去。池塘旁边是几座假山,形状各异、千姿百态,旁边种满了郁郁葱葱的翠竹,景色宜人。

我们的校园是美丽的,我爱我们的学校。

❋ 使用建议

　　在介绍抽象事物的时候,通常按照逻辑顺序来写。对于"逻辑顺序",学生可能会感到有些难度,教师要重点讲解。可以结合课内所学,通过举例加以说明,如由浅入深、由表及里、由现象到本质、由原因到结果等等,逐一进行介绍,让学生有感性的认识。

❋ 教学反思

　　导入新课时通过比较两段文字的异同点,学生较易认识到有条理地介绍事物的好处。结合课内所学语段,引导学生归纳出说明事物常用的三种顺序。在此基础上,运用习得的方法调整两段文字的语序,对学生进行思维训练。由理论到实践,循序渐进,以读促写,学以致用,效果会更令人满意。

赵 萍

3 风 光 旖 旎
——动静结合

❋ 教学目标

　　1.了解事物有静态和动态之别。

　　2.学习动静结合的描写方法。

　　3.培养细致观察事物的能力。

❋ 教学重点

　　学习经典片段,归纳动静结合的写作方法。

❋ 教学难点

　　写景状物时,如何把静态写成动态。

❋ 教学设想

　　学生写景状物时,往往方法单一、语言平淡,不能很好地突出事物的特点。本节课主要学习运用动静结合的方法写出事物的特点,使文章更生动、更具体。第一步,先运用谜语导入新课。第二步,通过学习名家经典片段,分析静态描写和动态描写的差别,概括动静结合的描写方法。第三步,运用习得的方法完成习作,以求达到内化的效果。最后通过作业加以巩固与训练,以实现写作能力的提升。

❋ **教学过程**

一、导入

在我们的生活中,有些景物看上去是静止不动的,如田野、山林、小桥、房屋等,这些是处于静态的景物。有些景物看上去是活动、变化的,像飘游的云朵、飞翔的小鸟、潺潺的流水、招展的旗帜等,我们称这些是处于动态的景物。写景物,既要注意描绘静态的景物,还要写好动态的景物。

二、探究静态描写与动态描写的差别,归纳动静结合的描写方法

1. 赏析片段一

它们面容清秀,眼睛闪闪发光,身体矫健,四肢轻快,非常敏捷,非常机警。玲珑的小面孔,衬上一条帽缨形的美丽尾巴,显得格外漂亮。

——布丰,《松鼠》

明确:文章首先从总体入手,介绍松鼠是一种漂亮的小动物,乖巧、驯良,很讨人喜欢。这段话从松鼠的面容、眼睛、身体、四肢、尾巴几个方面具体写出松鼠漂亮的外形特征,通过对松鼠静态的描写写出其特征,因此这段话属于静态描写。

静态描写的方法:有条有理,生动刻画。

2. 赏析片段二

松鼠不躲藏在地底下,经常在高处活动,像飞鸟一样住在树顶上,满树林里跑,从这棵树跳到那棵树……在晴朗的夏夜,可以听到松鼠在树上跳着叫着,互相追逐。

——布丰,《松鼠》

明确:这段话从松鼠的活动范围——树上(不侵犯人类)、活动时间——夜晚(不骚扰人类)两个方面着重介绍了其性格特征——驯良。主要抓住松鼠的动作"跑""跳""叫""追逐"等写出它的特点,这段话属于动态描写。

动态描写的方法:妙用动词,突出特点。

3. 赏析片段三

小草偷偷地从土里钻出来,嫩嫩的,绿绿的。

——朱自清,《春》

明确:运用拟人手法,化静态为动态,使之富有动感、充满活力。

4. 赏析片段四

两岸的豆麦和河底的水草所发散出来的清香,夹杂在水气中扑面的吹来;月色便朦胧在这水气里。淡黑的起伏的连山,仿佛是踊跃的铁的兽脊似的,都远远的向船尾跑去了。

——鲁迅,《社戏》

明确:从色彩、气味和声响等方面,即从人的视觉、嗅觉、味觉、听觉等感官角度来进行描写;同时运用拟人、比喻等修辞手法,生动描绘了月夜行船的画面,情景交融,充满水乡特色。

5. 概括动静结合写景状物的方法

如何写处于静态的景物? 一是要写得具体,即写出景物的位置、形状、大小、颜色等。二是要写得静中有动。有些景物长时间处于静止状态,缺少动感和活力,我们可以运用拟人或比喻的手法,把它们写得很有生气。

例如:"那一排排高大而挺拔的杨柳,像一个个身高力大的战士,整齐而威严地站在公路两旁""夕阳照在渠水上,渠水一半绿,一半红,绿的像无瑕的翡翠,红的像燃烧着的火焰"等等。

说明:对于处于动态的景物,则要写好景物活动或发展变化的状态。像冉冉升起的红日,四季不断换"新装"的树木,解冻的江河……都充满了生机和活力。我们要随时间的变化或观察角度的改变,写出景物先后呈现的不同状态,写出一幅活生生的图画来。以下是一位学生对家乡柑橘的描绘:

"春天,橘树亭亭玉立,舒展着它那深绿色的、油亮的枝叶,远远望去,像一位绿衣女郎。春末夏初,橘树开花了,一簇簇细小的白花藏在绿叶间,让人不易发现,但透出来的缕缕清香,让人越闻越爱闻。不久,花谢了,留下一颗颗比米粒略大一些的小果子,扁圆形的、嫩绿的。以后,橘子渐渐长大,颜色也稍深了些。九月初,橘子长得和小酒杯的杯口差不多大小。拿它闻闻,一股浓烈的橘香沁人肺腑,使人忍不住想摘一个尝一尝。"

这里,作者按时间顺序写了柑橘的生长过程,从春天到秋天、从开花到结果,描绘得形象生动。

小结:(1) 抓住事物特征,从不同感官出发,多角度、有条理地写出事物状态。

(2) 运用比喻、拟人等修辞手法,把静态的事物写得具有动态。

三、片段练习,交流点评

我们在描写景物时,不仅要写好它的静态,更要注意写好它的动态,做到静中有动,动中有静,给人留下真切鲜明的印象,让人经久不忘。

1. 运用所学的方法,进行片段写话:"春天的校园"。

2. 学生交流,作简要评价。

四、布置作业

运用动静结合的方法,完成作文"____让我陶醉"(可填"春""夏""秋""冬"等)。

附:

1. 片段练习

春天的校园

那天,我走进校园,只觉得春天的气息迎面扑来。

操场边,小草发出了嫩绿的芽儿。它们一株株簇拥在一起,仿佛许多鲜活的小生命不时探出脑袋,眨巴着眼睛好奇地望着。那宜人的新绿,会让你情不自禁地停下脚步去望一望。

花坛里,那些不知名的小花儿正开放着。它们零零星星,藏在小草的下面,不仔细看是看不出来的。每一朵小花都饱含着浓浓的春意,每一朵小花都是春天的精灵。它们也似一个个漂亮的音符,共同组成了一首校园春天的赞歌。

昨天的那一场春雨似乎洗亮了校园,校园里一切都变得那么清新。操场上,同学们成群结队在奔跑,在跳跃,每个人的脸上都洋溢着春天般的笑容。

在和煦的春风中,在温暖的阳光下,我们的校园沉浸在浓浓的春意里。

2. 学生优秀习作

秋,让我陶醉

春,充满着生机;夏,演奏着紧张的旋律;冬,昭示着生命的终极。而秋呢?秋是最为忙碌的季节,它最令人瞩目的颜色是金黄,那颜色让人深深入迷!

秋在树林间,瞧!那一棵棵挺拔的大树,树上原本绿得扎人眼的树叶早已变得微黄,一阵微风吹过,树叶便在天空中翩翩起舞,像蝴蝶,像小鸟,像从天上坠落的繁星。那树叶从树上落下,融入泥土,这个过程多么短暂!"哗啦啦——哗啦啦——哗啦啦——"树林中演奏了一场《秋天奏鸣曲》,那声,很动听……

秋,是一个丰收的季节。乡下的农民们在这期间很是忙碌。这不,人人都挥着镰刀,在割稻呢!稻田中,一大片一大片的稻谷,好像一个个害羞的小姑娘笑弯了腰,还嚷着:"快割,快割!"又好像是一群活泼可爱的孩子,在稻田中蹦蹦跳跳的,兴奋得大展歌喉。农民伯伯们努力地收割着,脸上还不时地露出丰收的笑容。

秋天的水,虽没有春时的那种"绿",也没有夏时的那种"凉",但也是别具一番风韵的。

一棵高大的枫树耸立在小河的旁边,水面上浮着几片红色的枫叶,就好像一只只小船停在岸边。微风拂过水面,水面泛起一阵阵微波,倒映在水中的房屋也在轻轻地摇动,给人一种慵懒的感觉。同时,停靠在岸边的"小船"也慢慢移动着,准备撑起小桨,向远方航行。临近黄昏,西落的太阳发出微黄的光芒,给大地披上了一层朦胧的薄纱……

秋,让我陶醉,我爱美丽的秋!

❉ 使用建议

本节课学习运用动静结合的方法写出事物的特点,使文章更生动、更具体。结合名家名篇片段的赏析,了解静态描写和动态描写的差别,学习动静结合的描写方法。在当堂进行片段写作训练时,可用实物投影仪展示学生的习作片段,再让学生进行点评,效果会更好。

❉ 教学反思

学习名家经典片段,让学生认识静态描写与动态描写的差别,并概括出动静结合的描写方法。在此基础上,让学生运用课堂所学知识进行片段写话训练,学生交流,相互点评,以此巩固新知,提高写作能力。

赵　萍

第 二 学 期

第一单元　巧用手法　个性表达

1　起伏曲折
——一波三折

❋ **教学目标**

1. 认识情节起伏曲折在记叙文叙事中的作用。

2. 结合具体作文片段,通过实践掌握使文章情节一波三折的方法。

3. 根据所学习的方法进行写作实践。

❋ **教学重点**

结合具体作文片段,通过实践掌握使文章情节一波二折的方法。

❋ **教学难点**

根据所学习的方法进行写作实践。

❋ **教学设想**

"文似看山不喜平",把一件事写清楚不难,但要让人回味无穷甚至拍案叫绝,才是真正的考验。许多学生只会平铺直叙、平淡无味地讲故事。"做人要'直',作文要'曲',好文章都是反复折腾出来的。"著名作家、北京大学曹文轩教授在第四届全国中小学生创新作文大赛重庆赛区总决赛上如是说。中小学生写作文存在的最大问题就是平铺直叙,缺乏想象力和创造力。让文章情节一波三折的方法有很多,本课教学设计通过鉴赏两篇名家作品,帮助学生理解"巧合法"和"悬念法"对文章兴起波澜的作用。然后分析一篇习作,帮助学生深入理解各种方法在文章中的使用。最后实践方法,让学生尝试想象和创新,把文章写出起伏曲折,增加韵味和美感。

❋ **教学过程**

一、导入

一位老太太做寿,她的子孙请来唐伯虎为她题诗,全家老小及亲朋好友争着来看。唐伯虎挥笔写下:这个婆娘不是人(举座皆惊),九天仙女下凡尘(喝彩),儿孙个个都是贼(惊怒),偷得蟠桃献母亲(拍手叫好)。

短短四句,跌宕生姿,起起伏伏,吊足胃口。的确,一池春水,风平浪静,有宁静柔和之美,但"风乍起,吹皱一池春水",水面的荡漾、荷花的摇曳、游鱼的沉浮则会给人更多的联想和感受。那么如何让平静的水面波澜起伏、一波三折呢? 今天我们就来探讨这个问题。

二、常见问题:平铺直叙

平铺直叙就是对事情的起因、发展、结局这些环节缺少精心设计,如实道来,平平淡淡,禁不住回味。叙述没有阶段性,情节缺少起伏变化,看了开头就知道结尾,没有悬念,就引不起阅读兴趣。

最常见的是写春游的作文,从出发到游玩,再到回程,大多数学生总是流水账般记下来,读来味同嚼蜡。

三、赏析经典,探究方法

如何使自己的文章起伏曲折,所述的故事一波三折呢? 办法很多,如"巧合法""误会法""悬念法""曲直法""张弛法""虚实法""烘托法"等,今天我们重点借鉴其中的"巧合法"和"悬念法"。

1. 巧合法

作文恰当运用"巧合",可以推动故事情节发展,凸显人物个性特征,使文章波澜起伏,引人入胜。当然,"巧合"要自然合理,不能胡编乱造。

佳作赏析:《花》([美]诚然谷)

在去度假的路上,他想起今天是母亲的生日,就打算买些鲜花,叫花店给母亲送去。在花店,他恰好碰上一个买花的小男孩;小男孩买花恰好也是作为送给妈妈的生日礼物。他继续上路,转过一个小山坡,恰好看见刚才碰到的那个小男孩跪在墓碑前,把玫瑰花摊在墓碑上。原来小男孩倾其所有是给已不在人世的妈妈送生日礼物,小男孩纯洁而美好的心灵感人至深。这一系列的巧合,震撼了他的心灵,最终促成他改变主意:亲自给母亲送去生日礼物。文章情感浓郁,感动人心。

2. 悬念法

在展开故事情节、安排矛盾冲突时,故意在某个紧要关头卖一个关子,让矛盾悬而未决,引起读者对文章中人物命运和矛盾冲突的关注,使读者产生急切的期待,这样巧妙设置悬念能使文章跌宕起伏,增强吸引力。

佳作赏析:《桃花心木》(林清玄)

种树人种下树苗以后,不按时浇水,也不按量浇水,树苗枯萎了又来补种……是他懒吗?"懒的人怎么会知道有几棵树枯萎了呢?"是他太忙吗?"忙的人怎么可能行事那么从从容容?"……这些悬念紧紧扣住读者的心。疑窦丛生时,用种树人的话释疑,让人恍然大悟。文末作者由树及人自然而然生发哲理,意味深长。

四、分析范文,学习方法

寒假中的一件事

从前,我总认为"有钱能使鬼推磨",然而有一件小事却改变了我的看法。

农历十二月二十八这一天,我在集市上闲逛。因为马上就要过春节了,所以今天买东西的人特别多。我转来转去来到了卖鲤鱼的地方。今天卖鲤鱼的生意可真红火!买鱼的人多,卖鱼的人少。许多人都围着一位老大爷。在人群的最外边,有一个手拿一把零钱的小男孩和一个绅士模样的中年人。看小男孩的样子很是着急,却又苦于挤不进去。而那个中年人却并不着急,一副悠闲自得的样子,对那拥挤的人群显出鄙夷的神色。

那位老大爷的生意真不错,才一会儿,他那满满的两筐鱼就只剩下一条了。此时,也仅剩下两个人要买鱼了:小男孩和那个中年人。两人几乎同时递出钱又同时说了一句:"我买鱼!"面对这种情景,我有了兴致,想看看究竟谁能买到这条鱼。

"这鱼多少钱一斤?"中年人问。

"3块钱!"老大爷答道。

"几斤呀?"中年人又问。

"3斤!"大爷答道。

"我这儿正好有9块钱,我买了!"一个稚嫩的童音带着嘶哑。

"老张,怎么还在这儿呢? 你那宝贝儿子吵着要吃鲤鱼呢!"从旁边走过一个人来对中年人说。

"给你10块钱,我买了!"中年人边说边拿鱼。

"大爷,俺们刘老师得了种怪病,听说只有吃鲤鱼才能把病治好。这点儿钱是全班同学凑的,求您把鱼卖给我吧!"小男孩恳求道。

中年人不耐烦了,嚷道:"20块,20块钱总够了吧? 你们老师有毛病也用不着你们管!"边说边把钱扔下,伸手去拿鱼。

老大爷一把从中年人手中抢过鱼,递给小男孩。小男孩激动地说:"老大爷,谢……谢谢!"边说边把手里的一把零钱递给老大爷,而老大爷用粗大的手把小男孩的手挡了回去。中年人愤愤地说:"老头儿,你……"老大爷白了他一眼,对小男孩说:"孩子,记住,大爷姓李(理)不姓钱!"

点评:这篇记事的文章将"买鲤鱼"这个中心事件写得一波三折。作者先运用"悬念法",想看看老大爷剩下的最后一条鱼究竟谁能买到。然后又抓住小男孩的心理和语言描写,由"正好有9元钱"的希望到失望——中年人出10元。小男孩说出买鲤鱼是为了给老师治病,钱是全班同学凑起来的,似乎又有了希望,可中年人紧接着又拿出20元硬要买鱼,小男孩又一次失望了。就在这时,出人意料的结局出现了:老大爷一把从中年人手中抢过鱼,递给小男孩,且没有收他的钱。这不仅使情节一波三折,而且通过最后意料之外又在情理之中的结局凸显了文章的主旨。文章最后老大爷那句掷地有声的话语:"孩子,记住,大爷姓李(理)不姓钱!"将老大爷的高尚品格充分表现出来。

五、牛刀小试,兴起波澜

请同学们为下面的短文设计一个结尾。

又要迟到了! 又要面对老师那严厉的目光。当然,"交代"迟到的原因是必不可少的。闹钟坏了? 不行,太老套了。自行车出毛病了? 不行,中午放学时被他遇上准会"露馅"。上学途中匆匆忙忙扭伤了脚? ……脚步不知不觉慢了下来,做出一瘸一拐的样子。不行! 上次小明用这一招,一眼被他识穿……

　　我好像已经听到了老师的责问,已经看见了同学们那一双双暗笑的眼。唉,都怪自己贪睡,这下可好!

　　不知不觉已经走到教室门前,我正准备老老实实向老师承认错误,一抬头,咦,怎么回事……(请设计一个结局)

六、课后作业

　　生活中,不经意间,有很多珍贵的东西被我们丢失了,或许是一段记忆,或许是一种情感,或许是一种精神,或许是一种思想……

　　请以"重拾_____"为题,写一篇文章。

附:学生优秀习作

重拾生命的落花

　　每一个生命都是一个惊喜,每一次成功都是生命的阳光,那每一次失败呢? 14岁的青春让我审思起这个问题。在岁月的冲刷中,我终于明白,在我的生命中,失败就像早晨的落花,回首夕阳,我在生命中重拾那份坚定。

　　那时一定是冬天了,窗外那如春的花早已凋落。那天我早早地来到教室,那是月考报分数的日子,那分数对于每一个学生而言都很重要。分数下来了,紧张的心情也放下了,可是那次月考却证明我失败了。我的目标呢? 失败了。我的梦想呢? 也仿佛跟着失败一同破碎了。坐在教室里,我不想哭,因为我知道最伤心的不是我,而是我的父母。我用我的生命作保证,我不是骗子,只是我的一切诺言都被那糟糕的成绩所否定,我,一次又一次伤害了你们。

　　又是一天过去了,甚至我还来不及望一眼手表,我就已结束了一天的学习回到家中。电话铃响了,是父亲打的。我犹豫了,我担心,我担心父亲会失望。"喂……爸,我到家了……月考考得不好……嗯……"短短的几句话,我一辈子都无法忘记,我体会到电话那头的父亲那无奈的心情。我再也忍不住,泪水犹如千军万马般涌出眼眶。

　　随后,父亲也到家了,一天的工作,他也已疲惫不堪。他说需要问我借一点点时间,他要带我去一个地方。我点点头。

　　15分钟的车程,出现在我眼前的是一片大海,伴着夕阳,这里美极了,几只海鸥也在海面上飞翔。我和父亲都只是静望大海，良久，父亲说："孩子，你看见了吗？你知道小麻雀和海鸥最大的区别是什么吗？"

我低下头，没有回答。

"并不是体态上的区别，而是当海浪冲击过来时，海面上的小麻雀总能最先起飞，动作灵敏，而海鸥则笨拙地拍动着双翅。但是最终飞越大海、横跨大洋的，还是海鸥。因为，一次失败下，它们仍能重新开始，两次，三次，一直……"

我看到了，看到了那如雄鹰般的飞翔。父亲，谢谢你，我知道，你要告诉我，失败后自己要重拾一份坚定，一步一步走向成功。总有一天，自己也可以像海鸥一样飞越大海，横跨大洋。

踏着夕阳走在回家的路上，我拾起一瓣落花，我仍然可以嗅到春的希望。失败伴随着成功走在我的生命中，朝花夕拾，在失败时，我仍然可以携一份坚定，用坚定接受失败、体会失败、感悟失败……我要感谢父亲，我更要感谢每一次的失败，就像我生命里的落花，虽感伤，但回首夕阳时，我学会：坚定。

❋ 使用建议

使文章情节"一波三折"的方法很多，本教学设计限于课时，只选择了"巧合法"和"悬念法"，实际教学时可根据学情介绍其他方法。选取的两篇范文也是分别运用"巧合"和"悬念"的，若讲授其他方法可另选范文。这两种方法学生理解起来难度不大，所以可以将重点放在课堂练习上，让学生动脑筋设计起伏曲折的情节，兴起波澜，并充分交流。

❋ 教学反思

本课旨在引导学生用一定的方法让文章情节起伏曲折，有一定的趣味性，能启发学生对构思作文花心思、动脑筋。

姚源源

2 充分蓄势
——层层铺垫

❋ 教学目标

1. 认识层层铺垫的写法在写人记事中的作用。

2. 通过学习经典片段的写作特点，探究层层铺垫的写法。

3. 掌握层层铺垫的写法并在写作中运用。

✳ 教学重点

通过学习经典片段的写作特点,探究层层铺垫的写法。

✳ 教学难点

掌握层层铺垫的写法并加以运用,进行写作实践。

✳ 教学设想

充分蓄势、层层铺垫是让文章有层次、有悬念、有深度的重要方法,但实际写作中运用这一方法的学生却很少。本课教学先引导学生理解这一方法的含义,然后通过三篇经典文章的品读,体会其中充分蓄势、层层铺垫方法的运用。通过对经典文章的分析,可总结出四种方法:描写式铺垫、背景式铺垫、衬托式铺垫、反差式铺垫。再指出运用铺垫时应注意的问题,最后操作实践,给出作文题让学生在课堂上构思,重点思考形成层层推进的事例,课后再完成作文。

✳ 教学过程

一、导入

我们的文章一定是为了突出某个人物或事物既而表达思想情感的。那大家有没有想过,写文章时不直接把目标全盘托出,先对次要人物、事物进行铺陈描述,当态势蓄积到一定程度时,再顺势推出主要人物、事物、事件,可能会有意想不到的奇效?因为这样可以给读者增加阅读期待,在一层一层铺垫下突出文章主旨。今天这节课我们要学习的作文技巧就是——层层铺垫。

二、认识层层铺垫的含义

层层铺垫法,是指写作时为情节的展开、高潮的到来,酝酿气氛、做好准备、铺平道路的写作方法。使用层层铺垫法,能激发读者的阅读兴趣,引起读者的注意,从而使读者更深刻地把握文章的立意,发掘文章的主旨,透过现象看到本质。

三、品读经典,体会方法

首先,品读三篇文章。

1.《明湖居听书》(刘鹗)

本文堪称层层铺垫手法的典范之作。作者先写琴师,突出其相貌丑陋而技艺高超,其轮指手法十分高妙,"那抑扬顿挫,入耳动心,恍若有几十根弦,几百个指头,在那里弹似的"。再写黑妞的演唱,"字字清脆,声声宛转,如新莺出谷,乳燕归巢""其中转腔换调之处,百变不穷,觉一切歌曲腔调俱出其下,以为观止矣"。不料,听旁人议论才知道,黑妞的"调门都是白妞教的,若比白妞,还不晓得差多远呢"。终于,白妞出场了,她炉火纯青的演唱真是美不胜收,引人入胜。黑妞对白妞起到了很好的衬托作用;同样,琴师也对白妞起到了衬托作用。层层铺垫,让读者的期待达到极点,对白妞的技艺赞美也达到极致。

2.《荷塘清韵》(季羡林)

"季荷"之盛之美是本文的重点,作者喜爱之、欣赏之、享受之。可是,正是因为之前塘中无荷的空虚,投入莲子以后连续三年的切切盼望、郁郁失望和淡淡灰心,这层层的铺垫,才会有第四年"奇迹"到来的惊讶欣喜。读者也跟随作者经历希望和失落,然后一起享受荷塘清韵。文章因为前面的层层铺垫而韵味无穷,文章主旨也因为前面的等待更值得回味。

3.《绿色的箫声》(尤今)

文章由拍岸惊涛般的绿色写起,渲染了青城山绚烂到极致的风采,再慢慢从浓绿深处引出悠悠长长的箫声,更增添了一种静谧和澄澈,最后作者像拍摄电影一般,将镜头定格在吹箫人身上。从吹箫人身上,作者看到的是他眼盲脚灵的敏捷身影,悠然娴熟的吹箫技艺,坚毅顽强的生活态度。从这吹箫人的身上,凸显出来的却是四川人坚毅、坚忍、坚不可摧的精神面貌。作者就是在这层层铺垫中,步步蓄势,最终表达出对四川人坚毅性格的敬佩与赞美。

从以上三篇文章中我们可以看出,层层铺垫的写法是为了蓄积态势,突出文章主旨,以此揭示出事物或人物特征的必然性、合理性,达到水到渠成的效果。我们可以总结出以下几种常见的铺垫形式:

(1)描写式铺垫。在开篇尽情铺陈、描写景物,来渲染气氛、烘托人物。如《绿色的箫声》开篇就描写了青城山深深浅浅的绿,为绿色箫声的出现做好了铺垫。《荷塘清韵》文中对前几年盼望和失望的心理描写也为后文做好了铺垫。

(2)背景式铺垫。交代故事发生的原因或环境,让故事的发展事出有因,也使故事更真实合理。如《荷塘清韵》中写之前门前池塘中"无荷"的空虚之感,为后文"盼荷""赏荷"做了情节背景的铺垫。

（3）衬托式铺垫。先描写次要人物或叙述次要情节,以衬托主要人物的出场或主要情节的发展。如《明湖居听书》,琴师和黑妞的高超技艺都是为了衬托下一个出场的人物,最终表现白妞的超凡技艺。

（4）反差式铺垫。就是让铺垫的方向与情节发展的方向相反,可以取得给人意外惊喜之感。如《荷塘清韵》前面不断铺垫池塘中长不出荷花,让人一次次失望,最后迎来满塘荷花的盛开,带给人的惊喜非同一般。

四、探究方法,牛刀小试

具体运用层层铺垫的方法时,要注意以下几点:

第一,要注意层与层之间必须有着内在的逻辑联系。如量变引起质变、时间的推移、空间的转换等都可以作为联系、铺垫的依据。

第二,要合乎情理,"铺"在情理之中;若要别出心裁,亦可"铺"在意料之外。

为下面的作文题想出一些适于铺垫的事例:

1. 这里也有乐趣。

2. 另一种温度。

五、课后作业

从以上两题中任选一题写 一篇作文。

附:学生优秀习作

这里也有乐趣

"数学两张试卷,物理两张试卷,还有化学一张卷子,语文还有……"我默默细数着自己的家庭作业,时不时还听到旁边同学低声的牢骚。是啊,又一个"充实"的周末,"哎……"无奈地一声长叹。自从进入中考备考阶段,我的生活再没有"乐趣"二字。

背着沉重的书包,一个人走在回家的路上,心中念念不忘的仍是下周的考试。

每天回家,都要经过一座小桥,桥下有流水,水不算清澈,浑浑浊浊的,但每当我放学经过这里,会有一道夕阳照在上面,河面会倒映出绯红的颜色,也算别有一番景致。下班高峰期,路上的行人车辆往来匆匆,一阵喧嚣。但走到小桥下面的广场时,车辆的喧嚣总能被一阵热闹的音乐压制。傍晚了,这里的"夜生活"又准时开始了。

平时走得快,经过这里时,总是两耳不闻、双眼不看的,今天不知怎的,被音乐吸引过来后,竟放慢脚步,驻足观赏起来。

小广场不是很大,被一些休息的长椅围成一个圈。长椅后面有一个小花坛,花坛中种着一些植物和小花,暖暖的夕阳洒在上面,颜色比白天略显昏暗。但这个意境和这里人物的活动确实是格格不入的。

这里聚集着一批年纪稍大的"舞者",他们站成一个三排的方阵,方阵的最前面会有一个领舞的老师。这个老师穿着专业的舞蹈服,动作非常规范到位,合着动感的音乐节奏,全身上下散发着活力,与头上的白发形成鲜明的对比。方阵中的其他老人也都情绪饱满,节奏感极强。当然,也有技术稍差一些的:一个大概六十几岁的老爷爷,站在队伍的最后一排,好像是刚来的,因为舞步不是很熟练,眼睛不时看着左右的舞伴,跟着节奏也跳得有模有样,但总是慢半拍,惹得旁边的老人一阵阵的笑声。

慢慢地,我被这里的气氛感染了,心情也慢慢从浮躁变得淡定。和老人比一比,我是一个十几岁的少年,比他们更有张扬活力的资本和条件,却每天因为学习的负担而自怨自艾,忽视了拼搏生活的乐趣,变得悲观消极。

天色渐晚,夕阳依旧,暖暖的光洒在老人们的脸上,映照出生活的激情和活力,我在这里,也找到了人生的乐趣。

✽ 使用建议

本课所选三篇文章都是层层铺垫手法的典范之作,但篇幅较长,具体教学时可酌情使用。但三篇文章对应了之后总结的铺垫形式中的描写式铺垫、背景式铺垫、衬托式铺垫和反差式铺垫,能帮助学生加深理解。课堂练习只需学生交流一些铺垫的事例即可,课后再成文。

✽ 教学反思

本课花了大量时间在阅读上,引导学生去体会各种形式的铺垫,能让学生对此有深刻理解。课后作业的题目是精心设计的,适于写出铺垫,能让学生在大量感性认识并理解方法以后,在题目的引导下运用方法去实践。

姚源源

3　因　果　关　联

——环环相扣

✵ 教学目标

1. 认识环环相扣的写法在写人记事中的作用。

2. 探究运用因果关联,让文章环环相扣的写作方法。

3. 掌握因果关联的写作方法并加以运用,进行写作实践。

✵ 教学重点

通过例文解析,探究运用因果关联,让文章环环相扣的写作方法。

✵ 教学难点

掌握因果关联的写作方法并加以运用,进行写作实践。

✵ 教学设想

不少学生的作文虽内容不错,但层次不清、线索不明、内在因果关联不严谨,因而无法有感染力地凸显出主旨。所以,本课引导学生关注文章内容的因果关联,做到环环相扣。首先理解因果关联的内涵,然后通过学习例文,体会四种让文章环环相扣的写作方法:(1)确定记叙顺序;(2)线索串联法;(3)镜头组合法;(4)过渡。在课堂上以"享受过程"为话题构思一篇文章,尝试运用上面四种方法中的一种或多种,课后再成文。

✵ 教学过程

一、导入

美妙的乐曲,无非是七个音符的完美组合;佳肴的美味,无非是油盐酱醋的合理调配。写文章也是如此,同样的题材、同样的主题,由于结构不同,产生的表达效果就会不一样。不少同学的作文,虽内容不错,但由于层次不清、线索不明,读者无法清晰地领略文中的奥妙。如果关注文章的因果关联,力求条理清楚、线索清晰,或运用较为巧妙的结构方式,环环相扣,那就能使文章浑然天成,取得意想不到的效果。

二、理解因果关联的内涵

世界上一切事物都是相互联系的,事物间普遍存在因果关联。因果关联复杂多样,大致有一因一果、一因多果、多因一果、同因异果、异因同果等类型。在写作的过程中,同学们需要运用辩证思维,来追因问果,追本溯源,探究事物间的内在联系;或探明事物产生的原因,认识事物产生的根源;或根据原因预见事物的发展规律,指明结果。文章不但要让读者知其然,还要让读者知其所以然,要体现出思想的深邃,闪现出思辨之光,脱离肤浅与平庸,从而引导读者的认识与感悟不断深入,给读者以精神上的鼓舞和心灵上的震撼。

平时的作文,往往容易流于浅陋浮泛,原因就在于同学们常常平淡无奇地叙事,蜻蜓点水般地抒发感悟,没有深入挖掘事物的因果关系,因此作文无法走向深刻。

三、学习例文,探索结构技巧

其实初中的叙事文一般具有常规的行文思路。如果是书写成长类的,一般思路是:怀疑自己(认识有误)—发生的事—战胜自己(明白道理);如果是抒发情感类的,一般思路是:不懂—发生的事(或几件事)—懂得。所以,从全文来看,一般具有这样的因果关联:由主体事件解决心理上或认识上的困境,获得升华成长。

具体来看,文章内部如何做到因果关联、环环相扣呢? 可尝试以下几种方法:

1. 确定记叙顺序

记叙的顺序一般可以按照事件发展或时间先后作顺叙,这样较易做到因果关联、环环相扣,大多数文章都是按照这样的顺序。也可以运用插叙、倒叙,让文章摇曳生姿,但内在的因果逻辑仍应清晰顺畅、环环相扣。如《爸爸的花儿落了》就有顺叙、插叙、倒叙等多种记叙顺序,但内在逻辑仍是一环扣一环。

2. 线索串联法

即在处理安排材料时,选取一个最能体现文章主旨的事物作为贯穿全篇的"彩线",将一组精选的材料("珍珠")连缀成篇的构思方法。用来"串珍珠"的"彩线",可以是物,可以是事,也可以是一种思想感情,作为贯穿全文的线索,来谋篇布局,组织全文。

3. 镜头组合法

审题立意以后,根据表达主题的需要,选择几个典型生动的人物、事件或景物片段组合成文,这就是"镜头组合法"。

那些年的银杏真让我着迷

石 熠

那些年,我住在乡下,院前的银杏真让我着迷!

在繁星满天的夜晚,我又哭了。

梦境里是秋天,散发着温暖的感觉;梦境是那洁白的秋千,荡起我温柔心绪;梦境回忆着我记不清的片断,飘飞着金黄的银杏叶……

童年时,我住在乡下,那里的天很蓝,温柔得仿佛可以包容一切。我总是在田里跑,路旁有杂乱而自然的花。小孩子总不愿安安静静地走,那落叶满地时,踩在落叶上发出的沙沙响声,无疑是自然赐给我的最美好的乐曲。我是那样开心,从不觉得累。

外婆告诉我,银杏是有雌雄之分的,它们也是有爱情的,所以它们能把人们的思念传到很远很远的地方。外婆喜欢哼一些老老的歌,秋天的傍晚,外婆一边哼着歌,一边拍我入睡。我闭上眼,我相信,那银杏就在我与外婆的四周纷飞。

秋天是一个收获的季节,亦是一个落叶的季节。我去田里,看到到处都结满了果实,我知道,外婆一年的辛苦没白费。我喜欢站在远处眺望青山绿水,中间总有点点金黄,我明白,那是银杏的落叶。

田里的秋千一荡一荡,荡起我悠扬的思绪,又再次荡回来。每当外婆下地干活时,我就将我那所谓的思念,依托在银杏之上,让它带去给外婆。

只是,我始终是要离开这片净土的,去喧繁的城市。

告别那一天,我高兴地和外婆道别,就像每次去荡秋千一样。汽车慢慢驶过院前的银杏,我渐渐看不清外婆微微驼起的背影,我却清晰地看见,外婆眼中的泪水,以及满树金黄的银杏。

我坐在车里,微微抿嘴,手中紧紧攥着分别时外婆送我的银杏叶,我在想,外婆为什么要哭?是不是秋天将要过去,叶子不能再飞舞?泪,不知不觉就掉了下来。

最后的最后,外婆去了天国,老家的房子也已拆迁,那满树金黄的银杏叶只存在于我的记忆中。

年历换了几本,孩子长了多少。过去的我,很幸福;现在的我,也很幸福。我依旧保存着外婆送我的银杏叶,我依旧有思念的寄托。在梦中,我看见了白色的秋千,看见了慈祥的外婆,还有那让我着迷的满树金黄的银杏。

这一篇文章,以上三种方法都有所体现。文章采用了倒叙的手法,回忆与外婆的往事。全文以银杏贯穿,把每一个生活片断和思绪都寄托在银杏上,使结构严谨、主旨集中,情感也因为有所寄托而韵味无穷。文章还运用了镜头组合法,把与外婆在一起的生活片断组合起来,形成多镜头转换的艺术效果。多种方法让文章内在素材环环相扣,情感深挚动人。

4. 过渡

过渡可以使文章结构严谨,层次分明。过渡段承上启下,让不同内容自然衔接。也可以运用过渡句来衔接上下文。林海音《爸爸的花儿落了》一文中有多处插叙,而读者读时丝毫没有突兀之感,这得益于过渡句的运用。还可以使用表示过渡的词语,如表示意思转折的可以用"然而""但是""可是"等,尤其是文章的记叙顺序采用倒叙、插叙、补叙时,为了不使读者因为内容的转换而产生杂乱感,这些过渡词语显得尤为关键。

佳作赏析:《年感》(梁衡)

年是喜庆的。在鞭炮齐鸣、张灯结彩之时,人们常常陶醉于人为制造的气氛之中,但当这一切沉寂下来之时,很多人对旧年的逝去、新年的到来总有这样或那样的感触。《年感》就是这样一篇引人深思、令人回味的文章。

作家梁衡在不惑之年诅咒"'年'这个怪东西",但是当他用"你在我生命的直尺上留下怎样的印记呢?"这个设问句单独成段作为过渡时,对年的叩问亦即对生命的叩问便随之而展开:"浅浅的一痕,甚至今天想来都忆不起是怎样划下来的"——蜻蜓点水,便荡起层层涟漪。随之作者笔锋一转:"但有的地方,却是重重的一笔,一道深深的印记",自然过渡到下文,作者思绪如夺闸而出的江水,一泻千里,浮想联翩。最后当作者自己清楚"真的不惑了"而重新审视生命的价值,便有发人深省、令人深思的疑问:"人,假如三十或二十就能不惑呢? 生命又该焕发出怎样的价值?"真是令人心旌摇荡,回味无穷……

四、牛刀小试

火柴不会因熄灭而哭泣,因为它曾燃烧过;花朵不会因凋落而伤感,因为它曾绽放过;雄鹰不会因折翼而沮丧,因为它曾飞翔过……生命的价值往往在于过程,而不在于结果。

请以"享受过程"为话题,列一个作文提纲。注意运用以上一种或多种结构技巧,做到因果关联、环环相扣。

完成后作分享交流讨论。

五、课后练习

以"享受过程"为话题,写一篇不少于 600 字的文章,文体不限(除诗歌外)。

附:学生优秀习作

蜗牛带你去散步

成佳琪

常常听见同学抱怨:不理想的成绩让人沮丧,即使有时考试考得很好也不快乐,因为还有更多的考试;等车实在很烦,即使有时车来得很及时也心怀不满,因为还要颠簸长路才能到达目的地……听着同学的诉说,我亦深有同感,我们总是泅在题海里眉头紧锁,总是匆忙赶路步履匆匆。我们都对这种状态感到苦恼。但我比那些抱怨的同学稍稍聪明,我的聪明之处便在于我适时地去问了我的母亲。

我是很敬重我的母亲的,在我的眼里,她比任何人都更为智慧。

听了我的叙述后,母亲给了我一个方法:带一只蜗牛去散步。

我微讶,带一只蜗牛去散步?那该要走多久呀! 不过,出于对母亲智慧的信任,我还是照做了。

我从花园里捉了一只蜗牛,在它的背壳上套上细绳,找了一条寂静的江边小路,便开始牵着蜗牛一起散步。

我焦急地等待着蜗牛的前进,蜗牛也很努力地向前爬着。可就算如此,在我等待许久之后,蜗牛也还是只前进了几十厘米,都不够我跨一步的距离。

我对蜗牛再不抱任何希望了,索性就站在原地休息,打算天一黑就回去。

这时,我忽地发现世界一下子静了许多:江面上似乎隐隐有渔歌的回荡;

59

蟋蟀的叫声是那样的悦耳清脆，不再扰人心神；四周的树木是那样的高大，在夕阳的照耀下苍翠劲挺；阳光如金，均匀地铺洒在小路上，使平凡的小路变得神奇。

我久久地沉醉，直到手中的细绳微微一颤，才从美景中惊醒。我低头一看，大吃一惊，原来，那只在我眼中行动迟缓的蜗牛，不知何时竟已走到我的前面去了，旁人看来，便好似蜗牛带着我在散步一样。

我若有所悟：原来，母亲要我带蜗牛散步，其实是要蜗牛带我散步啊！

我明白了。其实只要我们学会欣赏，人生路上有许多美丽的风景值得我们去关注、去珍惜。在前行的过程中，我们也许并未到达过目的地，但仍可以获得许多快乐的体验。

也许成绩仍然不够理想，但在学习的过程中，我还享有破解了一道道难题的喜悦；也许等车的时间仍然格外漫长，但在等待的过程中，我能体会到几个小孩跳跃着去摘取高枝上一片绿叶时的那份雀跃的心情，我能感受到挽手走过身边的两个老人之间那份相互扶持的心意……

享受过程吧，过程才是人生的精华，是生活的智慧，是快乐的源泉。

如果你问我，怎样从无休止的学习工作中获得快乐，我会说："让蜗牛带你去散步！"

点评：本文文题新奇别致，富有吸引力。文章是层层推进的结构，使读者对主旨的理解由浅入深。作者的思路清晰且领悟深刻。先从同学的抱怨写起，显示出作者善于从平淡的生活细节中捕捉素材。让读者跟着"我"的脚步直到"我"停下来发现路上的美景，读者才与作者一同恍然大悟，明白母亲让"我"带着蜗牛散步的原因。作者进而紧扣"享受过程"的观点进一步展开理性思考，追本溯源进行剖析，揭示出"享受过程"的重要意义。作者善于表达，语言流畅，构思巧妙，给人以深刻的感受。

❋ 使用建议

因果关联是文章结构安排上要注意的问题。因学情不同，可能文章结构上的问题各不相同。本教学设计提供了四种方法：确定记叙顺序、线索串联法、镜头组合法和过渡。建议有针对性地选择，或寻找一些新的结构技巧教给学生。但其中提到的常规行文思路，基本是通用的，可让学生仔细揣摩掌握。

✲ 教学反思

本课先介绍了因果关联的内涵和意义，指出文章常用的行文思路，然后介绍了四种结构技巧。因课堂容量有限，以一篇文章为例分析了其中三种方法的运用，另一种方法则以文章《年感》作解析。一篇文章里用到三种结构技巧，属于较高水平层次，学生实际运用中用到一种或两种就已经很好了。本课的内容对六年级的学生稍有难度，所以设计了有坡度的方案供选择使用。

姚源源

第二单元　遣词造句　表情达意

1　锤 炼 语 言
——用词恰当

✿ **教学目标**

1. 体会书面语在写作中的表达效果。

2. 学习用书面语写作的方法。

✿ **教学重点**

培养用书面语写作的意识。

✿ **教学难点**

积累书面语,提高语言的表现力。

✿ **教学设想**

六年级学生的作文保留了小学时的作文习惯:记叙简单,用语随便。经过一段时间动词、形容词、叠词等的专项训练,学生对语言的锤炼有些进步,但口语化现象仍然较严重。本节课就口语向书面语转化作专门的训练,提高学生写作时的书面语意识。

✿ **教学过程**

一、导入

同学们,请看着 PPT,齐读这句话:"欢迎各位领导和前辈莅临指导。"

这句话里用了一个你们不常听到的词语——"莅临",有谁能说说它是什么意思?

(学生回答,教师补充)

如果换成"到来"这个词语,在表现力和表达情感上有什么不同?

(师生互动)

明确:利用现有资源,让学生初步感受书面语的表达效果。

二、问题呈现

1. 只记得在小时候,在老家有一座桥,桥下面有一条小河,河中游着许多小鱼……

2. 我出于好奇心,想去那里看个究竟。我跟她们提出建议后,她们觉得会很危险。

3. 迷迷糊糊的,我们来到了爸爸的家乡。

4. 那里只剩下一瓶矿泉水了,我俩就在那儿争最后一瓶矿泉水……

5. 我到第一人民医院看病。

6. 我走上了一个很高的地方,从上面一跳,水花溅得特别大……

7. 我在老家生活的时间不是很多,也就一年几次吧。

8. 在我的记忆中,我能感受到父爱的时候,除了小时候,就是在下雨天。

9. 广播中传来了叫我们班的声音,就这么,我们走到那儿开始了比赛……

10. 我从小被父母惯得习惯了。

明确:上面这些句子,用语随意,表现力大打折扣。对于作文中存在的这一问题,我们该如何解决呢?

三、转化过程

1. 注意积累词语,明确意思,应用于具体的语境中

"寻思——思考";"搞定、摆平——解决";"自个儿——独自";"好像——仿佛";"哆嗦——颤抖、战栗";"吃惊——惊诧、惊异";"折磨——摧残、蹂躏";"好处——实惠";"老外——外宾";"看病——就诊";"同学——同窗";"小孩——孩童、儿童";"冷不丁——突然"等等。

明确:前者多适用于口语,后者多适用于书面语。前者和后者的语体风格特征具有一定的雅俗之分和文野之别。

2. 养成咬文嚼字的习惯,力求使语言表达准确、清晰、严谨、得体

例句:口语——国庆节的前一天晚上,张德芬坐上西安到济南的 1162 次火车回到她老家去。当火车停在临沂车站,张德芬收拾好东西正准备下车的时候,碰到了到火车站来接她的×××。这时候,急着想回家的张德芬想了很多,

想说啥又没有说,一串眼泪不知道咋地就从她发红的脸上流了下来,于是,他俩就死死地抱在一块,享受着特别幸福的时光……

改句:书面语——国庆节前夕,张德芬乘坐西安开往济南的 1162 次列车回到了自己的家乡。当列车抵达临沂车站、张德芬整理好行李正准备下车时,与前来迎接她的×××不期而遇。顿时,归心似箭的张德芬百感交集,欲言又止,一行热泪情不自禁地从她微红的面颊上滚了下来,于是,他俩紧紧地相拥在一起,沉浸在无限幸福之中……

明确:通过对比,让学生比较赏析,体会书面语与口语表达的不同,为修改作文作铺垫。

四、重点探究

1. 天啦,要迟到了! 我掀开被子,爬下床来,拿过衬衣,穿上鞋子,几步跑进厨房,找出牙刷,挤上牙膏,胡乱刷了几下,然后拿起毛巾,在脸上洗了几把,飞快地跑出屋子。

2. 天啦,要迟到了! 我蹬开被子,翻下床来,拉过衬衣,套上鞋子,几步蹿进厨房,抽出牙刷,涂上牙膏,在口中胡乱戳了几下,然后扯下毛巾,在脸上抹了几把,飞快地钻出屋子。

3. 天啊,要迟到了! 我狠狠地踹开被子,慌忙跳下床来,一把拽过校服,蹬上鞋子,三步并作两步蹿进洗手间,抽出牙刷,随意涂上牙膏,在口中胡乱戳了几下,然后扯下毛巾,在脸上胡乱抹了几下,火急火燎地冲出屋子。

明确:比较以上三段描述,通过口语到书面语的修改,使描写更生动。

五、赏析评点

叶子出水很高,像亭亭的舞女的裙。层层的叶子中间,零星地点缀着些白花,有袅娜地开着的,有羞涩地打着朵儿的;正如一粒粒的明珠,又如碧天里的星星,又如刚出浴的美人。微风过处,送来缕缕清香,仿佛远处高楼上渺茫的歌声似的。

——朱自清,《荷塘月色》

明确:这里运用极富文采的书面语言,把月色下的荷塘描写得淋漓尽致。可见,书面语会让作品的语言更上一个层次。

六、作业

1. 修改自己的一篇习作，用书面语替换口语。
2. 完成作文《珍贵的礼物》，注意运用书面语。

附：学生优秀习作

珍贵的礼物

一捧故土，一方心灵的净土，一份珍贵的礼物！

——题记

伴着一路泥土的芬芳，我的梦仿佛回到了故乡，故土的味道呼唤着漂泊在外的游子的归来，只有在这里，归属感、亲切感和认同感才会从游子们的心里油然而生。

两个月前，我扶着拄着拐杖的太公在家后面的那一大片田野里一步一步地走，太公双眼虽已混浊，却依旧默默地注视着脚下那片褐色的泥土——湿润的泥，抑或是青翠的草。

两个月后，我身着黑衣，手捧鲜花再一次走进这里，脚下雨后的泥土似乎读懂了我，斜斜的草一路指向田野深处那几棵新栽的松柏后那块新屹立起来的大理石。

故土啊，你依旧留下了那些岁月的足迹，供我回忆。故土，你是上天赐予我最珍贵的礼物。

许多年以前，我只是个调皮的孩子，那时黑色的夜空像一块巨大的银幕，在我们的头上，不断上演着神话与传奇。与伙伴一同在青青河岸上仰望星空，仿佛举起手就能摘下星星。

身边的泥土是一位慈爱的母亲的手掌，暖暖的，宽厚的，把我们温柔地捧在手心里。

许多年以后，河水不再流动，河岸边零星摆着几把长椅，夜晚的天变得只剩下黑暗，一切都变了。

一切真的都变了吗？不，还有你，那种故乡泥土的清香依旧在那徘徊，与你手掌对手掌，仍能感受到你的体温。只是我长大了，你变老了，变得粗糙了。时间仿佛回到儿时。

故土啊，你依旧记下了那一长串的故事，记录着我的成长。故土，你是时光赐予我最珍贵的礼物。

现在，邻家的大哥哥拖着旅行箱，将要闯荡外面的世界。老爷爷在路的尽头拍拍他的肩，老奶奶转身走进田野里，捧了一把土装进布袋中，系在他的背包旁，这是他们和故乡一起送给他最珍贵的礼物。

许多年后，大家将会各奔东西，那时候，故土送我一程可好？

是啊，无论身处何地，不能忘的不仅是故乡，还有故土的味道。

最珍贵的礼物非金非银，而是一把最普通的故乡的泥土，故土给予我们的是一片来自故乡的回忆与思念，更是一方心灵的净土。

一捧故土，一方心灵的净土，一份珍贵的礼物！

❉ 使用建议

语文学习就是引领学生不断地揣摩母语的奇幻之处。而在自己的作文中准确、精练、传神地运用词语，更是学生语言能力的体现。在日常的作文教学中，教师要有意识地提醒学生注意遣词炼句，提高语言的表现力。本课从口语和书面语的艺术区别展开训练，今后的作文教学还可从动词的锤炼、形容词的妥帖、叠词韵律等方面培养学生语言的表现力。

❉ 教学反思

这次专题讲座，通过大量的例句分析和阅读体会，引导学生注意用词方面的准确、恰当，加强学生日常写作时规范用语的意识，目的是扩大学生的阅读面和词语积累。如果还能就学生的习作再多做些比较、分析，学生的感悟会更深刻。

王　玲

2　揣 摩 语 言
——语句通顺

❉ 教学目标

1. 了解作文中常见的语病。

2. 培养阅读自己习作的习惯，及时发现语病并修改。

❉ 教学重点

学习发现和修改作文语病的方法。

❉ **教学难点**

揣摩语言,使文章文通句顺,提高语言的表现力。

❉ **教学设想**

学生写作时,总习惯于刚有些思路就下笔行文,一蹴而就。殊不知在写作中,由于思维的不够深入和写作的不够严谨,总会出现许多语病,大大影响文章的表现力。在写作之后阅读自己的作品,发现问题及时改正,是个很好的习惯。

❉ **教学过程**

一、导入

同学们,有谁写好作文后自己再朗读一遍的?默读的有吗?读一遍能读出些什么?

今天我们就来研究一下作文中常出现的语病及修改方法。

二、问题呈现

1. 小明助人为乐,大家都在赞颂他。

2. 我们从小就爱培养远大的理想。

3. 听了这个故事,很受感动。

4. 每当繁星满天的时候,我常常回忆往事。

5. 大约一个小时以后,就有人陆续交卷了。

6. 小艳和小纹放学后到她家写作业。

7. 我国有世界上没有的大熊猫。

8. 我们的张老师像狐狸一样聪明。

明确:上面的例句存在各种各样的语病,这是遣词造句中常见的问题。对于作文中存在的这一问题,我们该如何解决呢?

三、分析原因

1. 平时说话时经常有语病

学生的语言能力是在一点一滴的积累中发展起来的,而许多学生平时说话时不注意语言的逻辑性,导致作文中常出现语病。

语言的学习是不断积累的过程。口语表达占我们语言表达的比例极大,也是形成个人语感的强大基础。如果平时说话时不注意语言的准确性，写作时根据自己的习惯遣词造句，词语搭配不当、语序不正确、表达有歧义等语病就容易在文章中出现。

2. 缺乏生活经验，凭主观想象编造情节

一个学生写自己做错事后"脸涨得通红"，他忽视了因视线所限，不借助镜子或其他媒介是看不到自己脸红的，"火辣辣"才是真实的感受。在写《丰收的田野》时，有学生写道："我们东北盛产玉米，在三月间农民伯伯就忙着播种，七八月玉米已经争着等待收割了。"虽说阳春三月，但东北还是冰天雪地，如何播种呢？东北的玉米成熟期一般在十月，不可能七八月就等着收割。写作经验往往与阅历相伴。缺乏生活经验、凭主观想象编造的情节必然漏洞百出，这也使得学生作文常出现常识性错误，内容违背了生活的真实。

3. 对字和词语运用不认真推敲，没有端正写作态度

不少学生认为，语文这门学科多学与少学短期内看不出区别，在考试成绩上反映不明显，不像其他科目，只要稍作努力便会有明显提升，于是思想上对写作放松要求，造成写作时词不达意的现象屡屡出现。

如"美轮美奂"形容房屋高大美丽，有的学生习作中一切美好事物皆用此词来形容。"溢美之词"是指过分赞美的言辞，常有学生误用于褒义场合。"不可理喻"的含义是不能用道理使之明白，形容态度蛮横或愚昧无知，有学生用它作"不可理解"来使用。对词语的理解不准确，运用时不细加推敲，也严重影响了学生写作中语言表达的准确性。

四、重点探究

阅读下面的作文，运用所学的方法指出文中存在的语言问题，并作修改。

变化（感情篇）

① 新年新气象，对于人们来说，这也许是好事，但也是难事，对我而言，这也是一种难事吧。

② 岁月的流逝，给我带来的不仅是年龄的增长、学业的加重……对一个学生来说，也可以说是理所应当的一件事，不过，更为重要的是，父亲脸上多出的一些皱纹。

③ 父亲的变化，是我不久前才发现的，也许是学业的繁重，又或许是父亲工作忙碌。我与父亲见面的机会也不是特别多，父亲人际关系好，天天和朋友打交道，很少在我睡觉前回来。而且还有一个问题，就算他回来得早，我也在书桌前忙碌。总而言之，言而总之，不是我忙，就是他忙。两人都有空的时候则是少之又少。

④ 最近，他空余的时间好像变多了，不过，我能从他脸上看见岁月的痕迹，那几缕白发，那又多出来的几道皱纹，那疲惫的面庞，都足以令我印象深刻，这毕竟是为了我啊！

⑤ 之前经常有外人这么说："你儿子都那么大了，再过几年，你都不是他的对手了，也就现在欺负欺负了。"是啊，对于这话，他心中又是怎么想的呢，肯定五味杂陈吧。有对于变老的不甘？对我的期待？这是正常的事，不过更多的，还是感叹岁月不饶人，当有了我的那一刻，他就已经开始疲惫了。

⑥ 从小到大，他从没打过我，小时候，听说他也照顾过我，为此熬夜什么的是家常便饭。当我犯错了，骂我更多的是母亲而不是他，虽然私底下经常讨论我的错事，但他很少当面批评，除非我犯了什么道德上的错误，或许他更希望我自己明白错误改正吧。

⑦ 有时他们会认为我还是孩子，有些事情都不放心我去做，当我说要做生意时，他们不放心，总之，各种事都这样，这也许是好事，但仅仅是对他们而言，我们羽翼未丰，无法自由飞行，而现在，我有了些许自主权，当我真正成长的那一刻，我不会让你们担心，我有那个资格，总是要放手，人总有长大的一天，我真希望他们早早作好这样的心理准备。

⑧ 我会记住的，父亲的几缕白发，几道皱纹，这是岁月的痕迹，这是对我的付出的痕迹，每一天送我回家后又去工作，每一天 11 点左右回来，这对您造成了多大的伤害，没人知道，根本没人数得清。

⑨ 我知道，您不愿老去，因为有我，为了我，也为了这个家，您会努力撑起这片天，努力工作，为了我有好的底子，有出息。终有一天，我会代替您撑起这个家，您肯定一直这么希望，一直做我最坚强的后盾。

⑩ 没关系，我想这么对你说，你的坚持也正是我的坚持，我永远不会停下脚步，因为你是我最坚强的后盾。

修改提示：

1. 注意语句中标点的使用。如第⑧节，语意很丰富，要利用标点给内容分层。

2. 语句注意简洁，不要同一内容反复说。如第①段。

3. 注意词语搭配。如第②段中"不仅""也""不过"，使语句的含义不清楚。

4. 注意前后句主语不一致时要有标注，否则令读者不解。

五、作业

运用所学的语句修改方法，修改一篇自己的文章。

❋ 使用建议

这是一节作文修改课，主要训练学生在语句的通顺、语义的准确、词语的恰当这几个方面对作文作修改。其实学生作文还会存在其他的语言问题，教师可以根据自己学生的实际情况，扩展开去，有针对地讲解和训练。语句通顺上，我们还可以从标点符号、关联词的运用上，带领学生研究和修改。

❋ 教学反思

这节作文课，是针对学生往往能发现别人作文中的错误，而自己写作时却注意不到这一情况而设计的。课堂教学中，通过修改同学的习作入手，教会学生作文最基本的要求，即文通句顺。调动起学生积极性后，学生自然养成作文完成后阅读修改的好习惯，加强对文句通顺作检查的意识，进而培养基本的写作习惯。教师也应不断积累典型案例，力争写作指导更有效。

王　玲

第三单元　综合运用　实践语言

1　佳 言 吉 语
——请柬祝福

✿ **教学目标**

　　1. 学习并掌握祝福语、感谢信和请柬的不同写法。

　　2. 能够根据不同情况和对象,选择合适的方式和内容使用祝福语和撰写请柬,感受写作中交际语境要素的作用。

✿ **教学重点**

　　学习并掌握祝福语、感谢信和请柬的不同写法。

✿ **教学难点**

　　能够根据实际情况,选择合适的方式和内容撰写祝福语和请柬。

✿ **教学设想**

　　随着生活水平的提高,人们参加各种宴请的次数也越来越多。不同的宴请,我们对主人所说的话是不同的。同样的,作为主人,我们邀请不同的人,在请柬上写的邀请语也不完全一样。这就是根据不同的对象选择不同的语言进行表达。本课首先是学习使用祝福语,主要是明确面对不同的对象,我们所采用的措辞、语气的变化。然后是学习撰写请柬,在熟悉格式的基础上,请学生根据情境进行写作,进一步加强学生的"读者意识"。

✿ **教学过程**

一、导入

　　同学们,你们有没有受邀参加过宴会? 在参加宴会之前,爸爸妈妈有没有教你说一些祝福语?

　　明确:这个导入意在让学生回忆自己生活中较为熟悉的场景,以便于较好地展开之后的教学环节。

二、祝福语和请柬的撰写

1. 祝福语的使用

以生日为例,整理刚才同学的发言,比较不同。

明确:生日宴请较为常见,学生比较熟悉。不同的人过生日,我们使用的祝福语是不同的。比如:祝福长辈可以用"福如东海,寿比南山"等希望长辈高寿的语句;祝福同辈或者朋友可以用"生日快乐""学习进步"等简单但寄予美好愿望的语句。

2. 请柬的撰写

(1) 概念

过渡:刚才我们送出了祝福,现在我们转变一下身份,变为主人。你的生日快到了,请你以主人身份写几份请柬,邀请一些客人来参加你的生日会。客人有以下几位:爷爷奶奶,好朋友小王、小李等。那么应该怎么写呢?

明确:请柬又称请帖,是邀请宾客参加某一活动时所使用的一种书面形式的通知,一般用于联谊会和纪念活动、婚宴、生日宴、重要会议等,是人们经常使用的一种简便邀请信。

(2) 格式

封面: 请柬(请帖)

背面: 抬头(被邀请者姓名或单位名称) 正文(交代活动内容,如举行座谈会、联欢晚会、生日宴会等;交代活动的时间和地点。如果是邀请观看演出,还应将入场券附上) 结尾(可以用敬语,以示尊重) 　　　　　　　　　　　　　　　　　　　　　　　　　　　　　　　落款 　　　　　　　　　　　　　　　　　　　　　　　　　　　　　　　时间

(3) 自由写作,交流

小结:面对不同的人群,我们撰写的请柬使用的语言是不一样的。对于同学、朋友这些同龄人,格式可以不那么讲究,措辞可以活泼一些,表达一种亲密。若是写给长辈或者不太熟悉的人,请柬的措辞和格式就要正式一些,以显示对对方的重视。如果是一些比较重大的事件,我们的请柬无论哪方面都必须是正式的,以示郑重。

三、写作实践

情境一:某校即将举行建校 100 周年的校庆活动。请你写一份请柬邀请各位校友前来参加校庆活动。

情境二:假如你是这所学校的校友,接到请柬后准备前去参加活动。那么,请你为母校的校庆写几句祝福语。

四、布置作业

1. 完善"写作实践"。

2. 运用今天所学的知识构思作文《祝福》。

✽ 使用建议

在我国,传统的祝福语和请柬用语无论在书写格式上还是在措辞上都有一定的要求。因为课堂的容量有限,所以这些并没有在这堂课中呈现。如果有时间的话,可以在课堂上让学生有所了解,也可以让他们学着写一写。

✽ 教学反思

本堂课主要是祝福语和请柬的写作训练。祝福语比较简单,主要是注意对不同的祝福对象使用不同的措辞,学生比较容易掌握。请柬尽管较为常见,但是学生平时接触比较少,因此安排了关于请柬格式的教学。如果学生一下子不能掌握,也可以用填空的形式,主要让学生明白面对不同的情况和对象,应选择合适的措辞进行表达。这也是此次课堂教学最主要应解决的问题。

胡　晨

2　只　语　片　言
——便条留言

✽ 教学目标

1. 学习并掌握留言条、便条和短信的写法。

2. 能够根据不同情况和对象,选择合适的方式和内容进行留言;感受写作中交际语境要素的作用。

❋ **教学重点**

学会并掌握留言条、便条和短信的格式和写作形式。

❋ **教学难点**

根据实际情况,选择合适的方法和内容进行留言。

❋ **教学设想**

留言条、便条和短信是平时生活中常见的传递简单信息的方式。留言条较为正式,要求格式规范。便条和短信较为灵活,对格式的要求不是那么严格。因此,本课从格式要求相对严格的留言条开始,首先让学生熟悉格式,掌握留言条的一般形式和要素。设置学生熟悉的生活场景,不仅能够帮助他们熟练使用留言条的格式,同时明确不同的对象应用不同的表达方式。接着是便条和短信的写作,让学生进一步深入体会"根据不同情况和对象,选择合适的方式和内容进行留言"的教学重点。布置的作业除了完善课堂写作之外,也是希望学生能够在学习之余学会迁移,将课堂上学到的方法应用到平时的写作当中,比如随笔、考试作文等。

❋ **教学过程**

一、导入

如果你需要简单地告知别人一些事情,那人正好不在,你手边只有纸和笔,你会怎么办?如果这时候,你手边恰好有一部手机,你又恰好知道对方的手机号,你会怎么办?

明确:这样设计导入是为了拉近学生与本课学习内容的距离,让他们觉得留言和便条都是日常生活中经常使用的,不是遥不可及的。现在手机已经普及,尤其是社交软件已有广泛应用,许多学生从小学开始就能熟练运用这些工具来沟通交流。从已知出发,学习新知,能让学生更快进入学习状态。

二、情境设置

设置情境,尝试用短信留言。

放学回家,你发现家中的餐桌上放着一碗汤圆,你尝了尝,味道不错。请你分别给奶奶、妈妈和自己的好朋友发一则短信,说一说这碗汤圆的味道。

明确:这个环节主要从学生比较熟悉的短信入手,让他们明白尽管形式相同,但是面对不同的对象,说话的重点、语言的组织,甚至是语气,都应有所不同。

三、学习留言条和便条的写作

1. 留言条的学习
（1）留言条的格式

抬头(称呼):
正文

　　　　　　　　　　　　　　　　　　落款
　　　　　　　　　　　　　　　　　　时间

明确:这是留言条的基本格式。在教学的时候应引导学生明白有些内容可以根据实际情况省略,也就是根据不同的对象应有不同的表达。

（2）实践演练

情境一:放学回家,家中空无一人。这时你发现桌上有一碗汤圆,碗边还放着一则留言。请你根据实际情况,设想一下是谁留的言,内容是什么,并把它写下来。

明确:汤圆应该是长辈留下的。学生在写留言条时,除了注意格式之外,更要注意措辞和语气,要符合长辈的身份要求。

情境二:你吃完了汤圆,觉得味道还不错。家中依旧只有你一个人,这时有同学打电话来约你出去玩。请你写一张留言条,告诉爸爸妈妈。

明确:这次转换身份,让学生以自己的身份给父母写留言条。可以根据实际情况,在留言条基本格式的基础上加以调整。主要让学生写出自己的个性,学会用合适的方式留言。

2. 便条的学习
（1）思考:在哪些场合我们要用到留言条？哪些场合要用到便条？

明确:面对长辈或者比较正式的场合的留言,需要使用留言条;关系比较亲密的同辈之间,或者关照一些小事,我们可以使用便条。便条是简约版的留言条。

（2）实践演练

① "情境二"中的留言条，能否改为便条？如果能，你打算怎么写？请尝试写一下。

② 你和同学玩得很尽兴，回到家还意犹未尽，想着下周再和同学一起出去。请你发一条短信向同学表达一下这种心情。

明确：这两个写作主要让学生明白面对不同的对象，需要选择不同的表达形式。

总结：通过刚才三次实践活动，我们发现尽管是同一种体裁，但是面对不同的对象的时候，我们应选择不同的方式来表达，同时还应结合具体的情况，根据实际需要来表达。

四、写作实践

情境一：这个周末你和同学约好出去郊游。但是今天你听天气预报，周末可能会下大雨，你想取消这个约会。请你选择今天所学的三种留言方式中的一种向同学说明。

情境二：你还想把这个决定告诉爸爸妈妈，可是他们还在上班，你着急出门去补课，这时你该如何向爸爸妈妈留言？

情境三：晚上，爸爸妈妈下班回家，想告诉你他们已经知道了，可是你已经睡着了，他们又该怎样给你留言？

总结：我们在写作留言的时候要想清楚内容是写给谁看的，从而选择相应的措辞。这也就是"读者意识"。

五、作业布置

1. 完善"写作实践"中所写的三则留言。

2. 尝试用今天所学到的"读者意识"构思作文《真的好想你》。

❖ 使用建议

本堂课是从格式要求最高的留言条开始，也可以根据实际情况从短信或QQ（微信）留言开始，在学生熟悉内容之后再进行格式训练。情境的设置也可以根据学生的情况进行修改，主要应唤醒学生已有的生活印象，消除他们写作的恐惧。

✿ 教学反思

　　本堂课主要学习书写留言。留言条或便条是留言的常用方式。随着科技的发展,利用手机短信或社交软件留言也越来越普遍。其实这些都是留言的不同方式,都要求能够根据对象的不同,在内容、语言形式等方面相匹配。这也是目前学生在作文中所欠缺的。本课训练帮助学生树立读者意识,让学生学会根据不同的情况和对象,选择合适的写作内容和格式。本课设置了学生比较熟悉的情境,学生按照生活中的情况进行写作训练,在潜移默化中培养写作中的"读者意识"。

胡　晨

3　倡言附议
——倡议书

✿ 教学目标

　　1. 理解倡议书的概念、特点,掌握倡议书的一般格式。
　　2. 能结合生活实际,完成一份倡议书。

✿ 教学重点

　　掌握倡议书的一般格式。

✿ 教学难点

　　学习倡议书以情动人的表述方法。

✿ 教学设想

　　在语文试卷"综合运用"中,各类形式的文体、文种都可能会出现。学生在平时的语文作文训练中很少接触"倡议书"类文体,而在现实生活的人际交往、活动、工作中则会经常使用。本课让学生基本了解和掌握此类文体并加以运用。第一步让学生从例文中找特点和规律,认识"倡议书"在现实生活中的实际意义。第二步在掌握了基本法则后,通过具体点评,加深对"倡议书"写作方法的认识。最后通过习作来检验学生的学习效果,学以致用。

✿ 教学过程

一、导入

　　"倡言附议",顾名思义,是借倡议书形式,由个人或团体发出提议,公开提倡某种做法或倡导某项活动,并鼓动别人响应的一种行为方式。倡议书作为日常应用写作中的一种常用文体,在现实社会中有着较广泛的应用。

二、问题呈现

例文:

为了进一步提高学生文明道德修养,建设安全文明校园,给同学们营造一个充满人文色彩与和谐友爱的校园环境,团委宣传部在全体同学中开展"温馨校园"活动,请拟一份相关内容的倡议书。

倡 议 书

亲爱的同学们:

你们好! 美丽、温馨的学校是我们每天生活、学习的地方,我们每天大约有三分之二的时间是在这里度过的。为了使同学们能够更好地学习、生活,需要有一个优美、清净、和谐、温馨的校园环境。我们是学校的主人,理应从我做起,告别不文明行为,创建一个文明和谐的校园。为此,学校少先队大队部向全体学生发出倡议。

首先,积极营造安全、文明、健康、和谐的生活环境,倡导中学生绿色生活、健康生活新风尚,保持积极的生活态度,热爱生活;其次,全体同学应树立现代文明意识,争做文明人,讲荣辱,树新风,养成良好的文明行为习惯;再次,把"文明安全人人讲,道德规范人人守,科学理念人人明"落实到每一个人的言行举止中,实践到校园的每一个角落里,根植到我们学生的内心深处。

校园是我家,文明靠大家。亲爱的同学们,让我们在活动中尽情展现自己的风采,用实际行动谱写文明礼仪的乐章,唱响文明礼仪的音符,为建设文明、和谐的校园贡献自己的一分力量吧!

明确:学校、社会各类不同性质的活动,为得到更多的理解和支持,取得良好的效果和社会影响,可以用各种表现形式和内容的宣传来体现,例如提示语、演讲、倡议书等。在这些形式中,倡议书因其特点而被广泛应用。

而上述例文从格式、内容、特点、宣传效果等角度看,不太符合倡议书的文体要求,也就很难达到倡议书的实效了。

三、赏析例文，了解倡议书的概念和特点

做文明学生的倡议书

各位同学：

我是×班的宣传委员，在这里我代表我们班向全校学生发出倡议：

学校为同学们创造了一个安全、温馨的学习环境，为同学们创设了一个和谐、舒适的学习空间。在学校里，同学们努力学习，健康成长。可是在我们的校园中，总会出现一些不和谐的音符，总会有一些令人不满意的现象出现。清扫干净的校园，总是有人乱扔纸屑。在教室，在走廊，就有我们同学扔下的方便面袋、一次性餐盒、饮料罐、果皮纸屑等，严重影响了校容校貌。课间时有少数同学追逐打闹。有些走读生上学放学不履行签到手续。进出校园时个别同学骑着自行车横冲直撞，完全把校规置之脑后。墙壁、宣传标语上有少数人的脚印和手指痕迹。在书声琅琅的课堂上，有的同学萎靡不振，恹恹欲睡；在安静无声的自习课上，有的同学却叽叽喳喳，高声喧哗；甚至在庄严肃穆的升旗仪式上，有的同学还左顾右盼，窃窃私语。还有一些同学受一些不良风气的影响，出口成"脏"，一点矛盾就"武力"相加。有少数同学为了张扬自己的个性，穿奇装异服，留长发，染彩发，佩戴首饰，把充满知识氛围的校园变成他们的展示舞台。

以上种种现象，虽然发生在少数人身上，但影响较坏，不仅严重地违反了中学生日常行为规范，也破坏了学校为我们提供的优美和谐的育人环境，与我们当今社会所倡导的文明、和谐不相符。一个国家的文明程度取决于国民的素质，一个学校的文明程度取决于我们每位同学。走出教室，代表班级；走出校门，代表学校。你们是否想过我们的文明与否，不仅代表着我们个人的形象，更代表着学校的形象，甚至代表着未来祖国的形象。如果我们连校规校纪都不能遵守，如何能遵纪守法，何以报答我们的父母，何以报效祖国，何以肩负起祖国未来的重任，何以让世人对我们中国人刮目相看。

在此，我们班向全校每一个同学发出倡议：从我做起，从现在做起，从每一个人做起。我们应坚决摒弃我们身上种种不文明的行为，养成良好的行为习惯，做一个自尊、自爱、自信、自强的学生；做一个真诚友爱、礼貌待人、品德高尚

的学生;做一个勤奋学习、积极向上的学生。做到不乱丢垃圾、不损坏公物、强化节约意识、使用文明语言,做一个模范遵守校规校纪,严于律己的人。

同学们,让我们共同携手,创建文明、和谐的校园,做一个文明的中学生。

××学校×班全体学生

×年×月×日

明确:

1. 倡议书的概念

倡议书是由个人或集体为完成某项任务或开展某种活动,发起和倡导某种建议以引起广泛响应的一种专用书信。

2. 倡议书的特点

① 群众性

倡议书不是对某个人、某一集体或某一单位而言的,它往往面向广大群众,所以对象的群众性是倡议书的根本特征。(如例文中的"各位同学")

② 对象的广泛性和不确定性

倡议书是要求广大群众响应的,然而其对象范围往往是不定的。即便是在文中明确了具体对象,但实际上有关人员可以表示响应,也可以不表示响应,它本身不具有很强的约束力,而与此无关的别的群众也可以有所响应。

③ 公开性、号召性和积极性

倡议书就是一种广而告之的书信。它就是要让广大的人民群众知道、了解,从而激起更多人的响应,以期在最大的范围内引起共鸣。(如例文中的"我们班向全校每一个同学发出倡议")

3. 倡议书的类型

从发文主体角度来分,主要有个人倡议书、集体倡议书、职能部门倡议书;从倡议书内容的角度分,有针对某一具体生活事件问题的倡议书和针对某种思想意识、精神状况的倡议书。

4. 倡议书的作用

① 倡议书具有广泛的群众性。它可以在较大范围内调动群众的积极性,使大家心往一处想,劲往一处使,齐心协力共同做好一些有益于社会的事务和开展某些公益活动。

② 倡议书是开展精神文明建设的一个有效的方法。倡议书的内容一般是

与人们的日常生活相关的一些事项,如倡议爱护花草树木,保护生态环境;倡议众志成城,同心协力,克服困难等。所有这些都有利于人们的身心健康,属于社会主义精神文明的重要内容。

倡议书是一种建议、倡导,它不给人一种强制的感觉,所以在这种轻松倡导之中,宣传了真善美,使人们无形之中受到深刻的教育。(如例文中的"同学们,让我们共同携手,创建文明、和谐的校园,做一个文明的中学生")

四、重点探究:倡议书的基本格式和写法

倡议书一般由标题、称呼、正文、结尾、落款五部分组成。

1. 标题

一般由文种名单独组成,即在第一行正中用较大的字体写"倡议书"三个字;或根据倡议书的内容拟定标题,由倡议内容和文种名共同组成(如例文中的"做文明学生的倡议书")。

2. 称谓

倡议书的称谓可依据倡议的对象而选用适当的称谓(如例文中的"各位同学")。有的倡议书也可不用称谓,而在正文中指出。

3. 正文

(1) 写倡议书的背景原因和目的

倡议书要引起广泛的响应,只有交代清楚倡议活动的原因(如例文中"学校为同学们创造了一个安全、温馨的学习环境,为同学们创设了一个和谐、舒适的学习空间"),以及当前的各种背景事实(如例文中"可是在我们的校园中,总会出现一些不和谐的音符,总会有一些令人不满意的现象出现"),并申明发布倡议的目的,人们才会理解和信服,才会有自觉的行动。这些因素交代不清就会使人觉得莫名其妙,难以响应。

(2) 写明倡议的具体内容和要求

这是正文的重点部分。倡议的内容一定要具体化:开展怎样的活动,需要做哪些事情,具体要求是什么,它的价值和意义都有哪些,均需一一写明。(如例文中的:"从我做起,从现在做起,从每一个人做起。我们应坚决摒弃我们身上种种不文明的行为,养成良好的行为习惯,做一个自尊、自爱、自信、自强的学生;做一个真诚友爱、礼貌待人、品德高尚的学生;做一个勤奋学习、积极向上的

学生。做到不乱丢垃圾、不损坏公物、强化节约意识、使用文明语言,做一个模范遵守校规校纪、严于律己的人。")

倡议的具体内容一般是分条列举的,这样写更为清晰明确,一目了然。

4. 结尾

结尾要表示倡议者的决心和希望或者写出某种建议。(如例文中的:"同学们,让我们共同携手,创建文明、和谐的校园,做一个文明的中学生。")倡议书一般不在结尾写表示敬意或祝愿的话。

5. 落款

落款即在右下方写明倡议者的单位、集体或个人的名称或姓名,署上发布倡议的日期。(如例文中的"××学校×班全体学生 ×年×月×日")

五、赏析评点

爱心助学倡议书

社会各界人士、青少年朋友:

走进九月,秋风送爽,新的一学期又开始了。在这个丹桂飘香的季节,全市大多数青少年都能在美丽的校园里安心学习。可是,当我们对一些乡镇中小学贫困学生的家庭状况进行调查后,发现情况堪忧!他们有的父母双亡,由年迈的爷爷奶奶抚养;有的家人病魔缠身,债台高筑……由于种种不幸,导致濒临失学。

扶贫济困、慈善为怀,帮助弱势群体,是人类美好情感的体现,是中华民族的优良传统。希望工程爱心助学活动是一项旨在帮助贫困青少年完成学业的公益活动,被誉为20世纪最有影响的社会公益事业。近年来,我们响应号召,积极争取社会各界奉献爱心,取得了一定成效。2004年,我们积极整合资源,争取社会各界人士支持,并募集助学金近5万多元,资助了200多名学生,得到了社会的好评。

青少年是祖国的希望和未来,是建设家乡的接班人和生力军。基于全面建设小康社会、建设和谐社会的目标,我们决定继续推进希望工程爱心助学活动。为此,我们倡议:广大青少年及社会各界人士都来献一份爱心。帮助一名失学的孩子,将意味着明天我们的社会上少一个文盲,多一名合格的建设者。您只需少乘一次出租车,少吃一份零食,我们就可以为这些孩子的成长奉献一份爱心。这将激励孩子鼓足勇气,战胜困难,重新张开理想的风帆;这也许会改变孩子的一生,让他和他的家人充满希望,用知识改变命运!

"赠人玫瑰,手留余香。"朋友们,让我们共同努力,用爱心托起贫困青少年的未来,托起美好的明天。

希望工程爱心助学活动,真诚期待您的参与!

×校学生会全体同学

×年×月×日

明确:例文符合倡议书的基本格式和写法,而且具有书信以情动人的语言特点。倡议书不仅应该条理清晰,而且必须饱含感情,表达衷情,拨动读者情感之弦,唤起读者情感共鸣。这份倡议书的作者用具体形象的贫困事例感动读者,对助学深远意义的阐释和具体数字的列举,唤起更多人士对此事的关注、理解、支持和行动,达到了"倡言附议"的目的。

六、作业

根据下列材料写一份倡议书:

地球的水资源越来越缺乏,有公益广告这样说:"别让你的眼泪成为世界上最后一滴水。""传说中气势磅礴的金沙江干了,贵州的黄果树大瀑布也只剩下1/4水量了,长江的上游可以徒步'渡'到对岸了,多少城市拉闸限电了,又有多少人为了找到饮水牺牲了……"看到公益广告里他们愁苦的表情,大家不禁要问:"大自然到底是怎么了?"而我们很多同学却洗个澡要花半小时,水龙头打开也不及时关上。为了保护地球的水资源,为了我们的将来,请拟写一份倡议书,倡议全校同学节约用水。

✾ 使用建议

本课学习倡议书的书写,教学过程中引用的诸多例文基本都与学生的学习生活有关,有一定的实践价值。倡议书在社会生活中有广泛运用,教学中可以根据学生的学习需要调整例文,或在格式上适当放低要求,使整个学习过程生动灵活。

✾ 教学反思

语文中考的"综合运用"板块曾有过倡议书写作的考核,而平时学校的活动中也有过"爱心助学倡议书"的撰写,但由于学生平时很少接触应用文,对应用文写作基本的格式、内容要求知晓甚少。通过学习,学生对倡议书的特点、要求等都有了较清晰、完整的认识和理解,但在撰写过程中还是略见生疏,尤其是在表情达意上要能唤起读者共鸣,使倡议书真正具有交际意义,距离这一要求还有一定的差距,应在以后的教学过程中调整改进。

施敏慧

4 故 事 新 编
——课本剧

❀ 教学目标

1. 了解课本剧的特点,掌握课本剧的一般格式。

2. 根据所学课文,尝试简单的课本剧创作。

❀ 教学重点

了解课本剧的特点,掌握课本剧的一般格式。

❀ 教学难点

从文学形式转换的角度,掌握由课文到课本剧的创作技巧。

❀ 教学设想

许多语文课文具有鲜明的形象性,而这种形象性又能通过戏剧表演体现出来。编写课本剧,可以提高学生的写作水平,将戏剧欣赏同语文教学挂钩,起到寓教于戏、以演促学、以美育情的作用。在表演活动过程中,学生巩固和升华知识,创造优美和谐的学习环境和气氛,寓学习于快乐的活动中。教学中先让学生熟悉根据课文改编的课本剧,再通过其他例文,比较完整地掌握课本剧的特点和基本格式。在故事新编中对比不同文体的特点,并完成文学形式之间的转化创作。

❀ 教学过程

一、导入

学习了剧本单元,我们对剧本这一文体产生了浓厚的兴趣。这些剧作家的作品具有鲜明的人物性格和强烈的戏剧冲突。我们有了观看舞台剧的经历,仿佛找到了一个隐约的规律,只要具有故事情节的文体,都能赋予它舞台生命力,能使故事中的人或事鲜活、动态地演绎起来,而帮助我们实现这种可能的就是剧本的创作,课本剧就是剧本创作的最基础的形式之一。

二、问题呈现

语文教本中有一些小说、民间故事、传奇故事、叙事诗等。我们学了不少不同的但富于人物刻画和完整、生动的故事情节的文体,这些文字大大地满足了我们阅读的欲望。可是如何让这些小说中的人物活动起来,让故事情节、美妙情感除了带来心灵的感受外,还能满足我们的视觉和听觉享受呢?

明确:文体的变化,会给我们带来不同的体验和享受,对学生而言,课本剧的改编是一个有益的尝试。

三、赏析经典

赏析经典片段一,初步了解课本剧的概念。

《晏子使楚》剧本

时间:春秋末期

地点:楚国

人物:晏子、楚王、武士若干人、几位楚国大臣

第一场

(布景:楚国城门外,城墙上开了洞,几位武士站在那里看门)

楚王:(得意扬扬地对大臣说)据说这次齐国派的是晏子来访问我国,你们说说,我应该怎样做呢?

大臣甲:(对楚王)他身材矮小,那我们就在城门旁边开个洞吧。

大臣乙:(点点头)

楚王:(笑了笑)就这么办吧!

晏子:(来到楚国,见城门紧关着,接待的人叫他从旁边的洞进去。他想了想,对接待的人)这是个狗洞,不是城门,如果我进去了,那这就是个狗国。

武士:(匆匆跑到楚王面前)大王,大王,齐国的大夫说,要是他从那洞进来,那我国就是狗国,怎么办?

楚王:(看了看两旁的大臣们)你们有什么办法?

大臣们:(都没主意,无话可说)没……没……

楚王:(无可奈何)赶紧去开城门。

第二场

(布景:楚国大堂,正面楚王之位,两旁坐着几位大臣)

晏子:(昂首阔步走进大堂,见了楚王,作个揖)楚王,你好。

楚王:(撇了撇嘴,冷笑一声,打量了一下晏子)难道齐国就没有人了吗?

晏子:(严肃地回答道)我国人可多了,首都的行人脚碰脚跟,大王怎么说我国无人呢?

楚王:既然有这么多人,为什么要打发你来呢?

晏子:(装着为难的样子)你这一问,我怕犯欺君之罪。

楚王:(笑了笑)实话实说,我不生气。

晏子:(拱了拱手)我国有个规矩,访问上等国家,可派上等人去;访问下等国家,就派下等人去。我最不中用了,所以我被派来了。(故意笑了笑)

楚王:(只好赔着笑)

第三场

(布景:楚王安排酒席,两个武士押着一个齐国囚犯从堂下走过)

楚王:(故意)这人犯了什么罪,是哪里人?

两位武士:犯了盗窃罪,是齐国人。

楚王:(笑嘻嘻地对晏子)齐国人怎么这么没出息?

楚国的大臣们:(得意扬扬,想这下晏子可丢尽了脸)

晏子:(仍旧面不改色、站起来)淮南的柑橘又大又甜,可是一到淮北就只能结又小又苦的枳。这不是因为两地水土不同吗? 同样的道理,齐国人在齐国安居乐业,好好劳动,可一到楚国,就做起贼来了,还不是因为两国水土不同。

楚王:(面带歉意)我本想取笑大夫,没想到反让大夫取笑了。

明确:课本剧就是把叙事性的文章改编为戏剧形式。戏剧是一种综合性的舞台艺术,剧本是舞台演出的依据和基础。课本剧以语文教材中的课文为"源",在课文基础上改编成剧本,然后让学生自己编排、自己表演、自己欣赏。

四、重点探究

赏析经典片段,探究课本剧的特点和基本格式。

《爸爸的花儿落了》第三幕

时间:紧接上幕

地点:教室里

人物:老师、英子、英子的同学、英子爸

幕起

(英子狼狈地跑进教室,因为下雨天的缘故,老师并没有罚英子站)

老师:(对着英子)回到你的座位上吧。

英子:(默不作声地回到自己的座位上,拿出课本)

老师:我们先静默再读书。坐直身子,手背放在身后,闭上眼睛,静静地想五分钟……

(同学们都坐直身子,将手背放在身后,闭上眼睛,静静地听着)

老师:想想看,你是不是听爹妈和老师的话? 昨天的功课有没有做好? 今天的课本全带来了吗? 早晨跟爹妈有礼貌地道别了吗?

英子:(鼻子抽搭了一下,紧闭着双眼,不让眼泪流出来)

(静默之中,老师拍了一下英子的肩头)

英子:(急忙睁开眼,既吃惊又疑惑地望着老师)

老师:(将目光移到窗外)

英子:(跟着老师的目光向窗外望去。发现是爸爸,心情一下子变得焦虑不安起来)

英子爸:(在窗外点头示意英子出去)

英子:(用目光征求老师的同意)

老师:(微笑着点点头,表示同意)

英子:(胆战心惊地走出了教室,站在爸爸面前,小心翼翼地问)爸,什么事?

英子爸:(不说话,只是打开手中的包袱,拿出英子的花夹袄,递给英子。看着英子穿上,才放心地拿出两个铜板给英子)

英子:(双手颤颤巍巍地接过两个被雨水淋得冰冷的铜板,泪花儿在眼眶里打转)爸……

英子爸:你早饭也没来得及吃,这两个铜板给你买烧饼吃。小心着凉,衣服多穿点。爸走了,不耽搁你的时间了,快进去上课吧。

英子:(两颊挂满了泪珠)

幕落(剧终)

明确:

1. 适宜改编成课本剧的课文的特点

(1) 故事性强,情节波澜起伏。

(2) 人物不多,性格鲜明突出。

(3) 时空较集中,矛盾冲突尖锐。

(4) 主要通过对话刻画人物。

2. 课本剧的特点

(1) 空间和时间要高度集中。

剧本要求时间、人物、情节、场景高度集中在舞台范围内。小小的舞台上,几个人的表演就可以代表千军万马;走几圈就可以表现出跨过了万水千山;变换一个场景,就可以说明到了一个全新的地方或相隔多少年之后……相隔千万里,跨越若干年,都可通过幕、场变换集中在舞台上展现。

剧本中通常用"幕"和"场"来表示段落和情节。"幕"指情节发展的一个大段落。"一幕"可分为几场,"一场"指一幕中发生空间变换或时间间隔的情节。剧本一般要求篇幅不能太长,人物不能太多,场景也不能过多地转换。初学改编短小的课本剧,最好是写成短小的独幕剧。

另外,要尊重原作。将课文改编成课本剧只是形式上的一个变化,基本的人物、故事情节、主题等要符合原著,不能任意发挥,这是最基本的原则。

(2) 反映现实生活的矛盾要尖锐突出。

戏剧要求在有限的空间和时间里反映的矛盾冲突更加尖锐突出。矛盾冲突分为发生、发展、高潮、结尾。因为剧本受篇幅和演出时间的限制,所以剧情中反映的现实生活必须凝缩在适合舞台演出的矛盾冲突中。高潮部分最吸引观众,是重头戏,要最下功夫。

（3）剧本的语言要表现人物性格。

剧本的语言包括台词和舞台说明两个方面。

台词，就是剧中人物所说的话，包括对话、独白、旁白。独白是剧中人物独自抒发个人情感和愿望时说的话。旁白是剧中某个角色背着台上其他剧中人对观众说的话，可以串联情节或点明含义。剧本主要是通过台词推动情节发展，表现人物性格。

台词要精练，能充分表现人物的性格、身份和思想感情，要通俗自然、明确、口语化，要适合舞台演出。

舞台说明，又叫舞台提示，是剧本语言不可缺少的一部分，是剧本里的一些说明性文字。原文中不能在舞台上表演出来的故事情节要合理剪裁，或通过舞台说明表现出来。舞台说明包括剧中人物表，剧情发生的时间、地点，服装、道具、布景以及人物的表情、动作、上下场等。这些说明对刻画人物性格和推动、展开戏剧情节有一定的作用。这部分内容一般出现在每一幕（场）的开端。语言要求写得简练、扼要、明确。舞台说明一般用括号（方括号或圆括号）括起来。

3. 课本剧的基本格式

人物表

简单介绍……

第一幕（居中）

（时间介绍）

（地点介绍）

（场景布置介绍）

……

A：A 说的话。（A 说话时的动作和表情）A 说的话。

B：（不说话时的动作）

C：C 说的话。

……

第二幕（居中）

……

五、作业

根据小说单元的篇目,选择其中一篇改编成课本剧。

✻ 使用建议

创作、表演课本剧是日常语文教学中为丰富教学手段和形式、延伸教学内容采用的一种教学形式。语文课本中也有戏剧单元,所以学生对戏剧的形式和特点是有所认识的。本课虽然意在激发学生的创作热情和学习兴趣,但从知识角度贯穿整个过程,学生接受的过程偏重于理论,因此本课呈现了两个根据课文改编的课本剧。学生对照原文,明确课本剧改编的技巧,对例文和文本作比较阅读,是学习创作的关键。

✻ 教学反思

根据教材,课本剧学习安排在戏剧单元之后。本课中,学生在对两篇例文和原文的比较阅读中,除了掌握了课本剧的基本格式外,还懂得了文学形式转换中内容的取舍和改编。从整个教学内容来看,懂得课本剧基本格式是相对简单的,但文学形式的转换,并能让读者或观众产生舞台现场感,就需要对文本有深刻认识和解读,而这方面的要求更适合于八、九年级的学生。

施敏慧

七年级

重在体验　心中有情

第 一 学 期

第一单元　艺海拾贝　收获成长

1　体 验 生 活
——详略得当

❀ **教学目标**

1. 能用两三件事写一个人,表现一个中心。

2. 能注意叙述的详略,写好重点段。

❀ **教学重点**

写二三件事做到有详有略、详略得当。

❀ **教学难点**

习作中如何确定详略。

❀ **教学设想**

中学生写作文时常易犯详略不当的毛病。详略得当是记叙文谋篇布局中的重要一环,它在写作中运用得如何,直接影响文章中心的体现。本节课的设计,旨在学习用两三件事写一个人的方法,并有针对性地进行训练。

❀ **教学过程**

一、实例导入

比较下面两篇文章,哪篇写得更精彩? 说明理由。

第一篇:教室里的故事

六年级时,教我们语文的张老师上课非常有趣,我常常会忍不住笑出声来。那时,张老师经常会和我们做游戏,寓教于乐,最好玩的还是"哑句接龙"。

记得有一次上语文课,张老师事先让我们这一列的同学背过身去,并在黑板上写了一行字:"骑自行车,跌了一跤,墨水瓶摔了出来,手碰到墨水,往脸上一抹,成了大花脸。"张老师让其他同学看完后就把字全部擦掉,然后让我们这列第一个同学转过身来,老师按照黑板上的那句话给他做了一串滑稽的动作,惹得讲台下一片笑声。

我在第二排,等第一排同学模仿了老师的动作后传达给我时,我还以为是"一边骑车,一边卖东西呢"!不一会儿,动作就传到我们这列最后一位同学了,只见她忍住笑,告诉老师:"我觉得是洗脸时,有一只虫子掉进了脸盆里。"全班安静了几秒后,突然"哗"的一声笑了起来。张老师在高兴之余,也不忘给大家说明一个道理:"误解和谣言就是这样在传播中产生的。"

第二篇:教室里的故事

在班级管理中,最令班主任头疼的是那些作业拖拖拉拉,但又谎话张口就来的学生。

这不,我们班就有其人:吴凡。他天资聪明、活泼可爱,可交作业的次数屈指可数。刚接手这个班的第一次家庭作业检查,他就给了我一个下马威,收作业时查数少一本,同学们异口同声地说:"少吴凡的,他不交作业!"当时我真想狠狠批评他一顿,但我知道这是徒劳的,因为这样的训斥他一定听得很多了,也未能见效。这不,他脸不红,耳不赤,腰板挺得直直的,双眼盯着我不放,好像有错的不是他,而是我。

我极力让自己强压怒火,镇定些,看他怎样解释。我走到他跟前,也许是看出我没有对他发火的意思,他低下了头,小声说:"我忘带了。"听,多么无力的回答。这时同学们又异口同声地说:"不是,他没做,每次不是忘了带,就是找不到。"从他的表情中也可以看出他确实在说谎,我接着问:"你是现在回家拿,还是明天上学时带来呢? 老师相信你一定是做完忘带了。"我有意识地把最后一句说得重些,给他一个台阶。同学们还想说什么,我用眼神制止了他们。他答应明天带来,我接着说:"你们已经是七年级学生了,这是你们第一次做七年级作业,也是新的开始。每个同学都想给新任课老师留下一个好的第一印象,我相信明天吴凡一定能把做好的作业带来。"说心里话,我没指望他明天能把作业带来。

可是第二天他竟把做好的作业交给了我,真想不到,我的心情无法用语言来表达。尽管我知道他是昨天放学后补做的,上课时,我还是拿着他的作业做了示范,表扬了他。这可能是上中学以来第一次做作业受到表扬,他脸上灿烂的笑容中带有一些歉意。从此每次布置家庭作业,我总是特别对吴凡说一句明天可不能再把作业"忘带"了,并送上几句鼓励的话,他总是用力点点头。在以后的日子里,虽然他也会偶尔地"忘"一次,但我总是相信他,给他补做的机会。真没想到信任的力量竟能收到这样意想不到的结果。

明确:第一篇只叙述了一件事来表现张老师上课有趣的特点,且叙述概括,不能突出人物的特点。而第二篇详略得当地写出了老师改变学生不交作业的坏习惯的具体过程,打造了重点段,内容充实,突出了老师的形象:敢负责和有耐心。为什么会有这样的差别? 关键是要看叙述的详略及重点段对突出人物的作用。

二、方法例谈

1. 回忆经典

夏衍、钱钟书、冼星海是文艺界的著名人物,在中国文学史、艺术史上都占有一席之地。他们的平常生活不为人知晓,《夏衍的魅力》《钱钟书先生》《忆冼星海》这三篇课文的作者是怎样将名人的生活片段展现在我们面前,让我们对这些名人可感可知、可亲可近的呢?

明确:《夏衍的魅力》一文,作者回忆夏衍的九件小事,在对人物言行举止的描写和夹叙夹议中,展示了夏衍独特的魅力——明白透彻,清澈见底,独具慧眼。

《钱钟书先生》一文的作者黄永玉是当代著名的画家,他运用白描的手法,使得一个知识渊博、严谨治学而又淡泊名利的大学者的形象跃然纸上,令人印象深刻。文中几则小故事,足以让我们体会到钱钟书先生独特的人格魅力,同时感受到作者对钱钟书先生的敬慕之情。

《忆冼星海》是一篇回忆性散文。作者与冼星海虽只一面之交,但一见如故,而且有了极其深刻的记忆。作者通过对冼星海的回忆,赞扬了他高尚的情操、真挚的爱国热情和杰出的音乐才华,表达了对这位人民音乐家深切的怀念之情。

2. 佳作赏析:《无悔少年时》(节选)(刘心武)

赏析:作者在本文中通过两件事来写自己不聪明:(1)参加讲故事比赛的失利;(2)第一次答错简单物理问题后,虽经努力学习物理仍没能改变老师对自己的坏印象。前者略写,后者详写。在详写时,作者具体叙述了事情的发生过程,尤其突出了自己在完成了最难的力学题后"物理老师瞪圆了眼睛望着我,他似乎是很不情愿地给我记下了一个 5 分"这一细节。作者打造了自己的重点段,使自己对生活事理的认识更加深入,突出了中心。

3. 方法归纳

明确:什么地方该详,什么地方该略? 一般应注意以下几点:

首先,能突出中心的部分要详写。

其次,次要片断和主要片断相比,主要片断要详写。

再次,反映个人一般情况的材料和能突出个人重要特点的材料相比,能突出个人重要特点的材料要详写。

三、片段练习

以"我们的××老师"为话题,写他(或她)的几件事,突出其性格特征。

四、交流总结

记叙文写作,应注意材料的详略处理是如何为主题服务的。次要材料虽不须详写,但也不能不写,可以根据"点面结合"法来分配。点(详写),体现文章的深度,突出主题思想;面(略写),体现文章的广度,使文章全面、丰满。完全不写次要材料,会使文章的"面"受到影响。

五、篇章训练

参考题:_____,有您在,真好!

要求:能用二三件事写一个人,表现一个中心;能注意叙述的详略,写好重点段。

❋ 使用建议

记事中可以依据主题、文体、内容、中心来定详略。本课的教学仅仅是针对写人的文章进行专题训练。以此为突破口,更好地"总结—实践—改进",仍须不断探索。

✿ 教学反思

本课从"实例""方法"到"动笔写作",比较完整地对写作中的详略得当进行了辅导。课堂上难以对每个学生的习作进行展示,无法对每个学生作有针对性的课堂个别指导,可以通过课堂互评、课后面批等形式强化对学生的个别辅导。

秦　萍

2　感　悟　生　活
——一线穿珠

✿ 教学目标

1. 品读例文,理解线索在文章中的作用。
2. 运用"一线穿珠"的写作方法提升文章表现力。

✿ 教学重点

寻找文章恰当的线索,依文脉有序展开叙述。

✿ 教学难点

运用"一线穿珠"的写作方法提升主旨。

✿ 教学设想

散文的特点是"形散而神不散"。这里的"形散",指的是散文的选材自由广泛;这里的"神不散",指的是主题思想集中、凝练以及有一条明显的行文线索。这种以一条特殊的线索组织材料的结构技巧,叫做"一线穿珠"。本节课的设计,旨在引导学生在行文时"以物为线索",有章有序地组织文章,使行文完美流畅,章法严谨和谐。

✿ 教学过程

一、谈话导入

俗话说,山有千峰,离不开主脉;树有千枝,离不开主干。文章有众多的材料,也应当有一根贯穿全文的主线。在写作时,我们要力求寻找一条组织起整篇文章的线索,以此贯穿全文,使文章成为一个严谨、有机的整体。

二、课文回顾，体悟作用

1. 回忆以下学过的课文的线索，这些线索有什么共性？

冯骥才的《花脸》以（　　　）为线索；

萧乾的《枣核》以（　　　）为线索；

林海音的《爸爸的花儿落了》以（　　　）为线索；

王愿坚的《七根火柴》以（　　　）为线索。

明确：冯骥才的《花脸》以花脸为线索；萧乾的《枣核》以枣核为线索；林海音的《爸爸的花儿落了》以夹竹桃为线索；王愿坚的《七根火柴》以七根火柴为线索。

共性：都是以物为线索。

2. 品味"以物为线索"有什么作用？以《小巷深处》中的"竹棒"为例

天赐给你的呢！总比不知冷热的竹棒强。

颇有节奏地用竹棒叩击着青石板铺成的路面来到我身边。

顺顺利利地代替了母亲常年用的那根光润的竹棒。

顺手取过她那根不知啥时已从角落里拿出来并已磨得又光又亮的竹棒。

还有那根又光又亮的竹棒。

巷里那根长长的竹棒，竹棒后蹒跚着一个长长的、长长的人影。

明确：《小巷深处》前三处对竹棒的描写集中于"竹棒点地的声音"，点到为止的描写可以起到贯穿全文的作用。

后三处对竹棒的描写，"顺手取过她那根不知啥时已从角落里拿出来并已磨得又光又亮的竹棒，叩击着地面向厨房走去""巷里那根长长的竹棒，竹棒后蹒跚着一个长长的、长长的人影"，描写细化，可以丰富内容、深化中心。

以物为线索，在结构、中心、材料和构思上都颇有特色。

3. 例文展示

幸运星（以题目为线索贯串全篇）

在我的床头，挂着一个"幸运星"，棉制五角星形，红红的，很好看。每天做完作业，夜深人静，我把目光投向它，一股幸福的暖流顿时传遍全身，一天的疲惫也"烟消云散"了……

　　话还得从读初一时说起。那时我是校医务室的"常客"，家里人自然很关心我，爷爷奶奶叔叔婶婶，什么高级的补品都往我家里送。（倒叙点明"幸运星"的由来）

　　一天，我又病了，烧得不轻，躺在床上迷迷糊糊睡着了。隐隐听见有人在耳边说话，我睁开眼睛，朦朦胧胧中看见爷爷坐在床边，手里拿着一个星星状的东西。我强撑着坐起来，看着爷爷。他明显老了，曾经乌黑的头发早已失去了光泽，稀稀疏疏只留下几根贴在头皮上，眼角布满了皱纹，眼中亮晶晶的——爷爷在哭？（细节描写爷爷的神态、容貌，烘托对我的爱与担忧）

　　爷爷静静地看着我，摸了摸我的头发，拉起我的手，把那个东西塞到我手里，没说一句话就默默地离开了。站在一旁的爸爸叮嘱我说："孩子，这是你爷爷昨晚到周道士家求来的'幸运星'，说能保你平安。"我点了点头，握紧了"幸运星"，什么都没说。（具体描写爷爷的动作，突出对我的疼爱，第二次点出"幸运星"）

　　或许真是"幸运星"给我带来了幸运，高烧很快就退了。大家都说这是爷爷的功劳。爷爷看着我胸前的"幸运星"，小心地摸了摸它，脸上浮现出一丝欣慰的笑容。（细节描写，表现了爷爷对我的关爱）

　　从此，"幸运星"就一直在我身上。

　　上初三了，经过角逐，我获得了去县里参加知识竞赛的资格，同行的有我的班主任和一位初三的大哥哥。我兴奋地跑回家，向家人报告喜讯。爷爷坚持要跟我一起去，并且千叮咛万嘱咐——带上"幸运星"！（第三次点出"幸运星"）

　　临近考场，班主任和大哥哥在一边等着我一起进去，爷爷却紧拉着我的手不放。他用那双摸过三十多年机器的粗糙的手轻轻地摩挲着我，眼睛湿湿的，说了一句："拿好'幸运星'，进去吧。"（第四次点出"幸运星"）

　　考题并不难。到家后，爷爷牵着我的手，昂头挺胸走在大街上，他在为我骄傲，我的眼睛湿润了。

　　没几天，我捧回了获奖证书，几个烫金的大字飘逸潇洒地印在火红的缎面上，一家人的心情正像那怒放的红花。爷爷把证书捧在胸前，久久地抚摸着，似乎他那颤巍巍的手捧着的是一只盛满水的碗，那么小心、谨慎，还一连声地说："好，好，那'幸运星'还真能给你带来幸运啊。"（第五次点出"幸运星"）

　　这时我犹豫地站起来，用平静的语调说："爷爷，其实那天我根本没带什么'幸运星'。"大家一时都愣住了，直勾勾地盯着我。爷爷拿起证书："那……

这……怎么……"我接过证书放到沙发上,说:"爷爷,对我来说'幸运星'只是个形式,你们对我的关心才是我真正的'幸运星'。我进考场的时候,根本就没在乎什么'幸运星',我想到的只是一件事,那就是决不辜负爷爷您的期望,决不让家里人失望……"(再次点出"幸运星")

屋里很静,泪水模糊了我的双眼,爷爷的眼里也噙满了泪水。我拿起"幸运星",挂在床头,我不必依赖于它了。我很幸运,比谁都幸运。我有爷爷奶奶爸爸妈妈,还有这么多关心我的人,我知足了。"幸运星",他们不就是我的"幸运星"吗!

夜深了,我又一次抚摸着那保持着鲜红颜色的"幸运星",沉浸在幸福之中……(篇末点明"幸运星"的含意,首尾一线贯穿)

明确:"线索"要贯穿全文。动笔时,必须围绕确定的线索,不仅要写清关于这个"线索"的来历、作用,还需要写清这个"线索"的意义和影响。

三、实战演练,习得要领

1. 实践运用

再看一篇《凝聚》。

凝　聚

"班长,竞赛……我们就不上了吧……""我……头疼,想在比赛那天请假。"下个月学校将组织一次很重要的知识竞赛,成绩不理想的几个同学担心因自己而影响班级整体成绩,所以纷纷前来"毛遂自退"。我不由得喜从心生——这些同学真自觉,集体荣誉感真强。一旦他们退出,我们班的平均分定能提高不少,冠军就非我们班莫属啦!我仿佛握住了金灿灿的奖牌,听到了同学们自豪的欢呼,飘飘然陶醉在胜利的喜悦中。

最终,我拒绝了那几位同学的要求,因为我明白靠弄虚作假得来的奖牌是会烫手的,虚荣的光环在阳光的暴晒下迟早会消散,惨白的真相定会暴露无遗。而且一旦有第一次应允,这几个同学就可能永远失去挑战的勇气,习惯于逃避和放弃,还可能给有畏难情绪的同学找到合理的借口,影响集体的情绪,那必将是个恶性循环……

我决定凝聚集体的力量来减轻这几个同学学习和思想上的包袱。一个人的努力是加法,一个团队的努力是乘法。班干部们和成绩好的同学纷纷行动起来,主动帮助这几个想找借口退出比赛的同学,一时间大家学习的积极性前所未有地高涨起来。看,课间少了追逐打闹的身影,同学们忙着彼此提问,加强记忆。听,吃饭时怎么还有说话声?那是我们在交流记忆心得。团队意识和集体荣誉感把我们牢牢地凝聚起来,大家团结一心,不让一个人掉队。凝聚力量,让问题变成了动力。

思考:文章写了一件什么事情?如果要加一条"物"线,并且能够借物喻理,凸显象征,你们觉得加什么好?

2. 交流总结

其实除了以"物"为线索之外,还可以有其他各种线索,如以诗歌、人物情感变化、一句话、人物的一个性格特点等为线索。

四、布置作业

1. 完成《凝聚》的修改。(选择一个事物作为线索,凸显象征)
2. 以"这双手,牵着我"为题,写一篇作文。

附:学生优秀习作

凝　聚

阳光下,窗台的那盆花今天开出了小花苞,我正看着入迷,一声话语打断了我的思绪。

"班长,竞赛……我们就不上了吧……""我……头疼,想在比赛那天请假。"下个月学校将组织一次很重要的知识竞赛,成绩不理想的几个同学担心因自己而影响班级整体成绩,所以纷纷前来"毛遂自退"。我不由得喜从心生——这些同学真自觉,集体荣誉感真强。一旦他们退出,我们班的平均分定能提高不少,冠军就非我们班莫属啦!我仿佛握住了金灿灿的奖牌,听到了同学们自豪的欢呼,飘飘然陶醉在胜利的喜悦中。

我望向那朵花,鲜艳的粉色在阳光下格外耀眼,它一定是凝聚了天地的精华,自强不息,才开出这个花苞的吧!是啊,凝聚才是力量,我不能放弃每一个同学!

最终，我拒绝了那几位同学的要求，因为我明白靠弄虚作假得来的奖牌是会烫手的，虚荣的光环在阳光的暴晒下迟早会消散，惨白的真相定会暴露无遗。而且一旦有第一次应允，这几个同学就可能永远失去挑战的勇气，习惯于逃避和放弃，还可能给有畏难情绪的同学找到合理的借口，影响集体的情绪，那必将是个恶性循环……

<u>清风徐来，饱满的花骨朵在暖阳下随风摇曳，仿佛是在肯定我的想法。</u>

我决定凝聚集体的力量来减轻这几个同学学习和思想上的包袱。一个人的努力是加法，一个团队的努力是乘法。班干部们和成绩好的同学纷纷行动起来，主动帮助这几个想找借口退出比赛的同学，一时间大家学习的积极性前所未有地高涨起来。看，课间少了追逐打闹的身影，同学们忙着彼此提问，加强记忆。听，吃饭时怎么还有说话声？那是我们在交流记忆心得。团队意识和集体荣誉感把我们牢牢地凝聚起来，大家团结一心，不让一个人掉队。凝聚力量，让问题变成了动力。

<u>看，窗台的花儿开了，开得灿烂，开得艳丽，仿佛在对我微笑。</u>

这双手，牵着我

爷爷，一直记得您跟我说过，成长就是在翻山越岭，只有坚强的人才能攀上成功之巅。很幸运，在这一路上有您牵着我，让我从无知走向成熟。

孩提时，您常牵着我到街心花园去晨练，记忆中这双手微微有些粗糙，手掌和手指间都会有老茧，手上的味道常让我想起厨房。您就是用这双手教我打太极拳的，尽管我的动作稚嫩无比，但您仍然不停地鼓励我，手把手地教我一招一式，让我心神专一，直到如今我仍然铭记于心。

现在想来，爷爷您不单单是在教我打太极，而是很早就开始引导我，要心如止水，要有豁达的心境。

印象最深的是我四年级竞选大队委员落败的事。那天，您推着那辆吱吱作响的"老爷车"和我一起静静地走在回家的路上。我只说了一句："我今天落选了。"您用那双粗糙宽大的手，亲昵地拍拍我的头，然后举起手指向了路边一株刚刚冒出芽却又被料峭的春风刮得有些倾斜的小草，说："你看，连野草都能顽强地生存，它深深扎根属于它自己的一方领土，有机会来看看这个世界。努力的人总会得到应有的回报。"此刻我看清了那龟裂的手掌上的道道裂痕，嗅到了爷爷指间那熟悉的洗洁精和油烟味,摸到了您那因为家事操劳而日益粗大的关节,勇气就这样通过这只宽大的手掌传递给了我。

迈入人生花季,已经很久未曾被这双手牵着了。初三真的很忙,我只顾埋头学习。直到那天,为了复习应考,灯下奋战不已,您悄悄端来一碗水煮蛋。蓦然回首间,我看到了您斑白的两鬓,数不清的皱纹,特别是这双手,这双饱经风霜的手,上面的皱纹就像一道道沟壑一般嵌在手背上,指甲盖里卡着黑乎乎的污渍……突然心头一热,每天早上浓稠的小米粥不正是这双手熬出来的,美味可口的丰盛晚餐不正是这双手烹调的,餐后的水果不正是这双手精心安排的……

我明白,虽然这双手许久未曾牵着我,但他每时每刻牵挂着我。

亲爱的爷爷,回望那走过的崎岖的"山路",到处都是您牵着我的身影。您这双手,因为爱,将牢牢地刻在我心里。

赏析:真挚和浓郁的情感赋予《这双手,牵着我》一文较强的笔墨张力和感染力,而作者良好的写作功底又使得这种情感的抒发既饱满充实又酣畅淋漓。构思生动不俗,作者以"这双手"作为写作的重心和情感的载体,从自己的生活中选择了最熟悉、最深切、最动人的材料,从而避免了许多作文所犯的话题和材料游离、情感空洞粗糙等弊病。文章对于"手"的描写细腻真实,这应该得益于作者对生活的细致观察以及对爷爷的深厚感情。文章情感真挚、义气充沛,是难得的考场佳作。

❋ 使用建议

线索可以是一个物,可以是一个人,也可以是一种情思,还可以是一个深邃的事理。本课的教学仅对"物"这一线索进行研讨。可作为线索的物很多,但此物必须要有一定的意义。这种意义可以是象征意义(如"枣核"),也可以是现实意义(如"羚羊木雕"),还可以是历史意义(如"七根火柴")。教学中,教师要灵活指导,引导学生活学活用"一线穿珠"法。

❋ 教学反思

学生对教材中的记叙文印象较深,只是归纳共性的能力尚不强。日常学生写作时,往往把一些随笔中的小片段整合成一篇大作文。随意地拼凑材料无益于组织文意,形成文脉,而"以物为线"的方法可以引导学生通过设置线索去选择随笔的材料,对作文进行构思。

秦　萍

3 储备生活

——横云断峰

✻ 教学目标

1. 品读例文,理解插叙在文章中的作用。

2. 运用"横云断峰,笔意相连"的写作方法提升文章表现力。

✻ 教学重点

探究"横云断峰,笔意相连"的写作方法。

✻ 教学难点

在习作中运用"横云断峰,笔意相连"的方法。

✻ 教学设想

"插叙"指作者有意将正在进行的叙述中断,插入另一段叙述后再继续原来的叙述。本节课的设计,旨在引导学生根据总结的"横云断峰,笔意相连"的写法,写自己身边的事,能使内容具体、形象丰富、主题深刻、情节曲折。

✻ 教学过程

一、导入

"横云断峰"原是国画的一种技法,即用云雾横抹山腰,使山仿佛被遮断了,而实际上却造成山势"远近高低各不同"之感。"横云断峰"不是真正的"断",而是笔断意连。

二、回顾课文,研讨方法

1. 回顾课文《爸爸的花儿落了》中的插叙手法

明确:(1)毕业典礼前:回忆昨天去看爸爸的情景;回忆一年级爸爸逼我上学;回忆此事以后我的变化。(2)毕业典礼开始:回忆爸爸喜欢花。(3)毕业典礼进行中:回忆常常有人要我做大人;回忆爸爸鼓励我独自寄钱。(4)毕业典礼后。

2. 小组为单位,探究插叙的方法

明确:插叙的方法主要有以下三种:

一是插进对有关事件的回忆和追溯。

这种方法通常是运用联想的方式对与主题有关的事件进行回忆和追溯。（如《最后一课》）

二是插进出场人物的身份、性情等。

这种方式一般是为了更加突出文章的中心思想或表达作者一定的人生感悟，适时插入了人物的身份、性情等，从而使文章整体上显得更为连贯自然。（如《孔乙己》）

三是插进某种情况产生的原因或某一事物的来历。

有时为了突出文中主要事物的特点、用途或事件发生的缘由，作者也会适时插进造成某种情况的原因或交代某一事物的来历，进而强化人物形象的表达效果或加剧主要矛盾。如《羚羊木雕》一文中"妈妈说的羚羊是一件用黑色硬木雕成的工艺品。那是爸爸从非洲带回来给我的"，这句插叙既交代了木雕的颜色、材料和来历，同时也突出了木雕的珍贵，为下文爸爸妈妈逼"我"要回木雕埋下伏笔。

三、赏析经典，体会写法

《一世荫凉》(赵立雁)

赏析：文章之所以能打动读者，关键是作者在叙述前后两条不同裙子的同时，运用了插叙方法，增强了文章的感染力。

母亲为了送给"我"一个清凉的夏天，佝偻着身子，疲惫不堪地在灯下一针一线地缝制裙子，况且这裙料是外婆送给母亲的，而她又毫不吝惜地给了"我"。这其中的插叙，为"我"体会母亲那无私博大情怀作了铺垫。

当"我"穿上这黑裙被人嗤笑后，把裙子扔在母亲怀里，又要花裙时，母亲非但没生"我"气，反而安慰"我"："等把这茬儿菜卖了，妈一定给你做条花裙子。"这博大无私的母爱难道还不够享用一辈子吗？写到这里，题目"一世荫凉"的主题自然而现。作者并没有就此搁笔，又运用了一段插叙：后来，"我"发现商店的框台上，大街小巷的姑娘身上都穿着黑裙子，蓦然又想起母亲为"我"缝制的那条黑裙，心里又觉得它很重很重，母亲当时并非不想让我漂亮，而是条件不允许。至此，其意义、价值自明。这里的插叙运用，使文章增色生辉，主题也得到了进一步升华。

四、口头表达

1. 联系自身生活,运用一两处插叙,在小组中简要讲述与自己有关的故事

方法提示:叙述眼前事—回忆事(插叙)—回到眼前。

2. 交流展示

五、布置作业

运用所学的插叙方法,写一写自己身边的事情。

附:学生优秀习作

不曾改变的是爱的温度

嘉定区迎园中学　李杨帆

窗外,小树在寒风中瑟瑟发抖,发出"呜呜"的哀鸣声。

初升的太阳慵懒地看着这一切,冷漠、严峻,一如妈妈的眼神。

是冬天了! 太阳的温度变了吧! 她的炽烈的光芒哪去了,她的灼热的亮色哪去了?

这太阳,真像妈妈。

昨晚的一幕浮现在眼前:

"妈妈,我古诗背好了,作业全做完了。"我一边兴奋地大声叫嚷,一边把书本一股脑儿地往书包里塞。眼睛瞥了一眼闹钟,心里惦记着QQ上的同学。

"哦,那自己再默一遍,确保百分之一百正确。"妈妈冷冷地扫了我一眼,又低头备课。

"总是这样苛刻! 今天是周末,也不让我喘口气,真扫兴!"我小声嘀咕着,用力拉上书包的拉链。

"背出不等于能全部默对,你前几次默写,总出现错别字,不默怎么能过关?"妈妈的眼睛直逼着我,没有一丝温情;语气很严厉,没有任何商量的余地。

我的火气一下子蹿了上来。

"凭什么我都要听你的,你是工作狂,难道也要让我成为学习狂吗?我偏不干!"我举起书包,重重地往桌上一摔,夺门而出,冲向卧室。

回忆往事,委屈的眼泪不争气地流了下来……

幼儿园时,每天清晨,随着妈妈轻轻拉开窗帘的动作,阳光总会调皮地钻进房间。每当那时,我总是像幸福的小猪,懒懒地不愿意张开眼睛。于是妈妈就会用她柔柔的脸,贴着我的小脸蛋,甜甜地说:"宝宝,该起床了哦。"而我总要和妈妈发嗲:"妈妈,我要大吊车吊起来。"然后用手搂住妈妈的脖子。妈妈总是故作"辛苦"地把我吊起来,还不忘说上一句:"小猪又重了哦。"于是我就"咯咯咯"地笑起来,觉得自己真的像在飞长一样。哄好了我,妈妈就又"飞奔"进厨房,开始做早饭。那时候的妈妈,是多么爱我啊。妈妈的眼神,就像春日温暖的阳光。

而现在,她已经全然不顾我的感受,宁可让瘦小的我每天背着大书包去挤公交,也不再像以前那样送我上学;情愿让我的作业本上满是红叉,也固执地不再给我检查作业;在我沉迷于电视剧的时候,她总是不顾我的再三哀求,硬逼着我出去跑步……

妈妈真的不爱我了吗?为什么她对学生,总是那么和颜悦色,对工作,总是那样充满热情,而对我,却那么冷酷?

"还不去刷牙!快点!"妈妈的吼声把我拉回现实,习惯性地拿起水杯,却发现沉甸甸的。轻轻一摇,小水珠快活地挤来挤去,温暖的水温透过指间传递开来。试了一下水温,不冷不烫,正是我喜欢的温度。暖暖的水淌过我嘴里的每一点空间。一定是妈妈!抬眼看妈妈,眼神依然冷峻。

我的眼眶一热:原来妈妈的爱一直都在。

细细想来,如果没有她的冷酷,我怎会渐渐独立?没有她的放手,我又怎会懂得自主学习?没有她的狠心,我又怎会因为锻炼而精力充沛?没有她的苛刻,我又怎能收获默写本上的一个个满分……

窗外,小树在阳光下渐渐挺直了身体。家里,我在母爱的阳光下渐渐成长。

太阳还是那个太阳,妈妈还是我的妈妈。不管怎样,爱的温度从未改变。

✱ 使用建议

插叙是记叙文、议论文等多种文体中常见的表达方式。插叙运用得好,能使文章丰富多彩;插叙运用不当,也会使文章显得零乱而成累赘。因此使用此教学设计时,要注意收集各种实例,自然引入方法介绍,让学生在生生对话、师生对话中习得方法并运用在写作中。

✳ 教学反思

　　"口头表达"是快速掌握插叙方法的重要途径,因此点评环节就显得十分重要。要引导学生意识到:插叙要紧扣中心,抓住读者的感触点,还要巧妙过渡,做到简洁、贴切,不节外生枝,不喧宾夺主,不能有断裂的痕迹,而要做到这些是要下一番功夫的。

秦　萍

第二单元　情之所牵　感怀于心

1　举　手　投　足
——动作描写

✿ 教学目标

1. 具体认识人物的动作描写在表现人物形象中的作用。

2. 赏析经典段落,学习带着情感进行传神的动作描写,掌握动作描写的方法。

3. 学习运用恰当的动作描写刻画人物形象,让人物形象鲜活起来。

✿ 教学重点

掌握动作描写的基本方法。

✿ 教学难点

捕捉鲜活的动作,融入情感再现画面,刻画人物形象。

✿ 教学设想

对于人物的动作描写,学生往往在动词的选择上有失恰当与传神,本课通过学习与指导,提升学生运用恰当的动作描写刻画人物形象的能力。本节课旨在通过学习经典段落,引导学生学会选择恰当而传神的动作描写,进而刻画鲜明的人物形象,并在品味中归纳出有效的方法。所以,第一步从生活中日常画面入手,结合考试作文题“没有说出的感谢”,引导学生对人物动作描写作深入思考。第二步通过学习名家经典片段,理解人物的动作描写在体现人物的内心情感、凸显人物个性及深化文章主旨等方面的重要作用,并归纳出动作描写的常用方法:推敲动词要准确、增加修饰更生动、巧用修辞显传神、其他描写相融合。第三步学以致用,运用习得的方法进行片段训练。第四步通过修改学生的习作,以求达到写作能力的巩固与提升。

✿ 教学过程

一、导入

以日常生活画面入手,引发学生对难忘动作的思考。如:结合考试作文题“没有说出的感谢”,进一步引导学生对人物动作的深入描写作思考。

二、品味经典

我即刻伸手(扯,抓)断了蝴蝶的一支翅骨,又将风轮(扔,掷,甩)在地下,踏扁了……

——鲁迅,《风筝》

明确:表现"我"对小弟弟玩风筝的愤怒与傲然的心情,"我"骄横地踏碎了弟弟的梦想。这也为了下文中更好地表现"我"的愧疚作铺垫。

方法1:推敲动词要准确。

趁爷爷午睡的当儿,悄悄溜到从走廊通往后院的小门口。我脱下褂子,蒙住头顶,用上衣前襟遮盖下半张脸,只露一双眼。……我赶紧用竿头顶住马蜂窝使劲摇撼两下,只听"嗵"一声,一个沉甸甸的东西掉下来,跟着一团黄色的飞虫腾空而起。

——冯骥才,《捅马蜂窝》

明确:一个聪明调皮的捣蛋鬼形象跃然纸上。

方法2:增加修饰更生动。

郑屠右手拿刀,左手便来要揪鲁达,被这鲁提辖就势按住左手,赶将入去,望小腹上只一脚,腾地踢倒在当街上。鲁达再入一步,踏住胸脯,提起那醋钵儿大小拳头,看着这郑屠道:"洒家始投老种经略相公,做到关西五路廉访使,也不枉了叫做镇关西!你是个卖肉的操刀屠户,狗一般的人,也叫做镇关西!你如何强骗了金翠莲?"扑的只一拳,正打在鼻子上,打得鲜血迸流,鼻子歪在半边,却便似开了个油酱铺,咸的、酸的、辣的,一发都滚出来。郑屠挣不起来,那把尖刀也丢在一边,口里只叫:"打得好!"鲁达骂道:"直娘贼!还敢应口!"提起拳头来,就眼眶际眉梢只一拳,打得眼棱缝裂,乌珠迸出,也似开了个彩帛铺,红的、黑的、紫的,都绽将出来。

——施耐庵,《鲁提辖拳打镇关西》

明确:充分体现鲁提辖的威猛,他的疾恶如仇、义愤填膺,令人称快!

方法3:巧用修辞显传神。

他转身朝着黑板,拿起一支粉笔,使出全身的力量,写了两个大字:"法兰西万岁!"然后他呆在那里,头靠着墙壁,话也不说,只向我们做了一个手势……

——都德,《最后一课》

明确:表现韩麦尔先生对国土沦丧的极端痛苦的心情和对侵略者的强烈的愤恨,也表现了韩麦尔先生强烈的爱国主义感情。

方法4:其他描写相融合。

小结:在经典片段中,人物动作描写都是为了突出人物形象而进行的。品读人物的动作描写,我们应认识与理解其在表现人物形象中的作用。同时人物动作描写对体现人物的内心情感、凸显人物个性、深化文章主旨都有举足轻重的作用。高尔基认为,写人物要多行动少说话。老舍曾说,只有描写行动,人物才会站起来。

三、学以致用

1. 揣摩人物心理,锤炼恰当的动词填空,看谁填得更恰当

天啊!要迟到了。我( )开被子,( )下床来,( )过衬衣,( )下毛巾,用牙刷在口中( )了几下,用毛巾在脸上( )了几下,( )上鞋子,飞快地( )出屋子。

明确:可以使用蹬、滚、接、扯、捣、抹、踩、冲等词语。对以上词语进行充分的探讨与交流,体会其作用。也可以有其他不同的动词选择。

2. 让语言生动起来(观察画面,扩写句子)

她踮起脚尖,一个旋转,在台上飞舞着。

写作要求:仔细观察画面,捕捉瞬间的变化,融入情感,运用准确生动的描写表现人物个性。

四、作业布置

运用所学知识,对考试作文《没有说出的感谢》加以修改,要求抓住人物的动作描写,表现人物内心及性格特点。

附:学生优秀习作

没有说出的感谢

嘉定区嘤城实验学校 钟晓雪

那日,我看着电视,无意间调到纪录片频道,片子里正在介绍英国的高地,

我便不禁想起去年的高地之行，还有那一声未说出口的感谢。

去年暑假我们一家去英国旅游。英国的天气很特别，应该很炎热的夏天却如同深秋一般"寒冷"，风透过外套，我打了个寒噤，手凉凉的。

那天，我们去了高地，同行的还有一位印度女孩，齐耳的短发，晶亮的黑眸，带着甜甜的笑意，和司机聊得很欢。

三十分钟后，车停在了一座山坡旁。站在山坡上，放眼望去是一片碧绿色的"海洋"，一条条金黄色的"小鱼"若隐若现，走近一看，是一簇簇金黄色的小花。

在风景如画的山坡留念之后，我们便一个个走下山坡。此时，母亲正和同行的熟人交谈，而父亲忙着给别人拍照。我无奈，只得自己下坡。

这坡不是特别陡，但因为没有专门下山的小道，所以很容易摔跤。这一摔跤，有这么多人看着，而且还有外国人，这脸……

我站在山坡上迟疑着该怎样下山，感觉有人拍了拍我的肩膀，转头一看，是那个印度女孩。她对着我指了指她的肩膀，让我把手放在她的肩上。

我怯怯地抬起手，搭在她的肩膀上。她那温暖的体温瞬间传到了我的手中，给了我凉凉的手一丝暖意。而她在前面缓缓地、小心翼翼地走着，"开辟"着下山的"安全通道"。我搭着她的肩膀，跟在她的身后，一挪一移，缓慢却又极其安稳地走着——她瘦弱的肩膀却让我倍感踏实，似乎在告诉我，她不会让我摔倒。那斜坡在她的眼中宛如平地，我不禁慢慢甩开手臂，左右手协调地摆臂，抬眼望她，她正回我以高高翘起的拇指。仅仅数十秒的时间，她就带着我走下了斜坡。她冲着我甜甜一笑，我愣在那里，还没来得及和她说声"thank you"，她便转身离开了。我的手似乎不再是凉凉的了。

之后的旅途中，由于我的胆小犹豫，始终没有鼓起勇气和她说声感谢，但她小小的帮助却一直留存在我的脑海中，温暖了英国"寒冷"的夏天。

在那片碧绿的山坡上，除了如画的风景，我还发现，善意是可以穿越语言的障碍，仅用一个表情、一个动作，在人们的心中互相传递的。

那一声没有说出的感谢，我想那个美丽的印度女孩会懂。

❋ 使用建议

本课探究人物动作描写的方法，并归纳出动作描写的四种常用方法：推敲动词要准确；增加修饰更生动；巧用修辞显传神；其他描写相融合。这是一个需要循序渐进的过程。建议在课内对这些方法逐步渗透,在此基础上,再让学生完成习作练习,这样教学效果会更好。

✿ 教学反思

人物的动作描写,学生往往在动词的选择上有失恰当与传神。本节课引导学生学会恰当而传神的动作描写,进而刻画鲜明的人物形象,并在品味中慢慢归纳出有效的方法,而对于有吸引力的动词需花更多时间体会。在教学过程中,学以致用的片段训练能产生一定的思维碰撞,学生对动词选择思维活跃,热情高涨。对考试作文《没有说出的感谢》的修改力求巩固学生写作能力的训练。

孙 凤

2 心 绪 起 伏
——心 理 描 写

✿ 教学目标

1. 理解心理描写能展现丰富而复杂的内心活动,表现人物形象。

2. 掌握心理描写的方法,形成心理描写序列化的意识。

3. 训练片段写作,积累写作素材。

✿ 教学重点

学习并掌握心理描写的方法,表现人物形象。

✿ 教学难点

运用一定的心理描写方法准确、形象地刻画内心活动。

✿ 教学设想

在人物的四大类描写之中,心理活动是最丰富复杂、细致微妙而富有变化的一种描写。在前一阶段积累了一定描写能力的基础上,以富有开掘意义的"等待"这一特定的心理描写作为突破口,旨在多角度开拓学生思维,帮助学生掌握心理描写的方法,积累写作素材,形成写作序列化的意识。第一步先深刻理解心理描写的作用及以"等待"为切入点的画面的拓展思考。第二步通过优秀学生作品赏析,理解人物丰富而复杂的内心世界,并归纳心理描写的常用方法:内心独白、其他描写、想象幻觉、环境描写。第三步学生运用习得的方法修改自己的习作,以求达到内化的效果。最后通过作业加以训练,以达到写作能力的提升与巩固。

❋ 教学过程

一、含义与作用

定义:心理描写就是对人物内心的思想情感活动进行描写。

作用:通过对人物心理的描写,能够直接深入人物心灵,揭示人物的内心世界,表现人物丰富而复杂的思想感情。

二、"等待"的话题,拓展思维

思考:生活中有多少等待的画面……

明确:父母等待着孩子的成长,老人等待着小辈的电话,孩子等待着父母的理解,老师等待着学生的领悟,难民等待着救援,花儿等待着雨露,小鸟等待着飞翔,船儿等待着靠岸,小草等待着春天……自然界的万物都有自己的等待。等待是一种情怀,等待是一种体验,等待更是一种境界……

三、学生作品赏析,归纳描写方法

1. 赏析学生作品一,探究人物心理描写的方法

窗台上有一盆百合花。这盆百合花还未开花,只一株亭亭幽立的花苞立在那里,凑近闻已有一股幽香。我拿着水壶给它浇水。水"咻"一下渗进泥土里。快开花呀!我默念着。从奶奶给的一棵小种子,到脆弱不经碰的主干,再到青色的花骨朵,天天小心翼翼地照顾你。瞧,如今已长成为幽幽待放的花苞了!你一定要开花呀!花像是听懂了似的,第二天临夜就开了花,那花的香,一阵一阵飘到我心里。

——家庭篇

方法 1:内心独白。

2. 赏析学生作品二,探究人物心理描写的方法

他是一个提着大包小包,排队等待火车票回家过年的工人。火车站,那里拥挤、混乱的买票队伍就像藤蔓一般,迂回曲折地盘绕着一圈又一圈。他的脸上写着焦虑和无奈。怎么办?连今天在内,已经是第三天来排队了!今年,无

论如何得回趟老家。上帝,保佑我吧!"滴答、滴答",手表的指针马不停蹄地转动着,正如他不安的心。

——社会篇

方法2:其他描写。

3. 赏析学生作品三,探究人物心理描写的方法

时光慢慢流逝,我对着表,看着校门口:"怎么还不来?"我焦急地等待着奶奶来接我。雨越下越大,我撑着小伞,从宽大又遮不住雨的地方移步到校门口小店的屋檐下。半小时过去了,我无数次地看着时间,心里想着:都这么晚了,奶奶怎么还没来,是忘记了还是电瓶车出故障了?难道是她胸闷的老毛病又犯了?校门口原先黑压压的人潮已渐渐退去,我不禁想:不如自己回家好了,但如果我真要就这么走了,一会儿奶奶来了那该怎么办,她该有多着急啊。我倒数着时间,心想:再过5分钟不来我就走了。就这样过了5分钟、10分钟、15分钟,我还是站在校门口……

——校园篇

方法3:想象幻觉。

4. 赏析学生作品四,探究人物心理描写的方法

天空渐渐暗了下来,太阳也躲进了云层。又是一个寒冷的夜晚,这时我们早已在饭桌前享受着丰盛的晚餐和与家人团聚的时光,享受着空调暖暖的风,享受着这美好的一切。可是我的眼前却出现了另一幅画面,我们又可曾想到他们?他们却在无奈地等待着,也不得不等待着,那佝偻的身体,蹒跚的步伐,无力地站在那里。他们连一日三餐都无法保证,没有果腹的晚餐,更没有空调为他们保暖。他们是非洲的难民,在寒冷的冬日里身穿薄薄的衣服,过一夜寒冬。那无助的眼神,渴望温暖的帮助,但他们只能无奈,只能孤独地等待着这寒冷黑夜的结束。

——社会篇

方法4:环境描写。

引导:着重围绕展现丰富而复杂的心理活动及表现的人物形象来描写。

小结:不同的人或同一个人在不同的时间、不同的境遇中,心理活动是不同的。需要用心体会,灵活运用所学方法,才能把丰富而复杂的心理描写得真实、感人。

四、习作修改

学生运用心理描写的方法,修改并交流自己熟悉的"等待"的画面。

五、作业布置

1. 运用已学的方法,以"等待"为题,写一篇记叙文。
2. 回顾、梳理"矛盾"这一特定的心理描写的内容。

附:学生优秀习作

等 待 电 话

嘉定区桃李园实验学校　徐倩瑜

"语文老师让你到她办公室去一下",班长洪亮的声音迫使我从书中抬起头来。"什么事?"我装作漫不经心地问道,心却狂跳不止。只见她神秘地笑了笑说:"去了不就知道了。"

我站在语文老师面前,低着头,双手不知该放在哪里。空调吹出来的热风把我的脸烤得通红,像熟透的西红柿。这时,老师微笑着说:"上海市有个作文比赛,我已经把你上次写的那篇作文寄去了,至于是否能通过初赛,组委会在星期三晚上会打电话通知的,好好把握机会。"我顿时心花怒放,至于后来上课时老师说了些什么,我基本上都没听进去,满脑子想着自己捧着奖状的模样。我仿佛还听到领奖台下雷鸣般的掌声,看到爸爸妈妈欢笑的脸庞……

接下来的日子真是度日如年啊,有好几次我真想对父母说起这件事,可欲言又止,我是想给他们一个意外的惊喜。转眼到了星期三,这天晚上,我抛下所有的功课,早早地等候在电话机旁。我兴奋极了,心里猜想着自己是否能通过初赛。可我等啊等,电话就是不响。我这样奇怪的举动急坏了爸爸妈妈,他们正纳闷,平时最讨厌接电话的我,此时正急切地不放过每个电话的来临。

"丁零零!"电话铃声响起,正在吃饭的我迅速扔下筷子,三步并作两步冲过去,抓起听筒:"喂,我是徐倩瑜,你……"对方迟疑了一下,显然被我这气势吓坏了,半天才说:"×××(我爸的名字)在吗?"原来是找我爸爸的,我大失所望,只好把电话很不情愿地转交给爸爸。

爸爸才放下听筒没多久，电话铃又响了起来。我心头一喜：这次铁定是找我的。我接过听筒："喂，你找谁？""May I speak to……"天哪，对方竟然说英语，我虽然学过英语，但也束手无策，我想都没想就挂了电话。唉！忙来忙去还是一场空。有句话说，希望越大，失望也就越大。看来，我今天真是体验到了。

我软弱无力地倒在沙发上，一开始的激动和兴奋劲全都烟消云散了，剩下的只是无限的失望。可我还是不愿就这样放弃了。会不会组委会忘了打电话？会不会是老师记错了时间？会不会……"宝贝，"妈妈满面春风地走到我身边，"告诉你个好消息，刚才你们老师打电话来说，你的作文已经通过初赛了，而且还得了二等奖。"我从沙发上一下子跳起来，兴奋地说不出话来："你再说一遍？"妈妈又重复了一遍。

我这几天来的努力没有白费，我终于等到了令我期盼已久的电话！

等待虽然是磨人的，但等待之后的结果也是美好的。我真正领悟了"不经历风雨，怎能见彩虹"的含义。我相信，在我今后的人生道路上，这道彩虹一定会越来越美丽！

❋ 使用建议

心理描写是最丰富复杂、细致微妙而富有变化的人物描写之一。把富有开掘意义的"等待"这一特定的心理描写作为突破口，旨在多角度开拓学生思维，掌握心理描写的方法，并帮助学生积累写作素材，形成写作序列化的意识。所以，建议在前一阶段积累了肖像、神态、语言、动作描写能力的基础上，开展心理活动描写的学习与训练，这样写作训练会更有效。

❋ 教学反思

课堂通过优秀学生作品赏析，帮助学生理解人物丰富而复杂的内心世界，并归纳心理描写的常用方法：内心独白、其他描写、想象幻觉、环境描写。其中，内心独白的表现最直接，也是最不易把握的。人物往往具有丰富而复杂的内心情感，所以，在课堂中进行集中而扎实的训练往往能起到事半功倍的效果。运用习得的方法修改习作，学生表现也较为热烈，达到了一定的内化的效果。课堂教学中还需要进一步加强学生心理描写的意识，让写作教学更加有效。

孙　凤

3 言 为 心 声

——语言描写

❀ **教学目标**

　　1. 理解人物语言描写在表现人物形象中的重要作用。

　　2. 通过赏析经典片段,学习人物语言描写的常用方法。

　　3. 学习运用人物的语言描写,突出鲜明的人物个性。

❀ **教学重点**

　　学习人物语言描写的几种形式,归纳语言描写的方法。

❀ **教学难点**

　　赏析经典片段,体会人物语言描写的特点,突出鲜明的人物个性。

❀ **教学设想**

　　人物语言个性化,是语文描写最基本也是最高的要求。本节课旨在引导学生了解语言运用要符合人物鲜明的个性。通过探究语言描写的方法,体验有个性的语言的魅力,并有针对性地进行训练。第一步先深刻理解心理描写的含义与作用。第二步通过赏析经典作品的片段,探究并归纳人物语言描写的常用方法:符合人物身份、展现人物个性、吻合特定环境、反映人物情感。第三步通过两段材料的对比,品味人物语言描写的作用,进一步加强理解与感受。最后运用习得的方法进行写作,以达到写作能力的提升与巩固。

❀ **教学过程**

一、含义与作用

　　语言描写是指对人物说话的内容、语气、声调等作描写,以表现人物的身份、思想、感情和性格。"语言,也就是说话"(吕叔湘语),它是思想的直接实现,是人物内心世界的外在体现之一。对人物说话的内容、语态、腔调及其独特词语、习惯用语等进行细致生动的描摹,是刻画人物形象、揭示人物性格特征的一种重要手段。

二、经典赏析

1. 赏析经典片段一，探究人物语言描写的方法

孔乙己一到店，所有喝酒的人便都看着他笑，有的叫道，"孔乙己，你脸上又添上新伤疤了！"他不回答，对柜里说，"温两碗酒，要一碟茴香豆。"便排出九文大钱。他们又故意的高声嚷道，"你一定又偷了人家的东西了！"孔乙己睁大眼睛说，"你怎么这样凭空污人清白……""什么清白？我前天亲眼见你偷了何家的书，吊着打。"孔乙己便涨红了脸，额上的青筋条条绽出，争辩道，"窃书不能算偷……窃书！……读书人的事，能算偷么？"

——鲁迅，《孔乙己》

明确：众人拿孔乙己的伤疤来取笑，拿他的痛苦来取乐。通过语言描写，勾画出这些人麻木不仁穷极无聊的嘴脸，笑声里蕴藏着一股悲凉的意味。孔乙己的一段话表明了他想清白，但清白不了，又偏要争面子。可见孔乙己生活在矛盾之中而又成为被取笑的对象。人物的语言必须符合人物独特的身份、地位、年龄、职业、心理状态、文化教养等，使读者闻其言便知其人。

方法1：符合人物身份。

2. 赏析经典片段二，探究人物语言描写的方法

他站住了，脸上现出欢喜和凄凉的神情；动着嘴唇，却没有作声。他的态度终于恭敬起来了，分明的叫道："老爷……"我似乎打了个寒噤；我就知道，我们之间已经隔了一层可悲的厚障壁了。我也说不出话。他回过头说，"水生，给老爷磕头。"

——鲁迅，《故乡》

明确：一声"老爷"，"我"与闰土少年时代的纯真友情，完全被封建的等级观念所代替了。中年闰土的神情麻木、寡言少语、阶级性强等形象跃然纸上。

方法2：展现人物个性。

3. 赏析经典片段三，探究人物语言描写的方法

"我也不责备你，小弗郎士，你自己一定够难受的了……大家天天都这么想：'算了吧，时间有的是，明天再学也不迟。'现在看看我们的结果吧。唉，总要把学习拖到明天，这正是阿尔萨斯人最大的不幸……不过，可怜的小弗郎士，也并不是你一个人的过错，我们大家都有许多地方应该责备自己呢。"

——都德，《最后一课》

明确:韩麦尔老师面对自己的最后一堂法语课这一特定的环境,面对调皮贪玩的小弗郎士,既原谅了他曾经的不认真,又作了自责,更点出了阿尔萨斯人最大的不幸。

方法3:吻合特定环境。

4. 赏析经典片段四,探究人物语言描写的方法

突然教堂的钟敲了12下。祈祷的钟声也响了。窗外又传来普鲁士兵的号声——他们已经收操了。韩麦尔先生站起来,脸色惨白,我觉得他从来没有这么高大。

"我的朋友们啊,"他说,"我——我——"

但是他哽住了,他说不下去了。

——都德,《最后一课》

明确:作者是从第三人的视角来写韩麦尔先生的,无法直接涉及人物的内心活动。于是,作者分别结合神态、语言、动作等方面进行描写,表现人物悲壮和不屈的精神。

方法4:反映人物情感。

小结:在以上经典片段中,人物语言描写是为了突出人物鲜明的形象。人物语言的个性化是写作时需要综合考虑的,既要注意人物的身份特点,也要关注年龄、性格、修养等。即使是同一个人,在不同的场合,随着喜怒哀乐情感的变化,说话的语气、神态和内容也不尽相同。

三、对比阅读

1. 玻璃窗被砸坏了,开了一个篮球大的窟窿。班主任走了过来,说:"谁弄坏的?"董小天说:"没看见。"高芳芳说:"是董小天踢的。"董小天不承认。老师说:"还有谁看见了?"李星说:"没看见。"

2. 玻璃窗被砸坏了,开了一个篮球大的窟窿。班主任走了过来,瞪着眼:"谁弄坏的?"捣乱鬼董小天斜着眼,冷笑道:"鬼才知道,又没有人叫我们一定要看好玻璃窗。"旁边的张小勇朝老师做了个鬼脸:"哈,开了口,好凉快哟!"谁知这一下却惹恼了站在旁边的高芳芳,她大声说道:"是董小天,他和张小勇在玩,拿扫把'大闹天宫'。张小勇推了董小天一把,董小天一火,抢起扫把朝他使劲地打去,结果张小勇一躲闪,董小天就打到了玻璃,于是玻璃就碎了。"董小天一

踩脚:"大白天别说梦话！你小心点,不要诬陷好人!"高芳芳理直气壮:"我才不瞎说呢,大家都看见的。你凭什么做了坏事还耍嘴!"老师望了望四周,说:"还有谁看见了?""我……没看见。"李星使劲地咽了一下口水,神情恍惚。

明确:材料2中老师和同学的人物形象通过各自的语言传神地表现了出来。

四、作业布置

运用人物语言描写的方法写一篇关于某个熟悉的人物的文章。

附:学生优秀习作

下 雨 天

嘉定区嫣城实验学校 许桂桂

乌云以看得见的速度聚拢来,不一会儿,就压住了那明媚的日光。这是一场有预谋的抢夺。于是,雨啪啪地下起来,让人觉得大地上会变得坑坑洼洼。

灰蒙蒙的天空。我叹了一口气,母亲还在田里。出门时天气正晴好,现在,只有我去接她了。我看了一眼手中那把黑伞,迟疑了一下,套上我的企鹅雨衣,抓着伞,冲进那雨的世界。

踩在杂草丛生的田间小道上,水花溅起,然后顺着我的小腿缓缓流下去。恍惚间误以为回到了从前,我还是那个喜欢踩水玩的小女孩,而母亲在后面笑着看着她的小淘气,偶尔提醒一下别摔倒,看着我沾满泥巴的裤脚无奈地摇摇头,眼里却是满满的宠溺。我不禁抬头看向东方,加快了脚步向那边走去,那个母亲在的地方。

像是有心灵感应一般,她一眼就看到了我,然后大声叫我的小名,那挥手的样子像极了……下雨天,我站在校门口等着母亲来接我,然后在拥挤的人群里一眼认出了她,也这样兴奋地挥手大声叫妈妈。每次都在我一声呼唤后,她便发现了我。想着,我跑了过去。雨下得太大,有些干活的人一咬牙跑回家去。我去时,母亲正和隔壁阿姨一起避雨。隔壁阿姨笑着对母亲说:"还是你家闺女好,下雨了还来接你,我就只有等雨停了再走喽。"母亲笑笑:"她啊,她是下雨了要到处野。"话虽如此,但眉眼间是掩饰不住的高兴。一边说着,一边把我的雨衣解下来递给阿姨,"看这天色,还要下一会儿,先穿着这雨衣回去吧,我跟她打一把伞就行了。"隔壁阿姨接过雨衣,脸上满是高兴地回家了。

我笑了笑,看着那把伞,以前还可以两人撑,现在却是不行了。像是怕我有什么想法,母亲说:"能帮人一把就帮一把,我淋点雨没什么大事。"我反驳道:"我又没说什么,我才不是小气的人。""那就好啊!以前让你借雨衣给别人你还不肯。"我哼了一声,无话可说,心里却嘟囔道:"每次还不是被扒去借给别人了。"

又是那长满草的小路,不知怎么,已经过了那个调皮的年龄,我也已不再爱踩水花,可是母亲每次却还会提醒我。

我突然开口:"妈,以前下雨天你接我,那么多小朋友都在叫妈妈,怎么我一叫,你就听到了啊?"她看着那把伞说:"不知道,我一听就听到了呗。"

我不再说话,也看着那把伞。迷迷糊糊中小女孩清脆地叫了声"妈妈",然后女人迅速找到了声音传出的地方,一时间,她们的眼里只有对方。女人每天都会看天气预报,可只要女儿在家,她总是忘带伞。雨中,女人看着一个地方,像是期待着什么,然后看到了一个身影,兴奋得像个小孩……

✳ 使用建议

人物语言的个性化,是语言描写最基本也是最高的要求。它是思想的直接实现,是人物内心世界的外在体现之一。对人物语言的内容、语态、腔调及其独特词语、习惯用语等进行细致生动的描摹,是刻画人物形象、揭示人物性格特征的一种重要手段。建议在上这堂课之前,可以让班级学生先做一些观察与记录,为课堂实践做好铺垫。课堂中,学生通过探究语言描写的方法,体验有个性的语言的魅力,并有针对性地进行训练。

✳ 教学反思

课堂通过经典作品赏析,让学生理解人物语言描写对于反映人物形象的作用。通过赏析经典作品的片段,探究并归纳人物语言描写的常用方法:符合人物身份、展现人物个性、吻合特定环境、反映人物情感。这一方法遵循学生的思维逻辑,教学中互动性强。通过两段材料的对比,品味人物语言描写的作用,进一步加强理解与感受,学生的反映也较热烈,理解也很深入。运用习得的方法进行写作,也实现了学生写作能力的提升。

孙 凤

第三单元 寄情山水 风景依旧

1 水天一色
——调动五觉

✽ **教学目标**

    1. 学习并掌握调动五觉来写景,具体、生动地写出景物特点的方法。

    2. 培养细致观察景物的能力。

✽ **教学重点**

    如何调动五觉,具体、生动地写出景物的特点。

✽ **教学难点**

    仔细观察,具体、生动地写出景物的特点,表达出自己的感受。

✽ **教学设想**

    学生在写景状物时常常出现语言单调,写得不具体、不生动的现象。本节课主要是让学生学习调动五觉把景物写具体、写生动的方法。第一步先通过朗读、分析课内所学的名家名篇片段等,明确调动五觉把景物写具体、写生动的方法。第二步运用习得的方法进行思维训练,播放一段桂花开放的视频,要求学生当堂写一段话。通过教师精心设计的一些问题,引导学生调动五觉进行写作,完成后学生互相交流、点评。最后通过作业加以巩固与训练,从而完成本堂课的教学目标。

✽ **教学过程**

一、欣赏 MTV,导入新课

    播放《送别》MTV,从优美的旋律中感知情景交融的画面给人带来的视觉和内心的共鸣。

二、学习例文,感受作者如何把景物写具体、写生动

    1. 例文一:朱自清的《春》片段

    桃树、杏树、梨树,你不让我,我不让你,都开满了花赶趟儿。红的像火,

粉的像霞,白的像雪。花里带着甜味儿,闭了眼,树上仿佛已经满是桃儿、杏儿、梨儿。花下成千成百的蜜蜂嗡嗡地闹着,大小的蝴蝶飞来飞去。野花遍地是:杂样儿,有名字的,没名字的,散在草丛里,像眼睛,像星星,还眨呀眨的。

"吹面不寒杨柳风",不错的,像母亲的手抚摸着你,风里带来些新翻的泥土的气息,混着青草味儿,还有各种花的香,都在微微润湿的空气里酝酿。鸟儿将巢安在繁花嫩叶当中,高兴起来了,呼朋引伴地卖弄清脆的喉咙,唱出婉转的曲子,跟清风流水应和着。牛背上牧童的短笛,这时候也成天嘹亮地响着。

朗读思考:说说作者是如何把景物写具体、写生动的,突出了景物怎样的特点。

（1）细致观察,生动描绘。

（2）调动人的视觉、听觉、嗅觉、味觉、触觉,从景物的形态、颜色、声音、味道、性质等着笔。（本节课的重点）

（3）运用比喻、拟人等修辞手法。

具体分析:

视觉——红的像火,粉的像霞,白的像雪。

听觉——花下成千成百的蜜蜂嗡嗡地闹着。（鸟儿）呼朋引伴地卖弄清脆的喉咙,唱出婉转的曲子。

嗅觉——风里带来些新翻的泥土的气息,混着青草味儿,还有各种花的香,都在微微润湿的空气里酝酿。

味觉——花里带着甜味儿。

触觉——"吹面不寒杨柳风",不错的,像母亲的手抚摸着你。

明确:这篇文章中作者调动五官,从视觉、听觉、嗅觉、味觉、触觉等角度描写生机勃勃的春天,显得细致逼真,让人有身临其境的艺术享受。

2. 例文二

这湖水真静啊,平静得像一面镜子,轻盈盈的,没有一丝的涟漪。微风像一双无形的手,把薄薄的晨雾轻轻地驱散了,袅袅升入高空。湖中,荷花散发出淡淡的清香,碧绿的荷叶微微地摇晃,好像怕惊动了静静的湖水似的。岸边的柳树像舒展腰肢的少女,将长长的柳条垂到湖面上,抚摸着静静的湖水。

分析：

视觉——这湖水真静啊,平静得像一面镜子,轻盈盈的,没有一丝的涟漪。岸边的柳树像舒展腰肢的少女,将长长的柳条垂到湖面上,抚摸着静静的湖水。

嗅觉——湖中,荷花散发出淡淡的清香,碧绿的荷叶微微地摇晃,好像怕惊动了静静的湖水似的。

明确:这一段描写,借助人的视觉、嗅觉,描摹出了湖水的静态美。同时,运用比喻、拟人等修辞手法,将难以捕捉的景物描摹得有形、有味、有声、有情。

3. 分析小结

调动五觉(眼、耳、鼻、舌、触)就是通过人的各种感官,充分接受外界的信息(光、声、嗅、味、触等),从而表达出对事物多重感知的方法。如果能够在描写过程中,"视、听、嗅、味、触"等五觉并用,将会产生更加细腻、逼真的描写效果。

三、即兴写作片段,全班交流

1. 播放视频(校园的桂花盛开了),要求仔细观察。

2. 写作指导,思考下列问题:

(1) 你看到了哪些景色?

(2) 你看到了哪些颜色?

(3) 你听到了什么?

(4) 想象一下,会闻到什么?

(5) 你感受到了景物有怎样的特点?

3. 当场写作,交流

说明:先让学生以小组讨论的方式,说说这些写景的句子美在哪里,应如何抓住景物特点把它写具体、写生动。学生完成写作后再进行交流、点评。

四、布置作业

以"美丽的(季节)"为题,要求调动五觉,写出某季节的特点,字数 500 字左右。

附:

1. 即兴写作片段

校园的桂花盛开了

在飘飘忽忽的秋雨中,校园的那株桂花开了!(首句点题)它亭亭玉立于花坛之上,宛若披着轻柔薄纱的新娘。(从远处写桂花树静止的形态)走近一瞧,银灰色的树干托起一团绿云般的树冠,密密肥实的叶片中点缀着一簇簇星星点点的米黄色的小花,好像秋天田野沉甸甸的稻穗,又似节日之夜金灿灿的焰火,煞是好看!(从近处写树干、树冠、叶片、花朵的形状、色彩)

清风徐来,桂枝瑟瑟,芳香四溢,把整个校园都熏醉了!(从视觉、嗅觉写桂花的动态)吸一口,甜津津的;掬一把,清爽爽的。(从嗅觉、触觉写花的香味)只要你从这儿经过,准会给你染上一身浓浓的馨香。古诗赞桂花:"月中有客曾分种,世上无花敢斗香。"可见,桂花的芳香在花的王国里是出了名的。(在嗅觉基础上结合诗句写出总的感受)

2. 学生优秀习作

美 丽 的 秋 天

时光不停地向前流去,天气渐渐凉爽起来,吵人的蝉鸣声被秋风吹散了,代替它的是晚间草丛中的蟋蟀的鸣声。秋天带着一身金黄,迈着轻盈的脚步,悄悄地来到了我们中间。

看,那山那水那林间小道,哪一处不都是那么美。仰望,山重重叠叠一片深绿,看不到黄色的秋叶,全是苍翠的松树,没有丝毫的秋意。山上蜿蜒的石阶隐隐约约地出现,像一条蜿蜒的长蛇在林中爬行。天,蓝得像海水,几朵飘飘悠悠的浮云,洋洋洒洒地点在天空中,像一幅美妙的图画。

走在小道上,道边的矮小植物真是好看,红的、黄的、绿的混在一起,像神奇的调色盘。那红的是那么的红如烈火,那黄的是那么的金光闪耀,那绿的又是那么的绿,绿得逼你的眼。我想全天下的颜色属它们最漂亮了。路边还有一些高大的植物,它们几乎都是松树,绿油油的,特别是雨后阳光照在上面格外的好看。顺着小道往上看,我只有一个感觉,就是幽静。

一路风景迷人,山顶上更是美不胜收。往下俯视,一切都是绿的,只在松树林中的缝隙里看到了一点金黄。青山倒映在湖面上，湖面就像滴翠似的，美极了！山外的下面是城市，城市尽收眼底，白色的居民楼，灰色的工厂，银光闪烁的停车场，都显得那么渺小。远看连绵起伏的山若隐若现，多么像一幅水墨画。天和山也连成一片，天显得那么低。近看，大片大片的矮小植物红似火，中间还点缀着小白菊，红白相映，看上去多像一个花园。蜜蜂也在中间凑着热闹。

一阵秋风吹来，带来了一丝凉意。空气还是那么清新，并没有因为是下午而变得干燥。这风使我心旷神怡，疲惫的身子抖擞了一下，又挺立了起来。秋风如同一支神奇的画笔，给树叶涂上了红色、黄色、绿色、紫红色等各种各样的色彩，绘出了一幅五彩缤纷的山水画。秋风还带来了清脆的鸟叫，那叫声优美婉转。

美丽的秋，希望我再能听到你那轻盈的脚步声。

✲ 使用建议

本节课主要是学习调动“五觉”把景物写具体、写生动的方法。为了调动学生的学习积极性，可选择播放 MTV 来创设教学情境。在播放一段桂花开放的视频前，教师设计了一些有针对性的问题，让学生边想边看，然后引导学生调动“五觉”当堂进行写作，完成后学生互相交流、点评。最后通过作业加以巩固与训练，从而完成本堂课的教学目标。

✲ 教学反思

新课导入时播放《送别》MTV，创设教学情境，激发学生的学习兴趣。赏析名家经典片段，学习并掌握调动“五觉”把景物写具体、写生动的方法。播放“桂花开放”的视频，学生观察后进行写作，然后交流点评，视频的直观形象更有利于学生的写作。

赵　萍

2　风景秀丽

——联想想象

✲ 教学目标

1. 了解联想和想象的区别。
2. 从具体事物出发，进行恰当的联想和想象。
3. 活跃思维，培养联想与想象能力。

❋ 教学重点

了解联想和想象的区别,学习联想的一些常用方法。

❋ 教学难点

从具体事物出发,进行恰当、合理的联想和想象。

❋ 教学设想

许多学生的作文内容材料单薄、记叙平淡、味同嚼蜡,一个重要原因是缺乏一定的联想和想象。本节课主要探究联想和想象的区别,学习从具体事物出发,在写作中展开合理的联想和想象。第一步讲故事导入新课学习,激发学生的学习兴趣。第二步明确联想和想象之间的区别,掌握联想的一些常用方法(相似联想、相关联想、对比联想等)。第三步学生修改作文片段,学会合理运用想象和联想。最后通过作业加以巩固与训练,以达到写作能力的提升。

❋ 教学过程

一、讲故事,导入新课

1. 数字笑话

(1) 1 对 7 说:"你别以为把头低着我就不认识你!"

(2) 7 对 2 说:"下跪干什么啊?"

(3) 6 碰到 9(大吃一惊):"哎,兄弟,怎么倒立着走路啊?"

(4) 学生猜:0 碰到 8,0 不屑地说:"胖就胖呗,还系什么裤腰带啊!"

小结:爱因斯坦说过:想象力比知识更重要,因为知识是有限的,而想象力概括世界上的一切,推动着进步,并且是知识进化的源泉。

这些数字多么会想象和联想。这节课也让我们来尽情展示想象与联想的魅力。

2. 故事

一个寒冷的冬天,纽约一条繁华的大街上,有一个双目失明的乞丐。那乞丐的脖子上挂着一块牌子,上面写着"自幼失明"。经过的人似乎没看见他似的走开了。有一天,一个诗人走近他身旁,乞丐便向诗人乞讨。诗人说:"我也很穷,不过我给你点别的吧。"说完,他便随手在乞丐的牌子上写了一句话。

那一天,乞丐得到很多人的同情和施舍。后来,他又碰到那诗人,很奇怪地问:"你给我写了什么呢?"那诗人笑笑,念出牌子上他所写的句子:"春天就要来了,可我却不能见到她。"

(1)提问:先不看结尾,你能猜到这个诗人给乞丐写了一句什么样的话吗?

(2)提问:为什么路人看了这句话都更愿意给乞丐献上自己的同情和施舍?

分析:当时正是"寒冷的冬天",人们盼望严冬早日消逝,春天早日到来。诗人写的"春天就要来了"就如同报晓金鸡的第一声高啼,唤起了人们对春天的憧憬和遐想,给人们带来了生机和希望。紧接着写的"可我却不能见到她",真切地表达了乞丐痛苦、不幸、无比失望的情感,也表现出了乞丐热爱生活、珍惜生命,于是就唤起了人们的同情、怜悯和关爱。这就是一句话给人带来无尽的想象空间后产生的奇妙的力量。

3. 画一条波浪线,由这条波浪线你们可以想到什么?

归纳:由一条短短的波浪线,我们可以想到大海的波涛、蜿蜒的小路、学习成绩的起伏不定、音乐跳动的旋律,也可以想到曲折的人生之路……

这一切证明,联想和想象都是由此到彼的心理过程。由一点出发,从多个角度想象,这个彼可以是具象的直观画面,也可以是抽象的人生哲理。

明确:给学生提供较为宽松的作文氛围和自由畅想的空间,让学生在作文中运用想象和联想,展示学生丰富的感情与浪漫的情怀,允分挖掘学生内心深处最真实的想法,让学生的心灵与情感在想象、联想中得到倾诉与释放。

二、关于联想和想象

1. 明确两者的区别

联想与想象是不完全相同的。联想是由一个事物想起另一个事物的思维活动;想象则是在原有感性形象的基础上创造新的感性形象的思维活动。

联想是想象的初级阶段,想象是在联想基础上的升华。

2. 掌握一些联想的方法

(1)相似联想:借助事物之间相似之处展开的联想,如由雪想到柳絮、白色梨花;《从百草园到三味书屋》,由覆盆子联想到小珊瑚珠攒成的小球;《香山红叶》,由香山红叶联想到老向导也像秋天的红叶,越老越红;朱自清的《威尼斯》,由威尼斯的地理特点联想到中国江南水乡的情景。

（2）相关联想：这种联想是以某一事物作引子，引起与此事物有关的事物的联想。如鲁迅的《风筝》，由看到冬季北京的风筝，展开联想，引起往事回忆。这种联想在文章中常用于倒叙，造成悬念，使行文自然合理，使情节曲折有致，能收到较好的艺术效果。

（3）接近联想：这是一种由事物之间的形象、性质、特点等相接近而引起的联想。这种联想能把事物表现得更加深刻、全面、突出，引起读者由此及彼的思索。如巴金的《灯》，由"灯"的作用联想到"灯塔""火炬"的作用。

（4）对比联想：将彼此对立的事物联系起来思考，由一事物而联系到与之截然相反的另一事物。如：由风雨中的小草联想到温室里的植物；看到眼前凋零的花朵，想到它过去曾经绽放的美丽。鲁迅的《故乡》，写中年闰土时联想到少年闰土的形象，以此与中年闰土的形象相对比，突出闰土的悲剧性。

3. 展开联系和想象时的注意点

想象与联想并不是胡思乱想、胡编乱造，应掌握其具体的要求，即要合情合理、恰当自然，要符合事物特征，要符合生活逻辑；注意事物之间的联系，避免将风马牛不相及的事物生拉硬凑在一起。

三、修改作文，学会在作文中合理运用想象和联想

可爱的牵牛花

长长的藤蔓上长满了牵牛花。

细看她的身段，是一节连着一节的，在每一个关节之处，总有一些细细的小丝丝儿。不要小看这些柔软的细丝，牵牛花那庞大的藤蔓身躯就是靠着这些细小的"脚"才爬上墙头，攀上大树，缠住光滑的竹竿的。

春回大地的时候，一瓣瓣小叶芽便从这些小"脚"旁滋生出来。到了夏末秋初的时候，这些叶子就会萎落下来，而在叶柄两旁的花蕾又冒了出来。过不了几天，花蕾越开越大，形成了一个筒型的模样。所以人们又叫她"喇叭花"。

牵牛花盛开时，散发出阵阵香味。

啊！我可爱的牵牛花。

要求：在文中加入适当的想象和联想，突出牵牛花的特点，给人留下深刻的印象。

四、布置作业——完成作文

题目:漫步在_____（可填乡间小路、校园花径等）。

要求:

1. 联想、想象要恰当合理。

2. 写自己熟悉的东西,写得具体而有意义。

附:

1. 修改稿

可爱的牵牛花

弯弯曲曲的、蜿蜒伸展的牵牛花,长长的藤蔓上缀满了翠绿欲滴的叶片和五颜六色的鲜花。盘起来,像花环;簇一团,似花篮。横过溪流,搭成了一座美丽的桥;穿过荆棘,筑好了一条铺满鲜花的路。这一串串不知疲倦的牵牛花,就像一个个长途跋涉的旅行者,翻过山崖,跨过涧水……

细看她的身段,是一节连着一节的,在每一个关节之处,总有一些细细的小丝丝儿。不要小看这些柔软的细丝,牵牛花那庞大的藤蔓身躯就是靠着这些细小的"脚"才爬上墙头,攀上大树,缠住光滑的竹竿的。

春回大地的时候,一瓣瓣小叶芽便从这些小"脚"旁滋生出来。几番风雨吹打,小叶芽便变成了心形模样的又肥又嫩的绿叶片。到了夏末秋初的时候,这些圆圆的叶子仿佛完成了她们的使命似的,一个个渐次"退休"——萎落下来。而在叶柄两旁的花蕾又悄悄地冒了出来。过不了几天,花蕾渐渐地绽开了她的笑脸,使着青春的劲儿,越开越大。开口的地方特别大,后面形成了一个筒型的模样。它的模样正像小喇叭,所以人们又叫她"喇叭花"。这些花的开口部分颜色各异,有淡红、紫红、紫蓝,而筒部都是白色的,煞是好看。

牵牛花盛开时,嫩嫩的花蒂释放出流不尽的芳香,香气溢出"喇叭",沁入我的心田。淡淡的花香,带着一股似甜非甜的味儿,真叫我如醉如痴。恍恍惚惚之间,一阵微风吹来,这些花儿全部变成了五彩缤纷的蝴蝶,翩翩起舞,我的心儿也不由得荡漾起来,随着蝴蝶一道,飘啊,飞啊,仿佛进入了一个神奇的梦境:雨后彩虹,蓝天,白云,大海……

风停了,细看牵牛花,只觉得她们在向我微笑,向我招手。我凑上去,真想摘一朵两朵,再重温一次儿时涂染十指的梦。但是,我没有摘。我只是伫立凝视,只觉得这一串牵牛花不只在我眼前,更犹如在我的心中流淌着,流淌着,载着我奔向美丽的未来。

啊!我可爱的牵牛花。

2. 学生优秀习作

漫步在语文世界

当你走进祖国的高山大川,徜徉在故乡的小桥流水旁;当你放眼这纷繁的世界,关注多彩的人生时;当你倾心人际的交往,漫步在丰富的生活中;当你走进灿烂的文学名著,沉醉于精彩的影视作品里……你观察,你思考,你体验,你欣赏,语文已是那"润物细无声"的春雨,滋润着我们的心田,让我们在语文的世界中漫步……

漫步于——诗海

我曾与杜甫同行,登上巍峨的泰山,在云雾缭绕中感受"一览众山小"的境界。我曾与陶潜漫步,在这怡人的菊香中体验"悠然见南山"的境界。我曾与李白对饮,在这漆黑的夜下感受"举杯邀明月"的苍凉。我曾与王维来到松林间,观赏"明月松间照"的美景……漫步于诗海,你会发现原来诗意可以使我这么陶醉,在诗的滋润下,我在长大。

漫步于——书籍

日下,我与庄子一起品味"秋水时至,有川灌河"的气势。夜里,我同郭沫若在院里徘徊,写下《屈原》,担忧国事。风雪中,我同林冲一起在艰难中奔向梁山……漫步于书籍,你会发现这里的文章蕴含着深刻的道理。

漫步于——名著

在战场上,我同项羽携手挥洒豪情,共同谱写《史记》的灵魂。在大观园里,我同大观园里如水的女子尽情漫游,共享《红楼梦》里见楼一梦的情趣。在去西天取经的大道上,我与孙悟空一同斩妖除魔,共护唐僧西天取经。

我也曾跟随雨果,在高大巍峨的巴黎圣母院前驻足。我也曾跟随高尔基,体验他那凄苦的童年。我也曾跟随托尔斯泰,让灵魂复活。我也曾跟随莎士比亚,一同思考生存还是死亡的困惑……

在这辉煌的语文世界,我们一起体验诗词的生动、书本的道理、名著的多彩……去观察,去思考,去体验,去欣赏,你会发现生活中处处有语文,时时可以学语文,可以说生活就是一部大写的"语文书"。

❋ 使用建议

本节课主要探究联想和想象的区别,学习从具体事物出发,展开合理的联想和想象。对于联想和想象之间的区别和注意点,学生理解起来有一定的难度,教师可结合课内所学文章进行讲解,帮助学生更好地把握教学难点。修改作文前,师生可先进行讨论,明确修改的重点后再进行修改,这样更有助学生掌握本课所学。

❋ 教学反思

用两个故事导入新课的学习,激发了学生的学习兴趣。画一条波浪线引导学生展开想象和联想,进而结合课文实例,帮助学生掌握想象与联想的区别,以及联想的常用方法。在此基础上,让学生运用课堂所学知识对作文进行修改,以此巩固新知,提升写作能力。

赵　萍

3 借 景 抒 情
——托物言志

❋ 教学目标

1. 学会选取某种事物,描绘它的形态特征。

2. 根据事物不同特点,从中发现其象征意义,借物寄托一定的思想感情。

3. 拓宽学生思路,培养学生思维品质。

❋ 教学重点

选取某种事物,描绘它的形态特征,展开联想与想象,确定其象征意义。

❋ 教学难点

细心观察,深入思考,借物寄托一定的思想感情。

❋ 教学设想

托物言志,是间接表现主观主题思想的方式之一。常运用象征手法,通过对客观事物的描写或刻画,间接表现出作者的志向、意愿。采用托物言志,关键是志与物要有某种相同点或相似点。在对某一特定事物的特征或特性进行观察、体验、比较的基础上,揭示出所咏之物的品性或品行(常借用比拟、象征等手法)。本节课要求学生结合实例,了解"托物言志"类文章的特点,进而了解如何写作此类文章,在此基础上进行写作训练。第一步学习名家经典片段,了解"托物言志"类文章的特点。第二步阅读其他一些文章片段,进一步熟悉"托物言志"类文章的特点。第三步归纳总结此类文章的写法和注意点。第四步口头表达训练。最后通过作业加以巩固与训练,以达到写作能力的提升。

✽ 教学过程

一、导入

古人云:一切景语皆情语。淡雅的菊花,寄托了诗人隐逸世外的情怀;亭亭的莲花,表达了君子洁身自好的节操;简朴的陋室,表现了文人安贫乐道的品质。借景抒情,托物言志,是散文常用的手法。展开联想和想象,借物来寄托一定的思想感情,就是这堂课的学习内容。

二、结合经典名篇,了解"托物言志"类文章的特点

1. 赏析经典名篇一

千锤万击出深山,烈火焚烧若等闲。粉骨碎身全不怕,要留清白在人间。

——于谦,《石灰吟》

明确:这是一首托物言志诗。作者以石灰作比喻,抒发自己坚强不屈、洁身自好的品质和不同流合污、与恶势力斗争到底的思想感情。

2. 赏析经典名篇二

水陆草木之花,可爱者甚蕃。……予独爱莲之出淤泥而不染,濯清涟而不妖,中通外直,不蔓不枝,香远益清,亭亭净植,可远观而不可亵玩焉。

——周敦颐,《爱莲说》

明确:此文托物言志,以莲喻人,通过对莲花的描写和赞美,歌颂了君子"出淤泥而不染"的美德,表达了作者不与世俗同流合污的高尚品格和对追名逐利的世态的鄙弃和厌恶。

3. 赏析经典名篇三

白杨树实在是不平凡的,我赞美白杨树!

……

白杨树是不平凡的树。它在西北极普遍,不被人重视,就跟北方的农民相似;它有极强的生命力,磨折不了,压迫不倒,也跟北方的农民相似。我赞美白杨树,就因为它不但象征了北方的农民,尤其象征了今天我们民族解放斗争中所不可缺的朴质、坚强,以及力求上进的精神……

——茅盾,《白杨礼赞》

明确:这是中国现代作家茅盾的一篇著名散文,写于 1941 年 3 月。作者通过对白杨树的赞美,歌颂了正在坚持抗日战争的北方农民,及其所代表的中华民族的质朴、坚强、力求上进的精神。文章运用象征的写作手法来托物言志。

4. 结合上述例文,进行小结

(1) 通过对某种事物(如动物、植物等)进行形象具体的描绘,来表明自己的心志,展示自己的人生态度和对自然、人生的感悟、思考。这类文章写景状物不是目的,而是为抒情言志作铺垫。

(2) "托物言志"是散文常用的手法,一山一水、一草一木、明月丽日、白云彩霞、瑞雪苍松等等,都可承载作者的无限情思和理想,此类文章,把抽象的情感寄托在具体的"物"上,"物"与"志"之间有着合理的联系。因此,首先必须充分揭示"事物"的特点,随后才能揭示其象征意义,表达作者的情感。

(3) 写作此类文章,常常要展开联想和想象,运用象征的手法。

物象—联想(利用事物间的相通、相近、相似或相反的关联,丰富、突出事物的形象性)—人情(心志)。

三、阅读文章片段,进一步体会托物言志的写法

1. 野菊花土生土长,无所需求,却默默地无私地向人们奉献。我喜爱它的平凡、它的朴素、它的顽强。我觉得人也需要有一点野菊花的精神,要像它那样默默地生长,不求索取,只是给予、给予……

2. 荷花扎根污泥,可它却出淤泥而不染,在墨绿的枝干上,开出一大朵素净的花。荷花不单单以它的卓绝风姿吸引着我、启示着我,而且还以它那无私的献身精神感染着我。

它的花给大自然增添了光彩;它的叶可以做中药材;它的块状茎——藕供人食用;直到它的花凋谢了,它还要结出莲子奉献给人们。

荷花那清雅的色泽可以与牡丹媲美,它那美妙的身姿足以与杨柳争春,它悄悄散发的清香能胜过茉莉。可是它不与百花争艳,只是静静地开在荷塘中,为人们献出自己的一切。我想:荷花那无私的献身精神、质朴的风格,不正是我们中华民族的象征吗?

3. 在房屋的墙面上、房顶上,在花园的栅栏上、篱笆上,爬着一种绿色的植物,这就是"爬山虎"。它偎依在洁白的粉墙上,绿白相间,犹如一大块翡翠镶嵌在白玉中,格外美丽。

"爬山虎"不如它的名字那样威武。它没有牢固的根基,它的干和枝差不多粗细;但是,它奋发有力,坚强不屈,无数只"脚"攀住墙壁,在你没注意的时候,又迈出了一步,努力向上攀登。它柔软而强劲的身体里,显露的坚强毅力和无限生机,使人望之油然而生敬意。

"爬山虎"没有五颜六色的鲜花那种娇艳的姿态,也许你要说它不美,但它却给人以力量,使人们努力奋进。每当我在学习和工作中遇到困难,正想偷懒时,一想到"爬山虎"那种奋发向上的精神和坚强不屈的意志,就感到羞愧。这时,就会立刻振奋起来,鼓起战胜困难的勇气。

"爬山虎"那种奋发向上的精神,实在是令人敬佩的。你看它,不管刮风下雨,墙面多滑,它总是一步一步向上长,直到墙顶,俯瞰大地。它生长速度慢,不如雨后春笋,可是,过不了几天,你会突然发现,它又长高了,纤细的身影努力向上,漫成一片。

4. 一池浮萍,青青绿绿,其中也有点点水色,无风时它像一块布平铺在塘面上,没有一丝一毫的皱纹,又像一块天然的青绿铜镜浮在池中。

其中也有几支树杈直插进池面,萍面略显得有些破痕——可是却不能完全划破,这之中更显示出了它的生机。杂草和翠鸟也时不时地打扰着萍面,一漾一漾的,鱼波纹是不能不出现的,使浮萍更显得拥挤和紧张。

狂风大作,起皱褶的是浮萍,弯身摆头的是杂草,早已无踪影的是翠鸟。皱褶只是一刻,风稍微小时,萍面又恢复了原状。尔后,又是皱褶,浮动不定。有时也有鱼儿的"拜访"。风是魔鬼,杂草是细菌,然而却破坏不了它。风后,萍面依然是完整的——除了少许的杂物。这,使我不由得想起了文天祥的诗句"身世浮沉雨打萍"。是啊,人生又何尝不像浮萍,平静的人生里时刻都有风波,而风浪里又蕴藏着平静的人生。曲折的人生,又何尝不是风中生存的浮萍,浮萍是为了生根于水中,而人是为了在大千世界中生存。

坎坎坷坷,漫漫人生,对着苍天长叹,叹已逝人生;对黄河咏赞,赞黄河雄姿;对着小草低泣,泣小草无人知晓;站在高山上高唱,唱高山的威武;对小河低吟,吟小河的涓涓……

若人生只有浮萍的平静,没有狂风,那人生就是一杯淡水无味可言;若只有小河的自私,那人间处处是冷若冰霜;若只有大山的高傲,那人间没有无私的爱……

自己的人生,自己的道路,都在自己的脚下,由自己掌握。人生!浮萍!

要求:读完例文后,简要分析一下"物"与"志"之间的关系。

四、思考讨论:如何写托物言志类文章

1. 立意要明确

"托物言志"反映的就是作品的思想、作者的感情。所谓"情意为主,景(物)为实",思想感情是主要的,我们要由小见大,借自然之"物"来表达自己的思想和情感。

2. 描绘要具体

文章的立意明确了,怎样才能更好地表达情意,使人感到亲切自然、生动感人?这就要抓住所托之物的"形"进行具体的描绘,可以运用比喻、拟人等修辞手法,或通过和其他事物的对比,来写出事物的特征。

3. 联想要恰当

应抓住事物某个特点,恰当地展开联想来抒发情感。如《白杨礼赞》借赞美白杨树,歌颂北方农民的质朴和坚强不屈;描写白杨树,赞美哨兵的傲然挺立、坚强不屈;再从白杨树生长的特点,联想到我国民族解放斗争中不可缺少的精神,类比点是:团结一心,力求上进。

4. 运用"托物言志"手法的注意点

(1) 找准托物言志的"切入点"。所咏之物与要表达的思想意义之间要有相通相似之处,即"物"与"志"、"物"与"情"之间应有内在联系。描述时,自己的"志"要以"物"的特点为核心,"物"要能表达自己的意愿。

（2）抓住事物的特征状物。抓住物的特征才能体现文章的立意。精彩传神的状物才能使言志有所依托。

（3）托物言志的文章重点在描写，这就要求作者善于细心观察，角度要新，表现手法要新颖多变，语言要生动、形象、传神。

（4）寄情于物，塑造托物言志的艺术形象。在状写事物时倾注作者的深情厚谊，字里行间都洋溢着真情。这样"物"就有了思想、有了灵性，而且具备了典型意义，这样就可以顺理成章地完成"言志"的使命。

五、口头表达训练

根据下列"物"或"意"，说说可寓之"意"或可托之"物"。

1. 物：（1）铺路石；（2）树根；（3）春雨；（4）指南针；（5）春蚕。

2. 意：（1）无私奉献；（2）坚忍不拔；（3）奋发向上；（4）意志坚定、矢志不渝；（5）鞠躬尽瘁、死而后已。

六、布置作业

题目：_____牵动我的情思。

提示：把文章题目补充完整，如落叶、小草、台阶、跑道、火柴、青松……

要求：细致描绘事物特征，展开联想，赋予事物一定的象征意义，寄托自己的情感和理念。

附：学生优秀习作

竹，牵动我的情思

古往今来，历代文人对梅花不知倾注了多少情，南宋诗人陆游的佳句"无意苦争春，一任群芳妒"，把梅花推到了群芳之首。而我却对"竹"情有独钟。

竹在荒山野岭中默默生长，无论是峰峰岭岭，还是沟沟壑壑，她都能以坚忍不拔的毅力顽强生存。一年四季经受着风霜雪雨的侵袭，那看似柔弱的身躯在风中却依然傲然挺拔。"咬定青山不放松，立根原在破岩中。千磨万击还坚劲，任尔东西南北风。"这流传的佳句，可以说是把竹子坚贞不屈的精神品质写得淋漓尽致。

竹子刚劲、清新、生机盎然、蓬勃向上。当春风还没有融尽残冬的余寒,新笋就悄悄在地上萌发了。一场春雨过后,竹笋破土而出,直指云天,所谓"清明一尺,谷雨一丈",便是对她青春活力和勃勃生机的写照。当春风拂去层层笋衣,她便像个活泼的小姑娘,亭亭玉立在明媚的春光里。到了盛夏,她舒展长臂,抖起一片浓郁的青纱,临风起舞,婀娜多姿。暑去寒来,她仍绿阴葱葱,笑迎风霜雪雨。难怪白居易在《题窗竹》中留下这样的佳句:"千花百草凋零后,留向纷纷雪里看。"竹,拥有永不消失的春天。

置身万顷碧波的竹海,只见苍翠挺拔的老竹,如同甲胄裹身的武士,而弯弯的新竹,却又像柔情似水的少女;举目望去,那成方成阵的竹林,就像一队队、一排排跨马扬鞭的兵团;而当漫步茂林修竹中,两旁竹叶轻轻拂面,又显得万般温柔、宁静和幽雅。

竹不求索取,唯有奉献,她的一生是奉献的一生。竹笋做的佳肴,为人类所食用;用笋衣缝的布鞋,忍辱负重,默默承受着煎熬;竹子制作的竹凉席、竹家具、竹筷、竹工艺等应有尽有。大文豪苏东坡"宁可食无肉,不可居无竹"一说,更是道出了人与竹密不可分的关系……

我爱竹、欣赏竹、赞美竹,不仅是因为竹的万般风情给人以艺术的美感,更是因为竹的独特魅力给了我人生的启迪和人格的力量。

❈ 使用建议

托物言志,是通过对客观事物的描写或刻画,间接表现出作者的志向、意愿。写此类文章,关键要找准"志"与"物"之间的某种相同点或相似点,然后才能揭示出所咏之物的品性或品行。教学中结合多篇实例,帮助学生认识"托物言志"类文章的特点,进而了解如何写作此类文章,以读促写,读写结合。

❈ 教学反思

对七年级学生来说,写"托物言志"类的文章有一定难度。教学中通过学习课内几篇名家的作品,让学生了解"托物言志"类文章的特点。然后再分析一些片段,归纳总结出此类文章的写法和注意点。在此基础上,进行口头表达训练,并完成书面表达,教学效果更为有效。

赵 萍

第 二 学 期

第一单元　谋篇布局　点亮篇章

1　矛 盾 碰 撞
——鲜明对比

❋ **教学目标**

1. 认识对比的写作方法在写人记事中的作用。

2. 探究对比的写作方法。

3. 掌握对比的写作方法并能在写作中运用。

❋ **教学重点**

通过例文赏析,探究对比的写作方法。

❋ **教学难点**

掌握对比的方法并运用其进行写作实践。

❋ **教学设想**

本课由故事导入,让学生了解文章中的对比,进而理解对比的含义和效果。对比又有两种类型:横向对比和纵向对比,可由两篇文章来分析品味两种对比类型,并提示运用对比时要注意的问题。课堂上以"我的母亲"为题,学生运用对比写法进行构思,列出作文提纲,要求用两种方式:横向——将我的母亲与别人的母亲对比,写出自己母亲的特点;纵向——将母亲与以前的她进行对比,写出母亲的特点。课后作业《身边的风景也动人》,一个"也"字,暗示文章中应运用对比。

❋ **教学过程**

一、导入

请大家听一个故事:

胡图家里有很多地，答应租九亩给一个叫张三的佃户种，并事先讲好租种一亩地要先给他一只鸡。

有一天，张三来到胡图家，拎来一只鸡，故意把鸡藏在袋子里。胡图以为他没拿鸡来，脸色就阴沉下来，两眼朝天，傲声傲气地说："此田不与张三种。"

张三见胡图开口，立刻从袋子里把鸡拿了出来，献给胡图。胡图见了咕咕叫的活鸡，马上高兴得手舞足蹈，赔着笑脸改口说："不与张三却与谁？"

张三听了，暗自发笑，便问道："开始你说不租给我种，后来又说租给我种，这是为什么呢？"

胡图被张三问得十分尴尬，但还是厚着脸皮答道："方才那句是'无稽（鸡）之谈'，此刻这句话倒是'见机（鸡）而作'呀！"

这个故事里的胡图是不是与"变色龙"奥楚蔑洛夫很相似？情节矛盾的碰撞和这两个人物的特点就是在前后对比中凸显出来的。今天我们来学习作文中的对比写法。

二、对比的含义与作用

俗话说："不见高山，不知平地。"事物的特点往往在比较中得以显现。对比是写作中常用的　种表现手法，是把对立的两个人物或事物，或者把一个人物或事物前后截然不同的表现放在一起作比较，让读者在比较中分清好坏，辨别是非。

运用对比手法，可以鲜明地突出被表现的人物或事物的本质特征，还可以有力地表现文章的中心，从而增强文章的艺术效果和感染力。

三、对比的类型

对比，包括横向对比和纵向对比。

横向对比就是把具有可比性的不同的事物、不同的人物、不同的态度和观点放在同一场合进行比较，显示出各自不同的特色。如高尔基的《海燕》就用了这种方法。在暴风雨中，海燕像黑色的闪电高傲而勇敢地飞翔；而蠢笨的企鹅则四处躲藏。通过对比，比出了崇高与卑下、伟大与渺小，海燕的形象更为光辉夺目、撼人心魄。

纵向对比就是把同一事物或同一个人物放在不同历史时期、不同发展阶段进行对比，以表现出变化和发展。例如鲁迅的小说《故乡》中描写闰土就用了这种方法。少年闰土的外貌是："紫色的圆脸，头戴一顶小毡帽，颈上套一个明晃晃的银项圈。"这一形象是天真稚气、可爱有趣、充满活力的。而中年闰土的外貌则发生了很大的变化："他身材增加了一倍；先前的紫色的圆脸，已经变作灰黄，而且加上了很深的皱纹；眼睛也像他父亲一样，周围都肿得通红。……手里提着一个纸包和一支长烟管，那手也不是我所记得的红活圆实的手，却又粗又笨而且开裂，像是松树皮了。"这时的闰土已与少年闰土判若两人，显得苍老、呆滞、麻木。是什么使他失去了往日的活力？原因就在于"多子，饥荒，苛税，兵，匪，官，绅"。通过这种对比揭示出了社会的黑暗。

再品读两篇两种类型的文章，体会对比手法的运用。

南方的雨和北方的雨

王英琦

南方的雨，下得缠绵、温柔、纤细、持久；

北方的雨，下得豪爽、酣畅、粗犷、干脆。

南方的雨，像南方少女的爱，羞羞答答，多情、含蓄；

北方的雨，像北方小伙的情，炽烈如焰，热情、奔放。

南方的雨，使人想起洞箫牧歌、春花秋月，想起酒香四溢的杏花村和青烟缭绕的山野、村舍……

北方的雨，使人想起黄钟大吕、金戈铁马，想起浑厚的高原、平坦的沃土以及犄角般的玉米和火一样燃烧的红高粱……

我曾在南方的雨巷，戴着小斗笠，踩着古老的青石板，领略过那"长脚雨"的恩泽。那份只有雨趣，而无淋漓之感的温馨，令我铭心难忘。

我也曾在北方的阔野，赤着脚，打着一把软弱无力的小花伞，迎接过那如浇如注的倾盆大雨的洗礼。那份彻头彻尾的痛快，那份几乎连灵魂也一块冲刷了的大愉悦，使我至今回忆起来仍激动不已。

常想到，为什么同一块国土上，会有这南方的雨与北方的雨的不同？莫非远在秦时明月汉时关时，这南方的雨和北方的雨，就已经泾渭分明、性格鲜明了吗？

想想也是，偌大的土地，倘只有一种雨、一种色调、一个模样，那该多么没劲、单调、乏味啊。

我爱南方的纤纤细雨,也爱北方的滂沱大雨。

南方的雨——像我的姐妹,北方的雨——像我的兄弟。

点评:全文运用对比法,将南方的雨和北方的雨从不同角度进行对比,将二者不同的特征表现得淋漓尽致。"偌大的土地,倘只有一种雨、一种色调、一个模样,那该多么没劲、单调、乏味啊。"通过对比,由雨引申到对丰富多彩的大自然的赞美,开拓了意境,增添了意味。

我的家呢

袁艳艳

我是一只小鸟,我的家园很美丽。它是一片茂密的树林,那里是我们鸟的大家庭。春天,我们从南方飞回来的时候,那嫩绿的小草舒展着手臂,光秃秃的树干已长出了绿色的小嫩叶,让冬天沉睡了的树木接受了春的绿色洗礼。

在我的家园里还有一条小河,我十分喜欢它。柔和的阳光照在小河上,荡漾的微波闪着金色,仿佛无数颗宝石在闪烁;河水清澈见底,水中小鱼,有的嬉戏,有的停歇;岸上绿树红花映入水中,湛蓝明亮的天空悬挂着几朵彩云,彩云飘落河底,犹如一块里面有蓝天、彩云、树影的透明琥珀。黄昏时分,太阳拿一条红霞做的纱布遮住脸庞,河边的垂柳轻柔地挥着手,恋恋不舍地送别夕阳……

好长时间都没有回家了。一天,我怀着急切的心情向我美丽的家园飞奔。就在离家不远的地方,我遭到了风的袭击,而且还夹着沙。我的眼睛被沙粒打着了,我被迫停在地上。我揉揉眼,怀着忐忑不安的心情缓缓地前进着。过了好久好久,我终于看到了我多日不见的家园,我愣住了,简直不敢相信眼前的景象:茂密的树林不见了,地上一片枯桩,风沙到处狂奔着。那昔日潺潺流动的小河也失去了往日的美貌:脸被弄得黑漆漆的,上面还漂浮着许多垃圾……我伤心地哭了。我向四周看了看,结果发现:原来是新建的化工厂把废水排入了水中,污染了小河。"咳咳",我干咳了几声,不知怎么回事,喉咙也极不舒服,原来那纯清的空气也遭到了破坏而变得污浊了。一只小鸟的美丽家园被毁了,我无家可归,成了一个流浪儿,再也不能同姐妹们在这里玩耍了。

人类啊,你们为什么要破坏我们的家园?为什么要破坏这美丽之地?难道为了你们自己的一点利益就让我们千千万万鸟儿失去栖息的家园吗？如果真是这样，那你们就太可恨了。看！现在风沙狂舞，我们的家园毁了。迟早有一天，你们的家园也会因为你们的那点小利益而被破坏，到那时你们再后悔已来不及了！现在你们应该为我们建造家园并保护我们，那也是保护你们自己！人类啊，醒醒吧！

我那阳光和煦、碧波闪闪、百花争艳、树木苍翠的家园，你什么时候才能回来啊？

点评：本文在取材上颇有特色，作者以"一只小鸟"的视角和口吻，向人类呼唤要保护环境，同时表达了对美好家园的向往之情。本文采用了鲜明的对比。从前，家园里树木丛生，小河清澈，百花争艳，天空湛蓝如洗……而如今却是一片荒漠，河水变得漆黑，天空中漂浮无数的粉尘，垃圾大量堆积……在前后鲜明的对比中，让人对破坏环境的现象深恶痛绝，凸显了要保护环境的主旨。

注意：运用对比法，要选准可比点，否则便无法取得好的效果，甚至会适得其反。我们在写作中，要认真选择可比点，以增强文章的说服力和感染力。

四、牛刀小试，课堂练习

以"我的母亲"为题，运用对比写法进行构思，写出提纲。要求用两种方式：

1. 将我的母亲与别人的母亲对比，写出自己母亲的特点。
2. 将母亲与以前的她进行对比，写出母亲的特点。

五、课后作业

完成作文《身边的风景也动人》，文章中要求运用对比手法。

附：学生优秀习作

身边的风景也动人

观苍穹云卷云舒，是风景；看庭前花开花落，是风景；望山间岚烟弥漫，是风景。感身边爱潮涌动，又何尝不是一道亮丽的风景！

时光如沙砾，苍老了一段岁月。那段儿时记忆愈发模糊不清，泛黄的老旧记忆影片在脑海的银屏中闪现,倏尔远逝,往来翕忽,悄悄湮灭于时光的浪潮中。

无法,也不想再忆起童年。曾记得父母对幼小的我疼爱无比,对我的包容让人感动。可如今,工作繁忙的父母总是轻易地将我忘却,留我在空寂的房屋中,独享寂寞时光,可我该理解、忍受着。

"越长大,越孤单",我终于理解了这句话的真正含义,因为长大就意味着该学会独立,学会承担,学会用自己的羽翼去撑起一片天。我终于该踏上这条名曰"长大"的孤单旅途了,但我却并未想到单人路途中也会有一番别样的风景与我同行。

当我升入初中时,面对陌生的脸庞和性格颇异的同龄学生,我忽然发觉特别无助。没错,我性格孤僻,闲静少言,不善与人交往,上天成就了我如此性格,于是我习惯了形单影只,让黑夜与我随行。我无法改变现状,我一味地接受命运的安排,自欺欺人地活着。

可是那天,一缕米色的阳光照亮了我黯淡的双眸。那天,我独自耷拉着脑袋趴在课桌上,与周围的热闹氛围格格不入,她却带着一张明媚的笑脸,嘴角噙着一抹如沐春风的微笑出现在我的面前,磁性温和清越的声音从朱唇中飘溢了出来:"我们做朋友吧。"那时,那刻,那秒,我的世界感到眩晕,颤抖地述离着意识回答道:"好。"从此,那改变了我的一生。

她开始每日主动来找我谈心、聊天,她东拉西扯天南地北地说着、聊着,灵动地笑着,她叽叽喳喳的样子活像只欢快的小鸟。

她开始每日帮助我解决我学习上的难题,她认真严肃的表情,一板一眼却又十分灵活地为我讲解,她活跃的思维带着独特的魅力感染着我。

她开始每日留心我的兴趣爱好,谈论我感兴趣的话题,同我做相同的事情,她会很有默契地与我相视而笑。

这样爱我的她,真可爱。

她微笑的脸,闪动的眸,飘逸的长发,灵动的神情,对我爱的涌现。

我相信,这是我身边最美的风景。

✿ 使用建议

对比是文章中较为常见的写作手法,学生平时接触到的范文很多,运用起来也较为简单。但学生在写作中最大的问题是想不到去运用对比的写作手法。

本课教学中,可以结合学生的习作情况,让学生有意识地运用对比手法修改自己的作文,在作文中加入横向或纵向对比,强化训练。

✿ 教学反思

本课选取的例文运用的是非常典型的横向对比和纵向对比,可以让学生深刻体会其效果。操练的题目典型、易操作,能引导学生顺利掌握方法并使用。课堂上可以再结合学生平时作文中的实例加以修改,学以致用。

姚源源

2 主 体 客 体
——互相映衬

✿ 教学目标

1. 认识互相映衬的写作方法在写人记事中的作用。

2. 探究互相映衬的写作方法。

3. 掌握互相映衬的写作方法并在写作中加以运用。

✿ 教学重点

通过例文赏析,探究互相映衬的写作方法。

✿ 教学难点

掌握互相映衬的写作方法并加以运用,进行写作实践。

✿ 教学设想

有时直接描写对象或直抒胸臆,会缺少含蓄蕴藉之味,少了艺术的美感。如果借别的事物来表现写作对象,则会妙趣横生。用其他的景、物或人来衬托对象,称之为映衬。学生如能恰当运用主客体间的映衬手法,可增添文章的韵味。课堂中首先明确映衬手法的内涵和类型、方法,再通过一篇例文,分析品味映衬手法在文章中的作用和效果。课上让学生小试牛刀,用映衬手法描写一种景物、一个人物,并交流。课后写作《难忘那_____》(填自然景物),学习寄情于景的主客体映衬方法。

✿ 教学过程

一、导人

"我见青山多妩媚,料青山见我应如是"(辛弃疾《贺新郎》)一句道出了古人对主体客体互相映衬的艺术认识。以"我"之眼看青山,青山也会以它之眼来看"我"。"我"看它妩媚,它看"我"也应如是。就这样把主观的情感赋予了客观事物,无情之物也染上了浓浓情思。

二、映衬手法的内涵

有时直接描写观察对象本身,就会缺少含蓄蕴藉之味,使文章显得直露浅切,起不到引起读者共鸣的作用。这时候,就可以采用映衬的方式,用另一样事物来衬托所要表现的某事物。"去年今日此门中,人面桃花相映红。人面不知何处去,桃花依旧笑春风。"用"桃花"映衬美丽的姑娘,把诗人的期盼和怅惘描绘得摄人心魄。

三、映衬手法的类型和方法

运用映衬手法,有同类事物作映衬,也有不同类事物作映衬;有"物—物"映衬、"人—人"映衬,也有"物—人"映衬。

同类事物作映衬,比如写此山,用别的山峰作为映衬,写此水,用别的河流作映衬。这一种方法以"人—人"映衬最为常见。用别的不同的人来突出主要描写对象,使其特征更显丰满、立体,栩栩如生。

不同类的事物作映衬,如写山峰时,用烟霞、草木、飞鸟作映衬。写自然景物时经常使用这一手法。"物—人"映衬,也是一种不同类事物作映衬的做法,"人面桃花相映红",就是典型的"物—人"映衬。由于物与人之间的差异千变万化,这种特殊的映衬法,如果运用得当,会收到出色的艺术效果。

运用映衬手法时,要注意以下几点(均以"人面桃花相映红"为例):

首先,必须注意主要对象与用作衬托的对象应是紧密联系的。如"人面"与"桃花"有时间上、形象上的相似之处,才能引起联想。

其次,运用映衬手法时,要分清主次,谁是主要对象,谁是用于映衬的,不能轻重倒置。用"桃花"来映衬"人面",主要对象是人,而不是花。

第三,运用映衬手法时,主与次、此与彼要达到和谐统一、相得益彰的效果。"人面桃花相映红"一句就体现了二者的和谐统一,自然地渲染、突出了后两句中人已去、花仍在的失落惆怅之感。

四、品读例文,体会方法

阳　光

章起扬

我喜欢阳光,我对阳光有着特殊的感情,因为我是在阳光底下长大的孩子。

听奶奶说,我小时候由于体弱多病,她经常带着我追着太阳跑。奶奶常常推着自行车,自行车后面坐着一岁多的我,我晒着太阳听奶奶讲故事,虽然听不懂,但也一个劲地呵呵傻笑。

再大些,到了已经会说话的年龄,并有点懂事了,奶奶便带着我到公园里去晒太阳。奶奶在阳光下教我儿歌,给我讲故事,使我的心灵和身体一同沐浴着温暖的阳光。不久,我就把奶奶的儿歌和故事编成了舞台剧,与奶奶一起在阳光下跳呀,唱呀,阳光就如舞台上的灯一样直照到我的脸上,顿时让我觉得我是这个世界上最幸福的人。

上小学了,每当暑假、寒假时,我都会到奶奶家,奶奶会带我到阳光下,教我背诵古诗:"鹅,鹅,鹅……"那时我便会昂着头、挺起胸,仿佛自己就是那只大白鹅。公园里只要有阳光的地方,都能听到我背古诗的声音,还有祖孙俩爽朗的笑声。从此我的心中便埋下了一颗文学的种子,而奶奶则像阳光一般,呵护着种子生根发芽。

如今,我已长大,偶尔才会去奶奶家。我仍然拉着奶奶的手,循着阳光的脚步,边走边听她给我讲童年趣事。听着听着,发现一缕阳光透过树缝照在了奶奶的脸上,我发现阳光下的奶奶如此慈祥,眼睛散发着如阳光般的光芒。我这才发现,原来小时候我这么喜欢太阳正是受了奶奶的影响,正是因为奶奶阳光般的爱让我茁壮成长。

我突然明白,原来不是我们追着太阳跑,而是太阳在追寻着我们的笑声,否则为什么有奶奶的地方就有阳光呢?

奶奶的爱,阳光般的爱!

——学生习作

点评:文章题目是"阳光",文中也处处在写阳光,但其实真正写的是奶奶,到文末也一语点破——"奶奶的爱,阳光般的爱"。作者其实是用"阳光"这一事物映衬出奶奶的爱。这种"物—人"映衬，让情感有所寄托，曲折美妙，又和谐美好，令人回味无穷。

五、牛刀小试，台阶训练

1. 运用映衬法，描绘一种自然景物（如山、水、风、雾）。
2. 运用映衬法，写一个人物。

六、课后作业

以"难忘那_____（如那片翠绿、那阵花香、那条小路、那片蔚蓝……限自然景物）"为题，写一篇作文。

附：学生优秀习作

难忘那片月光
张文昊

在我家院子东面，有一排水泥砌成的简单的小房子，那是出租给外乡人的出租房。十几间小房子，住着十户左右的人家。十户人，总会有那么几个"熊孩子"。我的童年，正是在他们的陪伴丁度过的。

我们几个在一起发生的"化学反应"，时常会把院子闹得鸡飞狗跳，时常会惹得爷爷奶奶怒发冲冠，破口大骂，时常会把原本整洁的院子搞得乱糟糟的。而我们却依旧死性不改，即使已经夜色笼罩，群星闪烁，也对我们毫无影响。在月色如醉之时，玩"123，木头人"是再好不过的了。我们在听到"123，木头人"而不应动弹的时候，由于光线暗，即使有一点小动作也不会被发现。因此，晚上玩这个游戏，喊口令的人极易被抓。所以我们往往会为决定谁喊口令而争吵起来。

我们在地上闹腾着，天空中却也不安宁。月亮和星星似乎也在玩"123，木头人"。只是星星前进得极慢，有种"地上一天，天上一年"的错觉。他们在玩游戏的同时，还不忘分一点亮光给我们，让我们也能与之同乐。即便这光很微弱，地上却也能清晰地看见，房子的影子，像房子一样岿然不动的自己的影子，清风吹拂下树叶晃动的影子……而被月光洒满的地面，仿佛比白天的地面更加洁白,或许因为这样,才会有"庭下积水空明"的优美意境吧！我们就在这"空明积水"上,玩着"123,木头人"。

光阴似箭,一声声"123,木头人"之间,一年过去了,两年过去了,三年过去了……转眼间,我已经上了初中。而乡下,小房子也大多闲置下来。院子里,再未响起那一声声响亮的"123,木头人"。

当我再次回到这里,回到这被月光洒满的院子,却没有了从前的那份无忧无虑。"积水"仿佛已经被冻住,只留下白霜般的凄凉。抬头看,原来是缺少了繁密的星光,月光也显得愈发孤单寂寞起来。

可我知道,我们的友情,我们之间愉快的记忆,永远不会被冻住。就像星光,仅仅是被城市光污染抹去了光芒,而星星,还依旧陪伴在月亮身边。

我听见了,我听见那欢乐的笑声,热闹的争吵声,而那一声声响亮的"123,木头人",又一次出现在院子里。

我看见了,我看见白霜开始融化,那片空明的积水,又一次洒满了院子。星星依旧向月亮慢慢地靠近。我们的影子,也在向那一声"123,木头人",靠近。

❋ 使用建议

映衬手法较为复杂,运用起来有难度,但是能让文章更有韵味和诗意。本课用了较多时间讲映衬的类型和方法。如果学生理解起来有困难,可以简化为"托物言志""借景抒情"之类的方法,让学生去尝试运用。本课选取的范文就是一篇简单的学生习作,课后作业展示的也是本班学生的习作,值得模仿借鉴。

❋ 教学反思

映衬手法较为复杂抽象,但课堂教学中以"人面桃花相映红"一诗为例,把方法讲清楚了。如果要简化一些,可以用"托物言志""借景抒情"等学生熟悉的手法来讲,更易于学生理解、运用。两篇范文都是本班学生作文,较浅显,也易于学生模仿。

姚源源

3 出人意料
——意料之外

❋ 教学目标

1. 认识出人意料的写作手法在写人记事中的作用。

2. 探究出人意料的写作手法。

3. 掌握出人意料的写作手法并在写作中加以运用。

❋ 教学重点

通过例文解析,探究出人意料的写作手法。

❋ 教学难点

掌握出人意料的写作手法并加以运用,进行写作实践。

❋ 教学设想

如果构思文章时能设计出情理之中、意料之外的情节,会给人奇异慨叹之感。所以,学习一些设计情节的方法,能为文章增添波澜和韵味。本课介绍"误会法"和"反常法"两种安排情节的方法。通过三篇例文,体会"误会"和"反常"对文章产生的艺术效果。然后做两个趣味小练习,让学生领略出人意料的情感效果。最后设计"原来这就是爱"的作文题,让学生运用"误会法"或"反常法",在日常无奇的生活中写出深挚的感情来。

❋ 教学过程

一、导入

相信同学们都非常熟悉美国作家欧·亨利的写作风格,他的小说结尾也被称为"欧·亨利式"的结尾,因为总是在意料之外、情理之中。如他的名作《最后一片叶子》,用画上去的叶子燃起了一个人的生命之光。《麦琪的礼物》里夫妻两人都卖掉了自己最宝贵的东西为对方买礼物,最后两人收到的礼物都无用,却收获了最纯真的爱情。读这样的文章,读者会充满期待,读完会拍案叫绝,久久回味。这就是出人意料的写作手法产生的奇异的效果。

二、品读例文,探索方法

要写出意料之外的文章情节,比较常见的是运用"误会"和"反常"两种方法来设计情节。

1. 误会法

误会就是错误理解他人意思。生活中如果发生误会,可能会产生诸多不愉快。但是写文章,如果在行文构思中巧用"误会法",却能收到意想不到的效果,会使平淡如水的行文变得摇曳多姿。

"误会法"是使文章结构更巧妙的一种技法。通常在文章的开头部分，有意形成误会，把读者的思维引向相反的方向，造成悬念，到文章结尾时才点明真相，从而使文章的结构波澜起伏，满足人们"文似看山不喜平"的审美意趣。

(1)《错误的手套》(张丽钧)

点评：问题出在"记着，给孩子买副手套回来!"这句话上，母亲的意思是给然然买手套，而父亲却误会了，给"我"买了手套。在父母眼里，儿女永远是长不大的孩子，即使儿女有了自己的孩子。母亲老是对着"我"的儿子叫"我"的小名就已经埋下伏笔。无论是母亲还是父亲，都有着对女儿深厚的爱。误会，使得故事妙趣横生，爱意盎然，读者不禁为作者匠心独运的故事结构拍案叫绝。这就是设置"误会"的魅力。

(2)《最贵的捐赠》(苏黎)

点评：这篇文章运用了交互式误会，一方面，小女孩误会了妈妈的意思，妈妈要女儿"把自己最喜欢、灾区儿童最需要的东西拿来捐了"，妈妈的意思是让女儿把玩具之类的物品捐出来，而在女儿心中，"自己最喜欢、灾区儿童最需要的"却是妈妈，自然不肯轻易答应把妈妈捐出去；另一方面，妈妈、"我"等人误会了小女孩的意思，认为她舍不得捐出自己喜欢的玩具而责怪她。最后，小女孩终于下决心了，对捐赠点的志愿者说"我捐妈妈"，小声地哽咽道："地震后，好多小朋友没有了妈妈，他们好可怜啊。我想，他们最需要的应该是一个妈妈呀……"小女孩一片冰心，感人至深。运用误会，欲扬先抑，曲折起伏，引人入胜，更感动人心。

运用"误会法"除了要前有伏笔、后有照应外，还有两点值得注意：一是要避免为误会而误会，误会设置要在意料之外，又在情理之中；二是要尽量有意识地将读者的思维引向相反的方向，误会留到文章结尾处才解开，让读者有峰回路转的感觉。

2. 反常法

恰当运用看似不合常情、有违常理而实际具有深意的反常心理、反常行为，可以引发读者的好奇心，激发读者的探究欲，使文章引人入胜，发人深思。如白居易笔下的卖炭翁，虽然天寒地冻，"可怜身上衣正单"，但是仍"心忧炭贱愿天寒"，通过反常的心理，反映了下层人民生活的悲惨和社会的黑暗。

《零分之约》(〔美〕保罗·斯蒂文弗)

点评:老师居然与学生有"零分之约",而正是这反常之中,表现了老师对学生的深爱和教育的智慧。斯蒂文弗为了早日考出零分而发奋学习,有把握做错的题越来越多,一年后终于考出了零分。而此时的斯蒂文弗却由原来的调皮、厌学、让老师感到头疼的孩子,变成了一个努力上进,"想成为一名出色的中学生",让老师感到骄傲的优秀学生了。

三、牛刀小试,趣味练习

1. 运用反常法,发挥想象,在横线上补充一句话

亲爱的! 当我在大街上扭头离你而去的那一刻,你放声痛哭! 听到你撕心裂肺的哭声,我的心软了,我舍不得你走,我怎么忍心离开你呢? 于是我便飞奔过去,一把抱住你,说:"_____。"

2. 运用误会法,在横线上加上一句话并补写结尾

新学期伊始,我们高年级学生去车站迎接新同学。我见一个小女生站在一个大箱子旁不知所措,便主动上前帮她提箱子。不料箱子似乎重逾千斤,我又不好意思放下箱子,只好勉力支撑。才走了几步,那女生便对我说:"_____。"我一听此言,顿时怒从心头起,放下箱了,怒视着她……

四、课后作业

以"原来这就是爱"为题写一篇作文,要求叙事出人意料,可运用反常法或误会法。

附:学生优秀习作

原来这就是爱

你爱茶,走到哪儿,都喜欢拎着茶杯,当你掀开茶盖时,那淡淡的茶香氤氲在空气中,让人心旷神怡。无意间发现你也如茶叶般枯瘦,不见了你矫健的身姿,不见了你健硕的身躯,只是那弯曲的背,深深的皱纹,但你那犀利的眼神仍是那样的令人战栗。

我与你走过的日子是我短短的童年,是你无声的爱与我的无知彼此充实。

爷爷，到了此刻我才懂得了你，原来你是爱我的。你冷峻古板，我却爱笑，你沉默寡言，而无知的我却把你无声的爱误读了。我对你心怀不满，你对我却满怀期待。

小时候，我参加了书法社，可是我总觉得自己的字与我的同学相差甚远。这时你鼓励我说："好好努力，正如茶那样，即使原来多么平凡，但经过了杀青、晒干、炒制……那原本翠绿的它变得柴瘦、干枯，但它冲泡时的清香令人心醉，这时它拥有了美丽的内涵。只要努力就会拥有美丽的内涵。"我应了一声，然后就离开了。过了一个月，我参加了书法比赛，得了三等奖，虽然有些遗憾，但得到了老师的肯定。我原本以为当你看到这一切时会很高兴，但你只是看了看，扬起嘴角微微一笑。我拿着奖状，心里有许多不甘，心情也直落谷底。

有时，看到爷爷那对我漠不关心的神情，总觉得自己是那么多余……

有一次，爷爷奶奶到我家过年。当我看到爷爷时，他对我扬起了笑脸，我的心被蜇了一下，总觉得这是他第一次对我笑。我有个坏习惯，睡觉总喜欢踢被子，这不这几天鼻涕横流，呵欠连连……可是这几天当我起床时被子总是盖得好好的，我以为是妈妈，顿时心里洋溢着浓浓的暖意。深夜了，因为感冒难受，我久久难以入睡，这时门缝忽然射进一道光，我赶紧闭上眼睛。他帮我盖好了被子，用手背抚摸我的额头，接着叹了口气便离开了。我缓缓睁开眼睛，那弯弯的背影渐渐消失在黑暗之中……这手的温度，手的粗糙，难道是爷爷……

你我走过的日子是种种误会缠绵的鸿沟，任性的我不知道该如何化解，只是让彼此的误会愈演愈深。在一次与奶奶的谈话中，她说："你爷爷啊，真是个傻瓜，上一次你得奖时他不知道有多高兴，整天逢人就说我孙子啊字写得好……可是他硬要装着不屑。"我此刻才明白原来爷爷的不屑是对我的鼓励，是让我不要沉迷在一时的成功中。原来你我一起走过的日子里不是一次次彼此的误解，那是爱，那是幸福。

✿ 使用建议

让文章在意料之外、情理之中的方法有很多，本课重点介绍了"误会"和"反常"两种方法。具体教学时也可以选取其他的方法作介绍。无论哪种方法，都需要学生精心构思，创新出奇，深刻把握人物性格和情节发展走向。课堂上,可以用趣味练习调动学生兴趣,打开学生思路,激发他们写作中的创造性。

✳ 教学反思

本课的示例都很有趣,能让学生回味无穷,深刻体会创意构思给文章带来的韵味提升。课堂练习设计了两道趣味练习,能激发起学生的兴趣。平时教学中可以多做一些这样有趣的练习,让学生主动去构思情节,努力把文章变得更有韵味。

姚源源

第二单元　遣词造句　表情达意

1　精 选 语 言
——善用修辞

❁ **教学目标**

1. 通过品读,了解排比句能增强文章表现力、感染力的作用。

2. 通过小组合作、对比质疑、展示点评,学会运用排比。

❁ **教学重点**

学会运用排比。

❁ **教学难点**

学会准确、恰当地运用排比来抒发感情。

❁ **教学设想**

修辞,犹如语言百花园中的奇葩,如能在文章中适当地运用,就能使文章增添几分亮丽的色彩。学生已经熟练掌握了一些修辞的运用:巧设比喻,以求形象生动;大胆夸张,以显灵气飞扬;多用设问,以求启人深思;反复吟哦,以抒绵绵之情。本课深入探究排比手法的运用,以期让学生学会恰当地使用修辞手法,使文章语言形象鲜明、气势贯通、音韵和谐、文采飞扬。

❁ **教学过程**

一、对比导入

朗读以下语段,谈谈你的感受。

1. 有些事物去了,总有再来的时候。但是,聪明的,你告诉我,我们的日子为什么一去不复返呢?……时间逝去了。

2. 燕子去了,有再来的时候;杨柳枯了,有再青的时候;桃花谢了,有再开的时候。但是,聪明的,你告诉我,我们的日子为什么一去不复返呢?……洗手的时候,日子从水盆里过去;吃饭的时候,日子从饭碗里过去;默默时,便从凝然的双眼前过去。

——朱自清,《匆匆》

二、病因初诊

阅读学生习作,谈感受。

1. 她总是那么认真,那么努力,那么刻苦!

2. 理想是灯,照亮夜行的路;理想是火,点燃熄灭的灯;理想是路,引你走向黎明。

3. 春天,草长莺飞,温情如太阳般,一点又一点地从她心中折射出来,她却从不曾停止助人的步伐;夏日,艳阳高照,汗水如珍珠般,一颗又一颗从她额角掉落,她却从不曾停止劳作的耐心;秋天,飒爽秋风,碎发如落叶飞舞,她却从不曾停下进取的心;冬天,凛冽寒风,小手如苹果般通红,她却从不曾停止书写的笔。

明确:学生习作存在内容空洞、层次不清、偏离主旨等问题。

三、对症下药

1. 表达内容

从表达内容角度谈谈你的感受。

(1) 你的嬉笑打闹时间,冷却在了那叠堆积如山的书后。是什么,让你冰冻的双手在抖抖索索时伸出温暖的口袋,执笔记录每个知识点? 是什么,让你红肿的双手在丝丝痛痒时翻阅发黄的书页,全情投入每篇名著? 是什么,让你龟裂的双手在阵阵疼痛时接触白皙的纸张,精彩抒写读书心得? 你,心在书中,就着那堆积如山的书笑个酣畅淋漓吧!

——中考满分作文《为你歌唱》

明确:通过事例、细节丰富内容。

(2) 不必说碧绿的菜畦,光滑的石井栏,高大的皂荚树,紫红的桑葚;也不必说鸣蝉在树叶里长吟,肥胖的黄蜂伏在菜花上,轻捷的叫天子(云雀)忽然从草间直窜向云霄里去了。

——鲁迅,《从百草园到三味书屋》

明确:通过多种角度描写丰富内容。

2. 逻辑顺序

从思维逻辑顺序角度谈谈你的感受。

(1) 讨论句子内部的层次

绿色是多宝贵的啊！它是生命，它是希望，它是慰安，它是快乐。

——陆蠡，《囚绿记》

(2) 讨论句与句之间的层次

桃树、杏树、梨树，你不让我，我不让你，都开满了花赶趟儿。红的像火，粉的像霞，白的像雪。

——朱自清，《春》

明确：句子层次有序、呼应。

3. 提升主旨

从主旨角度谈感受。

你总听过风吹的声音吧？当微风吹过柳梢，当清风拂过明月，当狂风扫过巨浪，当台风横越山岭，你总听到些什么吧？

你总听过动物的声音吧？当小狗忙着啃骨头，小金鱼用尾巴泼水，金丝雀在窗沿唱歌，当两只老猫在墙头吵架，三只芦花鸡在啄米吃，你总能听见些什么吧？

你也总听过水声吧？当山间的清泉如一道银箭奔向溪流，当哗啦啦的大雨打向屋脊，当小水滴清脆地落在盛水的脸盆里，当清道夫清扫水沟里的落叶，当妈妈开水龙头淘米煮饭，你总该听到些什么吧？

——桂文亚，《你一定会听见的》

明确：排比不但是语言形式的问题，它更与作者的思想密切相关。运用排比不仅要联系语段，还要联系篇章。

四、请你诊断

你认为哪一组好？为什么？

A. 绿色是多宝贵的啊！它是生命，它是希望，它是慰安，它是快乐。

B. 绿色是多宝贵的啊！它是我高不过一丈的小房间外的生命，它是我灰暗的都市天空下的希望，它是烽烟四逼的旧都里的慰安，它是黄漠的平原上的快乐。

明确：A 好。无限定词语，更凸显绿的宝贵。语言简洁干练，急促有力，直接倾诉作者对于这抹绿的热爱和渴盼。

（或 B 好。长句子，内容丰富。又通过对"生命""希望""慰安""快乐"加入相应的修饰内容，令读者更准确地理解"绿"在那个特定的时代的含义）

五、试开药方

在《黑板上的记忆》中创作一组排比句。

六、回家作业

在自己最近写的一篇作文中创作一组排比句。

✿ 使用建议

本课是专门针对"排比"这一修辞进行的专项训练。在今后的教学中,还可以进行比喻、拟人、对偶、夸张、设问、反问等修辞手法的训练。可以结合课内外阅读例文,分项或多项合并进行讲解。多种手法的综合运用,能为文章增添丰富的色彩。

✿ 教学反思

排比这一修辞,学生在写作时很喜欢用,但苦于用得不当,没有章法。通过本课的训练,学生有了直观的比较与感受,写作水平有所提升。

王　玲

2　丰　富　语　言
——语句生动

✿ 教学目标

1. 了解扩写的原则。

2. 学习扩写的方法。

✿ 教学重点

学习扩写的方法。通过训练,提高扩写的思维能力,让细节刻画精细传神。

✿ 教学难点

根据表现人物性格或内心思想的需要,选择重点内容进行扩写。

✿ 教学设想

扩写,是指在不改变原文基本精神的前提下,把内容粗略的片段或短文加以扩展的作文训练形式。其目的,就是使原文的主要内容更加生动、具体,使原文的中心思想更加鲜明、深刻。

学生在写作时需要拓展想象,要善于纵横开掘、扩充容量,要在理清思路、展开描写上下功夫。

✳ **教学过程**

一、导入

今天跟大家聊聊,如何在有构思或有梗概的前提下,为文章丰富语言,使语言更生动,主题更突出。

二、小试牛刀

1. 出示题目

爷爷听说我看了《三国演义》,很高兴,就问了我几个问题。可是,我看得囫囵吞枣,回答问题时张冠李戴。

要求:(1) 扩写原文,把主要内容写具体。

(2) 注意人物语言、动作、神态的描写。

题目中包含了故事的"骨架",要在提供的"骨架"上加上"血"和"肉",进行人物描写。

2. 确定扩写重点

自读题目,想想故事"骨架"中哪些地方可以扩写?(爷爷的问题,我的回答,人物的动作、神态、心理)

3. 把对话写具体

出示:爷爷问:"＿＿＿＿＿＿＿＿?"

我回答道:"＿＿＿＿＿＿＿＿。"

爷爷会问些什么?"我"会怎样回答?(爷爷问的问题一定要和《三国演义》有关,"我"的回答一定要是错误、可笑的)

4. 把人物形象写具体

(1) 爷爷＿＿＿＿＿问:"＿＿＿＿＿＿＿＿?"

我＿＿＿＿＿回答道:"＿＿＿＿＿＿＿。"

爷爷提问时可能有哪些表情、动作、心理?

我回答时可能有哪些表情、动作、心理?(自以为是,认为自己无所不晓时会有哪些表现?明知答错又死要面子时又会有哪些表现?)

（2）听了我的回答后，爷爷＿＿＿＿＿＿＿＿＿＿。

我＿＿＿＿＿＿＿＿＿＿。

听了"我"的回答后，爷爷会做出怎样的反应？（性格不同，反应也一定不同。和蔼的爷爷：意味深长地笑笑、摸摸我的头、拍拍我的肩膀……严厉的爷爷：板着脸、指着我的鼻子……）

"我"又会有什么表现？（动作：调皮地吐吐舌头、无所谓地耸耸肩、惭愧地低下头……表情：面红耳赤、尴尬地笑笑……）

明确：刚才以一次次提问为例，扩写了这段话。故事的主要内容写具体了，人物言行、神态、心理的描写丰富起来了，人物形象也就活起来了。

三、探究方法

扩写有哪些基本要求呢？

一般来说，扩写不能改变原作的中心思想、主要人物和事件，不能改变原文的体裁、人称、时间、地点、语言风格。

怎样扩写一篇文章？

1. 认真阅读原文，抓住主要内容

这是扩写的第一阶段。在这一阶段，我们可以通过独立阅读、听教师的讲解、查阅与原文内容有关的资料等手段，多角度、全方位地感知原文，力求使自己对原文内容有一个全面的把握，同时，激发自己扩写的兴趣。

2. 仔细研读原文，把握中心思想

这一阶段，我们要通过仔细研读原文中的每一句话，弄清文章的时间、地点、人物、事件以及每个细节，努力把自己引入原文所创设的意境之中，触动自己的情感，以便准确地把握文章的中心思想，从而为确定哪些地方需要扩展提供主要的依据。

3. 依据中心思想，确定扩写内容

掌握了文章的主要内容和中心思想之后，我们要从原文的整体着眼，根据表达中心思想的需要，找出原文不明确、不生动、不具体的地方，多问几个"为什么""是什么""怎么样"等，从这些地方入手，确定扩写的内容。

4. 展开想象翅膀，充实原文内容

确定了需要扩写之处和如何扩写，那么最后一个阶段，就是要展开想象的翅膀,根据文章的主要内容和中心思想,在不脱离原文实际的前提下,用生动鲜明的语言,对那些粗略的内容、笼统的情节,进行具体、细致的描写,力求使文章变得内容丰富而极具感染力。

简而言之,就是:一要读懂原文,明确主题;二要找到扩充点,充实原文内容;三要合情合理想象。

四、扩写操练

放学路上,我看到这样一幅画面:一个男人骑着破旧的自行车行驶在慢车道上,自行车的后座上,坐着他的妻子和坐在妻子腿上的孩子。男人看上去骑得很吃力,但是他似乎并不感到累,有时扭过头教孩子数数,有时笑一下,觉得很幸福。

1. 环境描写(天气、校园)

天空中飘着几朵洁白的云儿,给湛蓝的天幕绣上了几朵白花。鸟儿从空中一掠而过,一串动听的叫声回荡在空中。这一切的一切,看上去是那么的祥和(开头)……抬头望望天空,依旧是那么蓝,那么美。几只小鸟从空中飞过,留下一串动听的叫声(结尾)。

夕阳西下,太阳羞答答地躲进了一朵朵云儿的身体里,红色的霞光撒遍了大地的每一个角落。我正骑着我那辆已有三年历史的自行车回家。"啊!"我惊叹道,"真美……"虽然我相信自己没有背古诗的天分,但如果没有记错的话,李商隐的《登乐原游》应该是这样的:"向晚意不适,驱车登古原。夕阳无限好,只是近黄昏。"……

碧云天,黄叶地。不知何时,秋天的纤手搭上了大地的肩膀。在一个秋叶飘飘、秋风徐徐的下午,美妙的放学铃声打破了整个沉寂的校园。每个学生沸腾着冲出了花园般的校园。

风是那么平,云是那么静,一切都像定格了。随着一阵急促的铃声打破了死寂,从学校里涌出如蚂蚁般的人群,使整个校园如开水般沸腾起来。人们扩散着,似乎想越出这定格的框架。

2. 事物描写(自行车)

自行车破旧得不成样子,好像再少一个零件就会完全散架一样。

一个男人骑着破旧的自行车……我真担心那辆自行车会不会散成一堆废铁。

"吱吱"声不断地从自行车中发出,让人感觉特别刺耳。就像一匹不屈服的老马,年纪一大把了,还想在草原上奔驰,可它毕竟是老了,行动也不像以前那样轻盈了。

这辆破自行车,就像一只不愿屈服的老毛驴,大幅度地摇摆着那个受尽风吹雨打、备受光阴折磨的头。

"吱吱"的响声就像一个暗杀者的脚步声,渐渐逼近我的身躯。

那辆破旧的自行车,好像得了慢性气管炎,走一步咳三声。"吱吱"的叫声,飘荡在夕阳下,使人不由地想起"夕阳无限好,只是近黄昏"的凄凉诗句。

3. 人物肖像描写(男人、女人、孩子)

深深地刻下他这个年纪不该有的皱纹,白发也悄然向他发起进攻。

妻子的长发柔顺地在脸旁垂下,嘴角微抿,画出一道温柔的弧线。

他的妻子非常瘦弱,似乎风一吹,便会像树叶般哗哗飘走了。

坐在妇女腿上的小孩,圆圆的眼睛,高高的鼻子,红扑扑的脸蛋和甜甜的小嘴,搭配得恰到好处。

孩子没有樱桃小嘴,笑起来却似九月的石榴,露出玛瑙般的果肉。那圆圆的脸蛋,可能是水果冻做的吧,真叫人想捏上一把,但又怕捏坏了她。

孩子东探一下头,西伸一下脑袋,好像刚出土的竹笋,好奇地打量着周围的世界。

4. 行动、心理描写(男人)

男人似乎并不感到累,因为有一股爱的暖流正在冲撞着他的心扉。

男人并不觉得辛苦,因为孩子的笑容、妻子的微笑,已经化作缕缕微风,轻轻地帮他拭去了脸上的汗珠。

男人看上去骑得很吃力,但是他脸上的笑容告诉我,他似乎并不感到累。在战场上有些战士说的是"化悲痛为力量",我想,这个男人大概是"化爱为力量"吧。

也许他认为这一刻是他人生中最幸福的时候,他真希望时间就这样停止不前,永远不再走动!

5. 整个画面(中间和结尾)

从自行的后座上,不断传来嬉笑声。哦,原来是他的妻子和一个幼小的孩子。他的妻子搂着孩子,让孩子坐在腿上。整个画面,像一个牧童坐在牛背上,吹着他那支心爱的笛子，美妙动听的乐音从笛孔中钻了出来，飘向四面八方，述说着一个迷人的故事。

他们觉得好幸福。这种幸福，不只是一种外在表现，更是从他们的内心慢慢地表露出来，显现在脸上。

秋天的晚霞像一层薄纱，在中年男子的脸侧打出一层波光明灭的圆圈……一种叫作幸福的淡淡的味道，一点点地倒入这爱的三人世界……

他的肩上背负着一家人的重担，然而他还是笑得那么坦然，那么开心。我好像看见这一家人正开着幸福的列车，驶向春天。

五、作业

任选一题进行扩写。

1. 选择一个成语故事进行扩写，如:《狐假虎威》《画蛇添足》。

2. 扩写下面的材料。

（1）体育课，练跳马，老师在我没成功后，鼓励我再跳一次，起跑时，同学们用掌声为我鼓劲。

（2）三楼的阿姨在我没带钥匙的情况下，带我去她家里写作业。

（3）暑假中，我把家里吃剩下的馒头喂河里的鱼。

❋ 使用建议

本课教学，教师应让学生明确:扩写作文时应先考虑主题，再确定扩写的内容，要从文章模糊、简略处作扩写。

❋ 教学反思

扩写解决了学生作文内容不充实的问题。但学生在扩写中会出现为扩写而扩写，不顾扩写内容是否合适、是否反映了文章主题思想等问题。这方面教师应加以关注。

王　玲

第三单元　综合运用　实践语言

1　广而告之
——广告通知

❊ 教学目标

1. 学习并掌握广告、通知的写法和不同的作用。

2. 能够根据不同情境和对象,选择合适的方式和内容写作广告,撰写通知。

❊ 教学重点

学习并掌握广告、通知的特点和作用,以及写作的注意点。

❊ 教学难点

能够根据实际需要,写作广告,撰写通知。

❊ 教学设想

在我们的生活中,广告和通知无处不在。这也是训练学生"读者意识"的很好素材。本课首先让学生品评一些比较成功的广告语,明确广告的特点。接着根据设置的情境写一写,明白针对不同人群,即使是宣传、介绍同一事物,广告语也应是不一样的。然后从广告过渡到通知。先熟悉通知的格式,再进行实践演练。期望此次课堂学习能让学生进一步体会到"不同语境、目的、对象决定着语言和内容"的道理。

❊ 教学过程

一、导入

1. 自由漫谈:说说自己耳熟能详的广告

2. 整理发言,选择比较有代表性的作归纳交流

明确:广告在生活中到处可见。本环节让学生整理出有代表性的几条广告语,为后续教学环节作准备。

二、广告的写作

1. 品评：出示广告语，并说说它的特点

广告一：某巧克力——只溶在口，不溶在手

明确：这是著名广告大师伯恩巴克的灵感之作，堪称经典，流传至今。它既反映了该巧克力糖衣包装的独特，又暗示该巧克力口味好，以至于消费者不愿意使巧克力在手上停留片刻。

广告二：某运动品牌——just do it

明确：这句广告语正符合青少年一代的心态，要做就做，要与众不同，要行动起来。

广告三：义务献血——我不认识你，但我谢谢你！

明确：广告语虽然朴素无华，却真实地反映了义务献血的意义，同时又表达出一个接受义务献血患者的心声。

2. 归纳：广告语特点

明确：(1) 朗朗上口，好听易记；(2) 针对不同的人群，凸显产品特色。

总结：现代的广告已经逐渐发展成"使某人注意到某件事"，或"通知别人某件事，以引起他人的注意"。所以，我们在撰写广告语的时候，要考虑产品推销的对象。这和我们的写作也是相通的，写作时同样要考虑写作的对象。

3. 实践演练

根据刚才所学的知识，给我们学校撰写一则广告，向不同的人群介绍我们学校。

对象一：新进校的学弟学妹；

对象二：已经毕业多年的学长；

对象三：来我校咨询的家长。

明确：这三个人群有着不同的特点。学弟学妹刚进学校，对于学校还不是很了解，广告语要针对这个特点，帮助他们了解学校，激发他们对学校的自豪之情。已经毕业多年的学长离开学校已经多年，广告语中可以侧重于介绍学校近期的发展，亦可怀旧，让学长能从中回忆起自己在母校度过的难忘岁月。针对前来咨询的家长，广告语中可以介绍学校的教育质量、教学成就等。这也就是针对不同对象选择不同的角度进行写作。

三、通知的写作

过渡：刚才我们给学校拟定了一条广告，附近的家长和学生看到了之后都纷纷前来咨询。现在请你为学校拟定一条招生通知。

1.通知格式

<table>
<tr><td colspan="2" align="center">标题</td></tr>
<tr><td colspan="2">正文
缘由：制发通知的理由、目的、依据
主体：应当知晓的事项
结尾：可以写上"特此通知"</td></tr>
<tr><td colspan="2" align="right">落款
日期</td></tr>
</table>

明确：这是通知的基本格式。在教学时，应让学生明白标准格式中的有些内容可以根据实际情况作调整，也就是根据不同的对象有不同的表达。

2.自由写作、交流

总结：在构思通知的时候，首先要注意格式，要符合通知的样式；其次要考虑通知的对象，把要告知的事情讲清楚。

3.实践演练

情境一：学校的社团近期要招募新团员，招募活动定于明天中午12点在学校操场上进行，请你拟一则通知。

情境二：请你代班主任拟定一则通知，通知大家原定下周举行的联欢会提前到后天下午，请大家做好准备。

情境三：明天要进行爱心募捐活动，请你代表学校大队部拟定一则通知告知大家。

四、布置作业

1.完善课上没有写完的三则通知，注意通知的措辞和语气。

2.尝试用今天所学的知识构思作文《夸夸我的学校》。

❋ 使用建议

广告语的写作，不仅要求面对不同的人群有不同的宣传策略，同时还要言简意赅,朗朗上口。因此本课中写作学校广告语时,可以先让学生根据情境介绍一下自己的学校,然后再进行广告语的写作。通知的写作先要关注格式的要求,在基本格式正确的基础上进行"读者意识"的训练。本课也可以根据学生的实际情况分为两课时来进行。也可以先进行通知的写作教学,然后再学习广告的写作。

✿ 教学反思

本堂课进行的是广告和通知的写作训练。本次训练,首先让学生明白广告写作的要点,掌握广告写作的基本方法,锻炼学生的概括能力和"炼字"能力,帮助学生进一步领悟"根据不同情况和对象,选择合适的方式和内容"进行写作的要义。通知写作的目的亦是如此。

胡　晨

2　心 领 神 会
——摘要批注

✿ 教学目标

　　1. 学习梗概、摘要和批注的概念和写法。

　　2. 明确梗概、摘要和批注的不同作用。

　　3. 养成"看书要动笔"的好习惯。

✿ 教学重点

　　学习梗概、摘要和批注的概念和写法。

✿ 教学难点

　　明确梗概、摘要和批注在实际运用中的不同作用。

✿ 教学设想

　　梗概、摘要和批注较为相似,但三者之间还是有区别的。可以让学生把梗概理解为"缩写",即简要写出事件的"六要素"。也要让学生明白,面对不同情况,书写梗概时应根据需要加以变化。摘要和批注是读书积累的基本手段。但学生经常将梗概和摘要相混淆,所以安排了辨别的环节,让学生明白两者之间的不同。批注的形式有多种,在教学时可以借助卡片,将批注做成表格的形式。

❋ **教学过程**

一、导入

自由漫谈:你平时喜欢看书吗? 喜欢看哪些类型的书? 看书时有没有作记录或者写写画画的习惯?

二、学习梗概、摘要和批注

1. 梗概

(1) 概念

梗概也是一种应用文体,常用于电影、电视和小说的故事情节的简单介绍等。

(2) 写法

写作梗概类似于缩写,我们在写的时候要注意"六要素"的完整。

(3) 实践训练

情境一:阅读《刷子李》,写出本文的梗概。

情境二:如果你是书店老板,要向别人介绍这篇文章,你会怎么写这篇梗概?

情境三:读了本文,你觉得不错,想向好朋友推荐,又会怎么写?

明确:这一训练主要让学生熟悉梗概的写法,明白面对不同的对象,所归纳梗概的侧重点是不一样的。如果是自己阅读之后或者根据老师要求写梗概,当然需要"六要素"完整。如果是书店老板要介绍新书,只需将故事中最精彩的或者最吸引人的部分概括写出即可。如果推荐给好朋友,同样只要写出书中的精彩部分或者是朋友感兴趣的部分。这些都是为了激发人们的阅读兴趣。因此我们在撰写梗概时,还可以将推荐书籍的结尾省略,以留有悬念。

2. 摘要

(1) 概念

摘要又称文摘或提要。它是以简明扼要的文句,将某种文献的主要内容正确无误地摘录出来,使读者于最短的时间内得知原文献的大意。

(2) 主要功用

节省读者的时间,使读者在短时间内得知资料的主要内容,并据此决定是否要详细阅读原文。

（3）比较：摘要和梗概的不同点

明确：①梗概多用于情节比较复杂的文学作品，概括的时候，语言相对感性。②摘要多应用于学术论文，也能用于科学实验、文件报告等，其语言比较理性。

（4）实践演练

请给《养花时水中能否加食醋》写一个摘要。

3. 批注

（1）概念

批注是指阅读时在文中空白处对文章进行评论和注解，作用是帮助自己更好地掌握书中的内容。批注是我国文学鉴赏和批评的重要形式和传统的读书方法，它直入文本，少有迂回，多是些切中肯綮的词语短句，是阅读者自身感受的笔录，体现着阅读者别样的眼光和情怀。

（2）格式（可参考如下）

读书批注卡	
书名：《送安惇秀才失解西归》 作者：苏轼 摘抄：旧书不厌百回读，熟读深思子自知。	读书百遍，其义自见。只有仔细研读，深入思考，才能品出其中意蕴。

（3）实践演练

请参照格式，给《刷子李》写一条读书批注。

总结：今天我们学习了梗概、摘要和批注的写法。用梗概来概括作品，面对不同的读者可以有不同的概括方法。批注则偏重于读者自己的阅读体验和领悟。

三、布置作业

运用今天所学的知识，选择课本中一篇课文写一篇梗概，写一条批注。

✳ 使用建议

尽管梗概、摘要、批注看上去都不复杂，但是对于学生来说还是有难度的。

建议将梗概和批注一起学习,结合平时的语文阅读学习进行操练。而摘要的学习可以放在另外一个课时。先请学生熟悉教师提供的论文,然后写出摘要,再在课堂上进行讲评。

❋ 教学反思

课堂中,尽管学生对梗概不太熟悉,但是对其写作方法能很快掌握。批注的写作教师给出了一个格式,这便于学生快速上手,但也应鼓励学生写出自己个性化的批注,充分表达自己的阅读理解和感悟。对于摘要,要厘清其和梗概的区别,让学生学会写简单的摘要。

胡 晨

3 心 有 所 向
——各类申请

❋ 教学目标

1. 掌握申请书的概念、特点、种类、格式等方面的知识。

2. 学会模仿范文,撰写格式规范,理由充分、合理,语言准确、简洁,态度诚恳、朴实的申请书。

❋ 教学重点

掌握申请书的一般格式。

❋ 教学难点

学会用正规的语言恰如其分地陈述意愿的写作方法。

❋ 教学设想

在日常生活中,我们经常会对某件事或某种境况有所愿望和要求,那么应如何通过表述自己的意愿来达到或满足自己的这份期许呢? 我们可以有各种表述方式,而选择何种方式需要视交际对象和具体事情的性质而定。申请书是一种比较正规而又能恰如其分地陈述意愿的文体。而这种文体,学生在学校活动中可能已有所接触,如撰写"入团申请书"。本课从"入团申请书"分析入手,让学生了解申请书的概念、特点、格式和要求,并进一步通过其他类型的申请书,从语言、情感表述上加以补充说明,让学生对申请书有较完整的认识。在作业中,学生根据生活实际,仿写一份申请书,巩固对知识的掌握。

❋ 教学过程

一、导入

在现实生活中,我们面对某种情境、机会、场合等,内心会产生某种愿望,那么如何来表达这种"心有所向"的请求呢? 需要用怎样的方式提出呢?

二、问题呈现

例文1:

"昔孙阳取骐骥于吴坂,秦穆拔百里于商旅。毅未遇知己,无所自呈。前已口白,谨复申请。"

——《晋书·刘毅传》

例文2:

"朝廷震动,即日下诏罢浚为武昌军节度使,三贬绣州司户参军。全忠为申请,诏听使便。"

——《新唐书·张浚传》

例文3:

"郡邑申请立祠於梅花岭祀之。"

——李斗,《扬州画舫录·新城北录上》

明确:"申请"一词,古已有之,从上文示例看,都具有对某事向上级或有关部门说明理由,提出内心的愿望或请求的特点。申请书作为一种应用文体,能帮助我们表达自己的希望和心愿。

三、赏析例文,了解申请书的概念和特点

入团申请书

校团委:

在五四青年节来临的时候,我郑重地向团组织提出申请,要求加入中国共产主义青年团。

共青团是党的忠实助手,是一所马克思主义的大学校。在这个共产主义的大熔炉里,培养了一批又一批伟大祖国的先进青年,铸造了一代又一代共产主

义的钢铁战士:董存瑞、雷锋、张海迪,他们不但是广大青年的楷模,也是我不断进取、争取入团的动力源泉。

　　加入共青团是我多年的夙愿,但是对照团员的标准,我总觉得自己缺点很多,所以一直没有勇气提出请求。近年来,我在团支部的关心帮助下,开始正视自己的不足,努力磨炼自己的意志,从各个方面严格要求自己,终于取得了一点进步,多次受到了班级、学校的表扬。但这仅仅是开始,与许多优秀的共青团员相比,我还有很大差距,我决心向他们看齐,刻苦学习,不断提高自己的思想觉悟,争取早日成为一名光荣的共青团员。

　　最后,我再一次请求团组织接受我的入团申请,请团组织考验我。

此致

　　敬礼!

申请人:×班　陈××

×年×月×日

　　明确:

　　1. 申请书的概念

　　申请书是个人、单位、集体,向组织、机关、团体、领导提出期望实现和满足自己的希望、要求的一种文体。

　　申请书的使用范围广泛。申请书是一种专用书信,它同一般书信一样,也是传递信息、表情达意的工具。

　　2. 申请书的特点

　　(1) 以第一人称来提出请求(如例文中"我郑重地向团组织提出申请,要求加入中国共产主义青年团")。

　　(2) 申请书一般是一事一书。申请书是用来表示请求的,那么就要写清请求的是什么,为什么要提出请求(如例文中"共青团是党的忠实助手……争取入团的动力源泉"),自己对所请求的事项已经具备什么条件或资格等(如例文中"我在团支部的关心帮助下,开始正视自己的不足,努力磨炼自己的意志,从各个方面严格要求自己,终于取得了一点进步,多次受到了班级、学校的表扬")。

　　3. 申请书的类型

　　申请书的使用范围很广,种类也很多。按作者分类,可分为个人申请书和单位、集体公务申请书;按内容分类,在日常生活和学习中常见的有入党、入团申请书,出国留学申请书,求职申请书等。

四、重点探究:申请书的基本格式和写法

申请书一般由标题、称谓、正文、落款四部分组成。

1. 标题

在申请书第一行正中写申请书的名称,一般只需写明"申请书"即可,有的则须写出内容的主旨,如例文中的"入团申请书"等。

2. 称谓

称谓也叫"抬头",在标题下一行顶格处写上接受申请书的组织、机关、团体、单位、领导的名称,称谓后加冒号。为表敬意,在称谓前还可加上"尊敬的"等。

3. 正文

正文是申请书的主体,在称谓下一行空两格处起写。正文部分要写明申请的内容和理由。如果内容和理由较多,特别是在申请的事情有多件的情况下,每一件事都要分段写,以使条理清晰,不致混淆和错漏。

正文结尾部分往往是表示礼节或恳切的愿望,如"此致,敬礼""恳请批准""不胜感谢"等。

4. 落款

在结尾下一行靠右写上申请人姓名或单位名称。如果是单位,则还应加盖公章,以示正式;如果是个人,可盖私章,也可不盖。在署名后面写上日期。

五、作业

×班同学决定成立"校园空气质量检测站",他们需要学校给予技术、设备方面的支持和协助。请你应用今天学习的知识,以该班级全体同学的名义,写一份申请书给校长室,提出建立"校园空气质量检测站"的设想和具体要求。

❈ 使用建议

本课是对于申请书的写作练习。入团申请书是学生在初中接触到的申请书的应用案例,因此本课可以安排在班级发展第一批团员之前。学生通过学习和解读,了解申请书的特点,并尝试写作,用以表达自己的意愿。

❋ **教学反思**

　　合理安排写作时机,是这节课取得良好效果的关键。如何表达自己的心愿和希望,每个人的方式并不相同,但当有特殊的交际对象或特殊的情况,必须要以书面的形式呈现时,就应根据实际情况规范地撰写,这样才能达到最好的效果。

施敏慧

4　生 活 指 南
——产品说明

❋ **教学目标**

　　1. 了解产品说明书和用户手册的作用、结构、写作要求。

　　2. 学会结合生活实际,编写简单的产品说明书。

❋ **教学重点**

　　了解说明书的作用、结构、写作要求。

❋ **教学难点**

　　掌握说明书的撰写要点。

❋ **教学设想**

　　先从生活实例导入新课。之后通过与说明书有关的案例,让学生了解正确编写说明书在生活中的重要性,并了解说明书的特点、类型、基本格式和写作要求。最后让学生通过自己编写一份说明书,加深理解说明书在日常生活中的重要意义。

❋ **教学过程**

一、导入

　　在学生课桌上放一个玩具(如溜溜球),问:这个小玩具怎么玩? 你会玩吗? 有哪些途径可以让我们学会玩这个玩具?

　　学生可能会回答:向会玩的人请教,或自己摸索。教师引导学生明确有效地解决问题的方法之一——查阅说明书。让学生认识到,在生活中,无论学习、工作、娱乐等都离不开说明书的指导作用,它是我们生活中不可或缺的指南。

二、问题呈现

说明书上一字之差惹下官司

本报讯　主任记者宋建波报道　一种专门促进猪生长的饲料,其产品说明书上本应为"切忌烫煮",结果变成了"切记烫煮"。一字之差,众多猪的嘴被烫出了大泡。昨日,养殖户在消协据理力争,索回了 800 元钱的赔偿费。

明确:通过上面有关说明书的事例,我们可以发现说明书的正确与否带来的结果也不相同。

三、赏析例文,了解说明书的概念和特点

家用黏合剂说明书

本品荣获×年××省重大科技成果奖。

特点:双组分糊状品,使用方便,黏结对象广,黏结力极强,无毒害。

用途:本品适用于金属、玻璃、陶瓷、木材、水泥、塑料、橡胶等同种或异种材料之间的黏结、填隙、密封等。

用法:① 除去黏合面油污,必要时打磨,但新鲜断面不必作此处理。

② 可在较厚的纸上分别挤出等体积或等长度的甲、乙组分,拌匀后使用,黏合后过夜即牢固。气温越高,干固越快,数日后牢固度更高。

××化工研究院一分院黏合车间制
厂址:××省××县

明确:

1. 说明书的概念

说明书是应用文的一种,对某事或某物进行详细描述,促进人们对其的认识和了解。

2. 说明书的特点

(1) 说明性

说明书是说明事物性质的应用文。如对某种产品的介绍与说明,目的是使读者对产品有所了解,并能正确使用。

（2）知识性

说明书中大多都是知识性的内容。如例文中"黏合剂的特点、用途和方法"。又如微波炉的说明书,图文并茂,不仅有文字说明,还附有图解和菜谱,能使用户迅速掌握微波炉的使用方法,并能根据菜谱学会用微波炉制作丰富多样的菜式。

（3）实用性

说明书是一种实用性的应用文。它的目的就在于说明某种事物的基本知识,从而有助于人们对该事物的了解和掌握,因而具有很强的实用性。

3.说明书的类型

（1）产品说明书:是生产厂家向用户介绍产品用途、性能、规格、特点的说明书。

（2）使用说明书:是以介绍产品性能、操作部件及使用方法为主要内容的说明书。如微波炉说明书中,把微波炉的性能、特点、各种参数、使用方法、故障处理、保养方法及其他注意事项告诉用户,以使用户能正确、安全地使用。

（3）电影戏剧说明书:它是介绍电影、戏剧故事情节等内容的说明书,与电影、戏剧简介相似。

（4）书刊说明书:它是以介绍书籍、刊物为主要内容的说明书,与图书简介、刊物介绍类似。

总结:不同产品有不同的阅读需要,应根据不同产品的特点,充分考虑用户最需要知道什么。比如药品说明书,用户最需要知道的是适应症、用法、用量、不良反应、注意事项、禁忌、有效期等等,因此对于这些问题必须交代清楚;再比如家电产品,说明书中必须写明安装方法、使用方法、日常维护和保养、常见故障及处理。当然不同的人可能有不同的需要,产品说明书应照顾到大多数人,具有一定的普遍性。

四、重点探究:说明书的基本格式和写法

说明书的格式比较灵活。随着经济的繁荣,新产品层出不穷,说明书的格式也在不断创新,但不管如何变化,都可以大致归纳成标题、正文、落款三部分。

1. 标题

标题一般有三种形式：直接写"产品说明"；或以产品名称作为标题；或由产品名称和文种作为标题，如例文中《家用黏合剂说明书》。

2. 正文

正文是说明书的主体部分。不同类型的说明书，其侧重点不同。药物说明书着重说明其成分、功效和服用方法；机械产品说明书着重说明其构造、操作方法和维修保养方法；食品说明书着重说明用法、配料、生产日期及保质期、储存方法等。

3. 落款

落款一般需写明企业或单位名称、地址、电话、邮政编码、电子邮箱等资料，以便消费者与企业联系。

五、作业

请为自己班级或学校文学社的文学刊物写一份简单的说明书。

❋ 使用建议

说明书的写作，学生在写作学习中很少接触到，所以本课通过生活实例引出写作内容，并通过对例文的解读，让学生了解说明书在现实生活中的实用性特点，了解其基本格式和要求。

❋ 教学反思

说明书是学生生活中较常见的，但要走进课堂，和写作挂钩，却是一项比较特殊的写作任务。学生在生活中对说明书有一定的认识和解读，却少有动笔书写说明书的机会，所以本课也是一种有趣的尝试。

施敏慧

八年级

提炼思想　言之有理

第 一 学 期

第一单元　人间真情　抒发胸怀

1　欣 赏 生 活
——细节真实

❈ **教学目标**

　　1. 认识真实的细节描写在写人记事中的作用。

　　2. 通过经典片段的学习,掌握描写真实细节的方法。

　　3. 掌握细节描写的方法并加以运用,进行写作实践。

❈ **教学重点**

　　学习品味经典片段,归纳细节描写的方法。

❈ **教学难点**

　　掌握细节描写的方法并加以运用,进行写作实践。

❈ **教学设想**

　　许多学生的作文常常写得缺乏真情实感,生硬空洞,其主要问题在于不会选择恰当的细节去表现人物和事物。本课旨在引导学生认识细节对写作的重要作用,针对日常写作中细节描写方面的问题,明确细节描写要真切感受生活,精确选择素材,细致描摹特写。从对名家经典片段赏析中去探究细节描写的五种方法:锤炼词语、巧用修辞、突出特征、调动感官、细化延长。然后运用学到的方法进行写作实践,讨论交流。最后通过两个作业进行巩固。

❈ **教学过程**

　　一、导入

　　"写作要有真情实感",但许多同学写了自己亲身经历的事、自己身边的人,可就是感觉缺少真实性,打动不了人。原因在哪里? 真情实感离不开生动的、典型的细节,细节的多少和真实与否,反映出作者对生活的体验,也直接关系到文章的感染力。如果文章中都是些笼统的、概括的叙述,即使是作者亲身经历过的,也往往会给人不真实的感觉。今天我们就从细节真实的角度来学习如何让文章具有感染力。

二、常见问题

1. 学生写作中关于细节描写的常见问题及原因

(1) 细节不真实,编造痕迹明显。

原因:这主要是不留心观察生活、不注意生活积累造成的。

(2) 细节选择不当,缺乏典型意义,不能表现甚至有损人物形象。

原因:这与欠缺对文章的整体把握有关,反映出学生辨别、取舍细节的能力较差。

(3) 细节选材不错,但描写有欠缺。

原因:这主要是阅读量太少,缺乏对范例的积累与借鉴导致的。

2. 细节描写要注意以下几点

(1) 要"真",关注鲜活的现实生活,用自己的慧眼去观察,用自己的心灵去感受。要注意积累和提炼生活。

(2) 要"精",面对繁杂的现实生活,用自己的头脑去挑选。要选取能表现人物、凸显主题的细节进行重点刻画,当细则细,当简则简。

(3) 要"细",选取好细节后,用自己的妙笔去描绘,描写要具体细腻。

三、赏析经典,探究方法

1. 方法之一

屠户把银子攥得紧紧的,把拳头舒过来,道:"这个你且收着。我原是贺你的,怎好又拿了回去?"……屠户连忙把拳头缩了回去,往腰里揣,口里说道:"也罢……"

——吴敬梓,《范进中举》

仅仅有一次,她的教鞭好像要落下来,我用石板一迎,教鞭轻轻地敲在石板边上,大伙笑了,她也笑了。

——魏巍,《我的老师》

他用两手攀着上面,两脚再向上缩,他肥胖的身子向左微倾,显出努力的样子。

——朱自清,《背影》

孔乙己便涨红了脸,额上的青筋条条绽出,争辩道:"窃书不能算偷……"

——鲁迅,《孔乙己》

明确:通过对一些动词、形容词的辨析和筛选,将人物的性格特点生动鲜明地凸现出来。精心锤炼词语可以对所描述的内容进行准确生动的修饰和描写,讲求以少胜多,一字传神。

细节描写方法之一:锤炼词语。

2. 方法之二

街上的柳树像病了似的,叶子挂着层灰土在枝上打着卷;枝条一动也懒得动,无精打采地低垂着。马路上一个水点也没有,干巴巴地发着白光。便道上尘土飞起多高,跟天上的灰气联接起来,结成一片毒恶的灰沙阵,烫着行人的脸。处处干燥,处处烫手,处处憋闷,整个老城像烧透了的砖窑,使人喘不过气来。

——老舍,《骆驼祥子》

明确:适当运用比喻、拟人、夸张等修辞,可以增强语言的生动性,变抽象为具体,变无形为有形,变平淡质朴为文采斐然。

细节描写方法之二:巧用修辞。

3. 方法之三

又一阵风,比以前的更厉害,柳枝横着飞,尘土往四下里走,雨道往下落;风,土,雨,混在一起,联成一片,横着竖着都灰茫茫冷飕飕,一切的东西都裹在里面,辨不清哪是树,哪是地,哪是云,四面八方全乱,全响,全迷糊。风过去了,只剩下直的雨道,扯天扯地地垂落,看不清一条条的,只是那么一片,一阵,地上射起无数的箭头,房屋上落下万千条瀑布。几分钟,天地已经分不开,空中的水往下倒,地上的水到处流,成了灰暗昏黄的,有时又白亮亮的,一个水世界。

——老舍,《骆驼祥子》

明确:这一段描写抓住了狂风和大雨的特点。要抓住所描写的人、景、物的最突出的特征,写出其不同于其他人、景、物的独特之处。

细节描写方法之三:突出特征。

4. 方法之四

两岸的豆麦和河底的水草所发散出来的清香,夹杂在水气中扑面的吹来;月色便朦胧在这水气里。淡黑的起伏的连山,仿佛是踊跃的铁的兽脊似的,都远远的向船尾跑去了,但我却还以为船慢。那声音大概是横笛,宛转,悠扬,使我的心也沉静,然而又自失起来,觉得要和他弥散在含着豆麦蕴藻之香的夜气里。

——鲁迅,《故乡》

明确:这段描写调动了嗅觉、触觉、视觉、听觉等各种感觉器官,把月夜行船所见所感细腻生动地描绘出来。要细致描写,便要调动多种感觉(味觉、听觉、嗅觉、触觉、视觉),细腻描摹,写准、写活人、景、物的形、声、味、质感等要素。

细节描写方法之四:调动感官。

5. 方法之五

主席也举起手来,举起他那顶深灰色的盔式帽,举得很慢很慢,像是在举一件十分沉重的东西,一点一点的,一点一点的,等到举过头顶,忽然用力一挥,便停在空中,一动不动。这像是表明了一种思索的过程,做出了断然的决定。

——方纪,《挥手之间》

明确:挥手这一动作,作者将它细化、分解、延长,于是变为一个特写,细细描摹,刻入人的心里。可见,细节描写还可以通过细化动作、延长过程来实现。

细节描写方法之五:细化延长。

四、运用探究,牛刀小试

运用所学的方法,有选择地进行细节描写,并作交流讨论。

写作场景:公共汽车驶来了,人们蜂拥而上挤上汽车。

五、赏析评点

公共汽车擦着人群的边缘,驶了过来,没等到停稳,人们便一起涌向前门、中门、后门,于是,青年的潇洒大度、姑娘的矜持恬静,便一齐被抛在那空落落的车牌下,只有那一个个黑发的头、白发的头、长发的头、短发的头,一样地在车门口攒动,那一双双白皙的手、粗糙的手、青筋暴露的手,一齐向上挥舞着,努力向前伸——企图抓住车门。此时人与人之间无了高低贵贱,紧紧"团结"在一起:笔挺的西装和肮脏的工作服挨在一起,白亮的高跟鞋胡乱地踏在黑亮的大头皮鞋上。人与人之间也不见了礼貌谦让:身体高大的尽情发挥高空优势,身体瘦小的也在巧妙利用低层空间,上的人奋力拼挤,没上的人气急败坏,满眼扭曲的面孔、暴怒的目光,满耳叫声、喊声、骂声和小孩的哭声。

明确:这段描写细致地运用了动词、形容词,巧用夸张、排比等修辞手法,抓住不同人物特定场景下的特点(从头、手等角度来写),还从视觉、听觉等不同感官角度刻画,把一个"挤公交"的场景描写得细腻生动,惟妙惟肖。

六、作业

1. 完成片段描写:我能感觉妈妈并没有出去,反而好像到了我的床前。我微微睁开眼,妈妈果然站在我的床边,眼睛看着我……

2. 运用所学的细节描写方法,以"难忘那眼神"为题,写一篇作文。

附:

1. 片段描写

描写一:我能感觉妈妈并没有出去,反而好像到了我的床前。我将眼睛微微睁开一条缝,妈妈果然站在我的床边,眼睛柔柔地看着我,我分明感觉到她的目光在我的头发上抚摸。妈妈好长时间没有爱抚我的头发了,她在回忆那逝去的岁月吗?妈妈的目光抚上了我的眉,漫上了我的眼,我的眼珠不自觉地转动了几下,她的目光便一如我儿时她那双温柔的手,轻轻地按摩着我的眼睑,我知道她在让我好好睡眠。妈妈的目光滑到了我的脸颊上,似乎在找寻着什么,我知道那是在找她自己的影子;又似乎在欣赏着什么,我知道那是在欣赏凝聚她一生心血的艺术品。

描写二:我能感觉妈妈并没有出去,反而好像到了我的床前。我将眼睛微微睁开一条缝,妈妈果然站在我的床边,眼睛愣愣地看着我,那是什么样的眼神啊!那是第一缕晨曦对娇花的抚弄,那是三月里的春风对碧水的温柔,那是夏日晚霞对嫩柳的辉映,那是秋夜月光对修竹的依恋,那是冬日里的朝阳与小草的交谈!

2.学生优秀习作

难忘那眼神

看着池塘里的水清澈而又闪动，真是"水是眼波横"啊，这清澈而又闪动的水面让我联想起那双清澈而又闪动的眼睛和那坚定不移的眼神。

那天阳光明媚，草木萌发，杨柳早已成荫，我正漫步在这条看似无尽的江岸。这时，我想到一件心烦的事——考试又失败了，心中一股无名的怒火油然而生。"呼"的一声，把我从内心的火场中拉了回来，只见是一位小女孩摔倒在地上。我跑过去正想把她扶起来时，小女孩说："大哥哥，谢谢，不过我还是自己来吧。"这时我发现她的脚……只见她慢慢地爬起来，渐渐地站立起来，缓缓地走向远方。又是一声"呼"，我随声音望去，发现小女孩才走了几步又摔倒了。小女孩又站了起来，我好心想帮她可又被她拒绝了，她是希望自己可以站起来！

"大哥哥，看吧，我自己是可以站起来的，你不需要为我担心。"小女孩微笑地对我说。我发现她那双清澈又闪动的眼睛正给我一种力量。她那眼神似乎可以让人坚定不移。我的心一颤，这坚定的眼神犹如夏日的暴雨，洗涤了我的心灵，内心中的怒火也被这强大的暴雨冲刷得无影无踪。

我看着江边的风景，回想着她的眼神，似乎看见她又倒了下来，又站了起来……月亮升起来了，银色的月光散在清澈又闪动的池塘水面上，犹如一处仙境。听着夜里昆虫的鸣叫，看着清澈的湖水，一滴水落入池塘，池塘却起了不小的涟漪。

是啊，那个小女孩的眼神就是那滴水，我的内心就是那池塘中的水，她的眼神让我的内心泛起一道道的涟漪，那眼神教会了我如何乐观坚强！

❋ **使用建议**

本教学设计从写作问题入手，具体教学时可以根据学生作文实际情况找出相应问题案例，作为分析示例。学生不同，存在的问题也有所不同。在赏析经典、探讨方法环节，教学设计中提供了五种方法，这五种方法都是细节描写的有效方法。当然，其他更好的方法也可以充实进课堂。

❋ **教学反思**

本堂课从学生不会选择恰当的细节去表现人物和事物的写作问题入手，明确细节描写要"真"切感受生活，"精"确选择素材，"细"致描摹特写。然后从对名家经典片段的赏析中探究细节描写的五种方法:锤炼词语、巧用修辞、突出特征、调动感官、细化延长。之后让学生运用方法进行写作实践,讨论交流。最后通过两个作业进行巩固。本课从问题到方法,从方法到实践,学生应能在细节描写上有所收获。

姚源源

2　领　略　生　活
——情感真挚

❉ 教学目标

1. 认识真挚的情感在写人记事中的作用。

2. 探索出写作中做到情感真挚的方法。

3. 学习表达真挚情感的方法并能在写作中实践。

❉ 教学重点

通过分析自己的写作和赏析满分作文,探索写作中做到情感真挚的方法。

❉ 教学难点

学习表达真挚情感的方法并进行写作实践。

❉ 教学设想

作文能不能打动人,主要在于情感是否真挚。许多学生对作文的"真实"并没有真正理解,简单地认为写真事就是真实。其实这里的"真实"指的是情感真实,要写真实的情感、真切的感受,抒真挚的感情,求感人的效果。明确"真实"的内涵以后,引导学生结合自己的写作实际,分析自己在情感表达上存在的问题及原因。然后评赏分析一篇中考满分作文,讨论好文章的真情实感表现在哪里。最后总结出写作中表达真情实感的好方法。

❉ 教学过程

一、导入新课

真情实感是作文的生命。法国文学家狄德罗说过:"没有感情这个品质,任何笔调都不可能打动人心。"中国古代文学理论家刘勰主张"为情而造文"。诗人白居易说"感人心者,莫先乎情"。可见,写文章一定要有真情实感。"感情真挚"也是中考语文考试说明中对作文基础等级的要求之一。在中考作文的评判中，阅卷老师把文章能否做到"感情真挚"作为一个重要的评分依据。矫揉造作、胡编乱造之作，很难获得高分。

二、理解内涵

这里的真实，特别强调的是"情感"的真实。什么叫"情感真实"？许多同学不理解，所以不知道如何处理各种亲历的和虚构的素材，导致文章失去真情实感。这里"真实"的内涵包括以下几方面。

1. 写真实的情感。真实，主要是指作者在文章中表达的感情要符合生活实际，不违背生活规律。无论是事情还是情感，都要合乎生活逻辑，符合生活规律，才能给人以真实之感，打动人心。

2. 写真切的感受。真切，是指感情的表达要具体、深切而自然。真切的感受，来自人与自然、社会生活的交流互动。只有对生活的种种感受了然于胸，动人的真情才能在我们的笔端涌动。

3. 抒真挚的感情。真挚，是指感情的表达力求深刻、诚挚而又妥帖，不肤浅，更不夸饰、不矫情。感情的抒发要注意尺度和形式，既符合生活的真，更符合人性的善，进而体现感情的美。

4. 求感人的效果。感人，是指感情的抒发浓烈而又富有感染力，能有效激起读者的共鸣，为读者营造一个动人的艺术境界。要获得感人的效果，就有必要采用有效的抒情手段，既可直抒胸臆，也可间接抒情（寄情于人、融情于景等），在叙述、描写的字里行间渗透作者的感情。

三、问题呈现

学生结合自己的写作实际，分析自己在情感表达上存在的问题及原因。思考分析后总结出以下几点：

1. 感情平淡乏味。表现为表达方式单一，常是一叙到底，没有恰当运用描写、议论和抒情。

2. 感情虚假失真。由于阅历少，对所经之事又感受不深，导致所写事情不合情理或生活规律，很难有真情实感，通篇"为文造情"。

3. 感情夸饰失度。出现这种情况的原因通常是有强烈的情感体验，但没有掌握一定的抒情技巧,从而出现了小题大做、大词小用、感情夸饰失度、抒情矫揉造作等问题,削弱了文章的表达效果。

4.感情消极低沉。对反面事物大唱赞歌,或以偏概全,一味揭示事物的阴暗面。

四、赏析评点

不止一次,我努力尝试

一路上,望着远处的阳光灿烂,我努力尝试,忘却沙砾带来的疼痛;一路上,面对困难和挫折,我努力尝试,穿越丛生的荆棘,想要到达山顶。

不止一次,我努力尝试。

当我的指尖触上黑键白键,我就知道,我不是一个音乐天才,我必须付出比别人更多的努力。很快,我就遇到了困难。我发现别的同学指下流淌出的,是清澈的小溪,向前向前,最终汇入大海;我的琴声却总是遇见石头和高山的阻隔,断断续续。

于是,我开始努力尝试。我尝试把一首曲子分成很多的小部分,然后一部分一部分去练。把每一小部分都练熟,最后连贯起来,就是一首完整的曲子。我努力地练,一段一段乐声融在空气里,一次一次忍着手的酸疼,一遍一遍甩过手后继续执着地练习。日复一日,终于,我的小溪,经过坎坎坷坷,居然也流入了一片汪洋。

那一次次的努力尝试,连起一个个音符,把汗水,变成了微笑。

可是后来,同学们都说我只是连贯,曲调却毫无变化。甚至还有人嘲笑我,说我根本不懂什么是弹琴。我难过,我困惑,我的琴声里好像缺了一点重要的东西。直到看着老师弹琴时忧伤抑或欣喜的表情,我懂得了些什么。

弹琴,无关技艺,关键在于用心。

我再次努力尝试,去用心弹琴,去表现作者的情感。如果作者欣喜,大笑,就弹出"乱石穿空,惊涛拍岸,卷起千堆雪"的豪放;如果作者悠然,就弹出"小楼一夜听春雨,深巷明朝卖杏花"的闲适;如果作者忧伤,就弹出"泪眼问花花不语,乱红飞过秋千去"的伤感……让心与作者的心贴近,去品味每一个音符背后的情感。

就这样,不止一次,我努力尝试。我相信,总有一天我会到达那阳光灿烂的远方。那时,一路上的荆棘化成了花朵,一路上的寒风会漾满温柔与笑意。

不止一次,我努力尝试。我坚信,终有所得。

点评:作者以自己学琴的心路历程为素材,采用对比的手法,叙写了自己一次次努力尝试,始终没有放弃的历程,让人真切体会到作者对弹出优美动听、和谐悦耳的曲子充满必胜的信心。通过文章能判断弹琴的事为作者亲身经历,因为练习中的种种艰难、心理上的挫折和领悟,都合乎情理,自然真切。加上细致的描写,个中艰辛和豁然开朗都很能打动人。文章表现正能量,努力尝试终有所得的主题鲜明突出。此外,作者能够将积累的古诗词恰当地引用到文章里,让情感的抒发更富美感,增强了文章的感染力。

讨论:好文章的"情感真实"表现在哪里?

亲身经历,合乎逻辑;

感受细腻,细节充实;

情感真切,表达自然;

文辞优美,感染力强。

五、总结方法

要写出真情实感,有怎样的好方法?

1. 要化虚为实,不要空喊口号。比如写"母爱",要把无形的母爱化为有形的生活小事,要具体描写出母亲对子女的爱体现在哪些方面,在叙事中做到情事交融。内容空洞、空喊口号是不能打动读者的。

2. 事情要真实可信。感情往往寄寓在一定的事情中,感情"真"首先需要事情"真"。而真实的事情不仅仅是作者的所见所闻和亲身经历,它还包括作者的所思所想。题材如果是编造的,其蕴含或者引发的情感常常是虚假的;题材真实自然,情感也容易为人所认可。

3. 运用细节描写打动人心。有些学生的作文通篇是叙述,缺少具体而细微的描写,所以人物的形象不鲜活、不生动,整篇文章就缺少打动读者的真挚感情。因此,在叙述中加入典型的细节描写,是文章做到感情真挚的重要基础。

4. 情感要真切,表达要自然。学生作文如果不是真正的有感而发,一般很难写出真情,特别是在考场作文中。如果一味地"为文造情",就容易矫揉造作,虚情假意,不可能打动读者的心灵。

5. 设定感情倾诉的对象。有些学生在作文时,往往无视读者的存在,没能找准一个合适的倾诉对象,就急于动笔,因而文章毫无感情可言。作文时,要找准一个合适的倾诉对象。比如,题材是校园生活,可以对某个老师或者同学倾诉;题材是家庭生活,可以对父母倾诉;题材是社会焦点,可以对部分读者(如同龄人)倾诉。这样更容易带着感情来写。

因此,学生在平日里要学会观察生活、领悟生活,要善于体验生活中真诚的关心、爱护,观察生活中的闪光点、动情点,去发现、领悟人间真情。只要用一颗热忱的心去观察、发现、体验,就能采到"真情"的花朵,写出光彩照人的篇章。

六、课后作业 .

以"这才是我最珍爱的"为题,写一篇作文,要写出真情实感。

附:学生优秀习作

这才是我最珍爱的

窗外的风猛烈地刮着,一阵阵地打在窗子上,像是农田里的收割机发出的轰轰声。寒风凛冽,但我觉得屋子里的气氛更冷——我与妈妈已经僵持了很久了。

"既然已经送出去了,我们还是先吃饭吧。"妈妈开口道。桌子上摆着热腾腾的饭菜,但我却像是被妈妈的话点燃了一样,心中有团怒火涌起,我不顾一切地冲出家门。

我漫无目的地在大街上行走,寒风拍打在我的脸上,如同妈妈的话打在心上,将我的思绪拉回了那天。

"晶晶,以后你要好好学习了,不要再花时间养猫了,看看你的成绩单……"妈妈拿着我的成绩单,愤怒地指着上面鲜红的成绩。家里的庭院中传来"喵喵"的叫声。

第二天,我就没见到"小喵"了,妈妈告诉我她已经把我最珍爱的"小喵"送给了别人。

"妈妈,妈妈……"一道清脆的童声把我拉回了现实,是个围着蓝色围巾骑自行车的小男孩!他急切地用双脚蹬着小自行车的踏板,一边欢快地大喊:"妈妈,你跑得快点呀……"这时我注意到他的身后有一位中年妇女,正费力地跟随着小男孩自行车的速度,又要尽力扶住小男孩的自行车,防止他摔倒。她的额头已有汗水沁出,顺着发梢流下……这是多冷的天呀!可她竟然流汗了。

看到这一幕,我鼻子一酸,曾几何时,我的妈妈也扶着我,手把手地教我骑自行车;曾几何时,她也为了我而辛苦自己……

"小喵"的叫声又在我脑海中浮现,这是我最珍爱的吗?也许妈妈的关怀比它更重要吧……依旧是凛冽的寒风,在我耳边肆意地刮着,我明白,有些话一经说出就不知道如何有尊严地收回。

"孩子,慢一点,小心!"那个母亲气喘吁吁地提醒骑着自行车的小男孩,在我的视线中渐行渐远。

我犹豫了一下,还是转过身向家中走去。风像是越来越小,树叶轻微的哗哗声让我平静了下来。在家门口前,我停住了脚步。

"也不知晶晶那孩子到哪儿去了,最近的成绩退步得很明显啊……我把小喵暂时送到了她姑姑家……哎,都是我的错。"妈妈有些懊悔地说道。此时爸爸接上话:"也不怪你,我也有错,我去找她吧……天快黑了。"

站在门外的我听到这儿,敲响了家门。桌上摆着的饭菜已经冷了,但我觉得心是热的,因为我已经明白,原来我最珍爱的,是妈妈的话语、妈妈给我的关怀……

窗外的风已经停止,听不见"哗哗"作响的声音,我最后没有向妈妈道歉,我们都是家人,我感谢她,让我明白我最珍爱的东西……

✿ 使用建议

作文教学一定要结合学生的学情,任何教学设计都应从学生的问题出发。学生写作中的问题可能各不相同,可以根据学生的具体情况先对问题加以阐释,再展开教学。另外,"好文章的'情感真实'表现在哪里?"这个问题也可以由学生自己探讨来回答。本设计中提出了写出真情实感的五种方法,若有更好的方法也可以充实进课堂。

✺ 教学反思

　　本节课先明确了作文"真实性"的内涵,再呈现学生的实际问题,然后通过一篇中考满分作文,分析讨论作文情感真实的表现,之后给出了六种写出真情实感的方法。本课从学生的问题入手,也给出了解决问题的方法。对满分作文的赏析学生可能有各种角度,最后要引导归纳到预设的点上来。本设计从问题到方法,再到实践,对学生作文写出真情实感有切实的指导和帮助。

姚源源

第二单元　我秀我心　感悟时代

1　品味生活
——以小见大

❀ **教学目标**

1. 品读例文,探究"以小见大"的写作方法。

2. 学会在写作中运用"以小见大"的方法。

❀ **教学重点**

结合示例,探究"以小见大"的写作方法。

❀ **教学难点**

在习作中灵活运用"以小见大,平中见奇"的方法。

❀ **教学设想**

生活中的有些材料看起来似乎很平常,却包含了丰富而深刻的意义,例如在写记人记事的文章时,可以写小事,从细小的角度发掘题材,来表现人物的精神风貌、思想品格。在写作上,我们称之为"以小见大"。"小"指生活中的小事情、小题材;"大"指重大的深刻的主题或道理。本节课的设计,旨在引导学生从示例中总结出方法,学会在作文中运用"小中见大,平中见奇"的基本写作方法。

❀ **教学过程**

一、导入

在写作时,同学们总感叹身边没有大事发生,也没有大英雄出现,每天所见的都是些鸡毛蒜皮的小事件和不值一提的小人物,没什么可写的。其实生活中处处皆文章,平凡的小人物也有闪光的地方,关键在于如何去发现。

二、感知经典,小中有大

回忆《散步》一文写了什么内容,想表达什么。

明确:文章描写了祖孙三代人在一起散步的平凡小事,表现出一家人之间的互敬互爱,体现了中华民族的传统美德。作者选取"散步"这一生活侧面,表现那种对人类社会的繁衍、发展具有重要意义的道德、情感,用的是"以小见大"的写法。文章不长,但是写得情趣盎然,很有波澜。儿子"叫起来"是一波,一波初平,行路分歧又起,最后小路遇水塘阻挡是余波,矛盾的产生和解决进一步突出了家人之间的深厚感情,使散步过程饶有意趣。

所谓"以小见大"的文章,往往通过叙写生活中的一件极其平常的事情,从中来阐述一个大的主题。

三、品读经典,细节出彩

我看见他戴着黑布小帽,穿着黑布大马褂,深青布棉袍,蹒跚地走到铁道边,慢慢探身下去,尚不大难。可是他穿过铁道,要爬上那边月台,就不容易了。他用两手攀着上面,两脚再向上缩;他肥胖的身子向左微倾,显出努力的样子。这时我看见他的背影,我的泪很快地流下来了。我赶紧拭干了泪,怕他看见,也怕别人看见。我再向外看时,他已抱了朱红的橘子往回走了。

——朱自清,《背影》

思考:朱自清通过怎样的方式,把深沉的父爱这一"大"的主题表现得淋漓尽致?

明确:细节出彩(动作、神态)。

把特定的事件和人物的动作、行为用特写镜头进行"放大",给人以真实、鲜明、清晰的印象。抓住人物或事件的特征来写,通过准确、生动、细致入微的描绘,来增强形象的可感性。

四、小事不小,有容乃大

我每次只移动一小步,慢慢爬下悬崖。最后,我一脚踩在崖下的岩石上,投入了父亲强壮的手臂中。我先是啜泣了一会儿,然后,我产生了一种巨大的成就感。这是我永远忘不了的经历。

我曾屡次发现,每当我看到前途遥远可怕以致灰心丧气时,只要记起很久以前在那悬崖峭壁上所学到的经验,我便能应付一切。我提醒自己说,不要想着远在下面的岩石,而要着眼于那最初的小小一步,走了这一步后再走下一步,直到抵达自己要到的地方为止。这时,我便可以惊奇而自豪地回头看看,自己所走过的路多么遥远。

——[美]莫顿·亨特,《走一步,再走一步》

思考:你是怎样理解画横线的句子的?它们在文章中的作用是什么?

明确:选取细小点,挖掘闪光处(情、理)。

从小的材料中选取一个细小的点,挖掘出闪光而有普遍意义的大主题,发掘别人所未发现的东西,以独特的感悟撼人心灵,从而"以小见大"。

归纳总结:"以小见大"的作文,或选择一件小事,或撷取一个片段,或定格一幅画面,或捕捉一个瞬间,从中阐述一个大的事理,表现一个大的主题。

五、经典引领:《一件小事》(鲁迅)

赏析:《一件小事》是鲁迅先生被生活中偶然经历的事情所触动,被偶然遇见的车夫所感动,然后以此为原型而创作出的一篇小说。

本文语言并不华丽,语言风格也不似鲁迅先生平时那般冷峻嘲讽,反而是那种朴素无华的风格,叙述上也是以淡淡的语气,甚至有点儿轻描淡写的感觉,但这并不影响作者感情的抒发。本文以作为雇主的"我"与车夫形成对比,同时以"我"的前后思想变化为对比,从而突出勤劳、善良、敢于负责任、正直无私的车夫的高大形象,表达了作者对于劳动人民的赞美之情。

六、学以致用

生活中总有一些事情让你深受感触,请选取生活中的一件小事,运用"以小见大"的写作方法写一篇作文。

附:学生优秀习作

围　巾

嘉定区迎园中学　邵刘旖

你瞬息之间的无心赠予,
如同秋日夜晚的流星点点,
在我生命深处燃起了火焰。

——泰戈尔

周末的大街显得有些嘈杂,我走在路中央,看着树上所剩无几的黄叶打着旋儿落下来,我忍不住再一次裹紧那厚重的大衣,轻轻地嘘一口气,一团白色的雾气氤氲着飘向了半空。南方的冬天如此寒冷,看不到一丝温暖,有的只是萧条的气氛,让人忍不住发颤。

我漫无目的地在大街上游荡,寻找着只存在于春日的温暖,的确,我留恋那种太阳的温度。

远方是一抹耀眼的金黄,我眯了眯眼,走近一瞧,是一对母女。那小孩脖子里围着一块金黄色的围巾,那种颜色似乎是有魔力一般,在冬日的空气中散发出浓浓的暖意。小孩紧紧地攥住身旁女子的手,而从那女子脸上的笑容中,我看见属于她的幸福,装得满满的,快要溢出来一般。那种笑容,让我感动,我知道,那是爱。

风携带着寒流吹了过来,把那围巾的下摆吹得摇晃起来。

"妈妈……"小孩子稚嫩的声音响起,就像蜜糖一般甜腻。

我猜,下半句话,一定是"我冷"。

出乎意料,那孩子却说道:"妈妈,你冷吗?"说着,取下脖子里的围巾,努力地踮起了脚,伸长了手,将那金黄色的围巾挂在了女子的脖子上。

我从那女子的眼里看出了惊讶,继而她的眼神慢慢柔和,逐渐变成一缕笑意。

时间仿佛定格在了这一刻……

一种微妙的感觉向我的心底里涌去,只觉得那里暖暖的,像被春日里的第一缕阳光照射了一般,感动,充斥在心间,久久没有散去……

又一阵寒风吹来,却不再那么冷了,空气中充满了暖流。我目送着那一抹金黄色向远处走去,感动却留在了我心间。

感动是什么?它如沁人心脾的甘泉,如熏人欲醉的海风,如令人心折的白雪,让我们的心灵平静,纯净,澄澈。或许一千个人有一千种答案,但无论是谁,都无法对一个毫无感情的人说出感动究竟是什么。因为感动不是用嘴说出来的,而是用心品出来的。华丽的辞藻不能解读心灵最深处的那份悸动,只能慢慢体会其中的滋味,无论它是苦还是甜。

那条围巾,身边的感动……

✿ 使用建议

学生作文质量的高低、价值的大小，其衡量的关键，主要是看立意如何。当今的时代，新人新事层出不穷，要引导学生善于从日常生活中发现新鲜事物，体察日新月异的变化，并从中发掘不寻常的意义。使用此教学设计时，对于有些学生展示的不健康立意，要及时引导与提醒，让他们回归到正确的价值取向中。

✿ 教学反思

"以读导写"的教学方式，从课内阅读迁移到了写作训练，重新复习了课文，学生加深了对课文的理解，同时提高了写作能力，很好地利用了教材资源。教学中，给予学生充分发言的机会，引导学生多细心观察，要善于选取典型性的小事，材料要具有代表性和典型性，体现材料虽"小"但意义却"大"。

秦　萍

2　提 炼 生 活
——卒章显志

✿ 教学目标

1. 掌握"卒章显志"的基本方法。

2. 练习写"简单结尾，点明中心"的记叙文。

✿ 教学重点

结合示例，探究"卒章显志"的方法。

✿ 教学难点

运用"卒章显志"的方法进行记叙文写作。

✿ 教学设想

古人讲究"首尾圆合""首句标其目，卒章显其志"，文章在充分叙述、说明或议论的基础上，水到渠成，一语破的，凸显意旨，可以增加作品的深刻性、感染力，给读者以"画龙点睛"式的艺术享受。本节课的设计，旨在引导学生在记叙文写作中，恰如其分地运用"卒章显志"的方法。

✿ 教学过程

一、导入

"卒章显志"是文章结尾常用的方法。"卒"，即"完毕""结束"的意思。"志"

就是文章的主题、中心或者是作者要表达的主要意图。"卒章显志",就是在文章结束时把主题思想明确地表现出来,或者是在文章即将煞尾时将写作意旨交代清楚,所以人们把这种结尾方法也称为"篇末点题"。

二、感知经典

材料一:

我想:希望本是无所谓有,无所谓无的。这正如地上的路;其实地上本没有路,走的人多了,也便成了路。

——鲁迅,《故乡》

材料二:

改了国籍,不等于就改了民族感情;而且没有一个民族像我们这么依恋故土的。

——萧乾,《枣核》

材料三:

予尝求古仁人之心,或异二者之为,何哉? 不以物喜,不以己悲;居庙堂之高则忧其民;处江湖之远则忧其君。是进亦忧,退亦忧。然则何时而乐耶? 其必曰"先天下之忧而忧,后天下之乐而乐"乎。

——范仲淹,《岳阳楼记》

明确:采用"卒章显志"构思法,在"无言"之中,将"意"和"境"融为一体,产生了主题升华的意境之美。

三、方法例谈

1. 名作赏析:《心境防割》(毕淑敏)

赏析:全文的构思十分巧妙,题为"心境防割",却从防割手套写起。欲抑先扬,极写其神奇的防割功能,当它被渲染到极致之时,作者插入一句议论:"享有一颗风雨无摧刀枪不入的心,岂不万般惬意!"至此我们明白,文章开篇写防割手套只是以小见大,是为了引出对"心境防割"的有关认识和看法,此处为结尾的"卒章显志"作了铺垫。文章接着笔锋一转,写到"我"戴上防割手套修剪月季却被刺伤,照应前文"心境防割"的感悟,展开了集中的议论,"你必须除去心的伪装,敞开你的心扉""一个心理健康的人,心可以流血,自己就能撕下衣襟止血。心可以撕裂,自己能够飞针走线地缝合。他可以有累累的创伤,更会有创伤愈合之后如功勋章般的痕迹"。至此"卒章显志",告诉读者:心灵应该与世界碰撞,不必害怕心灵受伤;受伤后要学会自我疗救,让心灵变得坚强起来。

2. 习作引路

田间的快乐
嘉定区迎园中学 孟秦媛

又是周末了,我们一家三口照例来到了乡下。

迈进那熟悉的大门,一眼就望见了坐在小板凳上择菜的奶奶。"奶奶!"伴随着我那一声响亮的呼唤,奶奶的笑容早已爬上了眉梢。咦,爷爷呢? 每次进门听到的总少不了爷爷那粗犷的声音呀。"这么好的天,爷爷在田里种土豆呢!"奶奶的回答不仅解答了我的疑惑,更是激起了我的兴致。"土豆?"我惊讶地说,"那不是我的最爱吗? 如果我能自己亲手种土豆的话,那种得的土豆的味道应该比别的土豆更美味吧。"于是我央求爸爸、妈妈和我一起种土豆,他们点了点头,微笑着同意了。

我从爷爷的农具中挑选出一把小铲子,学着大人的样子把它扛在肩上。身边的爸爸妈妈则是拎着带芽眼的土豆块,提着水桶,俨然成了我的"跟班"嘛!

来到田间,我和爷爷打了个招呼便跃跃欲试了。我学着爷爷的样子,在地上开沟,这似乎并不难。翻起来的泥土渐渐多了,我原本紧握铲子的小手也逐渐放慢了速度。爸爸察觉出了我的变化:"媛媛,我来翻一会儿地吧,其实翻地用锄头更合适些。""锄头? 莫非是那个像 7 字的工具?"我心里想,"刚刚在挑选时只是觉得这个铲子比较轻便,原来这里头也大有文章呀!"

有了爸爸的帮忙,我很快开好了一条小沟,接下来该把土豆埋在土里了。这回该用什么工具好呢? 我思前想后,还是觉得用手最合适。我从妈妈手里小心翼翼地接过一块带芽的土豆放进坑里,并遵照妈妈的指示,把发了芽的一头朝上,然后再轻轻地盖上一层土。每次盖好土还总是不放心地再回望一下,心里掂量着盖的土是多了还是不够。

带来的为数不多的土豆块已经全部埋在了田里,额头上的汗水不知擦过了多少次,身上的衣服也是干了又湿,湿了又干,而手上的泥土却散发着令我陶醉的气息,那是新翻的泥土的清香,那是孕育希望的芬芳。想着这些土豆过不了多久,就能长出新芽,抽出嫩叶……我心里别提有多高兴了。

"媛媛,再来浇些水吧!"妈妈的一句提醒让我回到了现实。一分耕耘一分收获,今天我播种了希望,收获了快乐。一些日子过后,这里便是绿油油的一片,想到这里,我露出了开心的笑容。

穿上布衣,举起锄头,尽情地流下汗水,悉心照看着农作物,为它们浇灌、捉虫、除草。我想这便是一种文化,一种称之为"农耕"的文化。农作物咯咯地欢笑着,渐渐丰满茁壮,累累的果实深情地望着我们,这就是农耕文化的魅力所在吧!

3. 方法归纳

明确:"卒章显志"的具体写法:

(1) 用哲理性语言表达

或引用诗词,或发表议论,巧妙地将文章提炼出深刻的哲理或引入深远的意境中去。

(2) 用情感化语言表达

通常以真实的故事表达出浓浓的深情,用极富情感化的语言或表达美好的祝福,或彰显亲情的温暖,或突出一定的生活感悟,以此拨动读者的心弦,引起读者的共鸣。

四、总结

明确:一篇文章主题是否突出、中心是否明确、写作意旨是否清楚,很大程度上取决于结尾"志"的表现。为此应注意以下几个问题:

1. "卒章显志"的"志",应是文章事理逻辑发展的必然结果,而非勉强"显志"或任意拔高。

2. "志"不但要高度集中,而且要精练明确、干净利索,有"画龙点睛"之效。

3. "志"要鲜明有力,决不可模棱两可、含糊其辞。歌颂、批判,提倡、反对,肯定、否定,立场要鲜明。

4. "志"要与全文构思紧密相连,浑然一体,恰到好处,不可泛泛而谈,无病呻吟。

五、篇章训练

以"对话"为话题,运用"卒章显志"的方法写一篇文章。

附：学生优秀习作

筷 人 筷 语

嘉定区迎园中学　殷　韵

我们生活在这个快速消费的年代,到处都能看到一次性筷子。我们学校的饭堂也不例外,忘记自带餐具的同学,理所当然地享受着这种方便。

一天午餐时间,我又忘记带筷子了,两手空空直奔食堂,随手抓起一双一次性筷子。一阵风卷残云之后,美味佳肴满足了我的食欲。然后,我走向垃圾桶。就在我准备把手中的筷子扔进垃圾桶的刹那间,一件奇妙的事情发生了。

我手中的筷子,变成了两个卡通小人,它们手牵手,还瑟瑟发抖。我定睛一看,筷子的一端上还冒出了点点水珠,一副伤心欲绝的样子。

我惊讶地问道:"筷子,筷子,你怎么了? 是我把你捏疼了吗?"

"才不是呢,"筷子不屑地说,"你看见对面那满桶的一次性筷子了吗?"

我笑了笑,调侃它们:"这样你们兄弟姐妹一家都在垃圾桶里团聚了呀!"

"是啊,团聚在一起,等待被焚烧的命运。"筷子耸耸肩,无可奈何地说。

"啊? 怎么会这样?"我惊讶于现实的残酷,筷子掉落在地上,我赶忙把它们捡起来。

"好疼啊,你至于这么惊讶吗?"筷子皱起眉头,"我曾经是鸟粪中的一粒种子,遗落在一块贫瘠的荒地。后来这里有流民定居,逐渐形成村落、集市,我也长成一棵屹立村头的参天大树。在布满苔藓的岩壁上,古铜色的虬枝插入苍穹。在人来人往中,我看着这个世界的兴衰轮回。在风雨交加中,我保护着这里的水土生态,提供着清新的空气。天热了,人们在我的树荫下休息,南来北往的商人们在这里歇脚纳凉,孩子们在我的浓荫里游戏玩耍。夜晚时,恋人们在我的地盘约会,说着情话。传统节日,村民们在我的臂膀下欢歌狂舞,祭祖祈祷。"

"哇,你原来有这么伟大啊,不敢相信。"我禁不住夸赞了。

"别打岔,"筷子休息了会儿,接着说,"后来,机器的轰隆声,吵醒了这个宁静的世界,烟囱肆无忌惮地排放着黑色粉尘,河流被截断了,往日清澈的小溪流动着酱油般的液体。出于商业目的,人们开着锯木机,我这样的百年大树,不到一分钟就被锯断,轰然倒地。他们扒了我的皮,烘干我的体液,把我剖切成各种形状,连我身体上的疤痕都被涂上胶体填满充实。你看我现在这个形状,多么

202

丑陋啊。"筷子很伤心地诉说着。

"后来，为了卖相好看，他们把我的躯体，用高锰酸钾清洗，浸泡在双氧水中漂白，又用硫黄熏。就这样带着各种化学毒素，我被送到你们这些食客的嘴中，商人们实现了他们的商业利润。你知道吗？每年我国有接近 3000 万棵大树被砍伐并做成一次性筷子，森林面积急剧减少。"筷子为自己难过，也为我们难过。

"这些无良商人，真是可恨。"我有点愤怒了。

"没有买卖，就没有伤害。作为一次性筷子的消费者，你们也是为虎作伥，你们和无良商人在一个利益链条上。"筷子的话，已经刺痛了我的心。

"地球只有一个，树木使地球生命长青。不使用一次性筷子，保护森林，保护树木，保护绿色家园，是人类和自然界共同的认识。但愿你以后用餐时，记得带上自己的餐具，而不是我的兄弟姐妹。"筷子请求我说。

"我一定记着。那我可以把你洗干净，明天再用吗？"我有点后悔了。

"我只是一次性筷子，不可以循环使用。我已经不再拥有赖以生存的山岩泥土，尽管阳光充沛，温度适宜，我只能望着窗外，感叹失去的一切。"筷子有些悲哀了。

"对不起，我一定跟周围的朋友宣传环保，为了我们的家园和子孙后代，拒绝使用一次性筷子。"我安慰着筷子。

筷子挣脱开我的手，跳进了垃圾桶。突然，我看见垃圾桶内，涌出一股清泉，仔细一看，那是一次性筷子被焚烧前，流出的泪水……

❋ 使用建议

"卒章显志"方法的运用，看似简单，但若运用不当，则易演化成"故事＋感悟"的模式，所写之"志"流于肤浅，近似于浅薄的口号。因此，使用此教学设计时，一定要让学生明确例文的主旨，清楚作者的写作意图，对学生有针对性地作指导，才会有事半功倍的效果。

❋ 教学反思

作文教学应贴近生活。脱离生活实际，缺乏对生活的关注和思考，任何写作技巧的指导都是无本之木。本课从古今中外经典文章的结尾入手，在文章研读和习作引路中让学生归结方法并付诸实践，写作指导在动态中达到预期效果。

秦 萍

第三单元 守候生命 释放性情

1 彰 显 个 性
——展现禀赋

❋ **教学目标**

1. 让学生从个性特长入手,展现自身的禀赋。

2. 学会通过对艺术、体育等特长的描写,彰显人物的个性。

3. 学会在展现人物的禀赋中恰当运用人物的描写。

❋ **教学重点**

学会抓住自身特长的描写,彰显人物的个性。

❋ **教学难点**

学会体验人物个性,恰当运用人物的描写。

❋ **教学设想**

现在的学生大多拥有一些特长,如艺术类、体育类等各类才能。在技能学习过程中,有的学生经历了从不愿意到愿意,或从不喜欢到喜欢的过程。本堂课试图让学生学习通过对人物特长的描写,彰显人物的个性。第一步通过呈现学生的习作,展开对人物描写是否恰当的探讨。学习的过程常会出现情感的变化:初学时的艰辛与困难,促使转变的契机与力量,自身的坚持与坚守。通过这一过程,让学生学会运用恰当的人物描写彰显人物的个性。第二步通过片段写作进行巩固训练,答案可以多元化,以遵循人物的情感变化为主。

❋ **教学过程**

一、学生习作分享——《这一刻,我发现了自己》

1. 初学的艰辛与困难

一阵明快的节奏,一曲清丽的唱词,一首动人的江南小调。与它邂逅的那一刻,我发现了自己。

它,便是上海说唱。

初涉上海说唱，我深感不易。

上海说唱的要领，便是要做到发音准确，吐字清晰。要做到这一点，委实不容易。

一大段的快板明明早已是烂熟于心，可身旁的竹板一打，心下一慌张，嘴里的唱词便胡作一气，只唱一小段，便怎么也唱不下去了。我想，要不就放弃吧。

明确：邂逅上海说唱，感受这一艺术样式的动人与美好，但这份不易在自己的练习中也切实地感受着，人物的心理描写贴切自然。

2. 促使转变的力量

妈妈似乎看出了我的心思，来到了我身边。她拍着我的肩膀说：难道你忘了你当初的选择？没关系，坚持坚持就能慢慢走向成功的。我听了妈妈的话，不禁坚定了我的信念，默默地告诉自己，我一定可以的。

为了练习发音，我不得不含着筷子逐句地练习。有时候不知不觉练得久了，嘴里便磨出了个血泡，生疼生疼的。我每每想要放弃，但想到妈妈的话语就慢慢坚持了下来。

苦练了大半个月的基本功，这才稍有成效——手中三巧慢慢敲打，这清脆的节奏声，《苏滩赋》的唱词似乎是不由自主间蹦了出来，清丽而又自然，丝毫没有矫情造作之态。眼前浮现出的，仿佛便是我们上海人的生活场景——这一刻，我惊叹于上海说唱的魅力，惊叹于自己的成长，也发现坚持带给自己的满足与喜悦。

明确：妈妈是我改变的力量，于是我自己有了练习的勇气与毅力，人物的动作描写生动形象。

3. 自身的坚持与坚守

那一次，学校举行民族艺术展示活动。我们几位练习上海说唱的同学也将一段段耳熟能详的上海说唱搬上了绚丽的舞台。

一段老上海人十分熟悉的《金铃塔》引起台下很多人的共鸣，大家轻声跟唱着，整齐地打着节奏。演唱结束，全场响起了雷鸣般的掌声。

那一刻，我又被打动了……

在那管竹丝弦声中，我感受着民族经典的魅力，也发现着自己的成长。心中浮现的，满是陶醉。我想，这份陶醉一定要让它更长更久。

这一刻，我发现了自己。

明确：在自身坚持的努力下，我拥有了坚持与坚守的勇气，也发现了自身的成长。人物的语言与心理恰到好处。

二、学以致用

运用恰当的人物描写，续写省略后的内容。

那是我第一次登台演出时穿的舞服。那时候后台忙碌急了。导演，灯光师，舞台布置，群众伴舞——他们都不是那天的主演，却尽力演绎着他们应该演好的角色。我想，我也应该……

示例：

舞剧开始了，看着舞台中央那位翩然起舞、绽放风华的主演，我心中一阵释然，更全身心地投入自己的角色中，没有流连身上的耀眼灯光，没有寻找万众瞩目的惊叹眼神，我只是安心地当好这个小配角。想到这儿，我的舞步变得轻盈而快乐，手指与脚尖尽情地舒展着，身体自如地摆动着，仿佛身心合一似的。

三、作业布置

运用所学知识，对自己的作文《这一刻，我发现了自己》加以修改，要求抓住人物恰当的描写，彰显人物个性。

附：学生优秀习作

这一刻，我发现了自己

一阵明快的节奏，一曲清丽的唱词，一首动人的江南小调。与它邂逅的那一刻，我发现了自己。

它，便是上海说唱。

初涉上海说唱，我深感不易。

上海说唱的要领，便是要做到发音准确，吐字清晰。要做到这一点，委实不容易。

一大段的快板明明早已是烂熟于心，可身旁的竹板一打，心下一慌张，嘴里的唱词便胡作一气，只唱一小段，便怎么也唱不下去了。我想，要不就放弃吧。

妈妈似乎看出了我的心思,来到了我身边。她拍着我的肩膀说:难道你忘了你当初的选择?没关系,坚持坚持就能慢慢走向成功的。我听了妈妈的话,不禁坚定了我的信念,默默地告诉自己,我一定可以的。

为了练习发音,我不得不含着筷子逐句地练习。有时候不知不觉练得久了,嘴里便磨出了个血泡,生疼生疼的。我每每想要放弃,但想到妈妈的话语就慢慢坚持了下来。

苦练了大半个月的基本功,这才稍有成效——手中三巧慢慢敲打,这清脆的节奏声,《苏滩赋》的唱词似乎是不由自主间蹦了出来,清丽而又自然,丝毫没有矫情造作之态。眼前浮现出的,仿佛便是我们上海人的生活场景——这一刻,我惊叹于上海说唱的魅力,惊叹于自己的成长,也发现坚持带给自己的满足与喜悦。

那一次,学校举行民族艺术展示活动。我们几位练习上海说唱的同学也将一段段耳熟能详的上海说唱搬上了绚丽的舞台。

一段老上海人十分熟悉的《金铃塔》引起台下很多人的共鸣,大家轻声跟唱着,整齐地打着节奏。演唱结束,全场响起了雷鸣般的掌声。

那一刻,我又被打动了……

在那管竹丝弦声中,我感受着民族经典的魅力,也发现着自己的成长。心中浮现的,满是陶醉。我想,这份陶醉一定要让它更长更久。

这一刻,我发现了自己。

琴弦上的爱

它,长长的,扁扁的。有了它,让我时而奔放,时而憧憬,时而快乐,时而忧伤。就是它,让我和妈妈之间建立了更加浓厚的爱——它就是古筝。每当我弹起《茉莉芬芳》时,当我手指在每一根弦上轻轻滑过时,那爱就会油然而生……

两年级的杭州无锡之旅,让我和妈妈共同爱上了古筝:荷花湖畔的亭园里,一位穿着传统服饰的女子在那儿弹奏着古筝。每一根弦弹出的每一个音符,都是那么惟妙惟肖。心动之下,一回到家,我便成了一名小小古筝练习考级者。开始时,我每天练习1个小时。而且每练完一次,进步便十分明显,我也越来越有信心。一旁的妈妈也为我有这么良好的开端而感到开心。我和妈妈因有了共同的兴趣,更如同一对好姐妹,幸福极了。

由于级数渐渐增高,我需要花费更多的时间来练习,而且随着学业压力越来越大,我对古筝的兴趣逐渐减退了,后来甚至想放弃它。"女儿,你现在已经长大了,不能因为一些小小的挫折而放弃自己的追求与梦想。"妈妈拍拍我的肩对我说道。耳边传来了我正在苦练的《茉莉芬芳》,那琴弦上传来的阵阵花香,让我深深陶醉! 我下定了决心:我要追寻我的梦想。苦一苦,最终一定会看见彩虹! 我回到椅子上,继续苦练起来。我的双手在弦上来回拨动着,指尖或轻或重地按揉着,美妙的音符就从指尖流淌而出。

考九级的那一年,我读七年级,学习压力越来越大,曲目也越来越长。每次到老师那儿,都是一句话:这样弹下去,不行! 我又一次选择了放弃。当妈妈给我讲道理时,我对她说:"我不管,反正就是不弹了!"门砰地一关,我和妈妈之间的母女情也如这扇门一样关上了。妈妈被我一气,发起了高烧。她躺在床上休息,电视里播放着古筝的曲子。我明白,妈妈是想我不要轻易放弃。我一下子醒悟了,弹起了古筝,一遍遍练习着。我又一次弹奏起了《茉莉芬芳》,那委婉优美、似泉如水的旋律,茉莉花开时各种娇美的姿态和沁人心脾的芬芳,美丽如一幅画卷。妈妈也不知什么时候站在了我的身旁,帮我打着拍子。顷刻间,我的眼睛模糊了,手中的琴声更加柔和了。

每天的这个时刻,琴声总会响起,琴弦旁的一对母女总是微笑着说起这份琴弦上的爱。这份爱让我成长,让我和妈妈越来越亲密!

✻ 使用建议

本教学设计试图让学生通过对人物特长的描写,彰显人物的个性。所以,建议教师先对自己班级学生的特长进行调查了解,可以让学生先撰写随笔,同时把学生写作中存在的问题进行归类,并进行有针对性的修改。

✻ 教学反思

本堂课从学生的个性特长入手,让学生学会通过对人物特长的描写,彰显人物的个性,并学会在展现人物的禀赋中恰当运用人物的描写。让学生针对自己写作中存在的问题进行有效修改,尤其要写出促使自己转变的力量以及自己行动的落实。这是一种写作中"格"的训练,期待先"入格"再"出格",既有文章重点内容的呈现,又有自己的个性的思考。教学中有序而务实的训练能在一定程度上提高学生的写作能力。

孙 凤

2 形 神 毕 肖
——栩栩如生

❋ **教学目标**

1. 具体认识"形神毕肖"对刻画人物的作用。

2. 通过学习优秀作品,掌握人物细节描写的方法。

❋ **教学重点**

学习经典作品,具体认识"形神毕肖"对刻画人物的作用。

❋ **教学难点**

通过学习同龄人优秀作品,引导学生归纳人物细节描写的方法。

❋ **教学设想**

"形"是读者外在的感受,而"神"是描写对象内在的精神写照。读者通过外在"形"的描写,认识其"神"的体现。本堂课让学生理解"形神毕肖"对刻画人物的作用,并通过学习优秀作品,引导学生掌握人物细节描写的方法。第一步,从《儒林外史》中严监生的经典形象入手,体会其栩栩如生的人物性格。第二步,通过学习学生优秀习作,体会其写法。第三步,学以致用,运用习得的方法进行片段训练。第四步,通过修改自己的习作,以求达到写作能力的巩固与提升。

❋ **教学过程**

一、经典导入

到中秋以后,医家都不下药了……病重得一连三天不能说话。晚间挤了一屋的人,桌上点着一盏灯。严监生喉咙里痰响得一进一出,一声不倒一声的,总不得断气,还把手从被单里拿出来,伸着两个指头。大侄子上前来问道:"二叔,你莫不是还有两个亲人不曾见面?"他就把头摇了两三摇。二侄子走上前来问道:"二叔,莫不是还有两笔银子在那里,不曾吩咐明白?"他把两眼睁的溜圆,把头又狠狠摇了几摇,越发指得紧了。奶妈抱着哥子插口道:"老爷想是因两位舅爷不在跟前,故此惦念。"他听了这话,把眼闭着摇头,那手只是指着不动。赵氏慌忙揩揩眼泪,走近上前道:"爷,别人都说的不相干,只有我晓得你的意思！你是为那灯盏里点的是两茎灯草，不放心，恐费了油。我如今挑掉一茎就是了。"说罢，忙走去挑掉一茎。众人看严监生时，点一点头，把手垂下，登时就没了气。

——吴敬梓，《儒林外史》

明确：严监生临死前手指两根灯草芯，在其妻挑掉一根后才一命呜呼的细节，展现出一个经典的悭吝鬼形象。

二、学生优秀习作交流

我的父亲，中等个儿，方脸，一双大眼睛炯炯有神，常留着标志性的平头，头发已被岁月染上了颜色。

他很健谈，也很幽默。闲时，淳朴的农人常常到各家各户"串门子"，就自然而然地把他当成了大家聚会的焦点。一说起话来，他总是很忘我，往往声情并茂，手舞足蹈，逗得大家哈哈大笑，他也爽朗地大笑。说是大家说话，实际上是他在作演讲。天南地北，海阔天空，历史地理，东家长西家短，谁家的后人有本事，谁家的儿女不孝顺……他好像都了若指掌，一说起来就像是开了锅的水，咕嘟嘟泛个不停。看见大家茶碗里茶水下去了，他赶紧让女儿续水，生怕冷落了人家。等到"闲话本"快撕完了，大家也都一拍大腿准备离开时，他还拍着胸脯，自豪地说："我家就是咱村的俱乐部！"

明确：通过父亲外在的说话方式表现其豪爽与好客的一面。

他很重情意。他有一个朋友，前些年做小生意，日子过得还可以，可是这几年生意不景气。为了帮助朋友渡过难关，他做担保，在同村的基金会给朋友贷了5000元的款。后来，眼看着还款的日期到了，可朋友却没钱来还。他咬咬牙，卖了自家的粮食，替朋友还上了贷款。而这以后，他一次也没有在朋友面前提过这事。时隔多年，母亲问他："你看，都这么多年了，他家的日子也松泛一些了，那5000元的事，你总该提醒一下他了吧！"他立马阴森着脸说："他那个人很敏感，你又不是不知道，这一提醒，恐怕这个朋友就没了。钱没了还可以挣，可是朋友没了永远也挣不回来！"

明确：通过父亲卖了自家的粮食帮助朋友的事例，表现其乐于助人的一面。

他很疼爱他的女儿。女儿九岁时，发生了一场车祸，脚踝骨骨折了。看

210

着被疼痛折磨得难以入睡的女儿,黑暗的角落里,他抖动着肩膀。这是他第一次红了眼睛,眼神中有无限的疼痛,眼皮沉重地耷拉着,无力而苍白。依稀记得,有一次由于别人疏忽,他被铁犁压断了胳膊,一声也没吭。可女儿疼痛的样子,竟然让这个铁铮铮的汉子心肠寸断,他不愿意让自己女儿受到一丁点的委屈。

他,就是我可敬可爱的父亲,他的前半生我无从参与,他的后半生我一定会孝顺到底!

明确:通过对眼睛的描写,一个活生生的对女儿疼爱有加的父亲形象跃然纸上。

小结:在人物描写中,如何做到形神毕肖、栩栩如生呢? 关注人物的细节描写是一种切实可行且有效的方法。在文章中可以通过细节的穿插与运用,抓住人物的特征,展示人物的精神风貌。

三、学以致用

1. 那夜,不知为什么我无法入眠,双脚任意地把被子踢开,两眼直勾勾地瞪着天花板,大脑一片空白。突然,门"吱"的一声,妈妈悄悄地走了进来。我赶紧闭上眼,心里胡乱地猜测:"妈妈进来会干什么呢?"妈妈……(补写出细节描写)

如:小心翼翼地走到我床前,轻轻地帮我把被子盖好,然后又悄无声息地离开了。那门"吱"的一声,我心中涌出一股暖流。

2. "啪"的一声,父亲那粗糙的手在我脸上印上了一座红色的五指山,我缓缓抬起沉默了许久的头。他仍呆呆地立在离我一步远的地方,直愣愣地看着自己微微泛红的右手。那手又慢慢地下落,划出一道弧线后紧紧地贴在裤腿上。他静静地把目光移到我身上,我瞧见……(补写出细节描写)

如:父亲那布满皱纹的脸微微泛红,嘴角轻轻地抽动了一下。他忽地后退了一步,眼里充满了自责的眼神。他什么也没说,摇着头,宽大的手一直垂着,低着头转身走开了,慢慢踱进了屋子。

四、作业布置

运用细节描写,完成一篇形神毕肖、栩栩如生的写人文章。

附：学生优秀习作

外　公

嘉定区娄城实验学校　唐晓宁

"外公——我也要拉二胡!"我扯了扯外公的衣角,他却依然陶醉地拉着他的曲牌,把我晾在一边,瞅也不瞅我一眼。唉,这就是我的外公,一个嗜"胡"如命的人。

在我眼中,外公永远是那么健朗,岁月留给他的痕迹,也就是他头上的那些银丝和脸上的皱纹而已。他唯一的"缺点"就是特别爱秦腔,而且还身体力行,箱子上赫然入目的二胡和板胡就是明证。

打小我就生长在他的二胡声中。起初,我觉得这种乐器挺独特的,就让外公教我,可他怎么也舍不得停下,于是就出现了开头那一幕。等外公拉完一段之后,他就先把手伸向我。我定睛一看,外公的手指布满了厚厚的一层茧,我摸了摸,硬硬的。外公说:"这是你外公我拉胡胡拉了20年磨的,看清楚了么?"外公一脸自豪,好像是获得了什么奖赏似的。我先是一惊,简直不敢相信。外公拉过我的手:"瞧瞧你的手,光光的,嫩嫩的,要是按这弦的话,肯定会划破手指的,你还要拉么?"我噘起小嘴:"哼——别小看人,你行我也行!"看着我不服输的样子,外公就把着我的手,教起了我。我在弦上轻轻地划了一下,手指就疼得受不了了。外公微笑地看着我:"不疼吧,来来来,外公继续教你?"我朝外公做了个鬼脸,就一溜烟地跑了。

在外公家,每每吃过饭,就是我特别痛苦的时候,因为吃完饭,外公的娱乐时间就到了。外公知道我们不喜欢听,就一个人在阳台上,带上门,自个儿享受开了。你瞧他,眼睛微闭,身子随着旋律不停摇动,头也晃个不停;身子时而前倾,时而后仰。阳台外大榕树上的小鸟叽叽喳喳叫个不停,好像在为他伴奏;那浓密的叶子也在左摇摇右摆摆,似乎随着旋律忘情地舞蹈。虽说我不喜欢,但是看着外公那陶醉的样子,我也被他感染了,蹲在他的面前,凝神静听。拉到乐曲欢快的部分时,外公的皱纹间漾起欢乐的纹理;拉到悲伤的调子时,他眉头紧锁,满脸哀伤。看着外公这样入神,我忽然想到,陈景润聚精会神地钻研数学问题时,他的女儿在一旁哭了整整一个下午,他竟浑然不知,末了还问这是谁家的女孩。我想,外公会不会在拉完二胡时,睁开他那迷醉的双眼,问一句:这闺女是谁呀?

外公给他的宝贝做的外套比他的衣服都贵,纯牛皮的。他常说:"他们跟了我二十多年了,我不能亏待他们呀!"

这就是我的外公,一个爱拉二胡、迷恋秦腔的外公。

❁ 使用建议

人物描写如果能做到形神毕肖,人物形象就会活灵活现,让读者通过外在"形"的描写,认识其"神"的体现。通过品读经典作品中的细节描写,可以让学生有一定的感性认识。建议在课堂教学中,对教材文本中的经典细节进行深入研读,理解细节描写对人物形象的作用。当然,也需要增加一定的课外内容作为补充,让学生有更全面而深入的理解。

❁ 教学反思

"形"是读者外在的感受,而"神"是描写对象内在的精神写照。本堂课试图让学生理解形神毕肖对刻画人物的作用,并通过学习优秀作品,引导学生掌握人物细节描写的方法。实践证明,关注人物的细节描写是一种切实可行且有效的方法。本课以《儒林外史》中严监生这一经典形象的细节描写入手,学生的学习兴趣浓厚,对人物的性格有清晰的把握。在学以致用的环节中,学生思考的角度比较多元,如果预留的时间更充分,将会有更多思维的碰撞。

孙　凤

第 二 学 期

第一单元　人间真情　抒发胸怀

1　热 爱 生 活
——立意鲜明

❋ **教学目标**

　1. 了解立意鲜明的基本要求和在写作中的作用。

　2. 学习使文章立意鲜明的方法。

　3. 关注现实生活,正确认识世界和自我,表达出人生的感悟。

❋ **教学重点**

　结合实例,学习使文章立意鲜明的方法。

❋ **教学难点**

　关注现实生活,深入思考,表达出人生的感悟。

❋ **教学设想**

　文章的"意"是统帅、灵魂,它是决定一篇文章质量高低、价值大小的重要依据。而许多学生在写作时,没有明确的中心思想,主题模棱两可,即存在着立意不鲜明的毛病。本节课主要学习使文章立意鲜明的方法。第一步,先让学生了解文章立意的作用和基本要求。第二步,通过分析学生习作片段,呈现问题,指出立意不鲜明的原因。第三步,归纳总结如何使立意鲜明。第四步,以"良师"为题,进行写作立意提升的指导。最后通过作业加以训练,以达到写作能力的提升。

❋ **教学过程**

一、导入

　我们都知道,作文首先考虑的是立意,也就是中心思想。这是写好文章的关键。那么如何使我们的作文立意鲜明呢？这堂课上，我们一起来探讨一下。

二、明确概念，了解立意的作用和基本要求

1. 什么叫"立意"，它在写作中有何作用

"立"就是确立，"意"则指文章的主题(也叫中心思想、中心论点)。"立意"，就是提炼和确立文章的主题，是作者思想感情和写作意图在文章中的集中体现。古人云："文章以意为主""意犹帅也"，这就是说，"意"是文章的统帅、灵魂，它是决定一篇文章质量高低、价值大小的重要依据。同时，文章的选材组材、谋篇布局，以及表现手法、语言运用等，也必须根据"立意"的需要来确定。没有立意，其思想、材料便成了"无帅之兵""乌合之众"，构思便无法进行。

2. 立意的基本要求是什么

(1) 鲜明：文章主题应旗帜鲜明、观点集中，不能含糊不清、模棱两可。

(2) 正确：要让读者受到教育、启发和鼓舞。

(3) 深刻、新颖：深刻——是指能反映生活的本质及规律，能揭示事物所包含的深层的思想意义；新颖——是指所确立的主题是作者的新认识、新感受，能给人以新的启示。

3. 明确本节课主要的学习内容

立意鲜明——一是指要使读者在读完文章后，明确文章中所表现的思想、品德、精神、情感是什么，是不是正确、健康、高尚的，对人们有没有教育、鼓舞，或鞭挞、警醒的作用，也就是说有没有社会价值。中学生应该学会画龙点睛的写作方法，通过运用适当的语言把要表现的思想感情写出来。二是指一篇文章只能有一个中心。不能既歌颂某人的某种行为，又批判同一个人的同一种行为；不能既赞成某种观点，又反对同一种观点。当然，各部分可以有不同侧重点，而这些内容应该是紧紧围绕一个中心而展开的。

三、结合实例，分析学生作文中立意不鲜明的具体表现

1. 贪多求全，旨不明

一些学生在写作时常常不能集中于一个主题，时而转向另一个主题，从而使已经确立的中心不能贯穿始终，主旨含糊，给人东拼西凑之感，使人无法理出

头绪。例如作文题"我有一个好习惯",一位学生一会儿写自己孝敬父母,帮助父母做家务;一会儿写自己尊敬师长、友爱同学,在学校深受师生好评;一会儿又写自己爱好阅读,又说这也是一个好习惯。这哪里是"一个"好习惯,因而这篇文章的主题是模糊的。

2. 牵强附会,看法偏

有的学生在议论或描写时牵强附会,以乱贴标签来显示主题,整篇文章主旨不明确。如作文题"榜样",有位学生写一位九岁的小姑娘照料生病的妈妈,文中有这样一段对话——"小妹妹,你不觉得累吗?"我问。小妹妹回答:"怎么不累?可吃得苦中苦,方为人上人。"作者为了突出小姑娘的形象,把"吃得苦中苦,方为人上人"这句话强加在她身上,是不贴切的,这不符合人物的年龄,主旨也不明确。

3. 盲目求新,观点误

为了刻意求新,少数学生的写作内容有违国家法律法规的精神,不遵从社会公认的伦理道德,不符合真善美的价值标准,这是不可取的。比如人们一般认为骄傲是一种缺点,有学生为了求新,反说骄傲是自信的表现,是一种美德。人们提倡见义勇为,有学生却论证冷漠旁观者其实是懂得自我保护,一味反其意而为之。这种盲目求新、求异的错误观点也是应避免的。

四、如何使文章立意鲜明

1. 精选材料

古人讲"意在笔先",就是说,动笔之前应"运筹帷幄之中",对将要写作的内容做理性的思考。文章究竟要解决什么问题,达到什么目的,必须心中有数。而且,问题越集中、目的越单纯,写出的文章主旨就越突出。如果素材比较丰富,想说的"意思"也很多,那必须对材料加以提炼、概括,同时将与主题思想关系不大甚至"风马牛不相及"的材料"忍痛割爱"。只有严格选材,"不蔓不枝",文章主题才能鲜明集中。

2. 勤于点题

作文的主旨一般以外显为上,不宜含蓄隐晦。不论哪类作文,"首句标其目",开篇都要尽快入题,开门见山,直击要害;中间部分,"亢节之处,妙在一点",不失时机地回扣题意,点明中心;结尾"卒章显其志",画龙点睛,或概括或深化,这就能始终给人以结构严谨、立意鲜明、紧扣题旨之感。

3.思想健康

看问题主观片面,态度消极悲观,趣味低级,思想境界不高……这是学生作文中一不小心就会步入的雷区。它们有的源于学生本身的人生观、世界观尚未成熟,有的源于学生试图标新立异却弄巧成拙,有的则源于学生对作文题的认识不到位。立意鲜明要求学生在作文中所表达的思想必须是健康、乐观、积极向上的,所以,不能只看到社会的阴暗面,一定要用发展的眼光看问题;要说真话、抒真情,不能矫揉造作或无原则地信口开河;不能过多反映"另类""低俗"的生活,要心理阳光,积极向上。

五、以"良师"为题,进行立意方法指导

1. 联想到"人"——

(1) 看到"良师"这个题目,首先会想到什么人?

(2) 我们从老师身上学到了敬业与奉献,从父母身上学到了无私与宽容……除了这些,我们还学到了什么?

2. 联想到"景""事""物"——

如:书、向日葵、大海等。从这些事物中,我们学到了什么?

提示:写作时,立意要鲜明,围绕一个中心或主题来记叙事情,表达情感。

六、布置作业

运用所学的方法,课外完成作文《良师》。

附:学生优秀习作

良　师

往事都随波而去了,可您却牢牢地扎在我记忆的海滩上,成为最闪亮的贝壳。

——题记

朗诵·掌声

初识您,您让我们朗读《纸船》,个人练习后抽测,您指向了我们小组,我本以为是美丽优秀的组长,可您却悄悄地踱步到我的身边,轻轻地拍拍我:"没关

系,别紧张。"我心中的大石头稍稍落地了,双手紧紧地抓住书角,全情投入地朗读着,身体也摇晃起来。声音时而迟缓,时而高昂,我完全地投入了,自己也被震撼了。朗诵完毕后,同学们都投来了惊讶的目光。您睁开眼睛,嘴角漾起笑容,教室内经久不息的掌声更是让我感动不已,眼睛里的泪花是我对您的感激。以后,那微笑时时在我眼前浮现,那掌声时时在我耳边响起……

那是一个阴天,我望着满是"大叉"的试卷,心中满是失望,唉……我把脸贴在桌上,盯着试卷上的错题,进行"痛苦的反思",却还是一无所获。您把我喊进办公室,我站在门口,"报告"两个字却迟迟喊不出口。您笑了:"傻丫头,又发愣了,快进来!"我木讷地走到您身边,心中默念着:一定是暴风雨的前奏,待会儿指不定有多少批评呢! 可您接过试卷,一题题地仔细分析给我听,我这才茅塞顿开。我转身将走时,您说了一句让我至今记忆犹新的话:"多希望你长大后成为作家,让我自豪!"也许您对许多学生说过这样的话,但我还是颇为感动:老师这么看重我,我要更努力! 我走出办公室的那一刻,身心格外地轻松!

分离·鼓励

因为某种原因,我要转学了。分别时,您忙碌地发着寒假作业,我就坐在位置上,看您忙碌着。我看看成绩单上的签名,在心里默默说:老师,我不想离开您。这些日子来,您给了我那么大的帮助,可我竟然没有对您说声谢谢……

进入了新的环境,我一时难以适应,学习成绩也有所下滑。我用短信向您"倒苦水",您很快就回复了:"老师相信你的实力,做好你自己!"我望着注满关爱的两行字,心中再次充满感激。您对我的信任,让我再次在学习道路上勇往直前……

亲爱的老师,您现在还好吗?您的笑容,您的鼓励,您的眼神,都深深地镌刻在我的心里。因为您,我记忆的长河里多了一份温馨与香醇。

您是我的良师!

良　师

历史学家说你是人类进步的阶梯,经济学家说你是全世界的营养品,医学家说你是人类的长生果,而我要说,你是我的良师。

喜欢与你共度每一刻光阴,倾听岁月之河匆匆流淌;喜欢与你共度每一秒时光,感受古往今来历史的沧桑。任时空转换,岁月蹉跎,我都不愿与你分离。因为,你是我的良师。

伤感时,你我携手迈入历史之门,去领略吴均笔下"奇山异水,天下独绝"的富春江景,任小船飘荡,随意东西。山水之美,让我平息世俗带给我心灵的喧嚣,领悟自然带来的一份禅意。沿着悠远的河流,追溯古人的脚步,我们一起来到汨罗江边。波澜壮阔的江水滔滔不绝,来回味屈原《离骚》中的诗句绵远悠长。江风怒号,只见一人昂首立在江畔,远方的树林飒飒作响,打乱了诗人的思绪,这忧国忧民之心,天地可鉴!时空又将我们带到盛唐时代。惊叹于唐人的豪迈,无限的智慧。我看到李白乘风破浪,舞剑痛饮;我看到杜甫泪沾衣襟,感时伤怀,遥望故乡。你让我领略,回味,惊叹古人。忘却伤感,抢回自信,你是我的良师。

欣喜时,你便带我走进伟人的心灵,感受其中深邃的思索,昼夜的思忖,纵贯世界的情思。先天下之忧而忧,后天下之乐而乐。人民之幸福是自己的幸福,人民之痛苦是自己的痛苦,做一个对社会有贡献的人,为自己的追求而活,为自己的理想而活。

黑夜里,你是蜡烛;孤独时,你是朋友;喧嚣时,你是宁静;困惑时,你是明灯,你一直陪伴着我成长。

你——书,是我生命中永远的良师!

❈ 使用建议

本节课主要学习使文章立意鲜明的方法。分析学生习作时,教师要选取那些具有代表性、典型性的立意不鲜明的文章,进行详细讲评,让学生明确问题所在。分析时,要启发学生从立意的角度去思考分析,指出立意不鲜明的原因,然后再概括方法,这样能够更有针对性地帮助学生解决问题。

❈ 教学反思

许多学生在写作时,没有明确的中心思想,主题模棱两可,立意不鲜明。本课通过出示学生的一些习作,分析并指出其立意不鲜明的具体表现,找出产生问题的原因,归纳概括使文章立意鲜明的常用方法。在此基础上对学生进行写作训练,设计系列问题,帮助学生确定鲜明的立意,提高他们的写作能力。

赵　萍

2 启迪生活
——立意深刻

✱ 教学目标

1. 了解立意深刻的基本要求及作用。

2. 学习使文章立意深刻的方法。

3. 挖掘生活底蕴,深刻分析,提升思维品质。

✱ 教学重点

通过比较阅读和分析片段,学习使文章立意深刻的方法。

✱ 教学难点

善于观察生活,深入思考,挖掘事物的本质和规律。

✱ 教学设想

一些学生在写作时,存在着这样的问题——题材一般化,就事记事,既不明确说明什么,也不明确启迪什么,思想肤浅,立意平平。本节课主要探究使文章立意更为深刻的方法。第一步,先让学生了解立意深刻的基本要求和作用。第二步,进行比较阅读,加深对文章立意深刻的认识。第三步,修改文章片段(文章结尾),在此基础上,探究使文章立意深刻的方法(由表及里,开掘取意;转换角度,发散思维;以小见大,见微知著等)。第四步,以"我"为题,进行立意方法指导。最后通过课外完成作文加以巩固与训练,以达到写作能力的提升。

✱ 教学过程

一、导入新课,了解立意深刻的基本要求和作用

一些学生在写作时,存在着这样的问题——题材一般化,就事记事,既不明确说明什么,也不明确启迪什么,思想肤浅,立意平平。他们在写作文时,只顾及人和事物的本身,常常只停留在对事物表象的罗列和叙述上,而不去挖掘事物的本质,缺乏深度,缺乏创新。因而他们的作文只能是人云亦云,毫无特色。如何才能使作文立意深刻呢? 这节课我们一起对此进行探讨。

看到"灯光",你们会想到什么?

路灯、车灯、灯塔、泥泞路上的灯、老师办公室的灯、希望……

明确立意深刻的基本要求：立意深刻在于充分揭示事物的本质和规律，要深入思索，挖掘出事物的本质，揭示事物包含的深刻的思想意义，即主题要有哲理性、要有启发性。

立意是否深刻，决定着文章层次的高低。立意深刻，能够升华主题，使文章的思想境界得以提升。

二、比较阅读，分析立意是否深刻

1. 学生阅读两篇短文《记一堂体育课》，分析其立意是否深刻

例文一：A 学生写体育课 800 米测验，跑到最后 200 米坚持不住了，但想到期末的体育成绩，想到评"三好学生"，于是加油拼搏，最后终于胜利到达终点。

例文二：B 学生同样写体育课 800 米测验，跑到最后 200 米坚持不住了，但他想到"战胜自我，超越自我"，于是加油拼搏，最后终于胜利到达终点。

分析：例文一中 A 学生对成绩、荣誉强调较多，给人一种"功利感"，立意不深刻。例文二中 B 学生从跑步一事中想到"战胜自我，超越自我"，显然是经过深入思考，揭示出事物包含的深刻的思想意义，此文的立意显得深刻得多。

2. 阅读作文《想起你时很温暖》。此文中记叙了两件事，一件是做作业至深夜，母亲送牛奶；还有一件事写冬天天寒，母亲到学校送衣服。

分析：该文思想肤浅，立意平淡。两事都是写家长对孩子生活上的关心，显得立意不高。不少学生写作文时常常只停留在对事物表象的罗列和叙述上，不去挖掘事物的本质，缺乏深度，缺乏创新。

三、修改文章片段，使立意更为深刻

1. 阅读下列片段，修改结尾，使立意更加深刻

在以"尝试"为题作文时，一学生写的是自己第一次做化学实验失败了，以后就有一种"一朝被蛇咬，十年怕井绳"的心理。每每看到别人做实验时，自己心里很羡慕却又"不敢越雷池半步"。后来在老师和同学的鼓励下，终于第二次拿起了试管……文章结尾就一句话："第二次尝试成功了！"

分析问题：此文语言流畅，情节也波澜曲折，但结尾只画龙不点睛，文章没有值得品味咀嚼的地方，立意缺乏深度。

修改后的结尾:那"初生牛犊不怕虎"的第一次尝试固然是可贵的,然而更可贵的是尝试着从失败中站起来。我想,人生中最美好的时刻,也就是尝试着战胜自己的时刻了。

2. 讨论,如何使文章立意更深刻

(1) 由表及里,开掘取意

即透过客观事物的表象,开掘事物的深层意蕴。这种方法从现象到本质,需要作者认真分析,反复思索,才能获得深层意蕴。在写作时,可以在叙事的基础上深入分析,发掘其背后蕴藏的深刻道理,写出给人生的启迪。如《尝试》一文修改后的结尾。

(2) 转换角度,发散思维

从不同的角度和途径去探求多种答案来解决问题。其特点是:充分发挥人的想象力,突破原有的知识结构,打破单向、一元的思维定式,不拘于一孔之见或一隅所感,尽可能寻找新的突破口,从一点发散开去,并通过知识、观念的重新组合,来寻找到更多更新的设想、答案或方法。

如以"水"为话题写作文,可以联想到泽被万物的生命之源,也可以联想到生生不息的环保理念,还可以联想到亦柔亦刚的人生态度、载舟覆舟的政治哲理、包容万物的宽大胸怀、随遇而安的生活哲学、吐故纳新的进取精神……

再如:想象作文题"圆的联想",除了联想到篮球、足球、太阳、草帽、灯笼等,还可以联想到树的年轮、深山的水潭、清晨草上的露珠,还可以联想到烈士墓前的花圈、故乡的石拱桥……如写故乡的石拱桥,必然牵连起对故乡山水亲友的怀念,桥成了各种思绪的交叉点,承载起人们情感及历史的重负,如此,文章立意就更为深刻。

(3) 以小见大,见微知著

即从小题材、小问题落笔,通过引申发挥,揭示具有普遍意义的主旨。这不仅要求作者具备比较深刻的思考能力,还要求作者有敏锐的联想拓展能力,使文章主旨显出深刻性。

(4) 比较对照,深刻分析

要全面地看问题,辩证地看问题,既看到"利",也看到"弊"。例如"学生带手机进校园的利弊":在校学生带手机有便利的一面,可以方便跟家人、同学联系沟通,手机上网还可以查找学习资料等等;但我们还要看到学生带手机进校园的弊端,有些无法避免的垃圾短信,手机上网可能接触到一些不健康的内容,有的同学缺乏自制力,上课玩手机游戏、听音乐等等。对学生带手机进校,我们要试着全面看待,不能固执地只看到它的便利的一面,还应该清醒地看到它的弊端。这样对问题的认识才深刻、透彻。

（5）逆向思维,反弹琵琶

从相反的角度和方向观察事物、思考问题。如:"为失败唱赞歌""放弃也是一种美丽""吃亏也是一种幸福"等。

四、以"我"为题,进行立意方法指导

1. 作文:以"我"为题,写一篇600字左右的文章。要求学生必须写"我",以第一人称来写。

2. 立意指导

（1）既可以写过去的"我",也可以写现在的"我",甚至可以写将来的"我"。

（2）既可以写"我"具有某种性格,也可以写与"我"有关的事。

（3）既可以写作者本人的"真我",也可以用第一人称形式写想象中的"我"（某种动物或植物）。

（4）也可以写成说明文,运用第一人称介绍事物的功用及特点。应选取自己最擅长的文体,写自己的经历、体验和所思所感。

（5）充分发挥自己的想象力,写出立意深刻的文章。

五、作业

课外完成作文《我》。

附:学生优秀习作

我

我是一条鱼,是一条游过漫漫历史长河的鱼。

河水滚滚地流,时间匆匆地过。上下五千年,弹指一挥间,经历了自然与历史的风霜雪雨,作为历史的见证,走到今天。

我曾目睹汉唐的辉煌，我曾关注宋元的发展，我曾痛心于清朝的腐败无能，我曾惊诧于"南京大屠杀"的惨无人道……有人盛赞我是老寿星，我却说，现在的日子越来越难熬：因为我的周围充满着种种危机，说不定哪天日子就到头了。

我是穿梭在大大小小的河道中的一条鱼。

曾经，我是长江中的一条鱼。可今日的长江早已成为沿江城镇的排污渠，浑浊的水质，有毒的废物，江面上垃圾如山，我每日里被动地吐纳脏水，吃着不洁的食物。幸运的是，当好几次大大小小的死鱼蔚为壮观地漂浮在江面上时，我都幸免于难。可怜的我只好远去，去寻找另一方净水。

曾经，我是黄河中的一条鱼。黄河本是栖身的好地方。可不知报恩的人们正践踏着母亲河的尊严：上游乱砍滥伐造成黄河断流，泥沙含量大增；中下游污水不断排入黄河，黄河被污染得面目全非。可怜的我满腹心酸，只好继续前游。

曾经，我是淮河中的一条鱼；曾经，我是辽河中的一条鱼；曾经，我是海河中的一条鱼……

可每一次，我都只好选择了逃离。可怜啊，我这条千年老鱼，成了一条无以为家的鱼！

哪里才有清洁的水？无奈水污染竟如此严重，无奈我有这样风烛残年：要么干渴而死，要么喝有毒河水而死！

或许，几亿年后，我会成为被发掘出的一块化石，一块饱含沧桑血泪的化石，向后人们诉说这段历史。

如果那时还有生物的话。

评点：本文通过想象一条跨越古今、游遍大河的鱼的自述来反映水污染问题，角度巧妙，立意深刻，构思新颖，赋予有形的鱼一种无形的寓意，让人们从中体味出生存的危机。最后一句发人深省，收到"言已尽而意无穷"之效，是一篇创新佳作。

❋ 使用建议

本节课主要探究如何使文章立意更为深刻的方法。通过比较阅读，加深学生对文章深刻立意的认识；通过修改文章的结尾，帮助学生加深认识，进而探究使文章立意深刻的方法。这些知识可能有一定的难度，教师可结合实例，加以归纳概括，然后对学生进行写作指导，通过课外习作加以巩固与训练，从而帮助学生更好地掌握本课内容，提升写作能力。

✳ **教学反思**

　　一些学生在写作时,题材一般化,就事记事,思想肤浅,立意平平。本堂课选取几篇学生习作进行比较阅读,重点分析文章的立意是否深刻,然后让学生修改文章,重新撰写结尾,使学生掌握使文章立意深刻的常用方法。在此基础上进行写作训练的指导,通过几点建议,激发学生思维,引导学生写出立意深刻的文章。

赵　萍

第二单元　遣词造句　表情达意

1　打 造 语 言
——整散结合

❉ **教学目标**

1. 领会整散结合在写作中的作用。

2. 学习写作中整散结合的方法。

❉ **教学重点**

学习经典片段,体会整句与散句的不同表达效果。

❉ **教学难点**

根据文章表现内容的需要,重点选择整句与散句的搭配。

❉ **教学设想**

整散结合,指的是写作语言整句与散句的结合使用。整句指的是句式比较整齐的句子,例如排比、对偶等;散句则是句式比较自由的句子。整散句的结合使用能使文章节奏明快,舒缓自如,读起来朗朗上口,而且充满着抒情和论证的气势。学会整散结合,会提高语言运用的魅力。

❉ **教学过程**

一、导入

"言之无文,行而不远",意思是文章要讲究语言美,没有文采的文章难以传播。如果说丰富的思想内容是一篇文章的灵魂,那么优美的语言就是它美丽的面庞。新颖的素材,精巧的构思,高深的立意,都要以语言作为载体。如果语言苍白,势必使文章黯然失色。

文学的魅力靠的是语言。在丰富的语言海洋里,有的意气风发,大气磅礴;有的激情荡漾,独抒性灵;有的庄谐并出,充满机智;有的委婉柔美,生动形象……那么,怎样使自己的作文文采飞扬呢? 今天我们学习运用整散结合这一写作技巧,以提高语言表达能力。

二、赏析经典

这平铺着、厚积着的绿，着实可爱。她松松地皱缬着，像少妇拖着的裙幅；她滑滑的明亮着，像涂了"明油"一般，有鸡蛋清那样软，那样嫩；她又不杂些尘滓，宛如一块温润的碧玉，只清清的一色——但你却看不透她！我曾见过北京什刹海拂地的绿杨，脱不了鹅黄的底子，似乎太淡了。我又曾见过杭州虎跑寺近旁高峻而深密的"绿壁"，丛叠着无穷的碧草与绿叶的，那又似乎太浓了。其余呢，西湖的波太明了，秦淮河的又太暗了。可爱的，我将什么来比拟你呢？我怎么比拟得出呢？

——朱自清，《绿》

明确：段落将散句和整句巧妙地融于一篇。作者以一散句开头，然后用两个结构相似的比喻句写"绿"的形与质，赋无形为有形，移视觉为触觉。分号之后又用一比喻句，写出"绿"的"清清一色"。以上是一个复句，复句又分几层，行文整散结合，句子长短参差，整齐而又有变化。接下来进行联类比较，用北京、杭州两处比较，用了结构不太一致的对偶句。然后又用短促的两句进行比较。最后以两个设问句抒发自己的心情。在这两百字左右的文段中，作者运用了整句和散句，使之互相配合，收到了既相对整齐又富于变化、结构紧凑、语句流畅、音韵悦耳的艺术效果，表达了作者面对梅雨潭的奇绿无比喜悦的心情。如果单是运用整句或散句，那韵味就远不及此了。

三、自主研讨

1. 赏析经典片段一，探究先散后整的方法

凡是有生命的东西，和时间较量的结果都是失败。有的败得辉煌，有的败得悲壮，有的败得美丽，有的虽败犹胜，有的败得合理，有的败得凄惨，有的败得龌龊。

——蒋子龙，《时间》

明确：先散后整——散句（论点）＋整句（阐释）。本片段中，作者先点出自己的观点，然后用整句强化自己的观点。这样写的好处是：突出论点，体现文章的气势。

2. 赏析经典片段二,探究先整后散的方法

不必说碧绿的菜畦,光滑的石井栏,高大的皂荚树,紫红的桑葚;也不必说鸣蝉在树叶里长吟,肥胖的黄蜂伏在菜花上,轻捷的叫天子(云雀)忽然从草间直窜向云霄里去了。单是周围的短短的泥墙根一带,就有无限趣味。

——鲁迅,《从百草园到三味书屋》

明确:先整后散——整句+散句。整句中罗列了百草园中给作者带来无限趣味的事物,勾起读者的兴趣,令读者神往。散句"单是"领起,看是随意挥洒,却是更加引人入胜,可见那"周围的短短的泥墙根一带"更是其乐无穷! 这样先整后散的语言格调,情感在急促和舒缓变化中表达得更加真诚流畅。

小结:我们平时写文章多以散句为主,但如能适当地结合一些整句,可以使语言既活泼、又严谨,既参差、又工整,读来跌宕多姿,铿锵悦耳,颇有韵味。

四、集中训练

1. 描绘运动场的情景,注意整散结合。
2. 运用先整后散的形式,完成一段景物描写。

五、作业布置

修改自己的一篇作文,注意使用整句。

附:学生优秀习作

字　　魂

弹去鲜红书皮上的灰尘,翻开扉页,上面赫然写着上次翻阅的日期,细细算来竟有一年之久。我拿起笔签上日期,下翻,中华文化的精华展现在眼前,心中不由为字魂惊叹。

——题记

若不是朋友之托,我可能不会去取出书柜底层的那本新华字典。朋友央我替她择字。我百无聊赖地翻着字典,似乎这是一件令人厌烦的工作。一页一页地翻着,却丝毫没有进展。我仔细地阅读了每个字的源流、小故事等,慢慢竟发现了好些规律与乐趣。

比如"瑀"，王字表意，意思是像美玉一般，而禹字则表读音，像这类的字还有"瑛"等。而表示飞翔之意的字大多带"羽"，如"翱""翔""翻"等等，不胜枚举。

自然，乐趣是出于对字词来源的好奇。现在的汉字是由甲骨文一步一步地变化来的，每一个字仿佛都有灵气一般，展现它们存在的意义。我惊叹，竟不知文字还有如此多的学问与历史，而我现在看到的完全只是冰山一角！

我把开始的应付、不屑一顾的态度抛到脑后，认真开始钻研。"愈探愈出，愈研愈入，愈往愈不知其所穷"，我感觉我的灵魂在文字的海洋中奔腾、舞蹈。

夜深了，我看着博大精深的文字，内心赞叹不已，却也不禁心生愧疚，有多久没有翻字典了呢？有多久没有看课外书，做阅读笔记了呢？又有多久没有沉下心来，好好地去练习硬笔书法了呢？

面对这些在中华文化这个舞台上大放异彩的"明星"，我们又有什么理由不去走近它们，理解它们，钻研它们呢？

大风泱泱，大海滂滂。洪水图腾蛟龙，烈火涅槃凤凰。文明圣火，千古未绝者，和天地并存，与日月同光。千百年来中华文化生生不息，莫非要让它搁置在书架久积灰尘吗？

不，我们要让大河依旧奔腾，烈火依旧燃烧！

✿ 使用建议

经过对学生遣词造句上的训练指导，学生在习作中能注意通顺、准确、传神，但整篇文章的语句节奏感还未形成。这节课意在通过名作欣赏，给学生身临其境之感。教学指导可以参照例句作分析，也可以通过展示学生习作的方式进行，还可以尝试着从唐诗和宋词的节奏感上让学生领会整句与散句各自的妙用。

✿ 教学反思

整散结合，能提高学生作文语言的水平。学生在写作过程中，如果能够巧妙地将整句与散句结合运用，就能增强语言的节奏感和韵律美，提高语言的表现力。语句整散结合有度的文章，除了文采上胜出一筹，更是在创作意境上美妙无比。所谓形神兼备中的"形"，应该就是以最佳的语言形式，彰显、传递文章所要表现的灵魂吧。但整散结合抽象又难以言传，怎样能让学生自发地领会并应用，还需要在教学中进一步探索。

王　玲

2 韵致语言
——富含文采

❈ 教学目标

1. 帮助学生梳理学习过的古诗词中优美语句和至理名句,激发学生对古典诗词的热爱,积极运用古典诗词和名句表达情意。

2. 引导学生在诗境演绎作文的练习中真正感受到写作的独特乐趣,领略语言的美感。

❈ 教学重点

恰当引用名句为文章添彩。

❈ 教学难点

通过多种方式方法,将古诗名句与作文两大基础工程相融合,从而全面提高学生运用语言文字的综合能力。

❈ 教学设想

大家名作常常有引经据典的段落,令读者赞叹不已。这样的信手拈来、挥洒自如、文采飞扬,也是学生喜爱和追求的境界。面对学生习作中语言平淡无味的现状,教师可以指导学生巧用名句,给作文锦上添花。

❈ 教学过程

一、导入

"遥知兄弟登高处,遍插茱萸少一人",这句大家熟知的诗句,在澳门回归仪式上被领导人引用,恰当表达了希望解决台湾问题,实现祖国完全统一的愿望。你还记得哪些表达思念的诗句吗?

二、积累展示

1. 学生就"立志""亲情""友情""报国""乐观""读书"六个话题,说出自己知道的名言警句、古典诗词、俗语谚语,可以任意选择一个话题。

2. 学生思考交流。

三、案例导航,方法探究

例1:

"吹面不寒杨柳风",不错的,像母亲的手抚摸着你,风里带来些新翻的泥土的气息,混着青草味儿,还有各种花的香,都在微微润湿的空气里酝酿。

"一年之计在于春",刚起头儿,有的是功夫,有的是希望。

——朱自清,《春》

例2:

在我印象中,妈妈是位唠叨女神,也是一位可爱的思想家。小的时候,妈妈见我不讲礼貌,便经常嘱咐我"好话一句三冬暖,冷言半句六月寒"。有时,懒得做作业,想偷偷跑出去玩一会儿,妈妈便会丢来一句"光阴一去难再见,水流东海不复回"。进入初中后,住校了,妈妈怕我与同学关系处理不好,第一个电话便再三说"好胜逞强是祸胎,谦和谨慎一身安"……试想,没有妈妈的时时叮嘱,没有妈妈的殷殷期盼,错误会溜得远远的吗?

——2010年上海市中考满分作文《黑板上的记忆》

例3:

我的初中生活,初一像陶渊明"采菊东篱下,悠然见南山"一般闲适;初二像李白一样,相信"长风破浪会有时,直挂云帆济沧海",永不言败;初三像曹操"老骥伏枥,志在千里"一样,拥有雄心壮志。

——2010年山东济宁市中考满分作文《我的初中生活》

例4:

有人向往于"看庭前花开花落,望天上云卷云舒"的恬静淡然;有人憧憬于"采菊东篱下,悠然见南山"的遁世逸趣,可是我们不要,我们更欣赏"长风破浪会有时,直挂云帆济沧海"的那份潇洒与自信,我们要的是轰轰烈烈、永不后悔的青春。

——2004年上海市中考满分作文《我们是初升的太阳》

例5:

都说"父爱如山",厚重深沉,不似母爱那般细腻温暖;都说"父爱似海",波澜宽广,没有母爱来得温柔静逸。但高尔基说:"父爱是默默无闻,寓于无形之中的一种感情,只有用心的人才能体会。"是的,"父爱亦伟,亦微"!

——《爱在细微处》

根据几个范例,师生共同分析探讨引用名句应该注意的问题和具体方法。

引用诗词名句分明引和化引。

明引常用于写景抒情散文。直接引用名言和诗词名句,可以丰富文章内容,增加文章的文化底蕴,为文章增添色彩。例1、例2、例3都属于这一种。

明引还常用于议论性文章,引文的内涵增强了文章的表达深度。如例4,连用三组诗句来全面剖析青春的积极进取、勇于拼搏。

化引就是为了表情达意的需要,引用时更改诗词名句的一个字或几个字。如龚自珍"不拘一格降人才",为表达人才培养的迫切之情,可改为"不拘一格与人才",还可有"不拘一格用人才""不拘一格爱人才""不拘一格荐人才"等。"横看成岭侧成峰,远近高低各不同",化为"横看成岭侧成峰,琴棋书画各不同"来表达不同艺术形式各具魅力。

还有嵌引,如:我知道"吹面不寒"的是"杨柳风",我知道"料峭春寒"能够"吹酒醒"……把一句诗词分成几部分嵌入句子中,这样使语言更加灵活多变、生动形象。

巧引诗词和名句,在文章的各个部分都可以应用:

拟题记,如"昨夜西风凋碧树,独上高楼,望尽天涯路"。

作题目,主题为"答案是丰富多彩的",文章题目可写成《横看成岭侧成峰》;主题为"遇到挫折和痛苦要有平和心态",题目可用《一蓑烟雨任平生》《草色遥看近却无》或《不畏浮云遮望眼》。

开头,如:"千磨万击还坚劲,任尔东西南北风",是青翠的竹向你昭示着它的意气……水到渠成地引出下文。

结尾,如:"会当凌绝顶,一览众山小"不就昭示着豪迈超然般的幸福?"采菊东篱下,悠然见南山"不就阐述着闲适超然般的幸福?"我本楚狂人,凤歌笑孔丘"不就演绎着狂傲超然般的幸福?超然一点,幸福多多。引用诗词组成的排比段强化了"超然一点,幸福多多"的主题,收束全文,意蕴悠长。

引用诗词名句应注意以下两点:

第一,要准确理解诗词名句的含义,联系文章中心思想和作品情感,把握语境,做到准确引用。

第二,要注意标点符号的使用。

四、实践演练

学生利用"立志""亲情""友情""报国""乐观""读书"六个话题所积累的名句,进行片段写作训练。

五、交流总结

附:学生优秀习作

幸福的初三(修改稿)

杨越之

月亮在薄如蝉翼的云层中明晃晃地亮着,瞪视着静默的大地。月如霜,映照着我此刻惨白冰凉的心。初三,何谈幸福?

夜,黑得深沉。家中一片沉静,只有钟的指针嘀呱嘀呱地狂躁着,看样子父母似乎早已睡了。我烦躁地看着如山的作业,知道自己还无权入眠。每晚如此,我早已受够了这种夜以继日、永无止境的苦读生涯!

愤怒地推开作业本,我翻开林清玄的《迷路的云》——稍作休息,我总该有属于自己支配的时间!"迷路的云",多么适合我现在的处境啊!曾经的梦想,昔日的誓言,如今似乎已缥缈无踪,庸庸碌碌、劳心劳力地学习至今,这种没有快乐、毫无生气的生活真的有意义吗?我仿佛置身无边天际,迷失了方向。

"世界上没有不苦的苦瓜,就像没有不苦的恋爱。最好的苦瓜总是最苦的,但却在最苦的时候回转出一种清凉的甘味。"——主人公沉浸在失恋的痛苦中时,他的母亲这样开导他。这智慧女人的话语宛如一阵清风,将我这朵迷路的云缓缓吹动,使我的心也跟着主人公一起释然了。没有不苦的苦瓜,自然也没有不苦的初三。在这最苦的时刻,我闭上双眼,静静地回想着初三里点滴的清甜记忆……

那真是一段可恨又可爱的日子,为了在即将到来的体育中考中发挥出色,一向赖床的我每天提前一小时起床,撑开惺忪的睡眼,在朝阳与清月共存天际的早晨骑车去学校练习考试项目。热了,撩起袖管,拭去汗水;累了,稍坐片刻,继续坚持;撑不住了,想想自己的满分目标,决不能轻言放弃!哪怕牺牲宝贵的睡眠时间;哪怕肌肉酸痛,几近虚脱;哪怕训练后大汗淋漓、蓬头垢面地来到教室,又得开始一天忙碌的学习……我苦,但在这不进则退毫无退路的关键时刻,我必须坚持！最终的结果正应了那句"只有你流的血汗不会欺骗你"，功夫不负有心人，我如愿取得了满分的好成绩，倍感幸福……

一切的努力都不会付诸东流。只要坚持不懈、百折不挠，就定能实现目标，收获幸福！到那时，便深感：所经历的煎熬都是值得的！

然而，初三的辛劳本就是一件痛苦的事吗？作家丰子恺在《甘美的回味》中深情追忆了自己的学琴历程，赞其为"艰辛严肃是一种甘美的回味"。我的一位老师也曾说："当你走进社会，回想初三，会觉得当初在教室里、夜灯下，那个为了梦想勤学苦斗的自己是多么可爱，而那段艰辛的日子又是何等幸福……"或许初三的幸福也正是渗透在这奋斗的一点一滴中，忘掉曾经的荣辱，不去思考结局，只顾当下，努力过了，便很幸福。

重新拾起笔，心中豁然开朗，满载幸福。书房的门外传来了父母为我做夜宵的细小声音，原来他们根本没睡，只是为了不打扰我才这么安静，竟被烦躁的我当成睡着了，我真是傻。此时我的目标已成了全家的目标，我的幸福也是全家的幸福。我虽只身在学习的战场上拼搏，父母却一直在背后默默关心、支持着我。纵然辛苦，但也十分温暖、有奔头！

我不再迷路。

哲人尼采曾说："真正的人生，只有在经过艰难卓绝的斗争之后才能实现。"初三，只是人生斗争的一个微小开端，而初三的幸福更不代表一生的幸福，无论怎样的苦难磨砺都压不垮的坚持拼搏并享受挑战的人，才是人生的赢家，才配拥有永恒的幸福。

❋ 使用建议

古诗词寥寥数语，意境优美，意蕴深远。它们是中华文化的精髓，在历史长河中历久弥新。在教学过程中，教师还可以就某句诗词名句的使用进行讨论，提醒学生只有巧妙恰当地引用，才能更好地提升作文的表现力。

❋ 教学反思

培养学生巧用诗词名句之前，需要学生有一定的积累。让学生摘抄或有选择地背诵经典，还是很有必要的。上这节课前，把学生初中以来背诵积累的有关描写春夏秋冬景色的古诗和名篇名句回顾了一下，课上如果有所涉及，就可以有的放矢地引导学生唤醒记忆，融入情景，自然而然吟诵表达。这样积累的文化精华就将在运用中传播发扬，学生的作文也就熠熠生辉了。

王　玲

第三单元　综合运用　实践语言

1　静晤慧者
——读书笔记

✲ 教学目标

1. 明确读书笔记、读后感的不同写法。
2. 学写简单的读书笔记和读后感，感受写作中交际语境要素的作用。
3. 能够根据不同的内容和介绍人群，确定不同的写法。

✲ 教学重点

明确读书笔记、读后感的概念和区别。

✲ 教学难点

能够根据实际需要，确定选用合适的文体来进行写作。

✲ 教学设想

“读书笔记”和“读后感”是学生在平时阅读中应用最多的两种读书积累的方式。古人有著名的读书治学经验，即读书要做到眼到、口到、心到、手到，其中的“手到”就是做读书笔记。“手到”侧重于“记”，也就是积累。本堂课的重点在于“读后感”的学习。“读后感”也是读书笔记的一种，不仅要“记”内容，更要“感”心得。“感心得”是学生比较薄弱的，因此在课堂上着重练习。课后作业是写一篇读后感，让学生巩固、提高本堂课所学的知识。

✲ 教学过程

一、导入

询问学生的阅读习惯，为后面的教学环节打下基础。

二、学习读书笔记、读后感

1. 读书笔记

(1) 概念

我们在阅读书籍或文章时,遇到文中的精彩部分、好词佳句和自己的心得体会,随时随地把它记录下来,这就是读书笔记。写读书笔记,对于深入理解、牢固掌握所学到的知识,积累学习资料,具有很重要的作用。读书笔记的记录方法和形式多样,有不同的适用范围。

(2)记录方法

做读书笔记的方法主要有摘要式、评注式和心得式三种。

(3)记录形式

① 笔记本:可用来抄录原文、列出提纲、记录心得、撰写综述。优点是便于保存,缺点是不便分类,但可按类单独成册。

② 活页本:可用来记录各种笔记,便于分类,节约纸张,也便于日后查阅。

③ 卡片:便于分类,可按目排列,又方便查找,但篇幅小,内容不宜多。

④ 剪报:把报纸和有用资料剪下来,长文章可贴在笔记本或活页本上,短小材料可贴在卡片上。剪报材料可加评注,也可分类张贴,同时要注明出处,以便使用。

⑤ 全文复印:重要的读书材料,为保持完整性,可全文复印、编目分类后留用。

⑥ 记忆:如果能用大脑记下来的话,就能更好地在生活中运用笔记中的知识。

⑦ 书签:平时读书时遇到需要记忆的内容,可记在书签上,夹在书里、放在口袋里,可以随时背诵,帮助记忆。

2. 读后感

(1)比较:读书笔记和读后感的区别。

明确:读后感其实就是心得式读书笔记,侧重于对于阅读内容的"感"。

(2)读后感的主要内容:

① 引述原作中的有关内容或观点。

② 对所引的材料发表议论,表明自己的态度或观点。

③ 联系古今中外生活中的人或事,以及自己的亲身经历,谈感想,讲道理。

④ 结尾总结全篇。

注意:并不是每一篇读后感都必须包括这四部分。初学者可抓住原作中的一个"点"(如一句名言、一个细节、一个问题等),进行一点一议,一点一感,抓住重点,说深说透。

三、布置作业

阅读教师给出的"推荐阅读文章",写一段不少于 400 字的读后感。

附:学生优秀习作

读书笔记举隅:

摘录式读书笔记:读《钢铁是怎样炼成的》

人最宝贵的东西是生命,生命属于我们只有一次。一个人的生命是应当这样度过的:当他回首往事的时候,他不因虚度年华而悔恨,也不因碌碌无为而羞愧,——这样,在临死的时候,他就能够说:"我整个的生命和全部的精力,都已献给世界上最壮丽的事业——为人类的解放而斗争。"

心得式读书笔记(读后感):读《假如给我三天光明》有感

小时候的海伦(就是作者)是一个聪明又活泼的女孩,6 个月就可以说一些简单的话语,刚满周岁就会走路了。总之,她比一般的孩子要乖得多,也好学得多。然而好景不长,幸福的时光总是结束得太早,在一个充满知更鸟和百灵鸟的悦耳歌声、繁花盛开的春天,在一场高烧之后,海伦失去了听力与视力,随之而来的是又不能说话了。这三样东西,是人生中必要且不能缺少的。如果失去了这三样,对一个常人来说,等于失去了生命的乐趣。如果我是她,一定活不下去了。再大的动力与再大的鼓励,也照不亮我那颗又阴又暗、又冷又湿的心。心里只有一个念头:这样活着,生不如死,还是早一点儿结束算了。

然而,海伦的做法与我的想法恰恰相反。她一生度过了 88 个春秋,却熬过了 87 年无光、无声、无语的孤独岁月。而且,正是这位又盲、又聋、又哑的女子,竟然毕业于美国哈佛大学,这是一个多么惊人的成就啊。但是,毕竟,这惊人的成就是离不开她自身的努力的。与她相比,我真是自愧不如啊!

海伦可以创造这些常人无法想象的奇迹,全靠她有着一颗不屈不挠、坚持到底的心。她毫不犹豫地接受了生命的挑战,用自己那颗炽热的心,用自己那伟大的爱,去拥抱美好、充满生机的世界,以惊人的毅力与困难作战,终于,她战胜了生命的挑战,张开了心灵的眼睛,有了信心与希望,走出了寂静与黑暗。最后,她又把那双慈爱的手伸向了全世界!海伦从又瞎又聋的女孩成了举世闻名的作家,经历了多少坎坷啊,可她从没有退缩,而是勇往直前,毫不畏惧地面对困难,去战胜它、跨过它。一个又瞎又聋的人能做到,而我们是没有生理缺陷的人,更没有理由做不到啊!一些同学很自卑,说自己笨,其实人人都是平等的,没有天才,也没有笨蛋。天才和笨蛋是取决于这个人有没有决心学习,有没有毅力坚持下去,这才是最重要的。人生的路途坎坷、崎岖,就看你有没有信心和毅力去把它踩在脚下,一步一步登上成功之路。我们每一个人时刻都在描绘着自己的人生画卷,只有奋斗,只有自强不息,我们的生活才会充满鲜亮光耀的色彩,我们的生活画卷才会闪光。

❀ 使用建议

本课教学的目的是希望学生养成良好的阅读习惯,因此教师在教学过程中应不断强化这种观念。关于课后练习的范文,可以选择课本中的某一篇文章。第一次练习,尽量让每个学生选择写同一篇文章的读后感,以便于教师的讲评。学生熟练掌握之后,可以让学生选择自己感兴趣的文章来写作读后感。

❀ 教学反思

本堂课是读书笔记的教学。对于读书笔记学生比较陌生,所以首先让学生明白读书笔记的概念及不同形式,以便在今后的阅读中可以根据需要有选择地使用。读后感同样也是重点,但是因为时间有限,仅作初步介绍,没有作细致的方法指导。在以后的讲评中,教师可以根据学生写作情况,再进行一次方法指导和教学。

胡 晨

2 新 闻 快 递
——简讯报道

❀ 教学目标

1. 学习、了解活动简讯和人物报道的写法。

2. 明白活动简讯和人物报道的不同之处,理解不同语境、目的、对象决定着写作文体、语言和内容。

❀ 教学重点

学习、了解活动简讯和人物报道的写作格式和相关要点。

❋ **教学难点**

理解活动简讯和人物报道在写作上的不同,学会选择合适的文体进行写作。

❋ **教学设想**

活动简讯和人物报道这两类新闻体裁在我们的生活中经常见到,但是对于初中生来说这两个体裁写作起来还是有难度的。所以本堂课以学生鉴赏为主,通过对活动简讯和人物报道的写作理论和范文的学习,让学生大致了解活动简讯和人物报道的写法。

❋ **教学过程**

一、导入

自由漫谈:你平时是否有看报纸的习惯? 主要看报纸的哪些版面?

二、学习活动简讯和人物报道

1. 活动简讯

（1）概念

简讯是传递动态消息的一种形式,又称短讯、简明消息。一般只有百字左右,甚至只有十几个字,通常只报道事情的结果,而不交代其过程和背景。它除了篇幅短,还有一个特点就是速度快。有时为了快速发布消息,可就某事先发简讯,然后再详细报道。

简讯见报时,常常按其内容的不同,归类编排,并冠以不同的栏目名,如"国际短波""祖国各地""要闻简报""本市快递""新闻集装箱"等。这种形式有利于扩大报道面,更多更快地反映动态信息,活跃版面。活动简讯就是针对某一项活动的具体情况进行报道的简讯。

（2）格式

① 标题:概括活动的主要内容。

注意:标题中要避免出现"简讯""活动简讯"字样。

② 导语:简讯开头的一段话,要求用极简明的话概括活动的最基本内容。

③ 正文:反映活动时间、地点、参加对象及具体内容,以三段式为佳,是简讯的主要部分,要求具体清楚、内容翔实、层次分明。

④ 结尾:对活动内容的小结。有些简讯可无结尾。

⑤ 附图:以活动照片为主,获奖名单等也可在此呈现。

⑥ 末尾应加上撰稿人和日期。

(3) 实践演练

阅读相关材料,结合简讯范文,写一篇简讯。

明确:写简讯重要的不在于字数的多少,关键是要将事情的要素交代清楚,表述明确。格式可以按照范文,也可以根据需要适当删减。

2. 人物报道

(1) 概念

也称人物通讯,即以报道先进人物为主的通讯。它着重揭示先进人物的精神境界,通过写人物的先进事迹,反映出人物的先进思想,使之成为社会的共同财富。

(2) 选择人物的标准

① 能体现时代精神,反映社会面貌。

② 有能构成新闻的较充分的事迹。

③ 生命形态和生活轨迹有一定的独特之处。

④ 人物有鲜明的个性,能给读者留下深刻的印象。

⑤ 人物事迹可以反映某些道理,给人启迪。

(3) 表现人物的常用手法

① 注意表现人物性格的特异点。

② 在矛盾冲突中写人。

③ 借他人之口刻画人。

④ 借景写人。

⑤ 通过事实塑造人物。

(4) 具体要求

① 吸引人的故事——故事使人物丰满。

人物通讯如何做到故事化呢?首先,要正确选取能够表现人物特点的故事情节;其次,要注重细节的描写叙述;最后,要设法营造故事情节的跌宕起伏和悬念,增强吸引力。当然,人物通讯故事化有一条原则,就是人物故事必须是真实的,不能虚构,否则就失去了新闻的真实性,人物通讯就变成小说了。

② 打动人的细节——细节使人物更鲜活。

③ 个性化的语言——语言使人物更生动。

在具体写作中,人物语言要合乎其年龄、身份、职业等;还要合乎人物特定的环境、特定的时期、特定的心情和特定的说话对象,做到恰如其分,恰到好处,贴切自然,生动传神。

(5) 采写人物的忌讳

① 忌主题分散,面面俱到。

② 忌采访者跳出采访发表评说。

③ 忌虚构故事,滥用形容词,影响人物表述的客观性。

(6) 写作技法

① 在矛盾冲突中展现人物的思想之光。

② 通过侧面描写,突出人物的先进性。

③ 记者和人物的思想感情息息相通。

三、布置作业

根据情境,写一段活动简讯或一则人物报道。

✿ 使用建议

简讯和人物报道这两种体裁的文章在课本中也有所涉及,教师可以将课本中的文章作为范文。人物报道可以作为拓展阅读,让学生有所了解,不必强求一定要掌握其写作方法,当然也可以把它看作是写人文章的另一种训练形式。

✿ 教学反思

这堂课的教学内容相对丰富。简讯的写作,在注重格式的同时,更要关注学生语言表达的客观和公正。

胡　晨

3　简　录　速　记
——活动记录

✿ 教学目标

1. 掌握会议记录写作的基本格式和要求。

2. 能根据实际生活情境,完成一份会议记录。

❋ **教学重点**

掌握会议记录写作的基本格式和要求。

❋ **教学难点**

区别摘要和详细记录的异同点,并能灵活运用。

❋ **教学设想**

学生在学校中,都或多或少地参加过各种不同内容的会议,如主题班会、全校大会、班干部会议等等。本课首先以学生最常用的班干部会议记录作为例文,让学生对会议记录有初步认识,通过分析,从文体概念上了解会议记录的特点、类型、作用,然后通过例文来认识会议记录的基本格式和要求,再经过例文赏析,明确会议记录的特点是“一快(记得快)、二要(记其发言要点)、三省(在记录中正确使用省略法简化记录内容)、四代(用较为简便的写法代替复杂的写法)”,并通过作业加以训练和巩固。

❋ **教学过程**

一、导入

在同学们的学习生活中,会经历各种形式的会议,而要把会议中的组织情况和具体内容记录下来,成为有价值的文件资料,就需要记录员有一定的记录能力。今天我们通过一些具体的例文来学习会议记录写作的基本格式和要求,并通过训练来加以运用。

二、问题呈现

班干部会议记录:班干部在班级建设中的重要作用

会议内容:

班干部是班主任和其他任课老师与同学沟通联系的桥梁和纽带。学生有什么情况可以通过班干部反映和汇报给老师,老师有什么事情或安排也可以通过班干部通知学生。

班干部要发挥以下作用:

(1) 模范带头作用

以身作则;模范遵守各种规章制度;吃苦在前,享受在后;想同学所想,急同学所急。班干部也是学生,所以千万不要脱离同学,自己高高在上而小看同学。建立正确的舆论导向,带动整个班集体开展批评和自我批评,形成集体的组织性、纪律性和进取心。

（2）监督作用

监督班级课堂和自习纪律;监督班级卫生和卫生区卫生;监督同学认真学习;监督同学之间友好相处。

（3）提醒作用

有同学犯了错误要及时提醒,防微杜渐。

总结:

会议气氛活跃,效果良好,班委会成员进一步了解了自己的职责所在。

明确:上面这份班干部会议记录,是学生平时接触较多的会议记录之一。记录中对会议的内容有较具体的叙述,可是缺少了此次会议进行的时间、地点、参与者,于是整份记录不够完整。那么会议记录应该具有哪些要素?它的基本格式是怎样的?我们通过例文来认识会议记录的要求。

三、分析典型例文

1. 分析例文一,了解摘要记录

会 议 记 录

会议名称:×镇各社区学生暑假活动的工作会议

时间:×年×月×日

地点:镇政府主楼××会议室

出席:×××、×××、×××……

缺席:×××（因病）、×××（公出）

列席:×××（主管教育工作的副镇长）、×××（镇教委副主任）、各社区负责人

主持人:×××

记录人:×××

发言内容:

副镇长:学校和社区共同协办暑假期间学生社区活动的社会意义。

让写作和心灵一起枝繁叶茂

镇教委副主任:联合学校和社区共同协办本镇学生暑假社区活动的动议。

各社区负责人:根据本社区特点,研究制定暑假期间学校和社区共同协办学生暑假社区活动的方案,帮助学生过一个有意义的暑假。

决定事项:镇教委和各社区根据本社区具体情况,完成学生暑假期间社区活动预案。

明确:摘要记录,是常用的一般会议的记录方法。它不是有言必录,而是只记录发言要点、会议上讨论的问题和结论,以及通过的决定、决议等主要内容。

2.分析例文二,了解详细记录

×××电力科技工程有限公司

××月份月度工作例会记录

会议名称:××月份月度工作例会

时间:××××年××月××日下午×点

地点:公司第二会议室

出席:公司各部门经理

缺席:市场质保部×××经理(公出)

主持:公司副总经理×××

记录:行政部×××

主持人发言:今天我们的工作例会主要是请各部门负责人对上月的工作进行总结,并分别阐述本月的工作计划和具体安排。公司总经理对各部门工作提出要求。

生产技术部×××经理发言:我们部门上月的工作重点是完成××工程二期一项性能试验报告。本月我们将配合商务部完成投标工作;参加三标一体外审工作整改项的完善;提供客户需要的支持性材料。

商务部×××经理发言:我们上月的工作主要是,××工程协议基本完成。本月我们重点商谈××工程计划,完成××工程投标事宜。

财务部×××经理发言:我部门本月的主要工作是,上月报表编制、纳税申报,本月资金计划,薪酬发放等月度常规工作。

244

行政部×××经理发言：我部门本月的主要工作是，继续完善公司对外网站建设，员工食宿、体检、工装领用等常规工作。

人力资源部×××经理发言：我部门本月的主要工作是，调试、运维人员招聘、补充，拟招 10—15 人；开展校园招聘；进行现场调研，并将意见及时收集汇总。

质保部×××经理发言：本月我部门继续跟踪××问题，督查相关部门进行整改；开展××××年度惯例评审。

总经理×××发言：上月在各部门的努力下，我们公司取得了较好的业绩，在座的各位工作都非常辛苦。目前我公司有多个海外项目正在积极拓展中，我们要抓住这一契机，不断开拓创新、自我超越，并努力把公司发展成为具有国内一流水平的现代化电子科技工程企业。

主持人发言：今天的工作例会到此结束。散会。

主持人：（签名）

记录人：（签名）

明确：详细记录一般用于重要会议，特别是对重要讲话和重要决议，要尽量记录原话。这种记录一般采用速记法，会后还要进行整理。这份会议记录的第一部分记录了会议的组织情况，明确了会议的名称、时间、地点和与会人员，对缺席人员注明了缺席原因，并交代了主持人的姓名和职务。会议记录的第二部分记录了会议内容，按发言顺序详细记录了每位发言人汇报的内容。该会议记录非常完整地反映了会议的全部过程。

总结：例文中的会议记录是经过整理后的文本。在会议现场的记录，则要采用有效的记录技巧，如：一快（记得快）、二要（记其发言要点）、三省（在记录中正确使用省略法简化记录内容）、四代（用较为简便的写法代替复杂的写法）。但在整理和印发会议记录时，均应按规范要求处理。

四、重点探究：会议记录的特点、作用和基本格式

1. 会议记录的特点

（1）实录性：会议记录要反映会议的全过程，应从会议名称记起，直至最后会议结束。主持人、记录人签名等要逐一落实。要忠实记录会议上的发言和有关动态，会议发言的内容是记录的重点。

（2）具体性：凡是需要记录下来的会议内容、过程、有关的人和事、主要问题等，都要记全，并如实反映。要详细记录下会议主持人，出席会议应到和实到的人数，缺席、迟到或早退的人数，与会者姓名、职务，记录者姓名。如果是群众性大会，只需记录参加的对象和总人数，以及出席会议的较重要的领导成员即可。

（3）准确性：会议记录应准确写明会议名称，会议的时间、地点，会议性质，还要如实记录主持人、报告人、发言人的讲话和会议决议，不能有差错。特别是工作会议的决议，是开展和检查工作的依据，更需要记录准确。

2. 会议记录的作用

（1）史料作用：会议记录是会议最原始的全面记录，反映了会议的内容和进程，是日后查找会议有关内容的重要依据和凭证。有些重要的会议记录，若干年后仍有参考价值，通过会议记录可以了解单位或部门的历史进程和发展状况。

（2）素材作用：有些重要会议结束后，要形成会议纪要，而会议记录是形成会议纪要、会议简报的重要素材。

（3）依据作用：会议记录忠实地记录了会议的全貌，包括会议精神、会议形成的决定和决议、会议对重大问题作出的安排。如果在会议后期需要形成文件，要以会议记录为依据。同时与会者在会后传达贯彻会议精神和决定是否准确，也要以会议记录为依据进行检验。

3. 会议记录的基本格式

（1）会议的基本情况

会议记录的第一部分一般要包括会议名称、时间、地点、出席人数、缺席人、列席人、主持人、记录人。

（2）会议内容

会议内容包括会议的议题、讨论过程、与会者发言或讲话的内容、传达的问题或作出的决议等。会议结束后，会议记录要由主持人和记录人签字。

现场记录下来的文字需要整理，并交给发言人和会议主持人审阅。

五、赏析评点

第七届校运会动员大会会议记录

时间:2015 年 12 月 7 日

地点:阶梯教室

与会人员:×××老师、×××老师、学生会主席团、各班班长和团支部书记、全体参赛运动员

主持人:×××

记录人:×××

会议内容:

一、×××老师作工作指导

1.竞赛规程:本次校运会由学校体育组具体负责,时间为 2015 年 12 月 9 日至 10 日,地点为本校区田径场,参赛运动员均为本校学生。

2.竞赛规则与区田径运动会规则相同。若某项目只有三人或不满三人报名则取消该项目,已报名该项目的运动员可申请更改项目。每个项目取前八名,接力项目积分加倍。

3.若因身体原因不能参赛者须请假。

4.各运动员编号由体育组统一负责,接力项目必须统一队服。

二、体育组×××介绍相关工作安排

1.运动员注意事项:

运动员、教练员和各代表队必须服从裁判。对弄虚作假、打架闹事者扣团体总分。无故不参赛者作弃权处理,有特殊情况须请假者本人上报体育组。径赛前 40 分钟开始检录,运动员准时报到,点名未到者作弃权处理;田赛运动员直接到场地比赛即可。

2.介绍各比赛项目的具体规则、评分细则,以及公布各项目时间安排。

3.希望各位以平静的心态、最佳的状态来面对挑战。

三、学校运动员代表发言

努力把运动员遵守规则、充满激情和为班级争光的荣誉感表现出来,相信我校运动员定能发挥出最佳水平,取得最佳成绩。

四、团总支书记××老师作大会总结

在运动会中,各位运动员要注意安全。学校还有多项纪录多年未破,祝愿大家勇破纪录。预祝第七届校运会顺利召开。

2015 年 12 月 7 日

小结:会议记录是记录会议组织情况、议程、内容等重要信息而形成的书面材料。会议记录是反映会务活动的重要材料,是传达、贯彻、执行会议精神的依据。上例校运会动员大会记录既具有会议记录的实录性(反映第七届校运会动员大会会议的全过程)、具体性(记录会议内容:工作指导、相关安排、运动员发言、团总支书记总结)、准确性(准确记录会议名称,会议的时间、地点,会议性质,还如实记录组织者、运动员的讲话内容),并具有史料、素材和依据作用。

六、课后作业

学校即将组织"我们爱悦读"六一读书活动,为此,学校组织各班级召开了相关内容的会议,请各班班长、团支部书记、宣传委员参加会议。参与会议的同学根据会议记录的特点和要求,各自完成一份会议的摘要记录和详细记录,并把会议内容在班级中传达。

❈ 使用建议

会议记录之类的应用文,大多数学生在平时的学习生活中并没有太多机会去实践,但对于班级、年级或学校等不同会议或活动均有一定的价值。例如班级班队会的会议记录,可以作为班级资料记录收藏,这就要求班级会议记录应规范书写。

❈ 教学反思

学习会议记录,主要是从知识体系学习规范的会议记录的要求,例文提供了很好的借鉴,学生也比较容易认识和理解。在实际教学中,要培养学生的记录能力,既要能捕捉到会议有价值的记录信息,还需要集中注意力,密切关注各环节的要点,同时还要用简洁的语言记录下最重要的内容。

施敏慧

4 点石成金

——初识命名

✲ 教学目标

1. 了解命名文化的历史，认识命名文化的发展轨迹。

2. 初步了解命名的特点和社会作用，联系生活实际，学会现实生活中不同功能命名的简单运用。

✲ 教学重点

了解命名文化的历史特点及其社会性。

✲ 教学难点

联系生活实际感受命名的不同功能。

✲ 教学设想

命名，是自古而今常见的文化行为，也是我国传统文化之一，蕴含着丰富的文化内涵。我们在平时的阅读中不乏对命名的赏析，但较少自己实践运用。这节课先从问题入手，让学生认识命名在现实生活中的意义；然后从古代的姓、名、字、号的发展入手，通过具体典型的实例，让学生进一步了解命名文化在社会各领域的特点和作用，从而认识命名文化“点石成金”的特点；最后通过作业加以实践，让学生体验命名创作的乐趣。

✲ 教学过程

一、导入

范温说过：“句法以一字为工，自然颖异不凡，如灵丹一粒，点铁成金也。”可见，修改锤炼文字具有化腐朽为神奇的魅力。无论人物、景物、事物都有其名称，如何让人们能领略其间的妙处，靠灵心妙手轻点翰墨，便能熠熠生辉。

二、问题呈现

班级创办了文学刊物，同学们根据内容设计了不同的栏目，如何给这些栏目取个好名字，让大家能对班级刊物有更深刻的印象和了解呢？

明确：这个问题，其实是关于命名的行为性质，其间蕴含着丰富的文化内涵。尽管名字本身只是一种符号,但命名的过程是一种艺术创作,一个高雅而又响亮的名字很容易引人注目,并给人留下深刻美好的印象。

三、命名的历史渊源

姓名是每个人的代号。历朝历代的命名习惯,反映了一定时期内的社会意识形态。

1. 姓

《说文》中说:"姓,人所生也,从女、生,生亦声。"人们普遍认为,姓最初是代表有共同血缘、血统、血族关系的种族称号。它产生的时间大约在原始社会的氏族公社时期。姓的由来与祖先的图腾崇拜有关,比如说麦穗、熊、蛇等都曾经是我们祖先的图腾,这种图腾崇拜物成了本部落的标志,后来便成了这个部落全体成员的代号,即"姓"。

2. 氏

父系氏族社会时期,由于人口的繁衍,原来的部落又分出若干新的部落,这些部落为了互相区别以表示自己的特异性,就为自己的子部落单独起一个本部落共用的代号,这便是"氏",这样氏便越来越多,甚至远远超过原来姓的规模。"氏"可以说是姓的分支,带上了特定时代的烙印。

3. 名

"名"的产生也是在氏族社会时期。《说文》解释为:"名,自命也。从口夕,夕者,冥也,冥不相见,故以口自名。"意为,黄昏后,天暗黑不能相辨,便以代号相称。这便是名的由来。后来人们发现使用"名"的便利性,"名"便逐渐通行起来,使得人皆有名,并对命"名"讲究起来。

4. 字

《礼记·曲礼》中说:"男子二十冠而字""女子十五笄而字",就是说不管男女,只有到了成年才取字。取字的目的是为了与人交往时供他人称呼,以示相互尊重。尤其是晚辈和属下只许称尊长的字而不能直呼其名。

5. 号

号也叫别称、别字、别号。《周礼·春官·大祝》中说:"号为尊其名更美称焉。"名、字是由尊长代取,而号则不同。号初为自取,称"自号";后来,才有别人送上的称号,称"尊号""雅号"等。

号起源很早,但直至六朝时期还不流行,到唐宋年间才特别盛行起来,原因有二:一是伦理道德加强;二是文学发达,文人讲究文雅。至明清,由于文人范围扩大,加上帝王提倡,则更加盛行起来。

"自号"一般都有寓意在内。

而现代人取名,已无字号,所以名字相同的现象就越来越普遍了。而随着时代的发展,笔名、艺名、网名等应运而生,这种符号的演变,既承继了传统文化的元素,又有了新的时代特征,它成为一种文化符号,闪烁着传统的光芒和历史的印迹。

四、探究其他命名的特点

古人于姓、名、字、号之间的关系,可简单地概括为:名以正体,字以表德,号以明志,斋室寄情。为斋号命名,也体现了中国文人志士的雅趣。

"斋"本义是斋戒的意思,指祭祀前整洁身心。后"斋"引申为干净、整洁、幽静之处所。古人认为读书是件清心凝神的事,该抱着一种虔诚的态度,因而书房多以"斋"命名,如王安石的"昭文斋"、刘鹗的"抱残守缺斋",最有名的莫过于蒲松龄的"聊斋"了。

"堂"的建筑特征是高大、宽敞、明亮。由于书房大多敞亮,故多用"堂"来命名,如司马光的"读书堂"、李清照的"归来堂"。除了用"堂"命名之外,还有用"草堂""书堂"命名的,如杜甫的"浣花草堂"、纪晓岚的"阅微草堂"。

古人房屋内部,前叫"堂",堂后以墙隔开,后部中央叫"室",后泛指住宅、房屋,故用"室"命名书房的很多,如刘禹锡的"陋室"、梁启超的"饮冰室"。

另外,书房单用"屋"字命名的不多见,但是用"书屋"命名的比较多,如郑板桥的"青藤书屋"、汪士慎的"青杉书屋"、鲁迅的"三味书屋"等。

"楼,重屋也",用"楼"命名的书房有王世贞的"尔雅楼"、钱谦益的"绛云楼"等。

"房,室在傍者也",用"山房"命名书房的很多,如宋濂的"青萝山房"、吴敬梓的"文木山房"。

"馆,散寄之居",用"馆"命名的有龚自珍的"盟鸥馆"等。

"止扉谓之阁",古代藏书家的藏书楼多用"阁"字命名,如范钦的"天一阁"。文人学士用"阁"命名书房,颇有古雅之风,如唐寅的"魁星阁"、张岱的"云林秘阁"等。

"轩,曲辀藩车",后用轩指代房屋。用"轩"命名书房,最有名的当推辛弃疾的"稼轩",还有曾巩的"南轩"、黄庭坚的"滴翠轩"等。

"舍",其本义为客舍,后指代房屋。以"精舍"命名的较多,如张大千的"摩耶精舍"等。

文人书房不乏用"居"字命名的,如沈钧儒的"与石居"。

"庐",其本义特指田中看守庄稼的小屋。文人自谦书房简陋,称"庐"者较为常见,广为人知的是黄遵宪的"人境庐"、林琴南的"畏庐"等。

"亭,人所安定也。"其本义指设在路边的公房,后指小房子。用"亭"命名书房的有元好问的"野史亭"、朱彝尊的"曝书亭"等。

以"园"命名书房的有李渔的"芥子园"等。

五、课后作业

根据习得的命名知识,1.给自己的书房命名;2.给朋友即将开张的店铺命名;3.同学间交流自己的网名,并根据自己的个性和特点为自己另取一个别号或笔名。

✽ 使用建议

命名作为交际作文系列之一有其特殊性。上述教学过程中所引述的例子较为通俗,学生较容易接受,但未必全都能理解,所以课前应先让学生作一定的准备。

✽ 教学反思

本课教学过程更多的是从欣赏角度去传授知识,而从欣赏到创作并不只是简单的知识运用过程。学生在鉴赏时充满了兴趣,在写作实践时则可能囿于知识的疏浅。因此,加强学生平时的阅读积累还是很有必要的。

施敏慧

九年级

积极创作　言之有新

第 一 学 期

第一单元　人间真情　抒发胸怀

1　感　受　生　活
——推己及人

❋ 教学目标

1. 学会在写作中充分表述内心感受。

2. 学会体验文章中他人的内心情感波动。

3. 尝试把自身体验和他人感悟相结合，丰富文章情感表述，深化文章主旨。

❋ 教学重点

学习经典片段，遵循合情合理与丰富想象相结合的原则，学会在文中适时表述他人的情感体验。

❋ 教学难点

根据表现人物性格或文章主旨的需要，适时补充他人的情感表述。

❋ 教学设想

学生在习作中，无论事件、环境还是内心活动，往往仅从自己的情感体验出发，这样的习作在内容和情感表达上都相对单调枯燥。因此，如何引导学生在文中适时地表述他人的情感体验，在丰富文章内容的同时深化文章主旨，是写作教学中相当重要的一课。

在文中融入他人情感体验，一定要适时、恰当、贴切，合情合理，并为文章中心服务。对于初中生来说首先要模仿经典，并反复练习。

❋ 教学过程

一、导入

在习作中表述自己的内心情感是容易的,也是必需的,但是我们能否依据事件的发展和环境的变化,合情合理地感受他人的内心活动? 这是我们今天这一堂作文课的目标:学习如何通过对他人内心情感的体验,丰富习作内容,丰富人物形象,进而深化文章主旨。

二、问题呈现

1. 不知何时天空中下起了淅淅沥沥的小雨,我见状说:"我先去画画了,要下大了可就走不了了。"爸爸则留了下来,陪奶奶聊天。

2. 没几天,你实现了你的诺言,但我却发现你的手上多了几道伤痕。你还不愿承认,你为了帮我补裤子,谎称自己弄坏了别人的裤子,还被你妈打了。而你现在正满面微笑:"你的裤子,帮你补好了,和新的一模一样。"

3. 于是我将事情一五一十告诉了她,老妈知道这件事后埋怨了老爸几句,之后便走进我房间帮我包书,没几分钟老爸也进去一起帮忙。这时我的怒气全消,反而感到很羞愧,心里问自己:我是不是太依赖父母了? 他们年纪也大了,这种小事我竟然还麻烦他们……

明确:上面三段文字都没有对父亲、好友、父母的内心情感做任何文字表述,只是单纯的语言、动作的外在描写。如果能对这些人物的心理也有一定的刻画,那么文章的内容会更丰富,中心也更能凸显。

三、赏析经典

1. 赏析经典片段一

那天我又独自坐在屋里,看着窗外的树叶"唰唰啦啦"地飘落。母亲进来了,挡在窗前:"北海的菊花开了,我推着你去看看吧。"她憔悴的脸上现出央求般的神色。"什么时候?""你要是愿意,就明天?"她说。我的回答已经让她喜出望外了。"好吧,就明天。"我说。她高兴得一会儿坐下,一会儿站起:"那就赶紧准备准备。""哎呀,烦不烦? 几步路,有什么好准备的!"她也笑了,坐在我身边,絮絮叨叨地说着:"看完菊花,咱们就去'仿膳',你小时候最爱吃那儿的豌豆黄儿。还记得那回我带你去北海吗？你偏说那杨树花是毛毛虫，跑着，一脚踩扁一个……”她忽然不说了。对于“跑”和“踩”一类的字眼儿，她比我还敏感。她又悄悄地出去了。

——史铁生，《秋天的怀念》

明确：片段对母亲的描写，除了语言、神态和动作，结尾处还提到了“她比我还敏感”这一母亲内心的情感体验，朴实动人的母亲形象更加生动，深沉而伟大的母爱更加深入人心。

2.赏析经典片段二

妈正激动地忙着杀鸡煎鱼煮肉，一边隔一分钟催我一句：“快洗澡，快理发，快换衣服。”仿佛我也是一道要隆重推出的大菜。

——秦文君，《表哥驾到》

明确：片段中“仿佛我也是一道要隆重推出的大菜”这句对母亲心理的揣摩与想象，活灵活现地凸显出母亲对表哥的喜欢，同时又不甘我落于人后的心情，写出了母亲们的普遍心理，真可谓妙笔生花。

小结：在经典片段中，作者在叙述自己情感的同时，适时加入其他人物的内心情感活动，起到凸显人物形象和深化中心的作用。我们要学习这一写作方法，改变在习作中单一表述自己内心的习惯，让习作更生动，主题更凸显。

四、重点探究

学习经典名作的写作方法，对“问题呈现”中的三段文字中适当添加对他人的体验和感悟，并作交流讨论。

明确：材料1，可以通过添加对父亲的心理感受的描写，体现父亲对奶奶和我的爱护。

材料2，可以添加对朋友心理活动的揣摩，凸显朋友对我的深厚友情。

材料3，可以添加父母的内心活动，凸显父母对我的关爱。

五、赏析评点

哈桑盘腿坐着，阳光和石榴叶的阴影在他脸上翩翩起舞。我念那些他看不懂的故事给他听，他心不在焉地摘着地上杂草的叶片。哈桑长大后，会跟阿里和多数哈扎拉人一样，自出生之日起，甚至自莎娜芭不情不愿地怀上他那天起，就注定要成为文盲——毕竟,仆人要读书识字干吗呢? 但尽管他目不识丁,兴许正因为如此,哈桑对那些谜一样的文字十分入迷,那个他无法接触的世界深深吸引了他。我给他念诗歌和故事,有时也念谜语——不过后来也不念了,因为我发现他解谜语的本领远比我高强。所以我念些不那么有挑战性的东西,比如装腔作势的纳斯鲁丁毛拉和他那头驴子出洋相的故事。

——卡勒德·胡赛尼,《追风筝的人》

明确:片段中阿米尔少爷揣测哈桑注定要成为文盲以及对文字入迷的原因,既点明了哈桑出身之卑微,又写出了哈桑的聪明。然而哈桑可以为了阿米尔而奋不顾身,阿米尔少爷却从来没有为哈桑付出过,目睹哈桑遭人凌辱亦假装不知情。人物身份和品性的鲜明对比,更让读者对忠实的哈桑报以深深的同情。

六、作业

1. 完成片段仿写《我的好友》。

2. 在习作中运用推己及人的方法,揣摩他人心理感受,以"我的____"为题,写一位自己身边的朋友或亲人。

附:

1. 仿写片段

那天,他来找我,看他焦急的神情,似乎是出了人命关天的大事,因为一般情况下他总是很淡定。他伸手从书包里拿出一个纸袋,纸袋里是一把整理整齐的纸币。我一下子不太明白,聪明的他马上看出我的不解,开火炮似的大声说:"这就是你在我家丢的钱! 我找到啦!"瞬间,我明白了他是在泄愤。他从我丢钱的那一天起,就一直在等待这一刻,终于熬出头了! 他心头的雾霾散尽,晴空万里。

2. 学生优秀习作

我 的 爷 爷

嘉定区金鹤中学　谢俊浩

一天清扫家中杂物,不经意间发现了那张已经泛黄的老照片,那是爷爷的照片。照片中的老人满脸笑容,甚是开心,估计是因为手里抱着一个油光满面的大胖小子。这张照片的出现令我童年的记忆又浮现眼前，宛如昨日，不曾离开。

　　爷爷是一个农民，因为一次事故，爷爷的脊椎变得弯曲，所以乡里乡亲都叫他"李驼背"。不过他依旧没有去养老，而是继续在田里干活，我想这并不仅仅是因为爷爷有多坚强，那更是为生活所迫。

　　没过几年，家里人准备搬进城里，爷爷死活不肯，执意留在乡下。当初所有人都不理解，现在我能体会到爷爷对土地的深情，就像莫言对红高粱的深爱。我们拗不过他，只有让他一个人在乡下。曾经奶奶为了让爷爷来城里，偷偷地把爷爷的衣服拿到城里来，估计脾气倔强的爷爷气疯了，直接从乡下飞奔到城里，和朝夕相处了30年的奶奶大吵了一架，拿上衣服就回去了。我猜是因为除了耕地，他还需要一些像样的衣服走街串巷。

　　家里人没辙了，就叫我去劝爷爷，我也不知所措，稀里糊涂地去乡下了。我一去乡下就忘了最要紧的事，缠着爷爷要一把手枪。估计爷爷是因为长时间没有见到我这个宝贝孙子了，他二话没说，锄头一扔，便牵着我的手去芭茅林（一种草本植物，主秆长而细，叶片为锯齿状）。当时正值仲夏，酷暑难耐，好在芭茅林到处都是，很容易找到。爷爷为了做一把好手枪，必须要找一些好的枝条。他用手挡住额头，因为驼着背，又要向上望，自然很是吃力，豆大的汗珠从他额头上滑落，刺目的阳光让他必须微眯双眼。好像是看见了满意的，一直点头，之后便去折断枝条，因为叶片上的锯齿，爷爷的手上划出好几道口子，我却一直在一旁催促着爷爷。在爷爷的巧手下，一把小手枪很快便成形了。现在想来，那时爷爷肯定认定那把手枪是他的得意之作。我并没有谢谢他，而是忘情地坐在爷爷的肩头。我那时已经很重了，爷爷的驼背在烈日阳光下显得异常弯曲，而他却露出开心的笑容。兴许是爷爷心里的喜悦冲淡了身体的痛苦吧！趁他开心之际，我开口道："爷爷你别干活了，跟我们一起来城里吧。"爷爷一时被我的迷魂汤迷倒了，居然连连回答："好，好。"

　　但好景不长，到城里后，爷爷的病情开始加剧，大去之期已不远了。我想那时爷爷也是心知肚明的，只是不说而已，因为他总要我拿出那把枪，看着枪老泪纵横。

　　如果上天真能给我一次机会，我一定会好好孝顺他，只可惜，这种事是不会发生了——也许爷爷现在还在天堂惦记我拿枪的那一幕。

✲ 使用建议

教师可以依据学生的日常习作中存在的问题，完成本课的实际操练，这样课堂教学效果更有效。也可以结合话剧单元的教学，让学生学习揣摩人物的心理。

✲ 教学反思

《追风筝的人》这一选段可以替换成学生更为熟悉的片段。教师可以选择学生相对熟悉的文章来进行教学指导，或者选择更典型的片段，进行相应的替换，但需符合有多角度的人物刻画的写作特征。

万海燕

2 虚构生活
——艺术想象

✲ 教学目标

1. 明确虚构和虚假的本质区别。

2. 能够在真实事件中虚构一些片段，进行艺术创作。

3. 学习经典片段的虚构方式，通过虚构增强文章人物的表现力，升华文章中心。

✲ 教学重点

学习赏析经典，明确虚构和虚假的本质区别。

✲ 教学难点

明确虚构是艺术创作，体会通过虚构增强文章的人物表现力、升华文章中心的作用。

✲ 教学设想

在习作中融入艺术创作是许多学生的薄弱之处。大多数学生的文章，平铺直叙地描写生活，真实但缺乏艺术表现力，或完全虚构，不合情理地编造。艺术想象必须建立在真实的基础之上，要源于生活而高于生活。一旦学生具备了这种写作思想和创作能力，他们的习作将取得惊人的进步。

✲ 教学过程

一、导入

要让我们的习作既遵循真实可信的原则，又能够闪现艺术的光彩，必须在真实的基础上进行艺术想象和创造,但这种想象和创作是有原则的,那就是一切为中心服务,为凸显和深化文章中心服务。

二、文段对比

1. 说实话,还是老家的东西便宜,在上海买一个包子在这儿可以买 2 个,而且更好吃。还有老家的特产,在上海是吃不到的!其实回老家不是为了玩,而是有事。虽然具体不知道,我应该能猜到。老家的空气也不错,但是唯一不好的就是路,深一块,浅一块,又下着雨。坐上公共汽车,就像在坐游乐场的过山车一样,看着没什么,突然一个大坑,车子瞬间倾斜颠簸,过了没多久又来一个。

2. 我以为他从不表扬我,因为我每次与他分享我的成功他都吝啬地只肯给我一个笑脸!我不解,赌气跑开不愿再看他,我并不知道无意中错过了他怎样的眼神。直到有一天家里来了客人,我在房间做作业,无意间听见他们的谈话。"我女儿啊,我从来不管她学习的,这方面倒还不需要我操心……"我暗自窃喜,装作口渴出去倒水喝,看见父亲那双眼充满了喜悦与骄傲,我心里又有了说不出的高兴。

明确:上面第一段文字描写了真实的老家生活,并且和上海的生活进行了对比,但由于缺乏艺术想象,没有进行高于生活的艺术创作,文章显得单调枯燥,缺乏生气;第二段文字,作者巧妙地设计了一个爸爸在"我"背后夸"我",无意中被"我"听到的片段,生动而不失真实地表现了父亲对"我"的关爱。文章既合乎情理又巧妙生动,读来令人赞叹。

三、赏析经典

1. 赏析经典片段一,感受艺术创作对升华文章中心的作用

那同志一只手抖抖索索地打开了纸包,那是一个党证;揭开党证,里面并排着一小堆火柴。焦干的火柴,红红的火柴头簇集在一起,正压在那朱红的印章中心,像一簇火焰在跳。

——王愿坚,《七根火柴》

明确:作者写火柴头在党证朱红印章的中心,巧妙地暗示了这位无名战士那颗火热的爱党之心,为明确文章的主旨多了精彩的一笔。

2.赏析经典片段二,环境描写的艺术想象魅力无穷

雪花在窗外默默地飘。在这间三面墙壁都是落地玻璃的教室里,我真切地感受到了那种突然冻结的死寂。几十双眼睛,蓝的绿的褐的灰的,骨碌碌瞪大了盯着三个人来回看,看教授,看我,看我对面那个台湾同学。

——钟丽思,《向中国人脱帽致敬》

明确:作者在遭受责难时,巧妙地引入飘雪这一情节,而且教室的墙壁是三面都是落地玻璃,这样的艺术创作既合乎情理,又渲染了当时紧张、凄寒、接近悲凉的气氛,着实是精妙之笔。

小结:在经典片段中,艺术想象对文学创作有莫大的提升作用,我们的习作中如果能够添加一定的艺术想象,以合乎情理为前提,以深化中心为目标,那么我们的习作将会产生难以想象的惊人魅力。

四、重点探究

通过自己的理解,对下面的片段进行艺术加工,使文章更生动。

说实话,还是老家的东西便宜,在上海买一个包子在这儿可以买2个,而且更好吃。还有老家的特产,在上海是吃不到的!其实回老家不是为了玩,而是有事。虽然具体不知道,我应该能猜到。老家的空气也不错,但是唯一不好的就是路,深一块,浅一块,又下着雨。坐上公共汽车,就像在坐游乐场的过山车一样,看着没什么,突然一个大坑,车子瞬间倾斜颠簸,过了没多久又来一个。

明确:可以通过想象老家美好的未来,凸显"我"对老家的热爱。

五、赏析评点

往日的欢乐已离我而去。看着手中的课本,想想自己每天利用业余时间学习,不就是盼着手术后能出现奇迹,重返校园吗?可现在说什么也没有用了,我万念俱灰地把书扔到一旁。

"我想一个人到二楼平台上待一会儿。"

没等妈妈回答,我已将轮椅滑出病房。

"鹏儿,帽子。"妈妈撵了出来,给我戴帽子时,一滴晶莹的泪珠落到我的手上。

寒风瑟瑟,在平台上形成一股旋风,发出悲怆的呜咽,很快便消失得无影无踪。

我锁定轮椅,茫然地望着天空。

明确:作者在刻画无助伤心的母亲时,设计了泪珠滴落在手上这一细节;为了抒发"我"内心的痛苦郁闷,对寒风呼啸的环境进行了描写,暗示为什么母亲的眼泪也没有打动"我",不是"我"无情,而是"我"内心的苦闷和接近绝望的心情无人能够理解和体会。

六、作业

1. 完成片段仿写《那一天》。
2. 运用艺术想象,添加自己的艺术创作,完成作文《我把掌声送给你》。

附:仿写片段

距离运动会还有五天,这天放学我们还是走在这条路上。夕阳悬挂在半空中,就像玉盘一般,它照在人的脸上,人的脸就仿佛镀上了一层金,它照在水面上,河水就浮光跃金,似乎一颗颗神奇的小星星在闪闪发光,它照在绿树上,绿树就好像抹了一层油,显得更加翠绿了,夕阳仿佛都在为我们高兴而高兴。你笑容满面地对我说道:"谢谢你这几天陪我训练,不然我肯定坚持不下来。"我笑着回道:"朋友互相帮助本来就是应该的。五天后的运动会你可要加油啊!"

✲ 使用建议

教师可以把充满想象力的文章和习作展示给学生,让他们自己品味和赏析,再进行本课的教学。小说《蝴蝶梦》中大量的想象场面极为经典,可以推荐学生利用暑假或小长假阅读,并作相应的圈划和感受记录,为本课教学奠定基础。

✲ 教学反思

教师必须告知学生想象和虚构、编造、虚假之间的区别。想象应合情合理,源于生活又高于生活;但胡编乱造是没有逻辑思维的瞎扯,捏造子虚乌有的事情,读来令人觉得荒唐可笑。教师要让学生明白这两者之间的区别,这是上好本堂课的前提。

万海燕

第二单元　心灵独白　生活印记

1　激荡青春
——感叹岁月

❉ **教学目标**

　　1. 明确选材要表现主题的积极性。

　　2. 明确选材要与时俱进，不落窠臼。

　　3. 明确习作要充满青春的激情和正能量。

❉ **教学重点**

　　选材要具有鲜明的时代特征，不陈旧，不俗套。

❉ **教学难点**

　　习作中要充满青少年的蓬勃朝气和积极向上的主题。

❉ **教学设想**

　　有的学生因为缺乏写作素材而拼凑出一篇作文，对素材不加选择，导致文章缺乏青少年该有的积极向上的朝气和应有的时代气息。要让学生摒弃这些不良写作习惯，在平凡的岁月中淘洗那些充满青春活力和正能量的素材并加以具体刻画，让文章充满时代的气息，具有时代的意义。

❉ **教学过程**

一、导入

　　好文章首要的是有好素材，好素材要具有时代气息。我们不能不加选择地想到哪里就写到哪里，要学会在动笔前思考，什么样的材料更加适合，什么样的材料更能吸引读者，什么样的素材才能体现青少年的蓬勃朝气。

二、问题呈现

　　1. 到了老家，我爸打电话让大姑来接我们，那时候已经 3 点多了，我已经在车上睡着，等到醒来时，发现大姑家竟然养了一只狗。我就去把绳子解开，带它出去溜。一路上看见好多狗：白的，灰的，黑的。6点多时，我赶紧回去，刷牙，洗脸，然后去菜市场买早饭。

2."慢慢来，不急!"这是爸爸鼓励我说的话。爸爸帮我扶着车子，我负责蹬脚踏板。就这样每当他有空我就练习，可是我总归还是要靠自己。他要忙于生意，所以我只好自己教自己。因为我说过我一定要学会，所以我不再依靠爸爸了，我要学会尝试自己来。可是，每每上去没多久就开始东摇西晃，然后就摔了下来。那滋味真不好受! 当时真的好委屈，泪珠在眼睛里打转，但我告诉自己不可以哭，再疼也要咬牙挺过去。于是我忍着疼，起身继续练习，态度更加坚定!

明确：上面第一个语段描写狗这种常见的动物，泛泛而谈，没有体现家乡的特质，从而无法凸显中心；第二个片段是学骑车，虽然表达能力比较强，但是落入俗套的感觉依然强烈。

三、赏析经典

1. 赏析经典片段一，选择自己熟悉的题材

春天来临，少女时代的我热情而活泼，在鲁西北那片绿色的田野上，我又吹起口哨，我的口哨带着弧线从这边飘向那边。村里男孩们听见我吹口哨很惊奇地瞪大了眼睛。我又用欢快的口哨呼唤大白狗，它一听见我的口哨就会像一匹小白马，从村里热情万丈地飞跑到我身边。看着大白狗在我身旁亲热地摇头摆尾，孩子们的脸上露出油然钦佩的神情。我说我们一起吹口哨吧。于是田野上空仿佛飞来了一群百灵鸟……

——张海迪，《口哨》

明确：吹口哨是年轻人喜欢的一种自娱自乐的方式，很常见，但是很少有人会把它作为素材。而作者恰恰选取这样一个常见但一般人所忽略的题材，使文章新颖、生动，又有强烈的青春气息。

2. 赏析经典片段二，通过自己熟悉的活动，体现伙伴之间纯洁的情谊

我的很重的心忽而轻松了，身体也似乎舒展到说不出的大。一出门，便望见月下的平桥内泊着一只白篷的航船，大家跳下船，双喜拔前篙，阿发拔后篙，年幼的都陪我坐在舱中，较大的聚在船尾。母亲送出来吩咐"要小心"的时候，我们已经点开船，在桥石上一磕，退后几尺，即又上前出了桥。

于是架起两支橹，一支两人，一里一换，有说笑的，有嚷的，夹着潺潺的船头激水的声音，在左右都是碧绿的豆麦田地的河流中，飞一般径向赵庄前进了。

——鲁迅，《社戏》

明确：鲁迅的《社戏》中，正面描写社戏的内容不多，相反是看社戏前后的过程描写详尽，正是由于这看戏前后的经历，让我们感受到了小伙伴们纯真的性情，体现了小伙伴们与"我"的纯情友谊。

小结：在经典作品中，作者的选材都是选择自己身边熟悉的、钟爱的内容，同时借助这些内容，进一步抒发纯情少年的蓬勃朝气，令人难以忘怀。

四、重点探究

如何选择常见的、熟悉的又不落俗套的材料，去书写自己的青春？

1. 那天，天儿挺晴朗的，是周末，补完课，我一个劲儿地往家冲，撞见了她——穿一条蓝裙子。一个满怀，她手中的项链掉了，我捡起项链，扔给她，不管三七二十一地就往回跑。

"喂，你的手机！"她笑着说道。

我转身，拿回手机，低声说了句谢谢。但还是不由自主地多看了她几眼，她那比溪水还要纯净的眼睛，可以把这肮脏的世界清洗一新。

我定了定神，仔细打量了她一番，就感觉她裙子的蓝是那种特纯正的天空色，给人清新的感觉。

2. 后来，幸运的我在小学时加入了每周五的画画兴趣课，可由于同年级报绘画班的同学少，加上与下一节兴趣班的时间相冲突，于是，我便被安排到了其他年级的绘画班里，与和自己年龄不同的同学一起学着画画。从此，每周五的此时，便是我一周中最快乐的时光。从小苹果到大螃蟹，再从正方体到圆柱体。那些儿时幼稚的简单线条，与那看似抽象的小火柴人，从我的画纸上彻彻底底地消失了。在我的生活中，也增加了许多从前不认识的小伙伴，他们会给我搭配颜色的建议，会告诉我线条运用的技巧，在我的孩童时期中，带给我无尽的欢乐。

明确：第一个片段描写"我"和好友相识的情景，本来很普通的画面，但是作者巧妙地加入了"手机"这一时代产物，让文章充满时代气息，而且增加了真实感。第二个片段写"我"学习画画,借由画画,提到了小伙伴们如何帮助"我"这个新生,让"我"感受到集体的温暖和画画给我带来的无尽乐趣。

六、作业

1. 完成片段仿写《青春记忆》。

2. 运用所学的人物描写方法,以"经历了,我才懂得"为题,写一位自己最喜爱的老师。

附:学生优秀习作

经历了,我才懂得

嘉定区金鹤中学 张梦齐

我重重地甩门离去,连那扇冰冷沉重的防盗门都仿佛承受不住我的怒火,发出了吱吱的哀求声,但我还是用力将门关上,发出了"嘭"的一声,将楼道里的声控灯震亮!

又一次与妈妈吵架了,我怀着愤怒的心情向外走去,来到一条散发着阵阵恶臭的水沟旁,将数块石头踢到沟里,狠狠发泄了一通心里的怨气,脑海中又想起了刚才与妈妈的对话——"妈,给我点钱,我要跟同学去买鞋。"

"要多少啊?"

"两百多。"

"你半个月前不是才买过吗,过几天再买不行吗? 你爷爷刚生了病,咱家的钱都给你爷爷拿去治病了,等过几天我发了工资再给你买。"

"我不管,我现在就要买!"

"可是咱家实在没钱啊!"

"你就是小气,你不是才发了工资啊?"

"可那钱都拿去给你爷爷看病去了。"

"你就是小气,不想给我买就直说,还绕那么多弯子!"

发泄完后,我打通了同学的电话,问了一下他所在的位置便打车过去了,到了后发现同学在那儿发传单。我心想反正没事做,就帮他发传单吧,于是从他手中拿过一沓传单发了起来。

没到一小时,我就站得腿麻了,手上也仿佛绑了铁块似的,举一下都要用尽全身的力气。同学看到我这样子就将我扶到一边坐下,一边发传单一边跟我说话:"第一次发传单吧?"

"嗯,累死我了。"

"你这不错了,我第一次才站了半小时就累得不行。"

"你一天挣多少钱?"

"一天八小时,80元。"

"这么累啊!"

"嗯,我妈我爸赚钱不容易,我周末打工帮他们分担一下负担。"同学这一句话仿佛一块石头一样,使我内心那平静的湖泊泛起一层层波澜。

回想起母亲已两鬓斑白,内心不由得一阵后悔。是啊,爸爸妈妈赚点钱不容易,我还这么大手大脚地花! 直到这时,我才懂得赚钱的不易和爸爸妈妈的辛苦!

告别同学,我马上走到大街上,手刚抬起,便落了下来,来到了一旁的公交车站。下了车,一路飞奔回家,打开门回到家时,妈妈正在厨房做饭,听见我回来便转头对我说:"儿子,钱我放桌子上了,你拿去买鞋吧。"听到这,我鼻子一酸,两行热泪便流了出来,对妈妈说道:"妈,我错了。"

经历过,我才懂得……

✿ 使用建议

教师应鼓励学生大量积累习作中具有时代气息的片段。在充分积累的基础上再上这一堂课,课堂效果会更佳。

✿ 教学反思

学生由于学业压力较大,课余生活大多比较单一,因而写作文时选材面较狭窄。教师可以在课堂上为学生提供相应的素材,丰富其写作内容。但要提醒学生切忌以上网吧、玩网游为主要内容,虽然这些事例也具有时代气息,但是选材不积极向上,这是教师必须加以引导的。

万海燕

2 聚沙成塔

——积淀生活

❋ 教学目标

1. 学会记录生活中的点滴小事。

2. 通过对点滴小事的具体描写,体现平凡生活的不平凡。

3. 学会把点滴生活中的细节糅合在一起成为一篇习作。

❋ 教学重点

学会累积生活点滴作为自己的素材。

❋ 教学难点

学会把不同的素材糅合在一起形成一篇完整的习作。

❋ 教学设想

学生的习作往往缺乏对生活内容的点滴累积,有时一到写作就搜肠刮肚,但文章依然空洞无物、老生常谈、没有新意。如何积累生活中的点滴小事,把点滴小事糅合在一起成为一篇文章,这是本课学习的主要内容。通过分析名作中挑选了哪些生活平凡小事,引导学生思考优秀习作通常从哪些角度入手,进而让学生完成自己的习作。

❋ 教学过程

一、导入

作文的素材来自于日常生活,但日常生活似乎平淡无奇,没有特别之处,这是大多数作文没有材料可写的主要症结。解决这个问题,先要看看别人是怎样从普通的日常生活中选择好素材,通过艺术加工成为自己的习作。

二、问题呈现

1. 那时候我们住在乡下,奶奶出门到邻居家玩,而邻居家的孩子们则一起聚到我家院子里玩,玩了好久一段时间,玩伴们全被大人叫回了家,奶奶却没有回来,应该是被什么绊住了脚步。等了好久好久,最后的一颗糖也被我们吃完了,我无聊地看着电视,嘴巴闲着好难受,就想吃些什么。

2. 去车站买票,车票比过年回去时便宜多了。人也不怎么多,我是一上车就要睡觉的,不睡感觉浑身不舒服。路上,大大小小的车来来回回。

3. 我听见敲门声,没有回头,一堆作业让我无暇顾及。一会儿一杯热牛奶摆在了我的手边,冒着热气。

明确:上面三段是学生常犯的错误,第一段写"玩",但具体玩什么、怎么玩、有哪些人一起玩都没有交代;第二段写坐车回家,但什么细节也没有交代;第三段用的素材是非常熟悉的落入俗套的牛奶。以上都是我们在写作文时要避免的。

三、赏析经典

1. 赏析经典片段一

当我们走向一片望不到边际的旷野时,宝大娘指着前面说:"那就是滹沱河。"但我并没有看见什么,哪里有滹沱河啊? 那里什么都没有。那是灰灰的沙滩,无知无觉地躺在那里,除去沙土之外,尽是大大小小的石头,我感到异常地失望,滹沱河啊,你丢尽了我的脸了! 我怎么会像眼前的这个喊不应打不醒的滹沱河呢?

——牛汉,《滹沱河和我》

明确:作者选择家乡的一条河流作为选材,描述自己与河流之间的故事。作者通过描写河流的样貌、特点以及把河流拟人化并与自己的性格相联系,写出了对河流、对家乡、对亲人的无比热爱。

2. 赏析经典片段二

祖父铲地,我也铲地。因为我太小,拿不动那锄头杆,祖父就把锄头杆拔下来,让我单拿着那个锄头的"头"来铲。其实哪里是铲,也不过爬在地上,用锄头乱勾一阵就是了。也不认得哪个是苗,哪个是草。往往把韭菜当做野草一起割掉,把狗尾草当做谷穗留着。

——萧红,《祖父和我》

明确:作者选取的是自己与祖父在田园里劳作的情景,很普遍。同学们也经常与家人长辈一起劳作。作者既描写了自己的言行举止,同时也描写了祖父的言行举止,这样的描写充分体现了"我"和祖父之间的亲密无间和祖孙深情。

小结:在经典片段中,作者都是选择身边熟悉的人和物展开描写,但要寻找这些人和物之间的共同点,即联系的纽带,这样作品才能具有深刻的立意。要学会抓住自已和身边人和物的最紧密的特征进行描写,这样平常的人和物就具备了独特的生气和活力。

四、重点探究

通过对上述两个经典片段的学习和体悟,请同学们修改以下三个片段。

1. 那时候我们住在乡下,奶奶出门到邻居家玩,而邻居家的孩子们则一起聚到我家院子里玩,玩了好久一段时间,玩伴们全被大人叫回了家,奶奶却没有回来,应该是被什么绊住了脚步。等了好久好久,最后的一颗糖也被我们吃完了,我无聊地看着电视,嘴巴闲着好难受,就想吃些什么。

2. 去车站买票,车票比过年回去时便宜多了。人也不怎么多,我是一上车就要睡觉的,不睡感觉浑身不舒服。路上,大大小小的车来来回回。

3. 我听见敲门声,没有回头,一堆作业让我无暇顾及。一会儿一杯热牛奶摆在了我的手边,冒着热气。

明确:材料1,建议详细描述与伙伴们在一起具体玩什么游戏,规则如何等。

材料2,建议具体介绍与"我"同车的家人和车上其他乘客的言行举止。

材料3,建议把牛奶换成任何一种其他饮料,并对该饮料进行详细的描写。

五、赏析评点

他,小时候住在村子里最好的一间屋子,屋前有棵橘子树,夏天为他遮阳,冬天为他挡着风寒。每年,橘子红了,他的爷爷就摘下来,藏在大缸里,一藏就是三大缸,村里的人也悠哉地来摘橘子,他们总说这橘子皮薄味甜,所以一来,就摘满满一筐回去。

但后来,他爹娘因为大吵了一架,爹去城里打工,娘则离开了这个家。

从此,他变得不爱跟人说话,眼睛里带着挑衅的眼神,也没人愿意理他。

原本那小屋,现在屋顶也只剩下些残余的瓦片。村里都盖起了小洋房,就算不造那些洋玩意儿,也都有了几层高的楼房。那棵橘子树再没有村里人摘过,显得普通了许多。

明确:作者选取身边熟悉的橘子树展开故事,通过写橘子的甘甜来体现自己童年与爷爷、父母一起生活的快乐,通过橘树表达对爷爷和父母的思念之情。文章因此与其他习作有了本质的区别,更加真实、生动,而又具有生活气息。

六、作业

1. 完成片段仿写《那一株》。
2. 挑选自己熟悉的人和物写一篇习作,题目自拟。

附:

1. 仿写片段

桂花娇小可人,一点点嫩黄装饰着树木。走近一看,发现它小巧而又精致。四五片花瓣,边沿稍稍向里卷,包裹着花蕊。一簇桂花也不过指甲盖大小,令人怀疑,那浓郁的花香便是它发出的吗?

起初,还并未注意到它,还是同学的一句"这是什么香味? 还挺好闻的",让我把注意力放在了并不起眼的桂花上。它就挺立在我的窗前,散发着令人赞叹的香味。它没有国花牡丹长得雍容华贵,也不似玫瑰那般妖娆,却远比它们的花香浓郁,十里传香。我与佳佳一起情不自禁折上三两段,插入床头的花瓶中。这天然的香料妙不可言。

2. 学生优秀习作

门前新绿

嘉定区金鹤中学　孔令涛

"出去走走吧。"母亲一进房间就说道。

"我不想……"我头也不抬,埋着头奋笔疾书。

"你这孩子,小时候不让你出去你死活不肯,现在倒好,拼命赶你你都不出去。这次必须听我的! 况且现在是春天,外面那么好的环境,怎么能不出去看看呢? 骑上自行车,出去!"

在母亲的连番"轰炸"下,我不情愿地起身,不情愿地推着我那咯吱咯吱响的自行车,不情愿地出了门。

一推开家门,映入眼帘的每一个景物仿佛都在告诉我:春天来了! 虽然家门口没有许多的花,缺少了那种百花齐放的感觉,但是却是满眼的绿,既不是夏天那种茂盛的绿,也不是秋天那种枯萎的绿,就是春天的新绿,那种充满活力、充满生命力的绿,令人精神焕发。但我没有,我还沉浸在刚才的不满当中,把母亲甩在身后。

眼前春天的绿色像是墨水一样，在大地这张纸上渗得越来越远，放眼望过去，大部分都被绿色所占领，可我仍不为所动。

渐渐地，我发现这绿色是无边无垠的。墨水就算渗在纸上，也会有尽头，可从那片门前新绿看到现在，依然还是那绿色，连绵不断，没有停的意思。我开始打量这花花草草，打量这奇妙的绿。

母亲拉过我的手，我情不自禁依靠在母亲的肩上，闻到母亲发间飘散出的新绿的清新。

好一片怡人的绿色！我越看越舒心，精神也好了，仿佛是这眼前的绿把生命力传给了我。我心情变得愉悦起来，还不禁哼起了小曲。

风中弥漫着那清新的青草味，我似乎沉浸在自己的世界里，只有我和那漫山遍野的绿……

“这绿色太迷人了”，我喜悦地对母亲呢喃道。

我要好好地欣赏这片绿。虽然都是同样的新绿，却并不单调，因为源源不断的生命力是不会令人厌烦的，这也是为什么有许多人喜欢春天的原因。一切都像是在亲切地对你打招呼，你又怎么能不喜欢它呢？

回到家，我叫母亲把我房间的窗户打开，我要在那片新绿甜美气息的包围下静静地在母亲的身旁写、写、写……

✲ 使用建议

本课侧重于让学生写身边熟悉的人和事，同时要求学生把一些平时的见闻片段巧妙地糅合在一起。将不同时间发生的事件和片段创造性地糅合在一起，可以使文章的内容丰富多彩，不显单调。当然糅合的技巧还需要教师在写作中作具体的指导。

✲ 教学反思

学生观察能力的提高有赖于教师平日的训练。只有观察能力提高了，才有可能累积丰富而朴素的写作素材。建议教师鼓励学生每周记录生活中发生的点滴小事，引导学生细致地描写人物和生活环境。若进行长期积累，一定会有惊人的效果——既积累了素材，又提升了细致描写的能力。

万海燕

3 自省内察
——成长蜕变

❋ **教学目标**

1. 通过自己内心情感的变化展现自己的成长。

2. 运用对比的手法凸显自己的变化和成长。

❋ **教学重点**

学习经典片段,寻找其表明自己成长的表达方式。

❋ **教学难点**

通过前后对比表明自己的内心变化和心路历程。

❋ **教学设想**

写作应该是有感而发,但更多时候学生处于无奈地完成任务的状态。所以,如何在无奈之下写出有意义的习作,是对学生的一大考验。如果能够从自我成长和蜕变这个角度去思考的话,那么难题就可能迎刃而解。书写自己心路历程的变化是写作中最直接的一种方法。本堂课的目标在于教会学生寻找自我成长和变化的场景,展开自己的心路历程。

❋ **教学过程**

一、导入

怎样让我们的习作给老师一种与众不同之感,让人觉得有所触动,甚至感同身受?寻找自己的情感态度变化的点进行描写,是行之有效的方法。因为这既是写作者本人的成长变化之路,往往亦是他人的心路历程,这样的习作容易引起共鸣,产生意想不到的效果。

二、问题呈现

1. 那是一个星期天,我照常去学习班补习英语。一切都没有变化。一进班,我就看到同学们在叽叽喳喳地讨论个不停,没等我弄清楚原因,老师就进来了。老师说出的话才使我恍然大悟,原来今天有一场"特殊"的考试:我们即将乘车去参加交际考试。不知道交际考试是什么样的?我带着心里的问号兴奋地来到了目的地——外滩。"今天,你们每个人去和一位外国人交谈,分数由外国人决定。"老师话音刚落,我就担心起来,我最不擅长的就是人际交流了。没办法,只好硬着头皮上,死马当活马医了。我胆怯地走到一位外国人的身旁说了一句"Hello"!那个外国人也很有礼貌地回了我一句"Hello"!哇,这个外国人真漂亮!金黄色卷起的头发披在肩上,闪亮的似蓝宝石的眼睛和微笑着的嘴巴。我也不知怎么的,情不自禁地用外语说了一句你真漂亮。她笑着说谢谢。哇,太棒了!这是我第一次主动和一个陌生人去说话,而且还是外国人,我美滋滋地想着。后来我与她谈论了许多,我们有说有笑,这真是一次难忘的经历,主动和一个人谈论真有意思啊!我的交际考试也取得了很棒的成绩。这一天,我真开心。

2. 外公被查出了肝癌,在一个美丽的春天,去了那个遥远的国度。妈妈请假带着我回了家。当我看到病床上的外公停止了呼吸,手里紧攥着一个无花果,仿佛在等我的承诺实现,我的眼泪如决了堤,怎么也止不住了。明明阳光明媚,我却如置身冰窖,手脚变得麻木。院中的无花果树开得正茂盛,果子已泛起紫色。清风吹动树叶发出沙沙声,一如从前我与外公在树下那清脆的笑音。亲爱的外公,我来看您了,可为什么您长眠不醒,不起来看我一眼呢?亲爱的外公,我还有许多话未跟您讲,您为什么不起来听我诉说呢?亲爱的外公……

明确:上面第一段文字中的"我"有变化——从原来的胆怯到后来的善于交流,但是其变化的实质是什么,没有交代清楚,这是许多学生写的成长蜕变习作的通病;第二个片段忽略了爷爷去世这一事件对"我"心理产生的影响,没有写出"我"内心的变化,成长更是无从谈起,这是学生习作肤浅的根源所在。

三、赏析经典

1. 赏析经典片段一,学习如何通过前后情感的变化写出自己的成长

我们过了江,进了车站。我买票,他忙着照看行李。行李太多了,得向脚夫行些小费才可过去。他便又忙着和他们讲价钱。我那时真是聪明过分,总觉他说话不大漂亮,非自己插嘴不可。但他终于讲定了价钱;就送我上车。他给我拣定了靠车门的一张椅子;我将他给我做的紫毛大衣铺好座位。他嘱我路上小心,夜里要警醒些,不要受凉。又嘱托茶房好好照应我。我心里暗笑他的迂;他

们只认得钱，托他们只是白托！而且我这样大年纪的人，难道还不能料理自己么？唉，我现在想想，那时真是太聪明了！

——朱自清，《背影》

明确：这段经典片段不但将"我"情感变化的点——父亲送"我"去车站的情景交代得很清楚，而且更是把自己情感的变化通过前后对比表达得淋漓尽致——原来是暗笑父亲的迂，后来是嘲笑自己的自作聪明。

2. 赏析经典片段二，学会如何通过详细描写自己内心的体会和感受来表现自己的情感变化

世香看了我一眼，眼里满是悲愤和绝望，我觉得还有对我的蔑视——毕竟，这个逗着我们玩的大人是我的表姑啊。这时我忽然有一种很累的感觉，我初次体味到大人们常说的累，原本就是胸膛里那颗心的突然加重吧。

——铁凝，《一千张糖纸》

明确：作者详细描写了表姑嘲笑她们那一刻的内心活动，在被大人欺骗之后明白了什么叫"累"，这样一种对人情世故的认识，为后文痛斥成人"欺骗"孩子的可耻行为作了很好的铺垫。

小结：在经典片段中，人物的成长和蜕变都有清晰的事件，然后围绕事件展开自己内心情感变化，这是学习的重点——有事件，有内心变化的清晰剖析。

四、重点探究

运用所学的方法，对"问题呈现"中两段文字进行修改，使其成长蜕变清晰可见。

明确：材料 1，建议可以详细描写当时自己内心的感受，以及从前不善表达的原因。

材料 2，建议可以添加外公的去世让我懂得了什么，在整个人生中起到了怎样的作用。

五、赏析评点

以前，父亲的唠叨、父亲的嘱托、父亲的话语，在我耳边响起时，我会觉得厌烦，觉得他废话太多，他的话我左耳进右耳出。现在学了《背影》，我深切感受到了父爱的深沉！我不再厌烦，常常仔细聆听，他说多久，我就听多久，认真地端

坐在父亲面前,正襟危坐,侧耳倾听。我不再像以前一样向着正要说话的父亲挥挥手,敷衍道:"我走了,他们还在等我呢!"如今父亲的话语像种子一样在心中萌芽。父爱像一座山,是我坚强的后盾,是我依靠的肩膀,是我永远的避风港! 我愿意一直看着父亲慈祥的双眼,听着他说那些其实已经说过很多遍的话……

明确:作者成长的转折点是学习了《背影》一课,这段最精彩之处是把自己学习《背影》前后的变化表述得相当详细。其中还穿插了对人生的感悟和对父爱的深刻理解:父爱是山、是后盾、是避风港。

六、作业

1. 完成片段仿写《我变了》。
2. 通过学习,运用所学方法完成习作《我终于懂了》。

附:

1. 仿写片段

终于有一天,我端着第一杯亲手沏的茶给奶奶时,奶奶笑着对我说:"乖孙女,你长大了,也懂事了呢!"我亦笑,笑得很灿烂。我何尝不知奶奶为我做的那些温暖的事:每一次我回老家,她都将屋子上上下下打扫得一尘不染,收拾得整整齐齐;硬是拖着病痛的腿跑上几里地买我最爱吃的排骨。等我离去时,她又倚靠在门槛上目送我。几次回头,她苍老的身躯、微驼的背、浑浊又无助的眼神映入眼帘,是孤单,是寂寞。我读懂了,她需要我的关怀;她渴望我在她独自一人时,可以坐在她身边静静地聆听;她渴望在她孤独寂寞时,我陪她聊聊天、唠唠嗑。

我懂了,每个人都会有寂寞的时刻,每个人都需要亲人的陪伴。

2. 学生优秀习作

我终于懂了

嘉定区金鹤中学 罗家馨

小学时,老师曾教导我们:赠人玫瑰,手有余香。在电视上也经常能够看到这样一句话:帮助别人,快乐自己。当时我懵懂无知,不能理解这句话的含义,心想:帮助别人我能快乐吗?别人帮我还差不多!直到发生了一件事,我才终于懂得了这句话的含义。

临近年终,小区经常发生盗窃案,警察也束手无策。为了防止小偷进入小区,小区前后安装了自动门,需要门禁卡才能出入。然而,这也对小区居民造成了困扰,总有人忘带门禁卡,被挡在门外,只能等候其他居民。有时门禁卡还要升级,得专门跑到业务处去,十分不便。居民们对此虽有不满,但也无可奈何。

一天夜里,寒风呼啸,我没带门禁卡,等了许久也没见个人影。我焦急起来,夜里本来人就少,更何况这么冷的天,哪还有人会出去啊!突然,门打开了,开门的是一位面带笑容的老伯,他亲切地对我说:"孩子,快进去吧,这么冷的天,可别着凉了!"我感动极了,心想:这老伯人真好,这么冷的天还帮我开门。有人帮助真的快乐!

在此之后,有居民和我一样忘带门禁卡,恰好我遇到时,我便会顺手帮他们开门。当他们露出真诚的笑容,反复念叨"谢谢你小伙子,真是个好孩子啊!"之类的夸奖时,我突然内心感到很快乐,就好像老师在全班表扬我一样,感觉自己被温暖的春风吹拂着,微微有些迷醉了!此时,我恍然大悟,我终于懂得付出给予自己的快乐。

我终于明白"赠人玫瑰,手有余香"的真正含义了。那是因为自己从中得到的快乐不一定比被助者少啊!

助人为乐,我明白了,助人真的是能为自己所乐啊!

❋ 使用建议

建议在学生累积较多习作片段的基础上,再进行授课,这样教学效果会更加明显。自省内查的感受往往只在一瞬间,刹那间的强烈感受,只有随时记录才能格外真切。所以,在本课教学前,应做一些相应的铺垫工作,如请学生回忆过往的成长经历等,充分的素材积累有助于课堂上思维的碰撞!

❋ 教学反思

自省内察不是一味地自我否定和贬低,而是发现自我成长的一个过程。一举手、一投足、一个瞬间,这些都是成长。一味地否定自己、贬低自己不是本课教学的目的,教师需要注意这一点。要让学生记录下认识自我、发现自我、超越自我的过程!

万海燕

第 二 学 期

第一单元　延伸生命　走向艺术

1　撷 芳 采 华
——性 情 志 向

❈ **教学目标**

　　1.学会将自己耳闻目见的健康高雅的情趣融入自己的习作中。

　　2.学会传达自己的内心触动,力求引发读者共鸣。

❈ **教学重点**

　　学习经典片段,学会详细描写自己的所见所闻,并表达自己内心的触动和震撼。

❈ **教学难点**

　　表达学习优秀品质或高尚情操的内心渴望,引发读者共鸣。

❈ **教学设想**

　　青少年时代是学习知识、树立学习榜样、确立自己梦想的最好时光,所以有必要要求学生记录下日常生活中那些令自己激动、向往甚至仰慕的所见所闻,从而激发自己内心对美的追求和对高尚品德的向往。

　　习作的最终目的并不仅仅是抒发自己内心的激动与震撼之情,重要的是令读者产生共鸣,从而激发更多人对美的追求和对高尚品德的赞美之情。

❈ **教学过程**

一、导入

　　在日常生活中,大家常常可以见到、听到一些激动人心的、具有正能量的故事或场景,这是我们习作中最好的素材。我们要学会积累这些人和事的素材,应用到习作中,以激励他人,传递正能量。

二、问题呈现

1. 你一个人小心翼翼而又生疏地推着那辆小自行车,艰难地推到了公园的小路上。我心里想:为什么没有大人跟随呢? 一个人真勇敢,我为你鼓掌,小弟弟。

你小小短短的腿很困难地跨到自行车上,小小的脚放在踏板上慢慢向前移动。过了一会儿,你好像有点熟悉起来了,就加快了一点速度,脸上也露出了成功的喜悦。谁知你躲闪不及,被一块石头绊倒了。我看到心头一紧,正要跑上前去,你小小的身躯却迅速爬了起来,拍拍身上的尘土,扶起自行车又重新来过。因为你的坚强,我再次为你鼓掌,小弟弟。

2. 每次在学校食堂领饭的时候,总能听到周围的抱怨声。而每次她们抱怨的内容都不外乎是这个菜不好吃、饭不好吃之类的。

对于这些抱怨饭菜的同学,我真想当着她们的面质问:"你们难道不知道这些饭菜,都凝聚着农民伯伯们和食堂阿姨们的辛勤劳动吗? 你们扪心自问一下,学校的饭菜真的那么难吃吗? 还是说你们就是故意挑剔呢?"

明确:上面第一段文字作者选择了自己见闻中比较积极向上和励志的场景,但是孩子骑车摔倒后不需要帮助,自己马上站起来重新开始,很大程度上是孩子的天性使然,并非是他具备某种值得我们敬佩的优秀品质。第二段的问题是选择了日常生活中比较负面的见闻作为自己写作的素材,我们应尽量挖掘与寻找社会中光明的一面。

三、赏析经典

1. 赏析经典片段一,思考其选材角度和运用的写作手法

在一个偏僻遥远的山谷,有一个高达数千尺的断崖,不知道什么时候,断崖边长出一株小小的百合。

百合刚刚诞生的时候,长得和杂草一模一样,但是,它心里知道自己并不是一株野草。

——林清玄,《百合花开》

明确:作者选取了断崖上百合开花的自然现象,运用拟人化的写作手法,突出百合的坚韧和具有不被世俗眼光打败的自强不息的精神,从而激励我们也要不被困难所打败,坚信自己一定能够成功!

2.赏析经典片段二,思考其写作过程的特别之处

台上,并没有慌乱。顶碗的少年歉疚地微笑着,不失风度地向观众鞠了一躬。一位姑娘走出来,扫起了地上的碎瓷片,然后又捧出一大叠碗,还是金边红花白瓷碗,12只,一只不少。于是音乐又响起来,碗又高高地顶到了少年头上,一切都要重新开始。少年很沉着,不慌不忙地重复着刚才的动作,依然是那么轻松优美,紧张不安的观众终于又陶醉在他的表演之中。到最后关头了,又是两个人叠在一起,又是一个接一个艰难的转身。碗,又在他头顶厉害地摇晃起来。观众们屏住气,目不转睛地盯着他头上的碗……眼看身体已经转过来了,几个性急的外国观众忍不住拍响了巴掌。那一叠碗却仿佛故意捣乱,突然跳起摇摆舞来。少年急忙摆动脑袋保持平衡,可是来不及了,碗,又掉了下来……

——赵丽宏,《顶碗少年》

明确:作者详细描写了自己观看的一场杂技表演,本来很普通,但是文章把表演描写得一波三折,惊心动魄,还融入观众的侧面描写,这些写作方法都是我们要学习和借鉴的。

小结:在经典片段中,人物肖像描写都是为了突出人物形象而进行的。通过肖像描写展现其生活状况、生活环境,表现其人物性格、人物心理、情感变化、精神品质等内容。

四、重点探究

运用所学的方法,对"问题呈现"中两个文段进行相应的修改。
明确:材料1,建议可以加入旁人要帮助小男孩而他加以拒绝的情景。
材料2,建议对食堂中学生文明就餐的表现加以详细刻画。

五、赏析评点

清晨的第一缕阳光柔和地照耀着这几幢橘黄色的大楼,唤醒了宁静的校园。
校门口,同学们背着五彩的书包,穿着纯色的校服,走进这个神圣的地方。

每个人的脸上都洋溢着青春的笑容,就如同早晨初升的太阳。执勤老师向每一个向他们问好的学生微笑着。在这一声声问候和暖心的笑容中,美好的一天悄悄拉开了帷幕。

"丁零零",早读铃声欢快地响起,随即就传来同学们朗朗的读书声,这声音是那么响亮、那么青春,空气里弥漫着淡淡的书香。

这是晨曦,校园里的风景。

明确:该片段选取了日常生活中常见的学生清晨入校园的场景,详细刻画了学生进入校门礼貌问候老师的场景,充满浓浓的校园气息,传递积极的正能量。

六、作业

1. 完成片段仿写《精彩一刻》。

2. 运用所学的人物描写方法,以"记忆中的精彩"为题,写一位自己最喜爱的老师。

附:

1. 仿写片段

"见证奇迹的时刻到了",这是每个中国人都熟悉的一句话语。2014 年央视春晚,刘谦带着他的神奇魔术与董卿搭档,带领全国人民进入了魔幻的世界。只见他拿起一个透明的玻璃杯,杯中放入一枚一元硬币。随着他那英俊潇洒的面容全神贯注盯着镜头,嘴里呼喊"见证奇迹的时刻到了",我们目不转睛地盯着透明玻璃杯底的那枚硬币,全场观众屏气凝神,近在咫尺的美女董卿亦不敢眨眼,不敢呼吸。就在刘谦的手花哨地转动之时,那枚硬币硬生生从杯底掉入他的手掌之中。全场观众啧啧赞叹,董卿大口呼吸,我们则目瞪口呆,完全沉浸在这神秘莫测的魔术世界中!

2. 学生优秀习作

记忆中的精彩

嘉定区德富路中学　陈　存

受妈妈的影响,我特别钟爱网球,每一场 WTA 的转播对我来说都是记忆中难以磨灭的精彩——纳达尔的耐力奔跑;小威的力量速度;德约科维奇的天赋全面;李娜的大器晚成……

然而今年澳网的张帅,却让所有曾经的精彩黯然失色!因为她不仅让我领略了网球的精彩,更让我体会到平凡的自己也可以并且必须竭尽全力创造自己的精彩!

正值初三的我每天对着一张张恼人的考卷,一节节枯燥的补课,一沓沓厚重的课外辅导书……让往昔无忧无虑的我陡增抱怨与厌烦,更别提瞥一眼我钟爱的网球比赛了!

那天,我又在赶两张数学考卷,明天老师要面批。内心的焦躁与难解的题目让我疲惫不堪,在考卷上画了数条辅助线都无济于事,看着还在静静等待我的英语、语文试卷,我愤愤地将考卷扔在了一边,心里暗暗埋怨起老师,同时也咒骂自己的愚笨。

看着窗外,天灰蒙蒙的一片,纱窗上的网格积落了些许灰尘。突然我想到现在正是澳网的比赛时间!我立刻坐到电视机前,趁妈妈还未下班,先过过瘾!

电视中直播的正是中国新生代网球金花——张帅和英国好手孔塔之间激烈的比赛!零比二大比分落后的张帅神情严肃,略带落寞,但是每一个球她都竭尽全力去拼,发球,接球,多拍,底线,网前,全场都是她拼搏的身影,满场都是中国观众的"加油"!每一记制胜分后她都攥紧拳头,怒吼一声"Come on"来自我激励!

看着她的拳头,听着她的怒吼,那一声声"Come on"似乎也深入我心底,融入我身体,每一个艰难的赢球之后我也跟着呐喊"Come on"!

解说员说,张帅14次"一轮游",今年她准备打完澳网后退役,没想到14次失败换来了今年的连赢6场!张帅不是特别有天赋的选手,但她用自己的坚持和刻苦换来了成功!没有人知道她的胜利是用多少汗水和艰辛累积的,唯有她自己和教练清楚!

"Come on!"随着张帅又一次怒吼,我心底的"Come on"也蹦跳出来,我的眼睛不由自主地盯住了被我扔在一边的数学试卷——我为什么不用自己的坚持和努力来一次精彩的比赛?!我要和考卷比,我要和课外辅导书比,我要和所有初三的同龄人一起来一场精彩的中考比赛——"Come on"!

关掉电视，张帅的"Come on"萦绕在我耳畔，久久回荡在我脑海，它把我的懊恼、沮丧和疲惫一扫而空！

重新捡起试卷的我暗暗告诉自己：我要像张帅一样，创造属于自己的平凡人生的精彩！

这将是我记忆中永远难以忘怀的精彩！

❀ 使用建议

本堂课主要训练学生累积自己日常见闻中积极上进的场景和片段，在写作中抒发自己的内心感受。不单单是记录见闻，更重要的是记录所见所闻对自己内心的冲击和震撼，以及对自己品质的提升和磨炼。

❀ 教学反思

要求学生在记录见闻之中融入自己的感受，这是这堂课的一个突破点。其中会涉及"夹叙夹议"这样一种表达方式的讲解，教师可以将方法指导适当地穿插在写作教学之中。这对于本课的教学既必要又有效，教师要做好相应的备课准备。

万海燕

2　点燃生命
——增情添趣

❀ 教学目标

1. 学会选取生活中比较高雅的兴趣爱好作为素材。

2. 通过描写兴趣爱好来提升文章内涵和感染力。

❀ 教学重点

如何选择自己的业余爱好作为写作素材。

❀ 教学难点

如何借鉴名人的高雅的兴趣爱好，并写成文章。

❀ 教学设想

对于本课教学内容，一部分学生确实有自己比较健康、高雅的兴趣爱好，写起来比较轻松；还有一部分学生没有自己的兴趣爱好，或者说业余活动相当少，这部分学生怎么通过写作表达自己的性情志向呢？教师可以引导学生参考名人的兴趣爱好,深入体会,最后总结成为自己的情感体验,完成习作。

✻ 教学过程

一、导入

一些学生在习作中选取了自己比较健康的、能修身养性的一些业余爱好作为题材。这样的习作既积极向上,又往往更易得到老师的认可。所以,我们需要学习如何在文章中用自己的业余爱好为素材,展现自己的性情志向,同时激励他人乐观豁达地生活。

二、片段借鉴

1. 每当打开一本书,首先感受到的,是其中的书卷气。它们弥漫在空气中,交杂在字里行间的温情里。它们熏陶着我们的心灵,陶冶着我们的情操。翻阅一页又一页的文字,感受其中的韵味,如同亲身经历书中的情节,领略作者笔下精彩的篇章。

"书籍是人类进步的阶梯",阅读是人类成长的必经之路。一路上或深或浅的墨迹,是我们成长的见证。

2. 我接触的人生中的第一支画笔,是在我还充满稚气的时候,舅舅在我生日时送给我的。那时的我,只觉得拿着五彩缤纷的笔在纸上涂抹是一件神奇的事,因为在画画时,我可以向眼前的那张白纸吐露我内心的所有感情。有时,甚至画到忘我,连饭都只是匆匆吃几口,又跑回自己的小房间和颜料与画笔在一起。

明确:上面两个片段是比较常见的抒写自己兴趣爱好的学生习作。一个是阅读,一个是绘画,有这两个兴趣爱好的学生比较多。我们可以学习这种选材方式,同时也要扩大范围,让更多的健康的兴趣爱好成为我们写作的源泉。

三、赏析经典

1. 赏析经典片段一

这样一来,我每天就多了一件工作:到池塘边去看上几次。心里总是希望,忽然有一天,"小荷才露尖尖角",有翠绿的莲叶长出水面。可是事与愿违,投下去的第一年,一直到秋凉落叶,水面上也没有出现什么东西。经过了寂寞的冬天,到了第二年,春水盈塘,绿柳垂丝,一片旖旎的风光。可是,我翘盼的水面上没有露出什么荷叶。此时我已经完全灰了心,以为那几颗湖北带来的硬壳莲子,由于人力无法解释的原因,大概不会再有长出荷花的希望了。我的目光无法把荷叶从淤泥中吸出。

——季羡林,《清塘荷韵》

明确:季羡林是我国著名的文学大师,阅读是他的最爱,但他却选取他植莲的故事,写出了一篇名闻天下的散文《清塘荷韵》。由此可见,我们可以从自己偶尔种植的花草入手,抒发自己高雅的性情,激励生命的斗志。

2.赏析经典片段二

有一天,我忽然想起,似乎多日不看见他了,但记得曾见他在后园拾枯竹。我恍然大悟似的,便跑向少有人去的一间堆积杂物的小屋去,推开门,果然就在尘封的什物堆中发现了他。他向着大方凳,坐在小凳上;便很惊惶地站了起来,失了色瑟缩着。大方凳旁靠着一个蝴蝶风筝的竹骨,还没有糊上纸,凳上是一对做眼睛用的小风轮,正用红纸条装饰着,将要完工了。

——鲁迅,《风筝》

明确:风筝是小弟弟喜爱的一种玩具,鲁迅用这一玩具作为素材,写成了反思自己的一篇名作。可见,日常的玩具亦可成为我们习作的素材,只要谋篇布局得当,同样可能成为经典名篇。

小结:只要我们用心构思,日常生活中的点点滴滴都可以成为好的素材。希望同学们能够拓展素材的选择面,让自己的习作耳目一新。

四、重点探究

运用所学的方法,为"片段借鉴"中的两段内容选择更加独特的素材,避免重复。

明确:这两则材料的语言表述可以借鉴,但是题材落入俗套,可以进一步拓展。

五、赏析评点

我们经常在田野间奔跑,嬉戏,用自制的小网兜抓蝴蝶。每网到一个我们便欣喜若狂,根本不在乎是谁网到的。然后比较谁的蝴蝶大,谁的蝴蝶翅膀艳丽,谁的品种稀有。记得有一次网被树枝勾破了,最大的蝴蝶挣扎着冲出了网兜,飞走了。你怔住了,愣愣地看着它渐渐远去。我说不要难过,它恋着这个地方的野花,还会回来的。你红了眼眶,喃喃自语:"它真的还会回来吗?"

明确:这一片段中作者选取了儿时抓蝴蝶的游戏,表达自己对童年时小伙伴的怀念。选材避开了大家普遍使用的画画、弹琴和下棋等课外兴趣活动,使文章较为新颖,能吸引读者的目光。

六、作业

1. 完成片段仿写《我的课外生活》。

2. 运用所学的人物描写方法,以"_____记"为题,写一位自己最喜爱的老师。

附:

1. 仿写片段

小学时的我练那端正的颜体,每个一撇一捺仿佛都有一种神秘的力量,开启我对中国文化的探求。小学时,每当读到一首古诗,每个字的写法就涌入脑海。黑白分明的书法成为引领我学习五彩中国文化的引航者,我仿佛在一顿、一转笔中逐渐明白了诗的含义。

2. 学生优秀习作

登 山 记

嘉定区金鹤中学 刘雪瑶

眼下正是春末夏初,家乡的气候正在渐渐转热。揉揉困了一个春天的惺忪的眼睛,振作起精神,与几个小伙伴商讨着该去哪儿放松一下疲惫了很久的身心。仰头,天高云淡,带给人神清气爽。最终,我们一致决定去爬山。

我们成群结队地来到了附近的一座最有名气的,也是最高的山。来到大山前,仰头望去:山峰连绵起伏,峰峦叠嶂,山径蜿蜒曲折,宛如一条盘旋的巨龙。面对如此巍峨高大的山,我们有点儿望而生畏。但毕竟年少,热血沸腾的我们马上向山上扑去,并豪气冲天地喊道:"有志者登山顶,无志者站山脚!"既是激励队友,也是在鞭策自己。

但现实击垮了我们脑海里的"轻而易举"。我们一行人跌跌撞撞,互相搀扶,好不容易才爬到了半山腰。在半山我寻到一块空地躺下,便不愿再起来了。他们的情况也丝毫不比我好,一个个都像个软体动物一般依偎在彼此的身上,嘴中都各自哀号着要放弃:真是自讨苦吃! 不知休息了多久,一个还有点"理智"的同伴站起来鼓励我们:"我们这趟来的目的就是为了登上山顶啊,你们若是半途而废岂不白来一趟? 我们只剩下一半了,都站起来。其实,有一种成功,叫坚持。"

想来也有道理,于是都打起精神从地上站了起来,想着不管怎样,也一定要坚持下去,因为最高处,才有最美的风景。

在继续登山的途中,我们个个都期待着早点儿到达山顶,于是便更努力地向上、向上。当登上山顶的那一刻,我们抑制不住心中的喜悦与兴奋,尽管我们都大汗淋漓、筋疲力尽,但谁也没有像在半山腰那样先抢着坐下休息,谁也没有抱怨一个"累"字。我们都跑到山的边缘眺望远方:天更蓝了,离我们更近了;云更白了,变得更温柔了。我们俯视着山下:四周的河流环绕着山,倒映着群山傲人的身影。目光抛向远方,远方的村庄此时是如此渺小,此时感觉自己是如此有力量。我真切地感受到了"会当凌绝顶,一览众山小"的豪情壮志与博大胸襟。

鸟瞰着周围,我不禁感慨:只有站得高,才能看得远。"欲穷千里目,更上一层楼",上山的崎岖与坎坷我只愿一笔带过,有了最后的成功,过程走得再艰辛也都值得,无须抱怨。关键是坚持过来了,就是成功。

❀ 使用建议

建议教师在教学本堂课前,布置几个有兴趣爱好的学生事先写好几篇习作,然后予以修改,作为范文。同时,可以在其他刊物上摘录一些这方面的好习作作为范文。面对学生课余生活相对单调,缺乏丰富的业余活动的现状,给予他们一定的范文作示范,能起到拓展思维的作用。

❀ 教学反思

仅仅写自己的兴趣爱好是远远不够的,本堂作文课目的在于通过写兴趣爱好来展示生命的激情和斗志。教师要关注学生对中心思想的深化和拓展,这样文章才会显得更富有深意,更能打动读者。

万海燕

3 踏足寻迹
——领略风情

❋ 教学目标

1. 学会选择大自然优美景物作为写作素材。

2. 学会运用情景交融的写作手法,抒发内心情怀。

3. 学会表现人与自然的和谐画面。

❋ 教学重点

学习经典片段,模仿自然景物的描写。

❋ 教学难点

学会情景交融的描写手法,体现人与自然的和谐统一。

❋ 教学设想

中国地大物博,山川美景俯拾即是。如今,家庭出游也屡见不鲜,学生有很多与大自然接触的机会。领略好山好水好风光的同时,感受人文情怀和历史文化,感悟人与自然和谐相处,具有重要的意义。本课教会学生如何在文章中描写自然风光,抒发情怀,充分表达人与自然和谐相处的主题。

❋ 教学过程

一、导入

大家肯定游览过不少名胜古迹,领略了不少山川风光。如何把大自然赐予美景变成写作素材,又如何融入自己的感受和体验,提升文章的思想内涵? 这是我们非常有必要学习的一课。

二、问题呈现

1. 我们一家人怀着兴奋愉快的心情来到了瑶琳仙境。我们穿过一片树林,在导游的带领下踏过了又窄又陡的石阶,来到了洞口。一阵让人神清气爽、心旷神怡的冰凉的空气迎面扑来,驱除了我一路上的疲劳,赶走了令我讨厌的热意。这简直比空调还舒服!一睁开眼,眼前的景象让我震惊。各种各样、千奇百怪的奇石印在了我的脑海中。它们像一把把利剑,保卫着仙人们的安全;它们像一块块屏障,为这个奇洞增添了一分神秘。

2.一到玄武湖,我立刻就被闪闪发光的湖面吸引住了,那波光粼粼的湖面如同一面明镜。一阵微风拂过,湖面泛起波纹。湖岸边种着许多杨柳,枝条在风的吹动下微微地晃动,就好像一位位美丽的姑娘站在湖边,梳理那刚染过的头发。

沿着湖漫步,我发现湖边的树形态各异,有高大的银杏,有巨人般的水杉,还有挺拔冲天的白杨……这些树,在金秋大都呈现出金黄色。路面的"地毯"也是金黄金黄的,我走到银杏树下,信手拾上几片"金扇",真是有趣极了!

明确:上面第一段文字详细描写了"我"看到的美景以及自己的感受,但是似乎只有自己一人在游览,这是我们在写作中要避免的。第二段文字只有美丽的景色,一个游人也没有,人与自然的和谐相处表现乏力。

三、赏析经典

1.赏析经典片段一,探究如何景中有人,人在景中,互相映衬

雨是最寻常的,一下就是三两天。可别恼。看,像牛毛,像花针,像细丝,密密地斜织着,人家屋顶上全笼着一层薄烟。树叶子却绿得发亮,小草也青得逼你的眼。傍晚时候,上灯了,一点点黄晕的光,烘托出一片安静而平和的夜。在乡下,小路上,石桥边,有撑起伞慢慢走着的人;还有地里工作的农夫,披着蓑,戴着笠的。他们的草屋,稀稀疏疏的,在雨里静默着。

——朱自清,《春》

明确:朱自清在描写江南春天绵绵细雨的美景时,人与景完美结合,人是景的一部分,没有了人,这美景也似乎失去了意义。这是我们要重点学习和模仿的。

2.赏析经典片段二,学习在写景时既抒发自己的情感,同时顾及其他游客

欣赏这些已经出土的兵马俑固然是一种艺术享受,而观看正在挖掘中的"初露头角"的陶俑,更是令人驰思不已。俑坑原是一座地下的木结构建筑,底

部铺有青砖,上有粗大的梁柱构成屋架。俑坑可能曾为项羽所焚而坍塌,严重火灾留下的残灰布满坑内。陶俑有的倒伏,有的仰卧;断臂的,少腿的,破头的,胸部开裂的,形态不同;愤然的,忧悒的,壮烈的,神情各异;其支离破碎之状,使人心灵为之震颤。此刻,春日的艳阳透过高处透明的屋顶,正穿织在空旷的展厅内,投抹在这块"古战场"废墟上,使人顿生苍凉悲壮之感。我们伫立良久,简直有些不愿离去了。

——和谷,《秦俑漫笔》

明确:作者不仅对陶俑的形态和神情进行了淋漓尽致的描写,而且融入了自己在欣赏这些历史文物时的强烈内心感受,激发了读者相似的内心情感,这是我们需要关注的。

小结:以上经典片段中,作者在写美好的自然景物或祖国的大好河山时都关注到了人的活动,对人与自然进行了巧妙的结合;在抒发自己欣赏景物情怀时,注重引起读者共鸣。

四、重点探究

运用所学的方法,对"问题呈现"中的两个片段有选择性地融入情感体验,并作交流讨论。

明确:材料1,可以添加其他游客的情感活动。

材料2,可以添加游人的活动,让人与自然融为一体。

五、赏析评点

我们又继续往前走,看见了一块岩石,上面写着"趵突泉"三个字。妈妈说:"你知道突字为什么没有点吗?"我摇了摇头。"有人说是趵突泉的水喷得太猛,冲掉的;还有一种说法是专门不写那一点,希望泉水永远喷下去。"妈妈向我解释道。我发现三股泉水在下面往上冒出许许多多的小泡泡,泡泡"咕嘟咕嘟"地响着,一直从下面往上散开。平静的水面被冒出的泡泡扰得热闹起来了,小鱼你挤我碰。有一条小鱼好像在说:"大家不要乱挤,一个个地玩。"另一条小鱼好像在说:"不听你的,走! 我们继续。"我看着,想着,似乎觉得自己就是他们中的一员,我不由自主地笑了。

明确:这段文字在写景时,把景物描写和游客的表现紧密结合在一起,既把景物描写得非常细致,又把游客的活动交代得一清二楚,非常生动,人与自然和谐融合。

六、作业

1. 完成片段仿写《那美景》。

2. 通过学习,以"难忘那美景"为题,写一篇自然风光或游览名胜古迹的习作。

附:

1. 仿写片段

在公园里,我到处走走,发现了几棵大树都很高,也很粗。树叶都是深绿色的,非常茂盛,就像撑开了一把大大的绿色的伞。树下面是一张张桌子,许多爷爷在那儿下棋。还有些老奶奶在运动。小朋友们则一边吃棒冰一边跑,等到棒冰吃完了,才坐下休息。我围着整个公园跑了4圈,又走到花坛旁,看着那五颜六色的花,有黄的、白的、蓝的……真是千姿百态。我没想到夏天也有这么美的花。

2. 学生优秀习作

难忘那美景

嘉定区金鹤中学　于梦凡

当你游览在青山绿水之中,当你沐浴在阳光雨露之中,当你散步在满天星空之下,当你小憩在小草野花之中……我想,没有一个人会不为大自然创造出这样的杰作而感到惊叹。

记忆中也游过很多的地方,有险峻的黄山,有秀丽的桂林,还有……然而,那次九寨沟之行,却让我彻彻底底地惊叹了一回。那美景让我难以忘怀。

形容九寨沟,不是单单一个"美"字所能表达清楚的——那儿,古朴的栈道,斑斓的彩林,青蓝色的湖泊,缭绕的云雾,壮丽的雪山,与众不同的瀑布……哦,对,还有那充满了民族风情的藏族寨子……这其中的任何一样,都是一道至美的风景线。

之前,我们就听说藏族人把这儿的湖泊称为海子——大海之子,一点不假。当我第一眼看到九寨沟的湖时，还真就把它当成了大海之子——青蓝色的湖水，与蓝色的大海的颜色比起来，真可谓是有过之而无不及。只是，毕竟是湖泊，总是比无边无垠的大海小得多。走在水边的栈道上，放眼望去，青蓝色的湖水与四周山上的彩林的颜色形成强烈的层次感，树的颜色有青翠的绿色、耀眼的红色、古朴的墨绿、淡雅的黄色……看到湖水与彩林的颜色搭配得如此美妙，我不禁感激大自然的恩惠，感谢大自然带给我们这么美妙的视觉享受！

海子除了青蓝色的水色外，还有一个特点——清澈。湖水很深，最深的地方达到了 103 米，但是，给人的感觉却是只有 1 米深——因为，你很容易就能看到湖底，看到湖底的鱼或是怡然不动，或是倏尔远逝。甚至有人嘟哝道："都说水至清则无鱼，可为什么这儿的鱼还这么快活？"更有人吟起了毛主席的诗词："江山如此多娇，引无数英雄竞折腰。"是啊，到了九寨沟，有谁会不为大自然的创造而折服呢？

看完了各式各样的海子，还是觉得缺了些什么。思前想后，我猛然间发现这儿似乎还缺了些生命力。这里的一切景色、色彩虽然美丽，虽然艳丽，虽然让人眼花缭乱，但是，它们毕竟都是静物，静静地躺着，让人觉察不出丝毫生机。我不断地环顾四周，可依然没有找到心中的那股生命力。于是，我往前走了几步，希望有新的发现。刹那间，当我的视线越过一座山后，我看到了前面的一片芦苇荡。我眨巴眨巴眼睛，并没有看错啊，可是，通常而言，芦苇都长在海拔 800 米以下的地方，可九寨沟的海拔都达到了 3000 多米，在这样的高原地带，为什么还会生长着芦苇呢？而且，为什么这儿生长的芦苇更高、更大呢？

是的，高原对芦苇来说无疑是个恶劣的环境，但是，这些芦苇并没有因此而退缩并放弃这块地方——它们选择了适应环境，选择了勇敢地挑战它们的生存环境，选择了面对现实，选择了靠自己的努力来证实芦苇也同样可以生长在海拔 3000 米甚至更高的地方！它们成功了，成功地生长在这片高原之上，甚至，比平地上的芦苇长得更高、更大。

走在木栈道上，我不禁被这群顽强的芦苇折服了。在我的眼里，它们不仅仅是一群芦苇，它们更象征了今天的人们所不可缺少的勇于面对现实的精神和顽强的意志。或许，如果一个人能像这片芦苇荡一样，不屈服于恶劣的生存环境,能够面对现实,能有顽强的意志,那么,他将一定会像这高原上的芦苇一样,是成功的!

有了这番感悟之后,我不禁更加感恩大自然,不仅因为它带给了我们视觉上的享受,更因为它给予了我人生的启示。

❈ 使用建议

对于无法走出家门、外出旅游的学生,教师可以建议他们到附近的公园、购物商场等处去走走,发现生活中的美景、身边的美景。这些也可以成为本课写作选材的内容。教师要引导学生扩大选材范围。特别值得一提的是,一些文化类节日,如旅游节、电影节等等,都蕴含了丰富的写作素材,可以加以关注。

❈ 教学反思

教师要努力引导学生发现见闻中积极、光明的一面,这些人性中的美好是学生容易忽视或不易察觉的。教师要引导学生努力发现,不断挖掘,感受生活的真实与美好。对于学生作品中流露出的消极的一面,需要教师充分了解,因势利导。

万海燕

第二单元 综合运用 实践语言

1 网 络 驿 站
——网页说明

✿ **教学目标**

1. 学习和掌握撰写网页文字说明的方法和要领。

2. 能够根据不同的对象决定写作的语言和内容。

✿ **教学重点**

学习和掌握撰写网页文字说明的方法和要领。

✿ **教学难点**

能够根据不同的对象决定写作的语言和内容。

✿ **教学设想**

浏览网站、获取信息已经成为许多学生生活中不可或缺的部分。网页的文字说明也藏有写作训练的素材——面对不同的阅读对象或者不同的用途,写作时所采用的语言和内容都是不同的。因此,本课写作主题为面对同一个写作材料,面对不同的对象,我们应该如何确定内容、选择措辞。当然,选文用了"小笼馒头"这一题材,教师在实际教学中可以根据教学的需要和学生实际,选择更加合适的材料。

✿ **教学过程**

一、导入

学生自由漫谈:说说自己喜欢吃的点心。

二、网页的制作

1. 学生阅读关于小笼馒头的材料

2. 根据要求,讨论撰写网页文字

如果阅读对象是消费者,介绍文字中应该包含哪些关于小笼馒头的信息?

明确:在写作之前,要求学生熟读材料,筛选出相关的材料。如何筛选呢?要根据表述的对象,也就是教师所创设的具体的交流情境作选择。明确阅读对象的需求,也就能从繁杂的材料中筛选出具体的有确定内容的材料。介绍内容可以有:名称、特点、食用指南等。

小结:撰写一份网页介绍,首先要明确写给谁看。基于这样的考量,我们才能决定要说什么、不说什么,想达到怎样的意图。所以,我们在写作文的时候,可以多问问自己"写给谁看,为什么写"等问题。

3. 实践演练

过渡:刚才我们一起讨论了给消费者看的关于小笼馒头的网页介绍文字应如何撰写,那么如果我们变换阅读对象,写作的内容是否应该变呢?

(1) 情景设置

对象一:初次学习制作小笼馒头者。网页介绍中应该包含小笼馒头的哪些信息?

对象二:初次品尝小笼馒头者。网页介绍中应该包含小笼馒头的哪些信息?

(2) 小组讨论,开始写作

明确:网页的文字说明需要根据读者的不同而有所变化的。学习制作小笼馒头者,网页介绍中应主要介绍小笼馒头的制作方法;初次品尝小笼馒头者,网页介绍中可以侧重于小笼馒头的历史和食用的方法。

三、作业布置

请根据下列对象的情况,分别给他们写一份介绍自己学校的网页文字说明。

对象一:即将报考学校的学弟学妹。

对象二:已经毕业多年的学长学姐。

❋ 使用建议

这堂课的内容比较多,教师可以在课前先下发相关材料,请学生预习。在课堂上,教师仅仅是针对读者对象的变化进行内容和语言变化的练习,当然也可以拓展其他内容。教师也可以根据需要选择其他素材。

✸ 教学反思

　　本课是关于撰写网络文字说明的训练。学生平时浏览网页较多,但是面对不同的人群,我们该如何设计网页内容,这些问题学生考虑得比较少,而这恰恰是这节课需要解决的问题。同时,网页介绍在撰写时不仅要根据对象的不同而筛选不同的内容,还应根据对象的不同,在措辞上有所变化,不能照搬照抄资料。这点教师在教学过程中要特别提醒学生注意。

胡　晨

2　掬语闻香
——书评影评

✸ 教学目标

　　1. 学习和了解书评的写法,感受写作中交际语境要素的作用。

　　2. 掌握微书评的写法,并加以运用。

✸ 教学重点

　　学习和了解书评、微书评的概念、类型以及相关写法。

✸ 教学难点

　　学习书评、微书评的写作,感受写作中交际语境要素的作用。

✸ 教学设想

　　书评是学生比较陌生的,所以在课堂上需要用一点时间来让学生熟悉和了解。因为比较复杂,学生写作起来有一定的困难,因此引入"微书评",期望学生能够运用短小精悍的微书评来点评所阅读的书籍,发表自己的见解。

✸ 教学过程

一、引入"书评"

1. 概念

　　书评即评论或介绍书籍的文章,是以"书"为对象,实事求是地、有见识地分析书籍的形式和内容,探求创作的思想性、学术性、知识性和艺术性,从而在作者、读者和出版者之间构建信息交流的渠道。书评主要是为读者选择图书提供参考。

2. 类型

（1）思想型书评

书评作为一种创作，书评人笔下迸射而出的独到而锐利的思想的光芒，应该成为一篇书评立足的根本。

（2）情感型书评

这一类书评中，书评人与原创作者情感上的强烈共鸣或激烈对质成为贯穿书评全文的主要线索。仁者乐山、智者乐水，如果从仁和山、智和水的关系论断，属于思想型书评；如果以"乐"本身来说，则是情感型书评，它表达了书评人对被评书籍的直接情感体验。

（3）描述型书评

书评，首先应对被评书籍作细致而深入的描述。如果书评人不能对被评书籍风骨和神髓作整体把握，不能比普通大众看得更深、更远、更精，不能实现由书而评的飞跃，不能引导大众站得更高、发现更多的美，那么便如画龙却无点睛，仅是笔墨泼散而已。

明确：这几类书评，应是你中有我、我中有你的关系，彼此不能割裂。

3. 格式

撰写书评，一般可以从以下几方面来发表意见：可以对作品的思想意义、艺术特色、社会价值进行分析评价；可以对作家的创作经验、人品学识进行总结评述；可以对读者的阅读进行指导；可以对作品本身的得失从各个角度进行议论；可以结合作品的评论，探讨各种美学问题等等。评什么确定之后，接下来就是怎样评。

写书评一般可以有这样三个步骤：介绍—评价—推荐。

（1）介绍，是指对所评书籍的内容作言简意赅的概括叙述，让读者对该书的内容有一个大概的了解。如书评《难忘〈南京情调〉》是这样介绍的："《南京情调》收入 64 篇文章，20 世纪上半叶社会各界名流笔底的南京昔日景观，风土人情，大多风流倜傥见性情；80 帧照片，让 50 年前的古都旧影清晰再现，金陵旧时影像，幅幅沧海桑田显趣味。"

（2）评价，可以是总括全书作鸟瞰式的评述，如书评《展现"另一个"爱因斯坦》是这样评价《爱因斯坦晚年文集》的："每篇文章都体现了作者的睿知和科学预见性。全书蕴含着科学家与知识分子的良知，浸透着他对整个 20 世纪全人类的极大的人文关怀。"也可以聚焦于作品的细部作画龙点睛式的点评。"评价"是书评中最重要、最关键的部分,也是最见功力的部分,从中可以看出一个人的思想水平、艺术素养、鉴赏能力、语言能力等等。

评价作品要注意以下几点:

① 要注意评价的科学性。要以科学的文学理论为指导,实事求是地进行评论,不要以个人的直觉和偏见任意地拔高或贬低。

② 要注意见解的独创性。要反复阅读、分析、研究、揣摩、品味,深入了解、准确把握评论对象,挖掘出作品的思想意义和艺术特色,从而提出自己新颖、深刻、精辟的见解,而不是浮光掠影地泛泛而读,分析不得要领,只是发表一些陈旧、肤浅、庸俗的见解。《世说新语》中有这样一篇小说:"阮光禄在剡,曾有好车,借者无不皆给。有人葬母,意欲借而不敢言。阮后闻之,叹曰:'吾有车,而使人不敢借,何以车为?'遂焚之。"宗白华先生是这样评析的:"这是何等严肃的责己精神! 然而不是出于畏人言、畏于礼法的责备,而是由于对自己人格美的重视和伟大同情心的流露。"宗先生的评析见解独到,深刻精辟,正所谓"析义理于精微之蕴,辨字句于毫发之间。"(《古文观止·序》)

③ 要注意语言的生动性。书评语言与议论文的语言有相同之处,如要求语言表达准确、严密;但又有不同之处,如需要讲求一定的文采,增强表达的形象性与生动性。

(3) 推荐:这是书评的结尾,表达好书与读者分享的意思。如《难忘〈南京情调〉》结尾是这样写的:"南京文化源远流长,底蕴深厚,值得特别关注。钟情于南京文化的人,即便不到南京,也能从《南京情调》中体味一番南京情调。"

二、微书评

过渡:书评的要求比较高,许多同学学起来有些吃力,写起来也不太容易。我们也可以将书评略加变化,使其短小精悍,成为"微书评"。

1. 概念

微书评内容短小精悍,主要是以书为对象进行介绍或评论。微书评中,作者用简洁的语言直奔主题,来描述自己的感受。

2. 范文

《基督山伯爵》这本书结构严谨,故事中人物性格丰满,内容曲折离奇,情节十分精彩。这书会让人感到人世间并不安宁与和谐。面对各种挫折、困难,我们不应躲避与绝望,只要对生活抱有希望,那么任何挫折都会被我们打败。

三、布置作业

请选择课本中某一篇课文,写一段微书评。

✿ 使用建议

书评比较复杂,学生学习起来较为吃力,教师不必强求。本课可以作为一堂兴趣课,让学生初步了解一下书评即可。如果学生有兴趣,可以让学生尝试写作。也可以选择已经学过的文章让学生进行写作训练,这样学生的写作难度会降低。

✿ 教学反思

本堂课所教学的书评这一体裁,学生平时接触较少,比较陌生。学生还经常将书评和读后感混为一谈。因此在教学中,教师首先要帮助学生厘清两者的不同。正式的书评比较复杂,学生学习起来比较困难。本课引入"微书评",希望能降低难度,让学生在课堂中能动笔写一写。为取得更好的效果,教师可以在课前把相关材料发给学生,让学生提前预习。

胡　晨

3　能　说　会　道
——竞选演讲

✿ 教学目标

1. 了解演讲稿的概念及特点,掌握演讲稿的写作方法。
2. 学习拟写中心突出、条理清晰的演讲稿。

✿ 教学重点

了解演讲稿的概念及特点,掌握演讲稿的写作方法。

✿ 教学难点

学习运用恰当、生动的语言达到打动人心的目的。

✿ 教学设想

闻一多先生的《最后一次演讲》深深地打动了学生,这就是演讲的魅力。本课从最常见的竞选演讲引入,让学生了解演讲稿的特点、格式和写作技巧,全面具体地认识演讲稿的写作要求,最后通过作业来巩固这一知识。

✸ **教学过程**

一、导入

以闻一多先生的《最后一次演讲》引入学习。

二、问题呈现

开学初,班级准备进行班干部竞选,同学们都跃跃欲试,想竞选各班委职务,发挥自己的才干,为班级集体献计献策,多做贡献。那么如何能得到同学们的支持呢?

竞选演讲是表达个人诉求、展示个人能力的一种方式。而撰写演讲稿是保证演讲成功的最重要的一步。

三、初步了解演讲稿的特点

演讲即面对听众,就某个问题或围绕某个中心发表意见、阐明道理、抒发感情,从而影响和感召听众,使他们信服并在思想感情上产生共鸣的一种口头语言形式,具有宣传、鼓动、教育和欣赏等作用。演讲稿又叫讲演稿、演讲词、讲话稿,它是演讲者在群众集会或会议上发言的文稿,是进行演讲的依据,是对演讲内容和形式的规范和提示,它体现着演讲的目的和手段。演讲稿是人们在工作和社会生活中经常使用的一种文体。

四、重点探究:演讲稿的特点、作用和基本格式

1. 演讲稿的特点

（1）针对性

演讲稿不论是在内容方面还是语言方面,都是针对听众的。演讲者首先要了解听众对象,了解他们所关心和迫切需要解决的问题是什么,要顾及听众向往什么、厌恶什么、追求什么、担心什么,要使演讲的内容能为听众所接受,这样才能起到应有的社会效果。要懂得听众有不同的对象和不同的层次。写作时要根据不同对象和不同场合,为听众设计有针对性的演讲内容。

（2）鼓动性

鼓动性是演讲稿的生命，它一方面要求演讲稿思想内容丰富、深刻，见解精辟，有独到之处，发人深思；另一方面要求演讲稿语言表达要形象、生动，富有感染力，把说理和抒情结合起来，既有冷静的分析，又有热情的鼓动，既有所怒，又有所喜，既有所憎，又有所爱。

（3）口语化

演讲稿是靠演讲者的口头演讲来实现其价值的，拟稿时必须以易说能讲为前提，在语言的要求上应注重口语化，要通俗易懂，浅近，风趣，少书面语言，多大众口语，少复杂长句，多精辟短句。一篇好的演讲稿对演讲者来说要可讲，对听讲者来说应好听。演讲稿写完后，要念一念、听一听，看看是不是"上口""入耳"，否则就需要修改。

演讲稿句子有"三多"，即多用整句，多用短句，多用修辞句。多用整句，若排比，气势强大，情感扑面而来；多用短句、呼唤语等，极具煽情性；多用比喻、排比、反问并修辞，增加感染力。

（4）临场性

演讲活动是演讲者与听众面对面的交流和沟通。听众会对演讲内容及时做出反应：或表示赞同，或表示反对，或饶有兴趣，或无动于衷。演讲者对听众的各种反应不能置之不顾，因此，写演讲稿时，要充分考虑它的临场性，在保证内容完整的前提下，要注意留有一定的余地。要充分考虑演讲时可能出现的种种问题，以及应付各种突发情况的对策。

2. 演讲稿的基本格式

演讲稿没有严格固定的格式，一般分为标题、称谓、开场白、主体、结束语等五部分。

（1）标题

一个好的标题能概括演讲的中心内容，体现演讲的内容风格，还能发人深思，引人入胜。例如：主题型标题《把青春献给人民的教育事业》；比喻型标题《天使我为你歌唱》；警句型标题《天下兴亡，匹夫有责》；抒情型标题《党啊，亲爱的妈妈》；设问型标题《谁来保卫我们的绿色家园？》。

（2）称谓

得体的称呼使人感到亲切，会唤起听众的注意，拉近演说者与听众的感情距离。称谓写在标题之下,顶格,单列一行,如"尊敬的老师""亲爱的同学""朋友们"等,有时在演说过程中还要适当穿插使用,提示听众注意。

（3）开场白

如瑞士作家温克勒所言:"开场白有两项任务,一是建立说者与听者的同感,二是打开场面引入正题。"开场白应能迅速创造一种气氛,抓住听众的注意力,调动听众的情绪,为演讲的主体打下基础。

开场白有多种方式:

① 点题,开门见山,道出题旨。

② 说明,交代背景,说明意图。

③ 概括,扼要介绍,揭示内容。

④ 渲染,娓娓道来,以小见大。

⑤ 设问,欲擒故纵,引发思考。

⑥ 导引,引用名言,导出正题。

开场白要根据演讲的场所、时机、听众的情况而有所变化。形式要新颖,内容要新鲜,要有容量和气势。

（4）主体

这一部分是演讲的展开部分,它要根据开场白中提出的问题进行阐述和议论,是演讲成败的关键。

① 精选演讲的重点。

这个重点是指那些能体现演讲中心和目的,包含着极深刻的思想并充满感情的段落和语句。演讲的重点,随着演讲内容的不同而有所不同。

② 安排好讲述的层次。

层次的安排要根据演讲的形式而定。

• 议论式演讲:与论说文一样大致设计提出问题、分析问题、解决问题三个环节,多采用并列式、总分式、层递式、对比式结构;多采用引证法、喻证法、对比法、例证法等。

• 叙述式演讲:多采用时间顺序、空间顺序、因果顺序、问题顺序等结构。

• 抒情式演讲:演讲内容按演讲者感情自然发展顺序来表述,结构手法与散文类似,抒情方式多为间接抒情,也有直接抒情。

层次是演讲稿思想内容的表现次序,它体现着演讲者思路展开的步骤,也反映了演讲者对客观事物的认识过程。演讲稿结构的层次性是根据演讲的时空特点,对演讲材料加以选取和组合而形成的。演讲稿用过渡句,或用"首先""其次""然后"等词语来区别层次,也是使层次清晰的有效方法。

③ 掌握好讲稿的节奏。

演讲稿的节奏既要鲜明,又要适度。它主要是通过演讲内容的变换来实现的。演讲内容的变换,是指在一个主题思想所统领的内容中,适当地插入幽默、诗文、逸事等内容;在适当的地方设计演讲的高潮,做到跌宕起伏,有张有弛,富有变化。

（5）结束语

这部分总结全文。结束语设计至关重要,它体现演讲稿的完整性,同时又密切影响着演讲的气氛和效果。结束语既要总结全文,同时语言又要含蓄、深刻、有力,给人以"余音袅袅,不绝于耳"的感觉,收到良好的效果。

① 催人奋起的激励式。

② 耐人寻味的含蓄式。

③ 加深印象的重申式。

④ 引人发笑的幽默式。

⑤ 深化主题的总结式。

五、作业

即将初中毕业的我们,回顾这四年来的初中生活,必然是感慨万分,有太多忘不了的事、舍不去的情、说不完的话……请根据演讲稿要求,拟写一份在毕业典礼上演讲的毕业演讲稿。

❀ 使用建议

本课应根据学生的实际情况,在教学目标上有所调整。教学中,从学生的实际学习生活引入是比较自然的,有助于学生激发起学习兴趣,深入探究演讲稿的写作要求。

❀ 教学反思

对于九年级的学生来说,演讲稿并不陌生,他们大多也在不同的场合做过类似的尝试,但真正从写作角度去要求,学生还是会感觉到一定的难度。对于演讲稿的写作,达到基本格式完整尚还容易,但要既文辞优美,又打动人心,在表情达意上的要求是很高的,需要平时积累扎实的写作功底,尤其是较高超的思辨能力。

施敏慧

4 数 据 时 代
——调查报告

❀ 教学目标

1. 了解调查报告的特点、种类和作用,并掌握调查报告的一般格式。

2. 能结合生活实际,完成一份简单的调查报告。

❀ 教学重点

了解调查报告的特点、种类和作用,并掌握调查报告的一般格式。

❀ 教学难点

学习、掌握调查报告中筛选、整合资料的有效方法。

❀ 教学设想

本节课从学生平时的探究项目入手,引出调查报告的撰写问题。首先引导学生通过例文初步了解规范的调查报告的基本内容和样式,了解翔实的数据在调查报告中的作用。其次厘清调查报告的特点和基本格式,通过佳作赏析,引导学生加深对调查报告的认识。最后让学生在作业中根据实际生活完成一份调查报告,以巩固本课知识的掌握和运用。

❀ 教学过程

一、导入

我们在学校的学习中,有探究课、拓展课来延伸和丰富我们的学习内容。而探究过程中有一项重要的活动,就是撰写调查报告,也就是将调查成果、科学理论整理成书面报告。

二、问题呈现

班级各小组都为自己的探究项目做了许多前期工作,如查找资料、收集资料、筛选资料、实物观察及记录、实地考察、设计调查问卷等,如何把这些探究、调查的结果完整而科学地整理成文,使之具有一定的经验价值呢?

明确:调查报告是在探究的过程中,对探究课题进行有目的的、系统的调查研究之后,经过准确的归纳整理、科学的分析研究,根据所获得的成果书写的揭示事物本质和规律,反映客观实际,有观点、有结论的书面报告。它是有效展示探究课题成果的形式之一。

三、分析例文:《关于当代青年消费问题的调查报告》(原载于《市场报》)

明确:这篇消费情况调查报告。正文概要部分写了调查的发起者、调查地区和调查对象。主体部分采用并列横式结构,分别写了调查情况和结论。在写结论时,报告十分注重数字说明,数字与结论互相联系,观点与材料水乳交融。本文没有专门的结尾。文章语言简洁,观点鲜明,有理有据,令人信服。

四、重点探究:调查报告的特点、种类和基本格式

1. 调查报告的特点

(1) 针对性

调查报告是在有目的地进行专门调查后撰写的,它针对的是社会生活中的重要问题、值得重视的现象或迫切需要解决的问题,所以写作的指向性、目的性都很明确。

(2) 纪实性

调查报告的主要任务是提供与所调查问题有关的事实,所以,它应以记载事实为主,事实材料应具有典型性,能深刻地反映问题的本质。

(3) 理论性

调查报告不仅要叙述、介绍事物发展的全过程,还要对其进行分析、评价,从中总结经验教训,探索其规律。只有对诸多材料进行细致的研究,作统计、分析、比较,对材料作定性分析和分类研究,认识才能逐渐升华,找到规律。

2. 调查报告的种类

(1) 典型经验的调查报告

这类调查报告在对典型经验通过实地调查并进行深入、细致的了解的基础上,着重总结经验、探寻规律,目的是推广经验,指导全局性工作。

(2) 揭露问题的调查报告

这类调查报告针对存在的某一问题展开调查,通过揭露问题的严重性,探究问题产生的原因,分析问题症结所在及其危害,以引起有关部门的重视,为问题的最终解决起促进和参考作用。

（3）反映情况的调查报告

这类调查报告用以反映某一地区、某一单位的基本情况、发展状况等。它既可以反映社会现实中的新事物、新风潮，也可以反映社会风气、百姓意愿、衣食住行等社会情况。

3. 调查报告的基本格式

调查报告一般由标题、正文、落款三部分组成。

（1）标题

① 公文式标题：由调查范围、调查内容和文种组成，如例文《关于当代青年消费问题的调查报告》。

② 新闻式标题：分单标题和双标题。单标题一般概括文章内容，揭示文章的主题；双标题分正标题和副标题，正标题点明调查内容，副标题显示调查范围、内容和文种，如《三问南海信息化——对广东南海市推进信息化的调查》。

（2）正文：分开头、主体和结尾

① 开头。

交代调查的基本情况，包括调查的目的、时间、地点、对象、经过、方法，以及调查的组织者和参加者等。

交代调查的内容和范围。

交代调查对象的自然情况。

交代要调查和解决的问题。

交代所调查事情的发生、发展的变化过程，交代调查对象所取得的成绩。

② 主体。

要详细叙写调查所得的基本情况、主要做法、成绩和经验、问题和教训、具体建议。写作内容根据需要而定。

基本情况部分：交代事情的经过、事物发展的过程或主要问题。这部分内容较多，要多用事实、数字说明问题，做到观点和材料统一。

分析部分：这是调查报告的研究部分，要明确性质，查找原因，总结出结论性的东西。

建议部分：在分析研究的基础上，提出解决问题的方法。

③ 结尾。

结尾或总结全文，深化主题；或提出问题，启发思考；或表示决心，展望未来;或指明方向,提出建议。

(3)落款:在正文的右下方写明单位名称和个人姓名,在落款下写明日期。

五、作业

请以班级学生为调查对象,写一篇关于课外生活情况的调查报告。

❋ 使用建议

在大数据时代,调查报告是具有数据特征的应用文体,尤其是在学校课程中的探究课程,调查报告是呈现探究课程内容、进程、成果的最重要的事实依据。本课应用的例文的内容与学生生活相关,从解读中学生可以认识和掌握调查报告的相关知识,借鉴并应用于实践中。

❋ 教学反思

调查报告撰写者除了要探索研究、解决问题的方法,提升探究能力,还必须以科学的形式、适切的语言撰写调查报告,这是对学生综合能力的考量,有相当的难度。调查报告严格的格式、内容要求是本课最基本的知识,学生比较容易了解,但如何写出一份高质量的调查报告,有待于学生在实践中摸索,并进一步改进和完善。

施敏慧

高一年级

自我意识与体悟人生

第 一 学 期

第一单元　生活如歌　收集感动

1　激 荡 生 活
——寻找推动情绪点

❀ **教学目标**

　　1. 明确演讲主题与内容,分析听众心理情况。

　　2. 掌握演讲中推动情绪的写作技巧。

❀ **教学重点**

　　掌握演讲稿写作的基本技巧。

❀ **教学难点**

　　学会根据听众情况和演说目的,巧妙选择写作煽情之处。

❀ **教学设想**

　　演讲的目的是为了阐述一个观点,说服他人认同演说者的态度和主张,因此不仅需要理性的思考与分析,更需要强大的情感推动来增强说服力。所以,在演讲稿中何处该煽情,怎样推动听众情绪,都是很值得推敲把握的地方。本课着重训练学生演讲稿写作的技巧。

❀ **教学过程**

一、导入

　　学生根据课前阅读的奥巴马开学演讲稿《我们为什么上学》,交流其打动听众之处。

　　归纳:

1. 要根据主题确定演讲内容。这个主题就是你要向听众宣讲的观点。演讲者需要明确通过这次演说，需要听众支持你的什么观点、怎样支持。需要明确主题是什么，如何解释。

2. 要分析听众。通过分析，演讲者不但能了解听众对该话题需要知道或已经知道什么，而且还能了解听众对该话题有怎样的态度和倾向。这些都有助于演讲者选择相关的例证和事实以及确定恰如其分和合情合理的演说方式。

3. 现身说法。具体事实比笼统的说教有说服力，尤其是以自身经历为例证。

4. 设计好开头和结尾。开头和结尾应富于艺术性和创造性。开头一定要能迅速吸引听众，结尾要发人深省、激人奋进。

5. 适当运用各种语言技巧，如夸张、比喻、排比、铺陈、各式问句、情景式描绘等。

二、课堂练习活动

1. 根据环保主题"请随手……"和"校园内"，请同学们选择其中一个写一段能推动听众情绪的演讲片段。

2. 学生交流演讲片段。

三、经典再现，巩固强化

1. 赏析经典片段一：用排比铺陈和情景化的描述，逐步深入情感，给听众留下深刻印象

我梦想有一天，这个国家会站立起来，真正实现其信条的真谛："我们认为真理是不言而喻，人人生而平等。"

我梦想有一天，在佐治亚的红山上，昔日奴隶的儿子将能够和昔日奴隶主的儿子坐在一起，共叙兄弟情谊。

我梦想有一天，甚至连密西西比州这个正义匿迹，压迫成风，如同沙漠般的地方，也将变成自由和正义的绿洲。

我梦想有一天，我的四个孩子将在一个不是以他们的肤色，而是以他们的品格优劣来评价他们的国度里生活。

今天，我有一个梦想。我梦想有一天，亚拉巴马州能够有所转变，尽管该州

州长现在仍然满口异议,反对联邦法令,但有朝一日,那里的黑人男孩和女孩将能与白人男孩和女孩情同骨肉,携手并进。

——马丁·路德·金,《我有一个梦想》

明确:在演讲中,运用这种造势技巧,可以使听众认识逐步深化,感情逐步激昂,印象逐步加深。

2. 赏析经典片段二:用现身说法显示真实感,营造出亲切可信的氛围

"眼前站在你们面前的这个人,156磅重,但他曾经不是这样,而是一个重达207磅的'圆球'!假若有人需要减肥的话,其实是一定办得到的。我——罗伯尼做得到,相信你们也一定能行!"

——罗伯尼,《成功术》

这是著名推销员罗伯尼在美国某大学的演讲。他以自己的减肥为素材,着重论证事在人为,从而为听众鼓劲。

明确:如果演讲者能把自己的亲历亲闻融入演讲中,就会给听众以亲切、真实、可信之感,能有效调动起听众的热情,也增强了演讲的感染力。

3. 赏析经典片段三:用反诘句引发震撼力,营造出严肃自省的气氛

在一次关于"孝道"的演讲中,一位青年以"我们也有老的时候"为题,在演讲中他对听众大声说:"今天,在这样一个特殊的场合,请允许我冒昧地反问各位一句:'你对自己的父母尽到做儿女的责任了吗?你把你的一片孝心奉献给为人父母者了吗?'"

这里,由于演讲者抓住一个普遍的社会现象,又连续使用了反问句式,因此有一种很强的震撼力,引起了听众的共鸣,唤起了听众心理上的反省,因而营造出一种促人反躬自省的严肃的反思气氛来。

明确:一般说来,反诘句多带有强化感情的因素,所以使用时,注意不要一味用居高临下的口吻去谴责什么,而要像上述演讲者那样,用一种"提醒"人们扪心自问的方式。

4. 赏析经典片段四:用宣誓词或呼告语激发崇高感,营造出庄重肃穆或热烈的气氛

罗斯福在第四次就任总统的就职演说中沉稳地说:"今天我站在这里,在我的同胞面前,在上帝面前,庄严地宣誓就职。我知道,美国的目标就是:永不言败!"

法国大革命,当时有一个女保皇分子,利用给大革命领导者马拉洗浴治疗皮肤病的机会,潜入到浴室里将马拉杀害了。此事一出,一个名叫希罗的人为此发表了演讲,演讲中他大声疾呼:"大卫,你在哪里？你给我们留下了为祖国献身的列比里契埃的形象,现在,该再画一幅出来！拿起你的画笔吧,为马拉报仇！让敌人看到马拉被刺时的真实情景而发抖！这是人民的要求!"希罗这一呼吁,立即引起强烈反响,当时正在现场的画家大卫立即大声回应道:"好,我一定再画一幅!"全场响起热烈掌声。三个月后,大卫的名作《马拉之死》诞生了。

明确:类似这样的宣誓性演讲,一是要注意当时的环境和场合,只有内容与场合相吻合,才有可能制造出庄严的气氛;二是要注意句式的选择,多用"我们在……面前宣誓""面对……我们宣誓"之类的宣誓性句式,以提示听众,激发他们内心潜在的崇高情怀,达到烘托气氛的目的。希罗使用的"呼告语",用第二人称发出呼吁,给听众一种身临其境、直接交流的感染力,从而牵动听众的神经,引发他们直接参与交流活动,自然营造出热烈呼应的气氛来。这种"呼告语",既可以以不在场者作为呼告的对象,也可以像希罗这样,对现场的人发出呼告。

四、布置课后练习

分组写作以"环境保护"为主题的完整演讲稿。每组确定各自的题目,然后在班级里举行一次演讲会。

❋ 使用建议

如果想要让学生充分感受演讲中的情绪,教师可以适当播放一些演讲视频给学生看,让学生产生比单纯阅读文字更强的情绪感染。

❋ 教学反思

平日里学生之间的交往可以很轻松,但一旦以演讲形式作交流,他们的情绪就会变得拘谨收敛很多,而这恰恰是演讲的关键所在。因此,单靠课堂的片段写作还不够,教师可根据教学实际加入口头表达和现场演讲,让学生更好地彰显写作中的情绪。

夏侯畀春

2 五彩生活
——作文素材个性化

✿ 教学目标

1. 了解作文素材选取的角度。

2. 掌握选取素材的方法。

3. 学会根据作文主旨需要合理选用素材。

✿ 教学重点

通过学习在作文中合理、巧妙运用素材的片段,掌握选取素材的角度及方法。

✿ 教学难点

学会根据作文主旨需要合理选用素材。

✿ 教学设想

积累和选取作文素材是学生写作的重要环节,但是在写作过程中,学生经常会遇到"巧妇难为无米之炊"的问题,常常感慨学习生活太过单调,囿于小小的生活圈。本节课教师带领学生了解和掌握素材选取的角度和方法,挖掘素材积累的源泉,从而为写作提供足够丰富的材料。按照赏析、研讨、归纳总结的步骤,达到掌握选材方式的目标,通过相应练习来巩固所学,从而形成良好的素材积累和选择的意识。

✿ 教学过程

一、导入

一篇好文章,必须要有素材来支撑其内涵和思想,但是在我们的"素材库"中的材料是有限的。如何应用有限的材料来完成各种类型的作文题,就要考验我们的选择和运用能力,做到将材料灵活、贴切地运用到文章中去。

二、问题呈现

中学生作文普遍存在着一个不容忽视的问题,即缺少对生活的深入剖析,缺乏真情实感的表达,缺失个性化的思想,作文假话、空话、套话连篇。习作中,如果要表现亲情,无非就是写妈妈关心做作业的我,给我端来一杯牛奶。如果要表达对社会现象的反思,无非就是写跌倒的老人无人扶起。而在议论文的写作过程当中,更是无法找到恰当的论据来论证观点,无论作文题目如何,选取的素材不是居里夫人就是苏轼,因而阅卷老师无奈戏称这两人为"万能胶"。

三、片段欣赏

1. 片段欣赏一

走读的日子很辛苦,每天我在凌晨五点半的闹钟铃声中独自起床,不多久就听到你也起床的声音。你默默地帮我热好早点递给我,叫我路上小心,然后目送我出门。偶然的一次,我走到楼下抬头看到家里厨房的灯还亮着,橘色的灯光柔和地勾勒出你的轮廓,一动不动,伏在窗前。我握紧手中温热的馒头,有一种想哭的冲动。时光飞快地奔回十年前的那个晚上,你的爱再次狠狠地冲撞我的心,像夜空的星星,温暖了我的视线。(嘉定二中,褚竑)

明确:高中生的人生轨迹即便只有十几年,但是自身的经历都是一个个经典的素材,从中去沉淀、提炼,就是一个重要的途径。看似平凡的点滴细节,如文中这位母亲在清晨灯光下的影子,如朱自清笔下父亲的背影,都能成为文章精彩而动人的亮点,为记叙抒情提供良好的基础。

2. 片段欣赏二

瓦尔登湖是一条安静孤独的湖,它坐落在偏僻乡下的角落里,没有人与它为伴。它不像大海,惊涛骇浪,会有一时的澎湃激起千堆雪。它不像小溪,清清浅浅,永不停息地向下流着,奏响华美的乐章。它只有波澜不惊的水纹,充满了光明和倒影,孤单地面对着湛蓝的天空。它是一方净土,远离喧嚣的世界,澄净得纯粹,优美得极致。这才是梭罗笔下的瓦尔登湖,这才是梭罗自己真实的写照。梭罗,一个对人世没有杂念的人,他独居湖畔,崇尚实践,过着简单自然的生活。他在天空下劳作,用双手耕种土地,收获着生活。他是孤寂的,超越了一切物质与浮躁的孤寂,他的身上处处散发着淡然与洒脱。

——梭罗,《瓦尔登湖》

明确:语文教材其实就是一个丰富的作文素材库,古今中外囊括于其中。例如要表现"淡泊"的主题,素材可以用梭罗的《瓦尔登湖》,可以用陶渊明的《饮酒》,可以用托尔斯泰的《世间最美的坟墓》,也可以用子罕的《新序二则》。同理,如果结合课文进行拓展,以项羽为例,可以从《鸿门宴》中看到他的政治短见,从《阿房宫赋》中看到他的鲁莽草率,从《题乌江亭》中看到他的赤子之心。从教材中取材,实为一种简易的方式。

3. 片段欣赏三

从王羲之的故居出来,我看到一条溪水,落花、松林、日光映照其间,水中藻荇交横,偶尔也有游鱼戏虾出没。溪水静静地流淌,流向淡淡的远山,两岸松柏丛生,叫世俗之人心生寒意。而我那颗从城市带来的急功近利的心,被甘冽的流水荡涤得清了静了,一切的荣与辱,万般的蝇营狗苟在水流中沉为淤泥。如果说王羲之、鲁迅、秋瑾之类的伟人让我们有"高山仰止"之感,他们的道太高明了,我们很可能在推崇他们的过程中"邯郸学步",最终庸庸碌碌地活了一辈子……那么我们又错了。扪心自问,我们学习的不过是他们成功的故事,也许从未曾真正接近过"道",从未领略过"大道"中的人生智慧,一种"宁静致远"的生活的本质。也就是说,我们真正生活过吗? 我们的生活是建立在塞满铜臭的躯壳上的还是基于"心"的?

明确:历史文化名人一类材料在本文中的运用固然不够新颖,但是,如果能够贴合文章主旨的需求,有深度、有创意地使用这一类材料,反倒是"旧瓶装新酒"般的尝试。在运用的过程中,要做到客观真实,不混淆,不颠倒是非。当然,对材料进行适当的艺术化加工,通过合理想象进行形象化描写,也能使文章具备更强的感染力。

四、提炼总结

1. 材料如何积累

(1) 可以从亲身经历中提炼

每个人的生活经历都是独一无二的,在经典的文学作品中,我们都可以看到作者自己的生活痕迹。因此,自己的生活是作文素材的一个重要来源。要学会观察,从看似平凡的地方提炼出最具感染力的情节和细微之处,从而真正引发读者共鸣。

(2) 可以从课文中积累

课文不仅仅提供了文本阅读鉴赏的范本,也为写作提供了丰富的素材。在课堂阅读之余对课文涉及的相关主题、相关作者及相关体裁的作品进行拓展性阅读,加上专题性的思考,写作的素材库就能在数量和质量上都得到充分的提升。

(3) 可以从周围的信息中拾取

我们处于一个信息爆炸的时代,各种话题、各种资源充斥在我们的周围。我们在讨论、质疑、辩驳的过程中了解、熟悉了各领域的信息和知识,这些也能成为作文中新颖的素材。

2. 材料如何选择

(1) 真实性原则

作文素材在写作过程中固然可以艺术化加工,但不管是何种文体的写作,都不能夸饰、编造而扭曲现实、混淆黑白。

(2) 典型性原则

典型性的材料才能最好地反映事物的本质,从而为展现文章的思想观点服务。使用典型的材料,在记叙抒情类的作文中可以增添情感的触动,在议论类的作文中可以加强论证的说服力。

(3) 新颖性原则

所谓新颖并非仅指独创,也是指能够捕捉到最新的信息,能够思考到不同的见解,能够发掘到独特的感悟。这就需要我们在写作时具备敏锐的眼光和哲理性、思辨性的思维。

五、赏析评点

讨论分析:以下两篇文章中运用了哪些素材? 是否具有真实性、典型性的特征? 它们如何支撑起文章的思想主旨?

1. 大道至简(学生习作)

很多时候,我们似乎追求的总比我们能够得到的更多,于是一路上都不停地奔跑、追逐。但是得到了之后,我们还记得当初上路时最简单的渴望和幸福吗?

打个比方说,在一家只有一种口味的冰淇淋店,你在感受冰淇淋融化的时候是快乐并且简单的;但当你面对数不清的各种口味的冰淇淋时,你想的是香草味道的会不会更可口些。当面前的选择多得繁杂起来,人的欲望也随之而增长,忘记了其实"简单"才是使自己满足和快乐的良药。

"简单"是一种对待生命或是生活的态度,最简处,才是最真处,老子的"大音希声,大象无形"恐怕也正是此意。

　　早在 19 世纪中期,梭罗就意识到了这一点,离开机器声隆隆响彻天空的世界,他不愿像其他人一样成为机器上的一个螺丝钉。于是他用 28 美元在瓦尔登湖边造起了那座简单的木屋,也造起了他简单的生活,更造起了他从简单中所孕育和领悟的深邃的人生哲理,就是简单到只有"天、地、我"的生活,令梭罗比当时任何一个富有的人都快乐、真实。梭罗站在喧闹之上的宁静处看生命,那么他所看见的才是至真、至深处的生命。

　　"想要体验到真正的生命,你必须站在生命之上",尼采如是说。的确,站在生命之上就意味着摆脱浮世,这并不是要求人们出世,而只是怀抱着最简单的目的去生活、去享受、去体味生命。梭罗是这样,庄子就更是如此。他将别人所追求名誉、功名、金钱而忙碌苦恼的生存方式视之为"天刑",而他则宁可躺在溪边的草丛间,遮上草帽,庄周梦蝶。他拥有前所未有的超凡脱俗,他生活得快乐是因为他有简单的态度。"要修一颗白莲心,看庭前花开花落,宠辱不惊;要留一身逍遥魂,望天上云卷云舒,去留无意",就是如此简单。

　　圣雄甘地说:简单是宇宙的精髓。当你的心中装下了世界,即使生活在小村庄也无所谓,至简,而得道。

　　所以常想生活得简单些,只需在喧闹后在膝头置一本书,合眼静思,再想一遍,当初我的出发只是为了什么样的、简单的梦想呢?

　　2.《生命的节日》(季栋梁)

六、巩固训练

　　1.选择一个独特的生活素材,表现自己体会到的亲情。(片段练习)
　　2.挑选一个课文中的人物,对其进行多角度评析。

❈ **使用说明**

本课可作为写作前的指导课。范文需事先印发。

❈ **教学反思**

　　素材积累不是一朝一夕能够完成的,本课只是给学生提供了积累的方向和方法,帮助他们建立良好的素材积累观念,改变作文言而无物的状况。教师应提醒学生在课后准备素材本,及时记录有价值的素材,如此方能将训练落实到日常。

王燕君

3 体 验 生 活
——萃取丰富的情感

❋ **教学目标**

  1. 引导学生用心感悟生活,丰富自身情感。

  2. 运用细节描写、环境描写等表现情感。

❋ **教学重点**

  运用细节描写、环境描写等表现情感。

❋ **教学难点**

  运用环境描写表现情感,达到情景交融的效果。

❋ **教学设想**

  记叙文中的描写是高一学生必须掌握的写作内容。本教学设计通过赏析经典作品、优秀习作中的片段,围绕“眼泪”的描写,训练学生学会运用细节描写、环境描写来表现情感。

❋ **教学过程**

一、课前准备

以“____让我流泪”为题,写一篇记叙文。

二、展示诗歌中的“泪”

1. 相顾无言,唯有泪千行。

——苏轼,《江城子》

2. 物是人非事事休,欲语泪先流。

——李清照,《武陵春》

3. 为什么我的眼里常含泪水? 因为我对这土地爱得深沉……

——艾青,《我爱这土地》

三、结合习作,讨论分析

1. 展示习作中的素材

(1) 在“流泪”中体验温馨慈爱的亲情。

（2）在"流泪"中体验真挚纯洁的友情。

（3）在"流泪"中体验成长蜕变的痛苦与幸福。

（4）在"流泪"中呼吁对自然的珍爱。

（5）在"流泪"中呼唤社会安全机制的健全。

"流泪"是整篇文章的情感高潮点，也是聚焦点，在这个点上重点展开描写，文章内涵就更具延展性，也更具感染力。

2. 展示习作中关于流泪的描写

（1）看完之后，我发现眼眶湿湿的。

（2）我红了眼眶，流下泪来。

（3）我再也按捺不住，眼泪直向下流。

（4）月冷风清，我有些冷——泪水无声划过脸颊，沾湿了一大片被子……

（5）天下起了小雨，顺着脸颊流了下来，那味道，又咸又涩。

（6）我觉得那天的夕阳格外美丽，仿佛在那夕阳中看到了曾祖父温暖的笑容。但眼前渐渐模糊，我已看不到那夕阳。

（7）阳光从窗外照进屋子里，叶子上有颗晶莹的水珠在滚动，而我知道，那不是浇花的水。

3. 学生讨论喜欢以上习作中哪一段，并分析描写要注意的要素

预设：描写要注意的要素：

（1）符合作品中人物形象和个性特点。

（2）聚焦情感高潮点，在这个点上重点展开描写，文章内涵就更具延展性，也更具感染力。

（3）结合环境描写，能够产生情景交融的效果。

❖ 使用建议

本课时之前可以先对学生进行记叙文"优化选材"的写作训练，让学生初步学会在记叙中选择恰当的素材之后，再学习使用细节描写、环境描写等方法来表达自己对生活的特殊感悟和真情实感。

❖ 教学反思

本课引导学生根据习作归纳、掌握方法，举一反三，对于学生描写能力的提升有所帮助。

王冰清

4 感悟生活
——触发思考的源泉

✿ 教学目标

1. 养成感受生活、感悟生活的意识与习惯。

2. 写出独特的生活感受和感悟。

✿ 教学重点

寻找感悟生活的写作路径。

✿ 教学难点

写出独特的生活感受和感悟。

✿ 教学设想

"感悟"的过程是一个循环往复而不断渐进的过程,人们总是在不断地感悟中逐步加深对生活的理解与认知。建立"感悟"的路径,才能养成感受生活、感悟生活的意识与习惯,传达情感与思想的反应。

✿ 教学过程

一、导入

30 岁那年,严歌苓到了美国,作为一个普通留学生,要打工、端盘子、站在快餐柜台边工作,还要当看护照顾白人老太太。严歌苓说:"这段生活让我了解到了普通华人在美国最初几年的真实生活,因此创作出《少女小渔》。"如果没有那段真实的生活经历,她写不出来作品中一连串的移民形象。

由此可见,生活是写作的本源,离开了生活,写作也就失去了源头和生命力。叶圣陶先生曾说过:"作文不是生活的点缀,而是生活的必需,跟说话完全一个样。"可以说,有怎样的生活,就有怎样的创作。因此,要写出生动、真挚、深刻的作文,首先要主动地感悟生活,触发思考,才能对生活有所认知和揭示。

二、课文链接

杨绛在《老王》一文中发出了"那是一个幸运的人对一个不幸者的愧怍"的感叹,提出了一个引人深思的问题:社会应该以人道主义精神来关心不幸者。

那么,是什么触发了作者的感悟?

明确:因人——"老王"而感。

文章以"我"与老王的交往为线索,回忆了老王的几个生活片段,刻画了一个穷苦卑微但心地善良、老实厚道的"老王"形象,极力表现特定时代、特定环境下社会底层劳动者老王的不幸和善良,作为高级知识分子的"我"虽然意识到人与人是平等的,始终以善良回报善良,却未能真正以平等者的角色去尊重老王。

因此,写作时必须找到一个感触点,这个点可以是人或事,人物的言行举止、思想行为,事件的发展过程或细节特点等均可成为触发感悟的感触点。可在叙后出感,或在写人之后详写感触,借势出理。

三、例文赏析:《地震给学生上的课》(霍忠义)

赏析:作者紧紧扣住标题中的"上的课",以"课"为感悟点,巧妙完成了由通常意义的学校课堂向人生课堂的过渡。行文以人物的言行为描写对象,借助于对比手法,将老教授与女教师对地震的反应、面对突变的行为及事情的结果等等诸多方面进行了对比:白发老教授镇定从容,时髦女教师慌忙逃命("惊""冲""踢");白发老教授是在学生"鱼贯而出"安全离开后出来的,而时髦女教师却是率先冲出的……文中尤具讽刺性的两个细节是:就是这样一个不顾自己学生安危的女教师,在事发当时恰恰正在大谈《人生哲理》;又恰恰是最后出现在楼口的老教授手中提着那位女教师情急时"踢脱"的一双高跟鞋。在危险的紧急关头,人格魅力的彰显一清二楚,读后令人不禁要从内心发出"危难彰显人格"的感叹,也不禁要对女教师大喊一声:你可以不懂地震,但不可以不懂责任和人格。

"危难彰显人格"是作者"悟"到的道理,也是行文的主旨所在。本文就是要借助"地震"的契机,通过两个人物截然不同的反应和表现,给学生、更给生活于"和平岁月"中的人们上了一堂人格课。文章结尾紧扣"地震",寓意深刻,希望唤醒人们的人格意识,具有深刻的警示作用。

四、技法点拨

除了因人而感,我们还可以找到很多可感之处。

1. 因景而感

"一切景语皆情语。"在写作中,没有无缘无故的写景。可以把自己的主观情感和思想意志融入景物之中,使山水有情,草木含意,在观花时怀人,在赏月时思乡。看海时可以感受博大,观云时可以感受飘逸,一切皆由景而感。有时,景也昭示着一种自然哲理。这时写感,要对景进行联想和想象,赋予具体的景象以抽象的哲理。

2. 因物而感

文学作品中的物,或牵系着一个故事,或寄托着一段感情,或隐含着一个道理。在记物的时候,可借物言情,也可托物喻意,还可咏物明理。一块橡皮记录着一段友谊,一张照片承载着一份亲情,一束玫瑰诠释着一种爱意。因物而感是一种"言在此而意在彼"的写作构思模式,作者描述事物的目的,不是为了表现这个事物,而是为了引出一段感情、一种哲理。因此在写物之前,要赋物以意;在写物之时,要为感蓄势;在写物之后,要自然出感。

3. 因事而感

在记事之后,或就事论事抒发感想,或由事入理阐发感悟,是让作文具有一种哲思之美的重要手段。尝试爬山,可以感悟征服困难的滋味;体验垂钓,可以感悟宁静淡泊的境界。在由事写感的时候,要对事件进行由表及里的分析、挖掘,由一事提炼出一理,并且用精警的语言予以点明。

五、写作实践

1. 制作一本《生活体验手册》

计划一下自己在中学阶段要做的 100 件事,如:陪家人散一次步,给父母洗一次脚,体验一次月下漫步、细雨中漫步或踏雪寻梅的浪漫,看一次日出(日落),做一次公开场合的演讲,现场观摩一场大型球赛,听一场音乐会,学做一种传统食物,学一个魔术,走一次夜路,打一次工,拜访一位校友……认真记录自己日常生活和学习中的一些难忘的经历,并记录好时间、地点、体验项目、体验过程。

生活体验手册

时间	
地点	

体验项目	
体验过程	

2. 思考

《芈月传》《琅琊榜》等宫斗戏、穿越剧长久地"霸占"荧屏,《明朝那些事儿》曾掀起一股读史的风潮,易中天凭借《品三国》而成为家喻户晓的学者……

这些电视剧的编剧和书籍的作者,他们凭借什么手段来体验当时的生活?对我们的写作有没有什么借鉴?

❋ **使用建议**

本课先从课文中寻找方法和路径,总结提炼技法,再指导学生参与生活体验与实践,培养主动感受、感悟生活的意识与习惯,帮助学生逐渐写出真实、独特、新颖的文章,体现自己对生活的认知与揭示。

❋ **教学反思**

《生活体验手册》可以提前下发,让学生先体验生活,再书写生活。

刘鹏程

第二单元　自然如泉　深掘情理

1　参　与　自　然
——领略造化神奇

❋ 教学目标

1. 巩固游记类文章的写作方法,学习使读者身临其境的语言技法。

2. 探究古今优秀游记成为经典的要素,融合当下时代特点运用于写作。

3. 利用出游契机,分享自我游历中的乐趣与思考。

❋ 教学重点

挖掘游记类文章除了记叙、描写等表达方式之外的理性思考点。

❋ 教学难点

将经典游记作品中的写作技法运用于自己的游记写作,使读者身临其境。

❋ 教学设想

游记写作对高中学生而言并不陌生。而如何把自己的游览体验与读者分享,如何使读者领略那份相同的趣味? 这是本课教学的重点。除了"真实"这一必备条件外,还需"审美"体验的辅助,即刘勰说的:"流连万象之际,沉吟视听之区,写气图貌,既随物以宛转;属采附声,亦与心而徘徊。"本课通过经典范文的研读和总结,深挖现代语境下写作的意义。在游记类文章中锻炼自己的审美能力、思考能力,再还原到日常生活的写作中,就能多一些"有味"的作品,而少一些快餐式的肤浅之作。

❋ 教学过程

一、导入

1. 回顾自己的写作经历,你写过哪些游记类作品?

2. 交流一篇自己的游记作品,归纳一下:其中你比较满意的是什么方面? 不满意的又是什么方面?(如结构、语言、主旨深浅等)

明确:游记类作品的"神"在于能使读者身临其境,从独特的角度勾画对象的特点,收到令人印象深刻且心情感动的效果。

二、探究经典,捕捉动人要素

(一) 范文研读

1. 柳宗元《小石潭记》

"从小丘西行百二十步—伐竹取道,下见小潭—潭西南而望—坐潭上"。

(典型的"移步换景"视角,与"定点换景"手法一样,引导读者同往,有助于定格回忆空间)

明确:游踪清晰,景小致深——结构。

2. 苏轼《前赤壁赋》

"哀吾生之须臾,羡长江之无穷。挟飞仙以遨游,抱明月而长终。"

(抒人生苦短的悲情)

"逝者如斯,而未尝往也;盈虚者如彼,而卒莫消长也。盖将自其变者而观之,则天地曾不能以一瞬;自其不变者而观之,则物与我皆无尽也,而又何羡乎?且夫天地之间,物各有主,苟非吾之所有,虽一毫而莫取。"

(抒物各有主、顺应自然的旷达)

明确:情蕴于景,思而后议——主旨。

3. 余光中《德国之声》

"德国的音乐—公路漫游声—市井活动声—钟声鸟鸣—天籁之声"。

(一处一声,构成德国的一曲组合交响)

明确:物象集中,串珠成链——组材。

4. 王剑冰《绝版的周庄》

"你可以说不算太美,你是以自然朴实动人的。

……我今天才来,我来晚了,以致使你这样沧桑。

……三毛临死时还念叨了一声周庄,周庄知道,周庄总这么说。

……周庄睡在水上。水便是周庄的床。……"

(第二人称,更具抒情性,仿佛在与周庄、与时间对话)

明确:言中见意,独抒性灵——语言。

小结:若想使你的游历杂记能够不落俗套,给读者留下鲜明印象,可以从组材、结构、语言、主旨等任一方面侧重落笔。一篇优秀的游记,是眼、耳、心、文的综合构思。或许你可以这样预想:读者需要获得怎样的感官体验? 我所写的对象最独特的神韵是什么? 思考清楚这些可以避免"流水账",使你的游记拥有自己的灵魂。

(二) 范文纵观

1. 古往今来,许多经典的游记类作品,除了使你身临其境外,还给你留下了什么印象?

明确:《岳阳楼记》"先天下之忧"之精神,《醉翁亭记》"与民同乐"之情怀;《石钟山记》"耳闻目见"之实证态度;余光中《古堡与黑塔》对司各特诗歌的质疑性评价。

2. 以上四篇范文,除了游览的视觉、听觉体验外,有什么共同之处?

明确:柳宗元被贬边地,拾趣自然却令人感其悲凉;苏轼宦海浮沉,仍然能够参悟宇宙,使后人于小我中见大我;余光中听见了莱茵河畔的乐音,开启了读者对一个特殊历史国度的多面审视;作为现代作家,王剑冰饱含深情歌咏周庄之美,同时又对现代文明的侵入深表忧虑。

小结:一篇优秀的游历杂记,应该拥有自己的精神格调——即事说理,即景寄慨,在"游"中观照几个维度,如"人生""世态""历史"。这样才能打通作者与读者间的心灵通道,使游历经验跨越时空。

三、范式技巧

1. 基本格式

(1) 拟好标题:鲜明生动;可以加入副标题,点出对象,如×××游记。

(2) 正文要素。

① 明确游踪:可用明示,可用暗示。

② 观察视角:移步换景,定点换景。

③ 对象描叙:侧重一点,与众不同;联想想象,虚实结合;动静结合,调动感官。

④ 语言风格:简笔勾勒;浓墨重彩。

⑤ 抒情议论:主观客观,融而为一;小我大我,辩证思考;审美格调,精神先行。

(3) 文章架构:有始有终,过程完整;点面结合,纵横时空;景情相融,杂而有序。

2. 语言魅力

（1）确立人称视角，便于对话抒情。

（2）化用前人诗句，增加文学底蕴。

（3）借鉴古典语法，扩大语言容量。

（4）并用多种手法，力求再现原貌。

四、写作实践

1. 修改自己的游记类作品。

2. 探究游记类作品的取材，思考如何使读者感到"杂"而有"味"，模仿上文总结几点心得。

❋ 使用建议

建议课前下发相关范文，使学生充分进行阅读体会。课堂归纳时可以师生共同探讨，尊重学生的发现。作为游历杂记的升格类教学设计，也可以作为相关单元阅读的读写体会总结课。

❋ 教学反思

游记，是学生容易接受、愿意动笔的一种文学样式。它有过程、有感受；有客观景、有主观情，能让学生感受到佳作记叙之生动，兴致盎然。但随着学生年龄和人生体验的丰富，游记教学似乎成为"鸡肋"。有没有必要再教？毋庸置疑，关键是如何突破。因此，设计中引入了古今名家代表之作供参考，但要领会其精神内涵，仅靠课堂时间还远远不够。最后写作格式中的总结为方便记忆，用了口诀高度概括，但又需要充分予以阐释，让学生消化，这和为交际而写作的目的似乎有违背之处，需做好教学重点上的取舍。本课在"杂"的这一特点上开掘得还不够，尚待补充，或许还需要树立学生的文化意识，与语言表达、相关文化论著作一些结合教学。

张丽杰

2　取法自然

——敏锐观察触角

❋ 教学目标

1. 具体认识自然对于人类认识自我和社会的作用。

2.学习经典片段,归纳自然对人类抒情、说理带来的感悟和启迪。

3.根据具体的作文题目,挖掘自然的文化内涵和人文价值,抒写自己的独特思考。

✤ 教学重点

学会提炼、归纳人类从自然中获得的感悟和启迪。

✤ 教学难点

深入挖掘自然的内涵,抒写自己的独特思考。

✤ 教学设想

自然对人类而言是什么?在古今中外文学家的笔下,自然呈现出循循善诱的一面,给了人类众多启发。今天我们再来感悟自然、抒写自然,可以从前人那里借鉴经验,进而开启独特的思考,这是我们取法自然的起点。本节课试图探究人与自然的关系,发现名家笔下自然对人类的多重意义,从文化、哲学、人生、生活、情感等不同角度思考自然与人的共性,探讨自然的深层价值。第一步先分析经典著作中名家对自然的感悟,归纳人类感悟自然的常见哲思。第二步通过对具体作文题目的构思,挖掘由自然而引发的思考,通过实践掌握意义分析的说理方法。

✤ 教学过程

一、导入

人类自诞生之初,就与自然相依存在。自然对人类来说,是母体,是精神家园,是伙伴,是思想的导师……我们探究人与自然的关系,阅读文学作品中自然对人类的启迪和自然景物上寄托的人类情感,正是为了取法自然,重新去发现自我,认知社会,感悟人生。

自然概念的阐释:天然而非人工的,不加人为修饰、加工的外物,人之外的存在。

二、问题探究

1.人与自然的关系

季羡林说过:"一个人活在世界上,必须处理好三个关系:人与大自然的关系;人与人的关系;个人心中思想与感情矛盾与平衡的关系。"

（1）人类对自然：人类亲近、观察自然，在自然中陶醉，物我两忘，通过想象、思考、叩问，获得感悟。

（2）人与自然：相融相依，和谐共荣。

（3）人获得情感、哲思，体察人性和生命的奥秘。

2. 名家笔下的自然之思

老舍的"北平"：动中有静，接近自然，使人热爱、依恋、想念。

朱自清的"荷塘月色"：朦胧、静谧，排遣内心的不宁静，让人获得短暂自由。

郁达夫的"故都的秋"：清、静、悲凉之美。足见有感觉的动物、有情趣的人类，对于秋，总是一样的能特别引起深沉、幽远、严厉、萧索的感触来的。

归有光的"枇杷树"：睹物思妻，托物寄情。

苏东坡的"赤壁"：盖将自其变者而观之，则天地曾不能以一瞬；自其不变者而观之，则物与我皆无尽也……惟江上之清风，与山间之明月，耳得之而为声，目遇之而成色……是造物者之无尽藏也，而吾与子之所共适。

王安石的"褒禅山"：尽吾志也而不能至者，可以无悔矣。学者深思而慎取。

苏东坡的"明月"：人有悲欢离合，月有阴晴圆缺，此事古难全。但愿人长久，千里共婵娟。

陶渊明的"南山"：追寻本心，悠然自得。

诸子的"山水"：时间、治国、用兵、治学、人格……

欧阳修的"秋声"：义气，刑官，兵象，商声，非金石之质，百忧感其心，万事劳其形。

海明威的"大海"：老人与大海、鲨鱼斗争，对抗自然的伟力。

托尔斯泰的"坟墓"：朴素，融入自然，亲近自然——幸福的所在。

梭罗的"瓦尔登湖"：回归自然，观察自然，与自然对话，发现自然之美，思考生活的本质。

明确：东方人看自然，多为情景交融，人为主体，自然为我所用，人与自然互证，人为自然注解；西方人看自然，则看到人与自然的平等、对抗，人观察自然秩序，师法自然，尊重自然。

三、作文实践

作文题：塔古斯河美过我村庄的那条小河，但是塔古斯河又美不过流经我村庄的小河，因为塔古斯河不是流经我村庄的小河。

审题：从人与自然的关系角度探讨作文题的内涵。

解析：说塔古斯河美过我村庄的小河是从视觉层面，是审美体验，看到的是客观景物的美；而流经我村庄的小河的美是超越了客观视觉层面的情感之美、文化之美，有我对小河的热爱、依恋与乡情，有我的文化想象、童年的独特记忆、我的生命体验，小河是我的精神家园。

所以我们对自然的欣赏与感悟往往有形、情、理等多个层次。正如梁衡曾说："人们不只是满足于自然中的形向主观的情的转化，又进而求理。因为哲理本身的逻辑美，在自然中也能找到相似的形象，它们灵犀一点可相通。如山之沉毅，海之激荡，云之多变等，人们从美的形、色、声中不但可以悟到美好的情感，达到美好的意境，还能悟出一种哲理的美，逻辑的美。周敦颐见莲花就悟出'出淤泥而不染'的做人之理；朱熹'半亩方塘一鉴开，天光云影共徘徊，问渠那得清如许，为有源头活水来'，这是讲做学问的理。"

取法自然时，首先是客观的外在的形式美，然后是主观情感之美，最后是深层的哲理之美。

所以塔古斯河和我村庄的小河都是美的，从哲学层面来看，都可以兼具视觉与情感双重的美。所以看待同一种事物，不同人的审美感受是不同的，我们放眼世界，感知不同的美，只有接受这种不同，才能更全面地认知世界、感受美。

四、作业(任选其一)

1. 以"秋雨的味道"为题，写一篇 800 字左右的作文。

2. 根据"三、作文实践"中的作文题写一篇 800 字左右的作文，不要写成诗歌。

附：学生优秀习作

秋雨的味道

交大附中嘉定分校　徐鹏程

秋雨，又在下了。

独立秋雨中，用心细细品着，这秋雨的味道。

秋雨浸润过的土地，颜色更加深沉，望着水塘反射出的一隅，宛如透过黑色亚克力镜,景似乎没变,只是多了一层深邃,多了一层沉重。秋雨浸润过的树叶,原本青葱的颜色像是被更浓郁的绿色加深了,远处树上的些许叶子渐渐泛黄、泛红,更显得热烈而深沉。纷纷扬扬的雨点打到树叶上,顺着叶脉缓缓流淌,轰然坠地摔开万道金光。秋雨浸润的天空,苍茫而悠远,如一顶苍穹扣在这深沉大地,仔细凝望,与天一般大的云或深或浅,看似白茫茫毫无生气,却似乎暗流涌动,波涛翻涌。藏在这半透明的朦胧的幕布后面,仿佛可以望穿另一个世界,深邃而遥远。

　　静,一切是那么的静。纵使雨点拍击泥土的声音历历可闻,却不知为何,一切却显得更加的静了,我一动不敢动,不想打破这令人陶醉的静谧。苍黑的树干上苍青的树叶,仿佛在悄悄地发出窸窸窣窣的声音,侧耳倾听,却又什么也听不见。一片叶子在看不见的风中摇摇欲坠,终于滑落空中,这轻舞的身姿如翩翩的蝴蝶,在空中划过一道优美的弧线,安详地躺落在了地上。仿佛听见大地轻轻地震颤了一下,似乎大地被这轻柔的落叶温暖得战栗了。那震颤的水滴在平静如镜的湖面,泛起一圈圈涟漪,泛得我的心也跟着颤抖起来。我却又并不是什么也听不见,远方,隐隐约约,仿佛大提琴悠扬的琴声传来,又仿佛在空中摇摆的风铃,清脆如淅沥的雨声,把人心洗涤得清澈、旷远起来。

　　一阵秋风拂来,这才使我感到丝丝的寒意,不禁打了个喷嚏,鼻窦中仿佛被鼻涕润湿,欲流,却又终究不流下来。这才发现,深秋的风之凉,不像春风温柔拂面,不像冬风凛冽刺骨,却仿佛又凉,又不凉,凉得飒爽,却又凉得让人不知不觉得了小感冒。随后身子也渐渐颤抖起来,一边抱怨少添了衣服,却一边又想在雨中多立一会,再多品一会秋雨的味道。

　　如此却又终于品出了些许"寻寻觅觅,冷冷清清,凄凄惨惨戚戚"的味道来,不知何时秋悲悄悄爬上了我心头。再看,再听,再感受着眼前的一切,仿佛都蒙上了凄清悲凉之色彩。

　　但,秋雨的味道,究竟是怎样的味道呢? 它不像春雨的味道那么清纯,混合着草木与泥土的香气,它也不像夏雨的味道那么炽烈,混合着蝉鸣的聒噪。秋雨的味道,是深沉的。用《我与地坛》中的话来说:"秋天是从外面买一棵盆花回家的时候,把花搁在阔别了的家中,并且打开窗户把阳光也放进屋里,慢慢回忆慢慢整理一些发过霉的东西。"

　　自以为,这便是秋雨的味道。

　　若把春夏秋冬比作四季,春天为童年,夏天为青年,那么秋天则必为中年。

他不至于如暮年那么死气沉沉，却也不如青年那么朝气蓬勃。而当中年下起了雨，便不禁开始回忆这大半生的沉淀，回首，望着来路，望见儿时的发霉的梦想，望见来时的步履匆匆，伫立，更坚定了脚下的步伐。

闻见了秋雨的味道：清新，却又微苦；静穆，却又热烈；凄凉，却又仿佛带着无限希冀。

那股味道，在鼻腔中，久久不散去，在胸怀中隽永。

美则美矣，不及旧邑
交大附中嘉定分校　许文迪

"那么我就拒绝出生。"

诗人聂鲁达曾被记者提问"假如不是在智利，你有没有想过出生于其他国家？"，这便是这名诗人给出的回答。

著名的塔古斯河风光独好，却美不过葡萄牙诗人村庄的小河，只因"他不是流经我村庄的小河"。想来是村庄里的小河蕴含了哺育人的甜美，才把塔古斯河生生比了下去。

这大概就是客心的欲归处，断肠人望不尽的天涯。纵然塔古斯河美不可言，教人流连忘返，但费尔南多依然是要为了村庄里的涓涓细流而返的。

正所谓"除却巫山不是云"，故乡之于人便像是这座巫山一般。故乡是人们出发的港口，它给予天下每一个人以滋养，也给人们无条件的接纳、包容和庇护。正如埃及人将尼罗河视为"母亲河"，正是因为它孕育了灿烂辉煌的东方文明之瑰宝。

故乡之于人而言，是要带着崇敬与肃穆去对待的，你须得去敬它，去爱它的每一寸山水土地。文天祥叹"山河破碎风飘絮，身世浮沉雨打萍"，叹的终归是国破山河灭，家国破灭，故土不再，才使自己浮沉于世，伶仃无依。又如侨居美国多年的老人坚持要带着孙子回沪，看一看这里的高楼大厦，走一走这里的石库门老弄堂一样，这是在寻根，这是看尽天下无数"塔古斯河"都换不来的"村庄溪流"。"人在路上，身作孤云心浩荡"，离开了故乡的人，心内总是有稍许不安的。

有人说，如果你是一条船，你就该不断航行，千万别靠岸。我认为此话差矣。人生在世如小舟轻飏，自然是要看遍外面世界的大好风光，马不停蹄，以致千里。但正如葡萄牙诗人所言，再美的塔古斯河也美不过流经自己村庄的小河,扬帆越洋的船也该有时停回来时的港湾。作家毛丹青旅日多年,却依然念着家乡的一碗面;小学生所熟记的诗句中,那少小离家之人也终究老大还乡,鬓毛已衰但乡音不改。外面的景色美则美矣,却不及旧邑的一山一水,一草一木,这是人之为人而不能移的情。

在葡萄牙诗人眼里,塔古斯河美则美矣,却不及家乡村庄里的小河,流进人的心里,人的情里。陌上花开,客心茫茫,念着故乡田间小径上的野花芬芳,须急急归矣。

✽ 使用建议

思考人与自然之间的关系,是思考其他各种关系的起点,自然给了人类诸多感悟和启迪,和人生何其相似,这是主题教学的第二个专题。这一主题训练可以放在高中作文教学相对早期的阶段,也可以在高三作文升华阶段再进行回顾总结。不同阶段学生的认知水平是存在差异的,高一阶段教学可以侧重学生对自然的自我感悟和实际体验,高三则注重对高中教材中涉及自然的篇目进行提纲挈领的归纳统观。要通过本课训练,让学生明确人感悟自然关系的几个角度:有关自然特征的外形体验,有关文化、人生的情感和哲理,有关审美的意境等,进而在具体作文写作中得心应手地运用。

✽ 教学反思

高一学生对自然的感悟缺少哲理的高度,所以还是应该从对自然的直接体验入手,着重于形象感受的表达抒发、感性经验的积累和文化认同。如果是高三学生,可以从哲理和审美的角度去挖掘,从这个角度来看,本教案的设计更适合高三学生。作文题"秋雨的味道"适合高一学生,从对自然的描写入手,切入个体在自然中的成长,生命在自然中的共鸣,文化和自然的契合;塔古斯河的材料作文高三和高一学生都可写,只不过切入角度不尽相同,高三学生可能倾向于理性思考,高一学生倾向于情感体验。

申玲娣

3　问　道　自　然
——提取蕴含智慧

✽ 教学目标

1. 在作文中准确表现自然之美。

2. 在作文中书写人生感怀。

❀ 教学重点

表现自然的常用角度。

❀ 教学难点

写出万象的、具象的自然。

❀ 教学设想

以教材为例,学习作者表现、书写自然的常见角度,养成从概念到万象、从抽象到具象的思维方法。

❀ 教学过程

一、导入

朱熹诗云:"半亩方塘一鉴开,天光云影共徘徊。问渠那得清如许,为有源头活水来。"朱熹从半亩方塘的清澈而想到源头活水,由此感悟出了人生的哲理。在生活和学习中,面对自然的绚丽多彩和千变万化,联系到自己的人生经历,也一定会发出许多感慨,得到许多人生哲理。如何在自己的作文中表现大自然?

二、课文链接

阅读以下三则材料,尝试提炼不同的写作角度。

1.《晨昏诺日朗》(赵丽宏)

2.《游褒禅山记》(王安石)

3.《全球变暖与城市"热岛"》

全球变暖会引起世界各地区降水与干湿状况的变化,进而导致世界各国经济结构的变化。中纬度地区将会因气候变暖使蒸发强烈而变得干旱,现在农业发达的地区将退化成草原;高纬度地区则会因变暖而增加降水,温带作物将可以在此安家。但就全球来看,气候变暖对世界经济的负面影响是主要的,得到好处的仅是局部某些地区。

城市的气温比近郊要高得多,犹如一座温暖的岛屿。我国最大的城市"热岛"北京,比郊区温度高出 9.6 度,上海与郊区的最大温差也达 6.8 度。造成城市"热岛"效应的原因在于城市人口集中并不断增多,工业发达,居民生活、工业生产和汽车等交通工具每天要消耗大量的煤、石油、天然气等燃料,释放出大量的人为热。还有一个原因是城市中由混凝土、石料、砖瓦堆砌成的建筑群与柏油、水泥、陶瓷、石料等铺设的路面、人行道、广场,代替了原为植被、作物覆盖的自然地面。它们反射率小,热容量高,大量吸收太阳能。

角度一:欣赏自然,准确表述。

赵丽宏为了将中国西部的壮丽景观——九寨沟诺日朗瀑布展现在读者面前,从不同角度、分三次从不同侧面展现了被观察的事物,给读者一个立体的诺日朗的印象。

角度二:体悟自然,感怀人生。

王安石在文中着重写了两点:一是写华山山名的本末;二是写游览华山后洞的经过,但是作者在游览中的心得和体会——“深思而慎取”,似乎更能给读者以鼓舞和有益启示。

角度三:敬畏自然,关注生态。

人类属于大地但大地不属于人类。我们应把自己看成大自然生态链中的一个组成部分,思考人与自然和谐相处的方式。

三、技法点拨

1. 从概念到万象

打开思路,多角度观察和立意。“问道自然”的话题是相当宽泛的,给写作提供了神驰遐想的广阔空间。“自然”仅是一个概念,如果从概念出发,当然打不开思路,导致千篇一律去写“要保护自然环境”“要改造大自然”等等。

怎样才能打开思路,呈现异彩纷呈的局面?要“化概念为万象”,然后“万中取一”。

例:夜望星空,慨叹宇宙之广阔深邃,感悟“吾生也有涯知也无涯”,哪怕只写流星,也会想到“不要追求短暂的闪光,而要追求永恒的光辉”。

根据例句,仿写:

静听虫鸣,_____

走进森林,_____

浮游大海,_____

参考：静听虫鸣，惊叹世界奇妙多彩，感悟生命的无穷力量，哪怕只写蝉鸣，也会感悟"四年的黑暗劳作，才有短短一个月的欢唱"；

走进森林，感知物种的丰富多样，感悟世界的多样性和人类应有的位置，哪怕只写小草，也会感叹"野火烧不尽，春风吹又生"；

浮游大海，感受大海的宽阔胸怀，感悟"海纳百川，有容乃大"，哪怕只写涛声，也会慨叹"沧海横流，方显出英雄本色"。

2. 从抽象到具象

用具体生动的形象来表达情思。

郁达夫在《故都的秋》中这样写北国的秋："北国的槐树，也是一种能使人联想起秋来的点缀。像花而又不是花的那一种落蕊，早晨起来，会铺得满地。脚踏上去，声音也没有，气味也没有，只能感出一点点极微细极柔软的触觉。扫街的在树影下一阵扫后，灰土上留下来的一条条扫帚的丝纹，看起来既觉得细腻，又觉得清闲。"借助具体生动的景物描写寄托情思，抒发情怀。

感受总是具体的。要选择自己感受最深的、最具典型意义的景物来写，才能为写"悟"打下基础。就拿郁达夫笔下故都的秋来说，与其他地方的秋有什么不同呢？如果笼统地写，是难以写出故都秋色的特点的，或者说难以使读者感受到北国之秋的特点。郁达夫抓住故都的秋天极具特色的几种景观来细致入微地描写，使读者感受到了故都之秋特有的秋意。

四、写作实践

1. 与生活链接：走进自然，到大自然里去感受它的奇妙，仔细观察、感受自然的变化。

2. 与阅读链接：收集、准备一些与生态保护、环境恶化相关的素材，不需太多，但要有典型性。

✽ 使用建议

学生需在课前熟悉例文。教师可适当布置仿写作业，为学生课内交流作准备。

刘鹏程

第三单元　认识自我　展示于你

1　初露牛角
——亮出我的名片

❋ 教学目标

1. 明确自荐目的,分析读者心理情况。

2. 掌握个性写作技巧,突出自荐人的个性。

❋ 教学重点

掌握自荐写作中的个性写作技巧。

❋ 教学难点

合理分析自我性格特长,在写作中突出自荐人的个性。

❋ 教学设想

在以往高中阶段,自荐信一般是学生出国申请学校时需要准备的材料。而随着高考改革的推进,自荐信的写作又受到了格外重视。符合试点高校自主招生推荐条件的考生,除了由所在中学或考生本人向试点高校准确提供其高中阶段课程成绩、学业水平测试和综合素质评价情况,以及获奖、特长等证明及写实性材料,同时申请考生还需提交个人自荐信。因此,如何让学生的作品在众多自荐信中让人眼前一亮、脱颖而出,是需要写作指导的训练的。

❋ 教学过程

一、导入

以某高校自主招生引入,让学生思考作为高校招生老师,会希望在高中生自荐信上读到哪些信息资料。

明确:自荐信上不仅要体现个人基本情况,更重要的是展现个性和优点,让人耳目一新。

二、初步探究,明确写作内容

1. 布置课堂片段练习:思考自己最突出的性格特点和特长,写一段话加以表述。

2. 分小组交流讨论，评选出每个小组的佳作，并阐述理由。

明确：自荐信突出个性，需要做到真诚、可信、翔实、鲜明。

三、强化训练，突出个性

根据要求再进行修改。

明确：

1. 用实例或数据说话。介绍自己的个性特点或特长时不要仅仅停留在语言形容层面，而要用实例或数据来说明。说自己乐于助人，就应该举出生活中你帮助别人的典型事例，这样才能让别人对你的了解更加鲜活和具体，也更可信。

比如有个学生在个人陈述中写自己特别喜欢进行研究，随后列举出自己在高中阶段曾做过的多个课题，其中有一个课题还获得了上海市青少年科技创新大赛一等奖；该同学还介绍自己能独立思考、富有怀疑精神，敢于对书本上的东西提出质疑，他举了一个物理课本中某演示实验在实际操作中并不可行的例子，给人印象深刻，让老师实实在在地感觉他的确善于独立思考。

2. 少说套话，语言朴实简练。洋洋洒洒的套话其实都是废话，会给人华而不实的感觉。老师每天要看大量的自荐信，所以篇幅不宜过长，语言要力求简练，用尽可能简短的文字表达实实在在的东西，让老师看到你的踏实和真诚。

3. 不吹嘘，不夸大。在介绍自己的优势特长时，一定要实事求是，不可捏造或夸大。在将来的面试环节中，面试官会针对考生自荐信中提到的兴趣爱好和特长进行提问，如果考生写得不真实或者有夸大，就会露出马脚，给老师留下负面的印象。

4. 适当地坦陈一下自己的缺点反而可能效果更好，既体现你对自己有客观的认识，还展示了自己的博大胸襟，可以大大提升自荐信的可信度。

四、课后作业

根据自己想要自荐的学校，完成一篇自荐信。

附:学生优秀习作

自 荐 信 片 段

孙振宇

我性格活泼开朗,喜欢参加学校组织的社团活动。我高一时竞选为"二中话剧社"社长和校学生会宣传干事,带领话剧社同学先后编排了《雷雨》《日出》《魔之椅》等话剧,每次公演都受到老师和同学们的喜爱和好评。特别是《日出》公演时,全校 600 多名师生到现场观看,校长亲自致电表示祝贺,公演成功的新闻也被教育局官方网站转载。通过自己的不断努力和付出,"二中话剧社"成为我们学校最具活力的社团之一。在筹备每一部话剧的过程中,改剧本、定演员、对台词、布背景、拉赞助、做宣传等一系列活动,尽管占用了我许多时间和精力,但也促使我不断成长,不断进步。这不仅锻炼了我的意志力和组织领导能力,而且也让我体会到了话剧舞台的魅力和演出成功后的喜悦,我乐此不疲,乐在其中。

我注意观察周围事物,特别热衷于动脑筋,爱钻研。我热爱生活,始终对生活充满信心和希望。身为班委成员,我积极协助班主任做好班级管理工作,经常对团的工作提出合理化建议,使团支部工作能更顺利地开展。我热心各种社会公益活动,并成为一名志愿者,参加义卖玫瑰(为失学儿童募捐)、植树、清洁社区等社会实践;支持电台实施"小橘灯爱心读书行动",并慷慨捐赠。我喜欢感受快乐,我希望把快乐传递给我身边的每一个人,我为强者欢呼,为弱者流泪,我相信"赠人玫瑰,手有余香"。我会不厌其烦地给同学讲一道已经讲过无数遍的数学题,我会郑重其事地给同学公开我学习英语的诀窍,在同学经济上遇到困难时我慷慨解囊,在同学心理有偏差时我积极帮助疏导。在此过程中,我也收获了友谊、能力、博大的爱,这将是我一生最可宝贵的财富。与同学之间的交流与合作,培养了我的团队精神,也为我们班营造一个和谐的集体环境贡献了自己的一分力量。

✿ **使用建议**

本设计放在高三时训练指导也很合适,对于高三学生参加自主招生考试很有针对性。

✿ **教学反思**

在课堂准备期间可以让学生先填写一份自我评价表,对自己的兴趣爱好与特长等方面做出合理评价,这样能节省课堂思考时间,让学生迅速整理个人档案并从中提炼关键材料。

夏侯界春

2 认知自我
——沉浸思索路径

❈ 教学目标

1. 掌握自叙文的写作方法。

2. 调动学生特有的认识自我的兴趣,提高认识自我的能力和水平。

❈ 教学重点

提高认识自我的能力和水平,探索自己的心路历程。

❈ 教学难点

学会深层次地剖析,提高思维能力。

❈ 教学设想

青少年时期是自我发展的重要时期。本教学设计通过学习怎样选择合适的素材、怎样选择合适的写作方法,来引导学生深入认知自我,并在这过程中提高学生深层次剖析问题的能力。

❈ 教学过程

一、导入

1. 在古希腊帕尔纳索斯山南坡上,有一个驰名的戴尔波伊神托所,是个求神问卜的所在。就在这个神托所的入口处,有一块石头上刻着一句话:"认识你自己。"古希腊哲学家苏格拉底最爱引用这句格言。直到今天,这句话仍然广泛地被人们所引用。然而,要真正认识自己并非易事。那么你们能认识自我吗? 现在请同学们在 1 分钟内用尽可能多的语句将"我是_____"句式补充完整。

2. 同学们简短的自我介绍让我们初步认识了彼此,但这只是自我简介式的认识,没有深层次地剖析我们自身,也就是没有真正地认识我们自己。如何认识最初的自我、最本质的自我呢? 让我们一起进入今天的写作课——认知自我。

· 342 ·

二、材料的选择

1. 阅读与借鉴:现在请大家阅读《我很重要》《北大是我美丽羞涩的梦》《我的故事以及背后的中国梦》(节选)三篇文章,思考并讨论:

(1) 你认为你对谁很重要? 你的重要性体现在哪里?

(2) 作者都选择了什么材料来写? 试分类并概括。

(3) 说说作者选择的材料是如何达到"深层次地剖析"的目的的。

以四人小组讨论以上三个问题,组长做好记录,并指定组员发言,其他小组成员可以补充。

参考:可选择的材料有:往事的回顾和反思、别人眼中的自己、国家社会的发展与我的愿望的关系、对未来的规划与展望等等。

2. 现在请每位同学思考:你将会选择什么素材完成你的作文,并说出你选择的理由。

参考:我们可以从自己的生活中直接取材,从日常生活入手,如在校生活、家庭生活或是朋友交往。要选取那些最能展现你灵魂深处性格特征的典型事例,反映你的性格特征。要仔细地审视自我,无情地剖析自我,逼真地描写自我,客观地评价自我。

三、写作方法

同学们现在掌握了素材收集的途径与方法,也交流了对自我的认识,那么如何构思文章呢? 我们可以借鉴选文的写作方法。

讨论:三篇文章运用了什么写作方法?

参考:《我很重要》是对自我、对自我个体生命价值和意义进行思考的散文,作者列举了自然界中的事物和身边的事例,先否定再肯定,为提出和探索"我很重要"蓄势。

《北大是我美丽羞涩的梦》,作者选取了成长过程中真实的矛盾,展现了独特的个性美和智慧增长的青春美。

《我的故事以及背后的中国梦》(节选),作者选择了宏大时代背景下个人细致入微的经历和感受,但这些经历和感受都以"我有一个梦想"串联起来,在大背景下看自己,找寻自己与时代的联系。

讨论补充:写作方法是多种多样的,可以以时间为序组织材料,突出自己的成长历程;可以采用片断组合的方式,截取不同年龄段的典型事件,凸现自己在思想、知识、认识等各方面的进步;还可以采用反向构思的方式,写自己是一个矛盾的集合体,如"我不是我"等,这样不仅构思新颖,也体现了一些创新的意识。

四、课堂实践

每位同学以"我"为题,列出写作提纲。

五、布置作业

以"我"为题,写一篇 700 字左右的作文。

✿ 使用建议

教学中要让学生充分从日常生活入手,从自己的生活中直接取材,体会生活,仔细地审视自我,无情地剖析自我,逼真地描写自我,客观地评价自我。

✿ 教学反思

本课教学引导学生认知自我,并能够结合优秀范文从素材选择和写作方法讨论得出写作策略,让学生初步掌握自叙文的写作方法。但在突破教学难点,即深层次地剖析并提高学生的思维能力方面还缺乏切实有用的策略。

王冰清

3 走 出 自 我
——自 我 与 社 会

✿ 教学目标

1. 理解作文中"自我"的多种体现角度。
2. 拓展对"自我"的思考范畴,展现作文个性。

✿ 教学重点

通过阅读经典片段,理解作文中"自我"的多种体现角度。

✿ 教学难点

根据个性作文的需要,拓展对"自我"的思考范畴。

❋ 教学设想

　　高中生作文除了能够关注历史、关注社会,也应该能够体现对"自我"的认知,通过文章表现对"我"的认识评价及对"我"与所处时代社会的关系的认识感悟。本节课通过梳理课文中相关文章来明确自我与社会的关系,了解写作可以思考选择的角度,并通过训练拓展思路,激发写作表达自我的兴趣。

❋ 教学过程

一、导入

　　"我是谁",是一个深刻的哲学概念。对自我的追问和认知,是贯穿古今中外的问题,也是我们中学生需要思考的问题。在阅读过程中,我们经常可以看到作者对自我的认知界定,我们可以从中感悟到什么,又可以得到什么启发,都可以在作文中体现。

二、课文链接

　　1.《生命本来没有名字》(周国平)

　　"生命本来没有名字"——这话说得多么好! 我们降生到世上,有谁是带着名字来的? 又有谁是带着头衔、职位、身份、财产等等来的? 可是,随着我们长大,越来越深地沉溺于俗务琐事,已经很少有人能记起这个最单纯的事实了。我们彼此以名字相见,名字又与头衔、身份、财产之类相连,结果,在这些寄生物的缠绕之下,生命本身隐匿了,甚至萎缩了。无论对己对人,生命的感觉都日趋麻痹。多数时候,我们只是作为一个称谓活在世上。即使是朝夕相处的伴侣,也难得以生命的本然状态相待,更多的是一种伦常和习惯。浩瀚宇宙间,也许只有我们的星球开出了生命的花朵,可是,在这个幸运的星球上,比比皆是利益的交换,身份的较量,财产的争夺,最罕见的偏偏是生命与生命的相遇。仔细想想,我们是怎样地本末倒置,因小失大,辜负了造化的宠爱。

　　——本真的我,是抛却一切"头衔"的存在。

　　2.《世间最美的坟墓》(茨威格)

　　后来就这样办了,完全按照托尔斯泰的愿望;他的墓成了世间最美的、给人印象最深刻的、最感人的坟墓。它只是树林中的一个小小长方形土丘,上面开满鲜花——nulla crux, nilla corona——没有十字架,没有墓碑,没有墓志铭,连托尔斯泰这个名字也没有。这个比谁都感到受自己的声名所累的伟人，就像偶尔被发现的流浪汉、不为人知的士兵那样不留名姓地被人埋葬了。谁都可以踏进他最后的安息地，围在四周的稀疏的木栅栏是不关闭的——保护列夫·托尔斯泰得以安息的没有任何别的东西，唯有人们的敬意；而通常，人们却总是怀着好奇，去破坏伟人墓地的宁静。这里，逼人的朴素禁锢住任何一种观赏的闲情，并且不容许你大声说话。风儿在俯临这座无名者之墓的树木之间飒飒响着，和暖的阳光在坟头嬉戏；冬天，白雪温柔地覆盖这片幽暗的土地。无论你在夏天还是冬天经过这儿，你都想象不到，这个小小的、隆起的长方形包容着当代最伟大的人物当中的一个。然而，恰恰是不留姓名，比所有挖空心思置办的大理石和奢华装饰更扣人心弦：今天，在这个特殊的日子里，成百上千到他的安息地来的人中间没有一个有勇气，哪怕仅仅从这幽暗的土丘上摘下一朵花留作纪念。人们重新感到，这个世界上再也没有比这最后留下的、纪念碑式的朴素更打动人心的了。

——返璞归真，追求最真实的自我。

3.《老人与海》(海明威)

"可是人不是生来要给打败的，"他说，"你尽可把他消灭掉，可就是打不败他。"他想：不过这条鱼给我弄死了，我倒是过意不去。现在倒霉的时刻就要来到，我连鱼叉也给丢啦。"Dentuso"这个东西，既残忍，又能干，既强壮，又聪明。可我比它更聪明。也许不吧，他想。也许我只是比它多了个武器吧。

"别想啦，老家伙，"他又放开嗓子说，"还是把船朝这条航线上开去，有了事儿就担当下来。"

——"我"的精神是永远不会被打垮的。

4.《〈激流〉总序》(巴金)

有人说过，路本没有，因为走的人多了，便成了一条路。又有人说路是有的，正因为有了路才有许多人走。谁是谁非，我不想判断。我还年轻，我还要活下去，我还要征服生活。我知道生活的激流是不会停止的，且看它把我载到什么地方去！

——人生就是"搏斗"，"我"是征服者。

5.《人因为思想而伟大》(帕斯卡尔)

世人在思考什么呢？是跳舞、吹笛、唱歌、作诗、铃响了就赛跑，还有打斗，让自己当国王，根本不想想当国王是怎么一回事，当普通人又是怎么一回事。

人只不过是一根芦苇，是自然界最脆弱的东西；但他是一根能思想的芦苇。用不着整个宇宙都拿起武器来才能毁灭他；一团水蒸气，一滴水就足以致他死命。然而，即使宇宙毁灭了他，人却仍然要比致他于死命的东西更高贵；因为他知道自己会死去，知道宇宙所超过他的优势，然而，宇宙对此却一无所知。

因此，我们的全部尊严就在于思想。我们必须通过思想，而不是通过我们无法填充的时空来提升自己。那就让我们努力地好好思想吧，这就是道德的原则。

——有思想的"自我"才能立足于社会。

6.《告别权力的瞬间》(李辉)

华盛顿含着笑意，伫立一旁。这是令人陶醉的时刻。想到就要告别荣耀但又喧闹复杂的政坛，他感到难以抑制的喜悦。这种渴望由来已久，现在变成了现实。他频频举杯，与周围的客人寒暄。他想到 9 个月前就对人说过的话，今日它们好像更能反映他此刻的心境："……我早就怀有的渴望，那就是告老还乡，安享天年，怀着莫大的安慰，想到自己已经在能力许可的范围内对祖国尽了最大力量——不是为了发财，不是为了飞黄腾达，也不是为了安排亲信，使他们得到同他们的天赋才干不相匹配的职位，当然更不是为了给自己的亲属谋求高官厚禄。"

——"我"是一个不仅仅是为了我自己，更是为了其他人的存在。

三、讨论辨析

别人笔下的"自我"，带有个人人生经历的主观色彩。如果写我自己，会有怎么样的因素影响到认知和感受？

讨论：年龄的特征及时代的意义。

十几岁的年龄，我们的人生经历相对短暂，是否也有形成"自我"的意义？

时代飞速前进，网络时代、科技时代，是否让现代的"我"与前人有不同的自我思考和自我界定？

四、学生范文赏析

我　们

我们是谁？我们是娇生惯养的独生子女吗？不是。

我们是谁？我们是扛不起时代责任的弱者吗？不是。

我们是谁？我们是时代的希望,我们有勇气,我们有胆量,我们有坚定的信念高呼:我们必能承担一切。

或许当我们说出我们是90后的孩子时,你会鄙弃地看一眼,然后不屑地走开。因为我们没有经历过革命的洗礼,我们没有受过改革的波浪,我们只是一群只会哭闹叫喊的小娃儿。可你就不知? 当你随意地扔下纸屑时,是我们捡起了它;当你的自行车被风吹倒之后,是我们把它扶了起来。注重环保,是我们这代人的责任。文明随行,是我们这代人的行动。我们有勇气,有胆魄地喊道:"我们必能承担一切。"

我们是高考生。每天天还未大亮,就起身前往学校,认真读书的是我们。当万家灯火熄灭时,挑灯夜读的仍是我们。大人们质疑着,如此的艰苦,受惯幸福、宠爱的我们是否能承受。是的,高考是苦的,但对于我们来说,我们并不怕。瞧,新时代的我们正目不转睛地盯着老师在黑板上留下的字。看,我们的笔正在纸上做着一遍遍的演算。听,悦耳的朗读声正回荡在课堂上。我们是新一代的希望,我们有勇气、有胆魄克服眼前的困难。不畏艰险,勇往直前,勇于创新,敢于冒险是我们的共同特征。我们有足够的信心:"你们可以做到的,我们也行。"

我们是志愿者。我们笑脸迎人,用最好的状态去服务所有的人。我们不怕脏,亲手去拾捡垃圾。我们有耐心,带领着人们通向自己的目的地。我们是时代的先锋,凭着我们对现代新鲜事物的感知去帮助他人。

我们就是这么一群人,是时代的领先者,是新时代的希望。我们是谁? 我们不再是娇生惯养的小娃儿,我们是时代的希望。我们是谁? 我们不是害怕困难的弱者,而是时代新的开辟者。现代、勇敢、果断、不惧艰险、敢于创新是我们的共同个性。我们将引领时代向前大步跨越。

我　们

众人皆说,男子胜于女子。我却说:"谁说女子不如男?我们女子同样可以撑起自己的一片天!"

"唧唧复唧唧,木兰当户织,不闻机杼声,唯闻女叹息……"花木兰,一位女子,却替父从军,留下一段千古佳话。谁说女子就只能织布?我们照样可以上阵杀敌,报效祖国,我们也一腔热情,可以浴血奋战,为国牺牲!谁说战场是男人的天下?我们女子照样可以撑起这一片天!古有花木兰、穆桂英,今有我们这一批英姿飒爽的女子,决不逊于任何男子。

是谁在金銮殿上批阅奏折,接受百官朝拜?望向龙椅,竟是一名女子。武则天!自古只有男子可为帝,但她凭着不输于男子的才华及气概,坐上龙椅。谁言女子无才?我们同样有不输于男子的才华!谁说女子妇人之仁?我们同样有着刚强的一面。谁说女子头发长见识短?我们同样有着广博的见识,同样可以指点江山,激扬文字!我们,绝不逊于男子!

"生当作人杰,死亦为鬼雄。至今思项羽,不肯过江东。"是谁在江边大声吟唱,让人不觉侧目于此女子之才华?啊,是一代才女李清照!她,一介女子,却是婉约派的代表人之一。她,一生坎坷,却坚强地活着。她,一腔才华,让后人为之感叹!"寻寻觅觅,冷冷清清,凄凄惨惨戚戚"的是她,"生当作人杰"的亦是她!作为女子,我们同样可以才华横溢,在史册上写下光辉的一页。作为女子,我们刚柔并济,巧笑嫣然间是一篇诗文的诞生,眼波流转间是一个新创意的产生,莲步轻摇间是对未知的探索及对未来的决心。

我们,作为女子,被世人冠以持家、主内的头衔,但是,我们绝不甘心于此!我们同样可以纵横于天地之间,掌握并撑起一片天!是谁在轻视女子?请睁大你们的眼睛看清楚,我们女子,不逊于男子!谁说女子不如男?我却道巾帼不让须眉,我们作为女子,同样可以仰天大笑,让历史铭记!

五、课堂训练

如何定位身处这个时代的"我"?

参考例题:

1. 庄子说,高山上看到的山下人,皆如蝼蚁,大小高低如一,何必去争谁高谁低。胡适先生说,我是山下人,就在山下看人,怎能不计较大小、高低、胖瘦?

2. 醉心于古文化研究的英国历史学家汤因比曾经说过,如果可以选择出生的时代与地点,他愿意出生在公元一世纪的中国新疆,因为当时那里处于佛教文化、印度文化、希腊文化、波斯文化和中国文化等多种文化的交汇地带。居里夫人在写给外甥女涵娜的信上说:"你写信对我说,你愿意生在一世纪以前……伊蕾娜则对我肯定地说过,她宁可生得晚些,生在未来的世纪里。我以为,人们在每一个时期都可以过有趣而且有用的生活。"

3. 对于巨人,只有极少的人能够站在他们的肩膀上,而更多的人则是拜倒在巨人的脚下。

❉ 使用建议

本课可作为单元写作课第一课时使用,相关资料需要课件展示或印发给学生。

❉ 教学反思

对于"我"的界定是一个复杂的哲学问题,在写作中,只要求学生能够从更深一个层面来认识自我。在课堂中启发思维,如引导学生思考"我和他人""我和社会""过去的我和现在的我"等等,让学生能够跳脱狭窄的自我认定范畴,写出具有一定深意的作文来。本课的范文给了学生较好的启发,学生写作后的互相交流也碰撞出了更多的思想火花。

王燕君

第二学期

第一单元　走近议论　初识规范

1　多思善想
——选择最佳立论角度

❀ 教学目标

1. 学习对议论文材料多角度分析的能力,引导学生学会选取立论的最佳角度。

2. 提升多思善感的良好思维品质。

❀ 教学重点

学会对议论文材料多角度立论。

❀ 教学难点

学会从多种角度中选取最佳立论角度。

❀ 教学设想

材料作文是议论文常见题型,学生审题有一定难度。本课教学设计通过两次材料分析,让学生明确材料可以多角度分析,并使他们明确如何选取较合适的立论角度。

❀ 教学过程

一、故事导入

1. 讲述"薛谭学讴"的故事。

薛谭学讴于秦青,未穷青之技,自谓尽之,遂辞归。秦青弗止,饯于郊衢,抚节悲歌,声振林木,响遏行云。薛谭乃谢求反,终身不敢言归。

译文:薛谭向秦青学习唱歌,还没有学尽秦青的技艺,就以为学尽了,于是就告辞回去。秦青没有劝阻他,在城外大道旁给他送行,秦青打着节拍,高唱悲歌。歌声振动了林木,那音响止住了流动的云。薛谭于是向秦青道歉,想要回来继续学习。从此以后,他一辈子也不敢再说要回去。

2. 学生自由畅谈听完故事的感想,教师引导学生将感想按照角度加以分类。

观点:①浅尝辄止不可取;②知错就改值得肯定;③教育要讲艺术;④身教重于言教;⑤教师不仅要教技艺;⑥教人者须有高超技艺。

角度:①②是从薛谭的角度;③④⑤⑥是从老师秦青的角度。

二、点拨导练

1. 给出三则材料,请学生分析故事,提炼观点,探究观点提出的角度。全班分成三组,每组完成一则。学生独立思考完成后,四人一组讨论。

材料一:

滥竽充数

齐宣王使人吹竽,必三百人。南郭处士请为王吹竽,宣王说之,廪食以数百人。宣王死,湣王立,好一一听之,处士逃。

译文:齐宣王让人吹竽,一定要三百人一起吹奏。南郭处士请求给齐宣王吹竽,齐宣王对此感到很高兴,用数百人的粮食来供养他。齐宣王死后,齐湣王继承王位,他喜欢听一个一个地演奏,南郭处士听后便逃走了。

观点:①批评不懂装懂的人;②有自知之明的人还是值得肯定的;③"大锅饭"制度造成了滥竽充数的现象;④不墨守成规,厉行改革,才使得无能者无法藏身;⑤无人揭露行骗者,使得骗术得逞。

角度:①是从正面提出的;②是从反面提出的;③④⑤是从侧面提出的,其中③是从齐宣王的角度提出的,④是从齐湣王的角度提出的,⑤是从南郭先生吹竽同伴的角度提出的。

材料二:

19世纪法国著名科幻小说家儒勒·凡尔纳,一生写了104部科幻小说。当初他的第一部科幻小说《气球上的星期五》接连被15家出版社退回。他当时既痛苦又气愤,打算将稿子付之一炬。他妻子夺过书稿,给他以鼓励。于是他尝试着走进第16家出版社。经理赫哲尔阅读后,当即表示同意出版,还与儒勒·凡尔纳签订了为期20年的写作出版合同。

观点：①成功在于不懈努力；②鼓励给人信心促人成功；③从事一项事业需要胆识；④世有伯乐，然后有千里马；⑤伟人背后总有无名英雄。

角度：①是从凡尔纳的角度提出的；②是从妻子的角度提出的；③是从赫哲尔的角度提出的；④与⑤是从凡尔纳与赫哲尔两人关系的角度提出的。

材料三：

2014年高考湖北卷作文

游客们来到山脚下，这里流水潺潺，鸟语花香，游客问下山的人：上面有好看的吗？有人答没有，有人答有。

于是有人留在山脚赏景，有人继续爬山，来到山腰，这里古木参天，林静山幽。问下山的人：上面有好看的吗？有人答没啥好看的，有人答好看。

于是有人在山腰流连，有人继续攀登。来到山顶，只见云海茫茫，群山隐约。

观点：①人生处处有风景，欣赏美景何必去远方；②不断追求，可以看到更美的风景，可以拥有更加丰富的人生；③无限风光在险峰，坚定自己的目标，追求不止，定能攀登人生的顶峰，领略到最美的风景。

角度：①是从第一种人的角度提出的；②是从第二种人的角度提出的；③是从第三种人的角度提出的。

2. 全班交流。教师引导学生分析材料议论文立论的角度以及从多种角度中选取最佳立论角度的策略。

提示：

（1）切口要"小"——便于准确把握题目，展开议论。小切口易于把道理讲清楚明白，议论文的论题如果大而无当，那就会像狗咬刺猬——无处下嘴。

（2）立论要新——文章中要表现出新的见解、认识。写文章必须要"喜新厌旧"，只有"新"文，才会激发别人的阅读兴趣。常见的方法主要有"反弹琵琶""旧瓶新酒"等。

（3）立论要"准"——立论的准确性是指瞄准题目指向，不偏题，不离题，不跑题。同时要有针对性，针对不良社会风气和偏颇甚至错误思想，提出符合时代精神、符合民族传统美德的观点。

（4）立论要"深"——论点最好能反映生活现象或者客观事物的本质，挖掘出其深层内蕴。深刻性是立论的灵魂。深刻的立论体现了我们思考的深度,也展示了我们思维的品质。透过事物的表象看到其本质,是眼力,更是综合能力。

✹ 使用建议

材料的选择非常重要,不仅要体现立论的不同角度,而且难度要有梯度。

✹ 教学反思

教学环节设计有梯度,由易而难,培养学生对议论文材料多角度分析的能力,引导学生学会选取最佳的立论角度。可以再增加些现实生活中的材料,让学生更有话可说。

王冰清

2 比 较 分 析
——紧扣论点选择论据

✹ 教学目标

学会紧扣论点选择合适的事实论据和理论论据,得出论据选择的原则。

✹ 教学重点

能够区别不同论据所蕴含中心意义的细微差别,准确选择与论点意义一致的论据。

✹ 教学难点

把握论据丰富内涵,学会围绕中心论点阐述其意义。

✹ 教学设想

论据与论点不统一,这是学生议论文写作中经常出现的问题之一,一个很重要的原因在于学生不能够准确把握论据所蕴含的中心意思。本课教学设计通过"幸福"这一话题,引导学生把握语词在不同论据中的不同内涵,从而学会选择与论点意义一致的论据。

✹ 教学过程

一、导入

请同学们概括一下我们班级的特点,并陈述三条事实加以证明。

对于议论文的写作,同学们概括的班级特点就是论点,而陈述的事实就是论据。论点与论据两者的关系是证明和被证明的关系。论点以论据为基础,依靠论据来证明;论据以论点为统帅,服从论点的支配。今天我们学习的内容是如何紧扣论点选择论据。

二、以"幸福"为话题,选择论据,概括原则

1. 请说说你对论据的认识。

论据分事实论据和理论论据两种。事实论据的内容包括确凿、充分、有代表性的事例、史实、数据等。理论论据包括经过实践证明和检验的科学原理、定律公式以及约定俗成的警句格言等,即平常所说的"名人名言"。

2. 围绕"幸福"这一话题,请将以下论据以一定的标准分类。

① 李嘉诚曾说,最幸福的事,是老两口开一家小店,打烊后在灯下一起数钱。

② 广东省委书记汪洋用了三副春联说出他对建设幸福广东的理解和期望。第一副是"加快转型升级政府是关键,建设幸福广东匹夫也有责",横批是"共建共享"! 第二副是"人人是创造幸福的主体,个个是享受幸福的对象",横批是"共建共享"! 第三副是"我为别人的幸福努力工作,别人为我的幸福创造条件",横批还是"共建共享"!

③ 10 月 15 日,莫言获得诺贝尔文学奖后,接受央视《面对面》记者采访。记者问:您幸福吗? 莫言答:我不知道。记者说:绝大多数人觉得您这个时候应该高兴,应该幸福。莫言说:幸福就是什么都不想,一切都放下,身体健康,精神没有任何压力。我现在压力很大,忧心忡忡,能幸福吗? 但是我要说我不幸福,你就会说太装了吧,刚得了诺贝尔奖还不幸福。

④ 如果有一天,我能够对我们的公共利益有所贡献,我就会认为自己是世界上最幸福的人了。

——果戈理

⑤ 每个人可能的最大幸福是在全体人所实现的最大幸福之中。

——左拉

⑥ 陈树菊,这位 60 岁的阿婆日前被《时代》杂志评选为 2010 年全球百大最具影响力人物英雄类第 8 名,与她同榜的有美国总统奥巴马等。1963 年卖菜至今,陈树菊共捐出了 1000 万台币(约合人民币 208 万),用于捐助孤儿

院、图书馆及领养 3 名孤儿。幼时火伤,她的五指呈蜷曲状;长期站立,脚掌也成了五角形。每天的花销不到 100 台币,吃面的时候能点上一道小菜,她就很满足。阿婆说:赚来的钱捐出去,"那天就会很好睡";"钱要给最需要的人才是有用的"。面对记者的镜头,最清晰响亮的一句话是——"想赶快回去卖菜"。

⑦ 真正的幸福只有当你真实地认识到人生的价值时,才能体会到。

——穆尼尔·纳素夫

⑧ 有研究的兴味的人是幸福的! 能够通过研究使自己的精神摆脱妄念并使自己摆脱虚荣心的人更加幸福。

——拉美特利

⑨ 2015 年 10 月 5 日,84 岁高龄的中国科学家屠呦呦,因创制新型抗疟药——青蒿素和双氢青蒿素,而荣获诺贝尔生理学或医学奖。这种药以拯救千万人生命的"抗疟神药"著称。

⑩ 人生只有一种确凿无疑的幸福——就是为别人而生活。

——列夫·托尔斯泰

分类没有一定标准,通过分类让学生了解到即便是同一话题的论据其论述的侧重点也会各有不同。

以"为大众服务就是幸福"为中心论点,在以上 10 个论据中选择 3 个,你会选择哪三个? 并且以怎样的顺序排列? 理由是什么?

符合中心论点的论据有:②④⑤⑥⑨⑩。

④⑤⑩,三个选其一即可,都是名人名言。②⑥⑨是内涵丰富的事实论据,"为大众服务就是幸福"是其内涵之一,使用时必须注意围绕中心论点阐述。

通过讨论,让学生理解紧扣论点选择论据的原则是:必须选择与论点相吻合的论据、必须选择典型的论据、必须选择鲜活的论据、注意论据的排序。

三、课堂练习

围绕"幸福"话题,确定中心论点,运用课堂所学紧扣论点选择论据的原则,在以上 10 个论据中选择若干个,写一个议论文的片断。

学生当堂写作,全班交流。巩固学习内容,在实践运用中细化方法。②⑥⑨使用时必须注意围绕"为大众服务就是幸福"中心论点阐述。

❀ **使用建议**

本课时教学之前可以首先从论据收集入手，通过展示成功案例，让学生明确论据收集的主要途径：从课本中积累，从经典名著中积累，从媒体中积累，从生活中积累等。指导学生收集众多论据后，还要引导学生对论据进行分类整理。课上重点学习恰当选择论据的方法。

❀ **教学反思**

本课时只围绕议论文事实论据的选择这一问题展开教学，紧紧抓住学生写作现状，针对学生现实的困扰展开教学，解决学生现存的问题，切入点小，目标明确，主线分明。还可以引导学生对话题的内涵和外延加以分析，以便准确把握内涵，从而更精准地选择与论点相一致的论据。

王冰清

3　说 理 透 辟
——丰富论证过程方法

❀ **教学目标**

1. 分析举例论证分析说理过程中常见的误区。

2. 学习对论据进行分析说理的方法。

❀ **教学重点**

以典型段落为例，讨论得出论据分析的方法。

❀ **教学难点**

将习得的论据分析方法应用到写作实践中并能有所进益。

❀ **教学设想**

教学实践中我们发现学生的举例论证往往只列举事例而缺乏分析。本课教学设计以典型段落为例，引导学生掌握分析论据的若干方法。

❀ **教学过程**

一、导入

议论文写作中运用最多的论证方法是举例论证。俗语说"事实胜于雄辩"，那么在提出一个论点后，再举出大量生动、确切、典型的事例，就能让论点处于无可辩驳的"不败"地位了吗？显然不是,我们还必须从论点出发,对事实论据加以科学分析,这样论证才有说服力。

二、认识举例论证分析说理过程中常见的误区

阅读下列议论文片段,说说哪些举例论证使用恰当,哪些有问题。

片段1:带着坚持走在路上,总有一天你会交上好运的。特利从哈佛大学毕业后,决定到电台找份工作,然后再设法去做名体育播音员。但他每次敲开电台的门,都碰上一鼻子灰。但他不放弃,相信只要一直坚持走在这条路上,一定会交上好运。当然,他交上好运了,从芝加哥到迪克逊再到特莱城,他终于当上了一家电台的体育播音员。(论点:坚持,终获成功)

片段2:科学家居里夫人也是一个怀有平常心的人。她怀着一颗平常心,不畏艰难,从数吨的废料中提炼出了镭。在获得诺贝尔奖的殊荣后,她仍然怀着一颗平常心继续她的研究。不久她又因放射化学的成就而再获诺贝尔奖。如此荣耀加身,她却始终以一颗平常心对待。正是这颗平常心使得爱因斯坦对她大加赞誉:"在众多科学家中,玛丽·居里是唯一一个没有被盛名宠坏的人。"始终忘不了巴赫那如小溪一般清澈优雅的音乐,那是只有拥有一颗平常心的人才能谱写出来的;也难以忘却贝多芬的《命运》,那是一颗怀有平常心的人对命运发出的无畏的怒吼!(论点:拥有一颗平常心)

片段3:有时候磨难,恰恰能够历练人生,绽放光彩。贝多芬双耳失聪,却能在这样的磨难下创造出不朽的交响曲,撼人心灵,那是因为他不屈服于命运的压打,顽强抗拒厄运,才谱出了人类的心灵之歌;司马迁遭受腐刑,却能在这样的耻辱中写成《史记》,那是因为他有坚定如山的信念,刚毅如铁的意志,于诽谤讥嘲中坚持自己的志向,才突围成为"史圣";一代体操王子李宁泪洒奥运赛场,黯然退出体坛后,却又另辟天地开创了自己的事业,让李宁牌系列运动用品风靡中国的体育用品市场,那是因为他懂得承受失败,不为失败所吓倒,才能在失败中开拓出一条新路。磨难,是祸,又是福。它对于意志坚强者,只不过是人生路上的一帘风雨,只要勇敢地走过去,前方是另一片蓝天。(论点:磨难能够历练人生)

讨论得出片段1、片段2在举例论证、分析说理上都存在问题,片段3较好。讨论得出举例论证、分析说理过程中常见的误区:

① 只是叙述事实论据,没有将论据与中心论点间的契合点展开论述。

② 事实论据内涵丰富、信息量大,没有围绕中心论点对论据作适当剪裁。

三、以典型段落为例,讨论得出论据分析的方法

对于议论文中的事例,我们常讲要用简括之笔述之。议论文中的事例与记叙文中事例的写法不同,不强调事例的完整性,而是要从全文的观点出发,抓住事例中最有用的部分,进而展开分析论述。那么,如何就例分析呢?

讨论片段 4、5 是怎样对论据进行分析的,连接材料与分析的是哪些词语。

片段 4:王羲之九岁就开始练字,立志要做书法家,无论严寒酷暑,还是刮风下雨,从不间断。他在绍兴兰亭的一个水池边练字,池水都被他洗笔、砚染黑了,他那俊秀飘逸的字体,千百年来被人们奉为瑰宝。假如,王羲之根本没有想过要当什么书法家,只是平庸过日子,那他绝不可能有这么坚强的意志去练字;那么,王羲之其人也不为我们后人所知。由此可见,立志对一个人来说是多么重要呀!(论点:立志很重要)

片段 5:20 世纪 80 年代,德国总理勃兰特访问波兰,他虔诚地跪在被纳粹分子杀害的犹太人的墓碑前,为纳粹分子在"二战"中所犯下的罪行向波兰人民谢罪。这一跪,显示了德国人民对自己所犯下的历史罪行的真心忏悔,也让人们从中感受到勃兰特正视历史的高尚人格魅力。(论点:正视历史)

讨论得出分析事例的方法:原因分析法、假设分析法、意义分析法。

四、课堂练习

选择片段 1 或片段 2,用上一环节总结的事例分析的方法加以修改。全班交流。

❋ 使用建议

论证方法常用的有举例论证、比喻论证、对比论证等,本课教学设计只涉及举例论证,比喻论证、对比论证等也应该用一定的课时加以学习。

❋ 教学反思

举例论证是学生议论文写作中使用最广泛的论证方法。本课教学设计通

过分析举例论证、分析说理过程中常见的误区，发现论据分析的方法等主要教学环节，来引导学生得出在举例论证中分析说理的策略。仅用课堂练习的方式来学习原因分析法、假设分析法、意义分析法三种方法，可能无法让学生真正理解，可以再增加一课时。

王冰清

第二单元 读书明理 塑造心灵

1 遨游书海

——启智明理

✲ 教学目标

1. 引导学生多读书、读好书，激发学生的兴趣。

2. 通过品读名家论读书的文章，引导学生了解读书的意义、方法。

✲ 教学重点

激发阅读兴趣，养成良好的阅读习惯。

✲ 教学难点

了解读书的意义、方法，通过阅读启智明理。

✲ 教学设想

阅读对于写作、对于学生成长的意义众所周知，但真正喜欢阅读的学生并不在多数，良好的阅读环境还远未形成。本课教学设计希望通过大量名人谈读书的文章来激发学生的阅读兴趣，明确阅读的意义，掌握阅读的方法。

✲ 教学过程

一、课前准备

开展“看名人怎样读书”的活动。搜集“名人读书名言”“名人读书经验”“名人读书故事”。

二、导入

臧克家说过：“读过一本好书，像交了一个益友。”一本好书可以影响一个人的一生。作为中学生，我们要在学习和生活中多读书、读好书，让读书之风充盈我们的校园，丰盈我们的心灵。

三、围绕"读书"话题,交流讨论

1. 请学生交流自己的阅读经验、体会。

2. 阅读名人论读书的名言、文章,了解读书的意义、方法等。

如:鲁迅《读书杂谈》、冰心《忆读书》、培根《谈读书》。

参考:与"读书"有关的话题。

① 讲述读书的故事,奏响买书、读书中的小插曲。

② 记叙读书的经历,见证读书陪伴成长的过程。

③ 介绍读书的方法,实践出真知,真知教益后人。

④ 品说读书的滋味,酸甜苦辣味道各异,一一道来。

⑤ 漫谈读书的感受,读后感仁者见仁,智者见智。

⑥ 抒写读书的收获,书中自有为人之道、作文之法。

⑦ 渲染读书的陶醉,沉醉书海自然如入仙境。

⑧ 推介所读的好书,或简叙书文内容,或罗列推荐理由。

⑨ 鉴评所读的书文,赏析精彩片段,评价细小瑕疵。

⑩ 评价对书的态度,说长道短自有一番道理。

四、布置作业

以"读书"为话题,写一篇 800 字的文章。

❋ 使用建议

在高一年级引导学生广泛阅读,了解读书的意义、方法,还是比较合适的。可以设计成一个语文综合活动,结合阅读课,让学生搜集"名人读书名言""名人读书经验""名人读书故事"等,还可以开展小组学习、演讲比赛等。

❋ 教学反思

围绕"读书"引导学生广泛开展议论,结合自身阅读经验,摘录名家关于读书的名言,阅读名家相关文章,让学生对于读书的重要意义有更深的了解。但在一堂课上要将与"读书"有关的内容一一道来,显得庞杂,不够集中,应该集中一些,比如着重谈读书对于人生的意义等。

王冰清

2 勤登书山
——开辟读书笔记之径

✿ 教学目标

1. 了解读书笔记的多种形式,根据不同写作目的选择不同形式。

2. 通过范文学习,自主研讨,掌握读书笔记的格式并作出形式上的创新。

3. 培养规范有效的读书笔记习惯,营造自我阅读和互相研读的氛围。

✿ 教学重点

掌握读书笔记的多种格式,记录规范,做到"记"与"思"结合。

✿ 教学难点

在常见的读书笔记形式上增加一些创新形式。

✿ 教学设想

读书笔记在中学写作中常被置于边缘化地位,学生缺乏相应的规范化样式指导。所以,读书笔记基本都以心得体会的方式来完成,样式趋向于单一。自主的阅读是"眼到、口到、心到、手到"的综合过程,读书笔记的多样化形式也能体现学生的不同思维方式。因此,本课重在指导做读书笔记的步骤及注意点,并进行延续探究,使学生既受益于传统的纸质笔记,又能获得多媒体工具的辅助,感受读书和笔记相伴随的便捷与快乐。

✿ 教学过程

一、导入

说到读书笔记,你认为是一种什么文体? 有哪些形式?

王筠说:"或学而有得,或思而有得,辄札记之。"也即是说:读书需要做适时且有效的记录。想要登上墨香满溢的书山,自然需要开辟一些读书的路径,"札记"就是读书时摘记的要点、心得等体会性文字。现代一般也称读书笔记。(注:此处不针对读后感、读书报告等文学类作品)

二、读书笔记的样式

1. 圈点、批注式

在原书上做记号、眉批(正文上端的白边称书眉,在书眉上批注读书心得、批语、订误、校闻和音注称眉批）、旁注（圈划批阅在字句旁的空白处）。

小结：圈点、批注式适用于行距、页面开阔的私人书本。

2. 摘抄式

（1）摘录。原文中值得反复欣赏的好句，将其抄录下来，前面自拟题目（也可不加题目），后面加注书名、作者、出版社、出版时间、版次、页码等。

（2）摘要。用自己的话摘录原文意思，抓主舍次，遵循原文逻辑关系。

（3）提纲。

提纲式——原文内容前标注序号，下级序号要比上级缩进一格，同级序号并列对齐。

表解式——提纲挈领地用表格形式标注需要的内容，并归纳分类要点，如"主题思想""写作手法"等。

（4）概述。用自己的话精简概括全文或全书内容，不违背原作精神，有助于锻炼写作能力。

（5）仿写。模仿所摘录的精彩句子、段落进行仿写，以便录下当时妙笔，日后加以运用。

小结：摘抄式笔记可以根据需要灵活使用。系统整理、积累可以分门别类；时间有限，可以作摘要；分条缕析、透视文章结构可以用提纲。

3. 心得式（读后感）

（1）标题格式：主标题（组织关键词概括你想告诉读者的观点、评价角度）；副标题（如：《某书》读后感，也可直接做主标题）。

（2）概述书的内容。

① 记叙性文体：写书的目的背景、作者的情感指向、叙写的内容安排、对象特点等。

② 议论性文体：问题的研究基础，作者的主要观点，其论述逻辑、所运用的材料、各章节的布局等。

（3）我读书后产生的主要观点、感受。（侧重某个突出的、综合性的观感）

如：有哪些写得好的地方？（如选材独特、视角新颖、语言特色、主题启示等等）。同时，还有哪些不足？还有哪些可以进一步挖掘的地方？也可以从书中选取一些自己感兴趣的话题，进行引申讨论。

小结：读书心得不是简单照搬、抄录原文，而是要以原文为对象进行自己的评价。尤其要设想：你的心得是为什么人而写？作者表达的东西你怎样用心得传达给他人？你的心得体会对其他读者的阅读有帮助吗？

4. 存疑式

（1）记录读书中遇到的疑难问题，边读边记，以后再分别进行询问请教，寻求解决。

（2）记录下关于本书的版本信息、体例、内容安排、思想倾向、艺术技法等你认为需要与作者切磋商榷之处。

小结：存疑的问题既可以是实质性的，即真正的疑难；也可以是拓展性的，即由你的笔记引申出去的新思考、延伸的研究方向等。

三、样式创新

提问：设想在计算机、手持阅读器、云资源等互联环境中，读书笔记还可以有哪些样式？

1. 文体改编类：记叙性作品改编为剧本、寓言；改换人称式的读后感。

2. 微型笔记类：如微信、微博等一句式简评感悟；整合笔记，以微信公众号进行图文推送。

3. 电子阅读类：利用网络交流平台，分享即时阅读感受。

小结：总之，信息时代的来临，为我们攀登书山提供了更多的“捷径”。但无论硬件如何进步，书本中的精华仍然需要你的记录和传播。你不仅在自我阅读，也是在为交互阅读做准备。

四、写作实践

1. 挑选一本你喜欢的书，以某种形式做读书笔记，并小组交流。

2. 写一篇心得式读书笔记。

✲ 使用建议

建议在课堂及课下利用互联网进行阅读教学，师生共同记录、点评，写片段式练笔。也可以结合学生已有的读书笔记、读后感、阅读摘抄等进行探讨，以明确不同的读书目的应采用不同形式的读书笔记。也可以让学生带纸质书来当场练习。

❀ **教学反思**

读书笔记对学生来说是"最熟悉的陌生文",写读后感、做摘抄常成为它的替身。因此,在教学过程中,以直观图画来呈现其样式,能够使学生获得鲜明印象。优秀的读书笔记,也可以成为某种经典的文学成果,如果能够引导学生学习古代学者的批评精神,适时介绍金圣叹、脂砚斋的评论成就,可能更有说服力。后半部分的笔记形式创新,是为了适应电子化阅读的趋势,但这是否有助于读书笔记价值的发挥,尚待实践检验,学生的操作也尚未达到自觉层面。读书笔记的教学操作性强,往往需要边听边做,避免"纸上谈兵"。

张丽杰

3 深 悟 书 理
——探查社会热点

❀ **教学目标**

1. 养成关注热点、思考热点的意识与习惯。

2. 能客观、理性地评价时事热点。

3. 不偏不倚地表达自己的观点。

❀ **教学重点**

学习、了解时评的特点。

❀ **教学难点**

做到观点深刻、不偏不倚。

❀ **教学设想**

时评类作文要求中学生以社会热点话题为材料,有理性、有思想、有知识地表达自己的看法。在写作上,往往是以说理议论为主,要求针对时事热点话题展开分析,提出自己独到的认识见解,具有较强的针对性、时效性、说理性。本课教学设计以比较经典的时文为范本,让学生感受此类文章的主要特点、主要方式,再辅以技法的点拨。同时,在信息快速传播的今天,可以借助手机、移动网络开展写作实践,通过即时关注、即时评论来培养学生关注、思考热点的意识与习惯。

❈ **教学过程**

一、导入

白居易曾提出"文章合为时而著,歌诗合为事而作"的主张。这既是古训,又是历代文人富于历史使命感的一种集中概括。对于读书人而言,它意味着自己对时代的一种关注,对现实社会的一种关切,对改造社会、促进社会进步的一种责任和使命。中学生的作文同样需要"为时而著",学着写一些时文,与时代节奏一起跳动,用心去感悟时代、体验时代,为时代而歌。

二、时文链接

阅读下文后,与同学一起思考:时评有哪些特点?

(知识补充:时评,可以是时事评论,也可以是时政评论)

新华每日电讯:"敢于输在起跑线"如何照进现实。(内容略)

明确:"时评"是指对新近发生的一件事发表自己看法的文章,是针对现实生活中的重要问题直接发表意见、阐述观点、表明态度的文章样式。它的特点主要是从具体的事件,联系其产生的原因,探索其性质和意义,或通过对材料的分析,澄清事实,说明真相。

其特点可以归纳为:尊重事实、讲求时效、有理有据。

三、课堂练习

材料回放:2015 年 9 月 11 日,有人在参观故宫时,在故宫铜缸上画心、刻名字。

如果就这则材料写一篇时评,你会选择从什么角度去评? 在课堂上与同学交流自己的想法。

思路导引:

1. 批评游客行为,提出要保护文物。(就事论事)

2. 根源在于文明素质低下、公德心缺失。(就事论理)

3. 体现盲目浮躁的旅游观,进而分析整个社会的盲目浮躁。(就事论理)

4. 中国式旅游,已影响了中国的形象。(就事论理)

四、技法点拨

根据之前的课堂交流与讨论,大家能否说说时评的"评",主要评什么?

明确:时评主要分为两种类型:论事和论理。

1. 就事论事,就是按照事物本身的性质来评定是非得失,主要就材料本身进行评议,发表自己的看法,要求言之成理,持之有据;不要求作过多的材料外的拓展和延伸,不应"另立炉灶"。

2. 就事论理,就是对所评之事进行具体深入的分析,充分说理,阐明道理,而不是停留在就事论事上。抓住一个问题,讲清一个道理,一事一议,以小见大,必须从"小"中评析出"大"道理来,所谓"着眼大处,落笔小处"。

五、课堂微写作

从以下两则材料中选择其一,写一段短小的时评,发在自己的微博或朋友圈上。

1. 清华大学校长顾秉林(物理和材料学家)在主持欢迎宋楚瑜先生到校发表演讲的仪式上尴尬了一回,清华大学赠送给宋楚瑜的书法作品是用篆体所书写的黄遵宪送梁启超诗《赠梁任父同年》,顾校长读到诗中第二句"侉离分裂力谁任"的"侉"字时卡了壳。这事引起许多人指责,有人认为"清华大学缺乏人文精神",甚至有人提出顾校长应引咎辞职。

2.《新京报》2月3日报道,北京731路公交车上,一名外国乘客因提出违规停车的要求遭到拒绝而对该车的司机与售票员破口大骂"中国猪",司机和售票员笑脸相迎,他们严格遵守公交公司的《员工守则》,做到了"打不还手,骂不还口"。

❋ 使用建议

经典时文的部分收集工作,可以让学生课前参与完成,或让学生在自己的社交圈转载老师准备的时文,看看他人的评论,让学生能关注这类文体、文章。

刘鹏程

第三单元　周索四旁　题无余韵

1　理 性 辨 析
——学会正确审题

❇ **教学目标**

尝试从语词入手提高概念的分析能力,进而正确审题,使立论准确。

❇ **教学重点**

归纳出分析概念的策略。

❇ **教学难点**

引进一个相对或相关的概念,运用比较的方法分析概念。

❇ **教学设想**

议论文的题目可以分为四类:命题作文、半命题作文、话题作文、材料作文,无论哪种类型,作文题目中都会有关键词语,即核心概念。要做到正确审题,必须学会对概念尤其是核心概念进行准确的分析。本课教学设计就是引导学生归纳出分析核心概念的方法和策略,从而实现正确审题的目的。

❇ **教学过程**

一、导入

在议论文写作中,不管是命题作文、话题作文,或者是材料作文,在审题时我们都会注意到关键词语。对于这些关键词语内涵的分析准确与否、深刻与否,将直接影响议论文立论的准确与深刻,那么怎样才能准确把握关键词语的内涵呢?

二、确定核心概念、揭示概念内涵

出示作文题:逃离,或许是旧的结束新的开始,或许又是一次无奈的挣扎。那些想从日常生活中逃离的瞬间,无法预知;很多时候,逃离的念头很快被日常生活所淹没……

请根据上述材料,自选角度,自拟题目,写一篇文章。

要求:(1)不少于 800 字。(2)不要写成诗歌。(3)不要透露个人相关信息。

全班齐读作文题目,找出关键词语。学生分析材料的组成,深入理解关键词语"逃离"在作文题目中的内涵。

三、手脑并用、深入思考

以上环节已初步阐释了逃离与日常生活的关系,但仍远远不够,还必须充分认识概念的内涵和外延。引导学生从个人生活体验入手、从感性入手,展开对概念的分析;结合古今中外名人事例来全面、深入地参悟"逃离"的内涵和外延;引入近义词"逃避",将之与"逃离"进行辨析,用抽象的方法理性地把握核心概念的内涵,包括对象、目的、本质、背后的心理或思想、产生的影响或后果等。理性、抽象的分析能力恰是学生能力的薄弱点,因此这个环节是本堂课的难点。因而我在此环节设计了当堂写作这一学习活动,通过手脑并用,以写促思,帮助学生全面而深入地把握核心概念——逃离,为写作全文做好准备。

四、总结解释概念的方法、策略

在前面几个环节学习的基础上,请学生按照从感性到理性的认知规律总结,归纳出分析概念的策略,即结合具体生活经验、结合名人事例;从对象、目的、本质、背后的心理或思想、产生的影响或后果等方面分析;引进一个相对或相关的概念,运用比较的方法分析语词的感情色彩等。

五、迁移练习、巩固思考的成果

布置一个新的作文题让学生课后完成,要求运用本课所学的策略,分析概念,审清题意,巩固、强化学习成果。

阅读下面的材料,根据要求写一篇不少于 800 字的文章。

人生中总需要一次次的转身。转身的瞬间,也许夕阳变成旭日,雪白变成苍黄;也许牙牙学语变成踌躇满志,笑容满面变成泪眼模糊⋯⋯

这一段话,引发了你怎样的感受和思考?

要求:选好角度,确定立意,明确文体,自拟题目。不要脱离材料内容和含义的范围作文,不要套作,不得抄袭。

✽ 使用建议

考虑到高一学生理性思维能力还不是很强,核心概念的分析不必过于拘泥于内涵、外延等逻辑术语。可以选择内涵较丰富的词语作为训练的话题。

✽ 教学反思

概念分析的策略是本堂课的教学重点,也是难点。本堂课能够借助学习活动提供若干途径和策略,但不够深入,未能达到对知识的深层理解和灵活应用,主要问题在于对某些名人事例的分析不够准确、深刻,还可以在事例的选择上再做些推敲。

同时,本堂课较多着力于明晰概念、澄清概念,与具体实例的结合较紧密,但与论证教学的结合不够紧密,没有讲清楚明晰概念、澄清概念与推进说理、深入论证之间的关系。

王冰清

2　审　查　概　念
——思考内在逻辑

✽ 教学目标

1. 理解作文题的题意,分析核心概念。

2. 关注题目的内在逻辑,提炼具体的思考路径和方法。

✽ 教学重点

学会审查概念的正确方法。

✽ 教学难点

关注题目的内在逻辑,提炼具体的思考路径和方法。

✽ 教学设想

"审"的意思是"详知,明悉"。审题,字面上的意思就是明悉题目(包括材料),即审清题意。但是,从学生的写作实际情况来看,又并非这么简单。审题除了要读懂题目(包括材料)外,还包括读懂命题意图,如侧重点的暗示、文体选择的倾向等。作文审题往往分为命题作文和材料作文两大类的审题。命题作文往往要根据语法结构审"题眼",把握题目关键,揣摩、挖掘、提炼作文题的隐藏信息;材料作文的审题则往往要先读懂材料,再根据对材料核心概念的把握展开思考,联系生活。

深刻的立意来自于深刻的审题,来自于对材料内涵准确而深刻的分析。首先是准确界定概念的内涵与外延,然后是对其内在矛盾进行分析。这种分析主要指的是把握事物内在的二重性即矛盾的对立统一,我们既要看清楚其对立的一方面,更要找到统一的点在何处,这样,才有可能找准立意的那个点。本教学设计旨在还原学生审题时的思维过程,尤其关注概念中存在的内在逻辑点,从而提炼出具体的思考路径和方法。

✳ 教学过程

一、导入

审题,是写作的第一步,被喻为"举足轻重第一步"。在考场作文中,偏离题意、脱离题意的作文随处可见。那么同学们在写作时如何避免审题时的偏题、离题现象? 又如何才能正确地理解题意? 今天,老师和大家一起来断症,还原大家审题时的思维活动,同时借鉴部分优秀作文的成功之处,共同把握好审题这第一步。

二、问题呈现

2007 年上海卷作文题《必须跨过这道坎》,其关键词是"坎",学生往往会对"坎"作抽象理解,如困难、挫折、障碍等;然后对"坎"作思考分析,形成文章。但是他们对概念的分析往往单一。其他的一些辅助性的词语,如"必须""过""这"等,学生往往会忽视其内涵,导致最终写成的作文流于空泛。以上是命题作文审题失当常见的症状。

而材料作文的审题,学生往往不会整体理解材料,更不会从中找出核心词语(关键词),对其作理解分析。因此,审题方面,我们要教会学生对题目(或材料)进行概念的内在逻辑分析。

三、提供范例

1. 命题作文

(1) 题目。

我们的生活中,有无数个"这样":学习是"这样"的,工作是"这样"的,教育是"这样"的,社会是"这样"的……每一个人都生活在当下的"这样"中,然而当我们回望自己的生活,是否曾经想过:或许,当下的种种,可以是"那样"的。

请以"或许可以那样"为题,写一篇不少于800字的文章(不要写成诗歌)。

（2）审题。

① 题目性质为命题作文。

② 结合材料,理解题目,审读其中的要素:

"这样"——"那样"。

学习、工作、社会——当下的状态——这样——是怎样的?

回望——反思——对当下"这样"的状况,是否满意? 是否有遗憾? 为什么?

那样——假想的、可能的、与当下不同的生存状态——是怎样的?

③ 对核心概念"那样"作审查思考:与"这样"不同的生存状态,它的内涵(特征)是什么? 外延(范围)呢? "那样"与"这样"矛盾的是彼此的不同表现及内在原因,也统一于客观存在与主观选择的结合。

2. 材料作文

阅读下面材料,选取一个角度,自拟题目,写一篇不少于800字的文章(不要写成诗歌)。

随着《品三国》和《论语心得》的走红,人们对于文化是应通俗化还是高雅展开讨论。有学者认为通俗化使国学经典失去了原本韵味;也有人认为通俗化的解读降低了阅读门槛,能使更多人走进并了解经典之作。对此,你如何看待?

审查概念:材料集中需要审查的概念有"文化""通俗化""高雅",其中,"通俗"和"高雅"需要我们明辨。二者的内涵是什么,各自的特征以及和"文化"的关联如何,这是我们需要弄清楚的。其次,哪些范围属于"通俗"和"高雅"? 有哪些文化现象在其中? 此外,我们要关注"通俗"和"高雅"二者的内在关联。它们仅是对立的两个面还是有统一性? 具体是什么关系?

四、提炼方法

提供范文,师生共同总结、归纳方法。

高雅与通俗的文化

上海市嘉定区第二中学　　顾铭菲

近期十分流行的《品三国》与《论语心得》将原来难懂的经典之作《三国志》

与《论语》解释得通俗易懂，但其在饱受欢迎的同时也遭到了不少批判。通俗与高雅的文化，应取哪一个？

在我看来，两者需要共存。

用通俗的语言来解读经典，会使其门槛降低，越来越多的人可以深入地了解国学经典。比如上文所提到的《品三国》与《论语心得》，它们用通俗易懂的语言为大家还原经典的奥秘，因此广受欢迎。再比如《明朝那些事儿》以浅显的语言为大家呈现出一番明朝的景象。阅读这些作品的门槛较低，人们可以轻松地了解经典。（此段解析了"通俗"的内涵和表现）

若直接阅读经典原作，虽然需要耗费时间与精力，但是当你在品读原作时，你会发现愈研愈入，越深入便更能体会其韵味，深陷其中。我在品读张养浩的《山坡羊·潼关怀古》时，虽然仅有几句话，但是每一个字、词都包含着深刻的意义。而这些在看解读时是体会不到的，只有在阅读原作时才会体悟到其高雅、吸引人的一面。（此段列举了"高雅"的内涵和表现）

那么，通俗与高雅一定是对立的吗？不是！政治学告诉我们，一切矛盾都是既对立又统一的。通俗与高雅之间一定存在着某种辩证关系！是什么呢？其实，通俗等于高雅。为什么这么说呢？（对"通俗""高雅"的概念进行辨析）

宋词、元曲在当时所盛行的那个年代，其地位与价值和如今的流行歌曲相当，在当时，它们是通俗的。但随着时间的推移，文明在不断地发展、更新，这些通俗的作品便逐渐变成了经典，人们纷纷品读，感受其韵味，这时，它们是高雅的。试想，随着文明的更替，几百年后，我们现今的通俗的流行歌曲是不是也会成为那时候的高雅、经典之作？答案是肯定的。（对"通俗""高雅"的关系有思考，看到了二者的内在矛盾和统一）

那么，再回到最初的问题，经典是要依旧高雅还是变得通俗？我的观点是通俗而不失高雅。若始终高雅，门槛太高，对于普通人而言，只可"远观"，不可"亲近"。若完全变得通俗，却又失去了品读经典的趣味，这些经典便只能作为催眠或打发时间的闲书，失去了其原有的价值。

简单来说，通俗是为了更好地品读高雅，即通俗服务于高雅。

经典之所以经典，因为其高雅；经典之所以能流传下来，因为其被解读得通俗。

因此,高雅与通俗在经典文化上是并存的。(再次辨明二者的关系)

学生讨论后,师生共同归纳:审查概念,把握其内涵和外延,然后对概念中矛盾的对立统一作分析。

五、作业

阅读下列材料,按要求作文。

我们都很希望自己是个有用的人,庄子却说:"无用之用,方为大用。"

你对"有用"和"无用之用"是如何理解的? 请写一篇文章谈谈你的理解,不少于800字。

附:学生优秀习作

辩 经 典

上海市嘉定区第二中学　程薇薇

现今社会对于国学经典的出现形式,即应通俗化还是高雅有颇多争议。这无可厚非,不同层次的人自然对此有着不同的要求。而在我看来,这两者的存在并不矛盾,为何不能相互融合呢?

经典之所以能被称为经典,自然有其道理,它们往往是作者感情的真实流露,而其语言也必然经过反复推敲,若我们将它通俗化,便不可避免地会丧失其中的韵味。就好比《诗经》中的"桃夭"这一篇,"桃之夭夭,灼灼其华,之子于归,宜其室家。"我想就算没读过《诗经》的人也都有所耳闻,原因自然是因为它读起来朗朗上口。若是将其通俗化了,虽然人们可以轻易理解其中的含义,却失去了那种韵味。而且,对于文学的探求,本就是一条漫漫长路,我们应该用自己的心灵去慢慢探索其中的道理,而不是仅仅浅尝辄止,那就失去了文学的意义。

但是,凡事不能绝对化,当今社会上有多少人是看到那些国学经典就望而却步了? 还有些人不懂装懂,仅仅为了显得高雅。原因无他,不外乎就是不感兴趣,觉得无聊,再追根溯源,则是因为其中语句实在复杂难懂,让人深感头疼。这种情况比比皆是,这也导致了经典逐渐不被青少年所接受、喜爱,长此以往,也将会对经典的传承造成一定的影响。因此,我们可以将文学经典的语言变得通俗化一些,一旦能够理解了,萌生兴趣的可能性必然会随之增大,而后继续探索,最后也会不仅仅满足于阅读白话文式的通俗化经典,而是主动去探求更高雅的语言和内涵。这也便将通俗与高雅融合在了一起。这两者本就不矛盾,自然能够相互依存。

高雅与通俗化,其实就是同一事物的两个面,可以说,这两者实质上是缺一不可的。就好比一个初生婴儿,经历少年、青年,再到成年,其中是一样的道理。无论多么杰出的学者,也不可能一出生就能直接上升到高雅的层次。一个人慢慢成长的过程,其实也就是一个普通人从接受通俗到接受高雅的过程。

再拿《桃夭》为例,或许一开始人们只是觉得读起来顺口,并不理解其中的含义,或者只是理解了浅层含义。而通俗化便能解决这一点,诗中写一个美丽女孩初为人妇的喜悦和不安,而后渐渐写出女子想要成为一个好妻子,不仅仅要美丽,还必须能够"宜其家室,宜其家人",也就是有"能使家庭和睦美满"的美德,上升到了心灵美的层次。而知道了其中的含义,我们便能更深刻地理解这首诗,这就是古人所说的"知其然,更知其所以然"的道理所在了。理解了,往往代表我们可以怀有一种欣赏并能去分析的态度来看待它繁复难懂的高雅版本,这无疑是一个层次的上升,也是将通俗化与高雅相融合的过程。

高雅与通俗化,在许多人眼中或许是矛盾的,但矛盾的两个个体,往往也是共存的,能够相互融合。对待经典,我们就应将这两者融合,这样才能更好地去理解其中的内涵。

❋ 使用建议

审查概念,是作文审题的重要一环;关于"概念"的辨析,更是作文获得较好分数的关键因素之一。本教学设计建议分两个课时,分别对命题类和材料类题目的相关概念作理解分析。还可以适当补充一些课文中的经典文章,如《谈骨气》等,进一步引导学生分析如何审查概念。关于例文方面,也可以用班级学生的习作,采用学生小组交流、修改的方式进行分析活动。

❋ 教学反思

审查概念,是学生写作最不易展开的方面。学生对概念的分析,往往只会关注它的字典义,而很难对其进行界定。在教学过程中,如何让学生深入分析,其实是要花费许多心思的。这是一个思维层次较高的问题。首先,让学生了解概念的内涵和外延,教师可以多举些典型例子来进行分析,建议用"归纳法"。

其次,关于概念中的内在矛盾,教师可以多从二者的关系入手,让学生自己进行思考。然后,教师再从旁指导,引导学生归纳出思考路径。本教学设计在实施的过程中应该着重于学生自己的课堂实践,这样才能将"审查概念的内在逻辑"落到实处。

许正芳

高二年级

抽象逻辑与评判社会

第 一 学 期

第一单元　布局结构　思路推进

1　统 观 全 局

——谋篇布局的无穷魅力

✲ 教学目标

1. 认识议论文常见的结构布局的方法。
2. 模仿示例文本，进行体现行文思路和结构布局的提纲写作。
3. 根据具体的作文题目，练习作文结构布局的方法。

✲ 教学重点

分析具体作文题目，归纳常见的议论文结构布局的方法。

✲ 教学难点

在实践中熟练应用作文结构布局的方法。

✲ 教学设想

学生在议论文写作过程中，往往缺少全文结构布局的意识，不能在写作前将作文的行文思路梳理清楚，做到胸有成竹；写作时随心所欲，文章前后断裂，或者思维单一浅显，作文缺少整体的结构布局。如果学生能够掌握常见议论文题目的写作思路和常见的结构布局方法，写作时就不至于无话可说，或思路混乱导致前后逻辑失当。本节课试图探究常见的议论文结构布局的方法，让学生养成审题立意时构思全文思路推进的习惯，让习作具有清晰完整的思路，掌握分析说理的几种方法。第一步先分析典型议论文的行文思路、结构布局，认识常见的结构布局方法的特点。第二步通过对优秀例文的模仿，学会根据作文思路的推进列出作文提纲。第三步通过具体作文题目的写作实践，掌握议论文结构布局的方法。

✽ **教学过程**

一、导入

一篇作文应该体现学生对一个问题完整清晰的认识。一道作文题到手,我们应思考些什么? 怎样的思考是深入而完善的? 写作成文时应该先写什么,后写什么,其间的逻辑关系又是怎样的? 把这些问题回答出来,就梳理清楚了写作思路,文章也就有了完整的结构布局。

二、常见结构布局方法例析

1. 总分、并列式

总分式结构,开篇点题,主体部分将几个分论点横向展开,一一进行论证,在结论部分加以归纳、总结和必要的引申。总分式结构分、总之间必须有紧密的联系,分述部分要围绕总述的中心进行,总述部分应是分述部分的总纲或水到渠成的结论。分述部分可用并列式结构。并列式结构就是把一个问题从不同角度、不同侧面进行阐述,平行地列出若干分论点。

如高中课文《简笔与繁笔》,第一部分(1—5 段):就文章的繁简问题,提出作者的主张——简笔与繁笔,各得其宜,各尽其妙。第二部分(6—7 段):就当前创作上存在的问题,提出"简练为文"的主张。其中第一部分第 1 段为总起,第 2到 4 段为分述部分,阐述简笔与繁笔的辩证关系。本文的行文思路是:首先"正本清源",再据此对现状有所针砭,最后水到渠成地提出自己的主张。

2. 层进式

层进式结构,即在论证时层层深入,步步推进,环环相扣,行文思路清晰周密,前后逻辑关联严谨。论述时,或由现象到本质,由事到理,或由"是什么",到"为什么"和"怎么样",或者分论点层层深入纵深展开,使论点得到充分开掘和阐发。层进式结构内容之间的前后顺序不可随意颠倒。

如高考优秀作文《我想握住你的手》中,作者选择了握住那些敢于说真话的人的手,"以表达我的崇敬、我的支持与我像你们那样敢于真言的决心",开门见山,总领全文。文章的三个分论点分别是:"我想握住你的手,是因为我对你的崇敬。""我想握住你的手,是因为我对你的支持。""我想握住你的手,是因为我想让你带领我前行……我想握住你的手,更希望全社会都能握住这些手。"由崇敬到支持,使"想握住"的愿望更进一层;由握手到牵手,由默契到行动,由你到我,由个人到全社会,不断深入,不断拓展,层层递进,使"握手"的内涵更加丰富。

3. 正反对比、破立结合式

正反对比式就是通过正反两种情况的对比分析来论证观点的结构形式。通篇运用对比,道理讲得更透彻、鲜明;局部运用正反对比的论据,材料更有说服力。破立结合也可以是一种正反对比的方法。破是批判、是否定、是反面,立是赞美、是肯定、是正面。

如鲁迅先生的《未有天才之前》,文章开头三段提出本文的中心论点:要求天才产生之前,先要有能使天才产生的泥土。第4—9段是破的部分,批判了社会上种种扼杀天才的现象。第10—12段是立的部分,希望大家敢做泥土,为天才的产生做出贡献。这一部分写脱离旧套、吸纳新潮、理解包容、脚踏实地又和前文的顽固保守、盲目排外、恶意批评形成了正反对比。

4. 材料作文:引、议、联、结

"引":定向剪裁,简要引述材料,扼要分析材料,引出论点。

"议":对论点进行论证,这一部分可用并列式、层进式、总分式或正反对照式。

"联":联系社会现实,类比社会生活,针砭时弊,并给出解决方案。这部分要放开思路,体现文章的时代性和社会功用。

"结":重申材料,深化论点。

如《谈白菜》,由画、题字引出白菜这个话题,论述白菜引发的哲理,引申到社会其他方面如交友、治国、社会风尚上,倡导言行一致、真诚淳朴,反对虚伪矫饰。

明确:议论文重在考察学生的思维力和看待问题的全面性,所以几种常见的结构布局方法并不是非此即彼,而是可以综合运用的。行文过程要灵活选择局部的结构方法,又要统观全局,进而构成全文的思路和布局。

三、写作实践

根据作文题,思考写作思路与结构布局,撰写提纲。

生活中,我们总被鞭策,这个世界不会等你。但我们又被告诫:饭未煮熟,不要妄自一开;蛋未孵熟,不要妄自一啄。联系实际,谈谈这两句话带给你的感悟和思考。

解析:世界不会等你,所以前进是人生的主旋律,但是不可急于求成,饭熟前要学会等待;但等待并非被动无为,而是不断蓄力伺机而动,所以等与行是密切相关的,当等则等,等是为了更好地行。所以文章可以采用总分结构,起笔引述材料,兼顾"等"与"行"总起全文,之后可以分论"等"与"行"的意义,"等"对于"行"的辅助作用。

提纲示范:

1. 概述材料,引出观点:世界不会等你,所以我们要不断前进,但是蛋未孵成、饭未煮熟之时,要学会等待。

2. 分论一:等待不是消极无为,而是不断积淀充实自我,等待时机伺机而动。

3. 分论二:前进是个人和世界前进的动力,是人生的主旋律。

4. 二者关系:等待是前进的辅助,等待中的收获使我们前行的道路更明亮、更平坦。

四、作业

根据"三、写作实践"中作文题和自己课堂上所列提纲,写成一篇 800 字左右的文章。

附:学生优秀习作

在等待中前行

交大附中嘉定分校　吕卓诚

日升日落,光阴不复,世界始终循着既定的轨道不断前行。于是,我们被告诫,世界不会等我们。是的,世界不会为我们驻足,而我们所能做的便是与世界接轨,奋力前行,与时代同步。

但是,当我们的步伐不断加快,步调如鼓点般密集,匆匆的我们又被告诫:"饭未煮熟,不能妄自一开;蛋未孵成,不能妄自一啄。"我们似乎被挤在狭小的时间缝隙之中,坚守与等待也愈发困难,那近在咫尺的成功也因一颗急于求成的心与我们失之交臂。我们是否应适当放慢脚步,在前行中不忘等待?

　　人生需要前行,需要前行的推动力。但人生更应等待,为了一份宁静的内心,更为了沉淀和积攒,为了厚积而伺机薄发的那一瞬辉煌。

　　在前行中等待,是精神明亮的标志,是宁静的心灵姿态。我们大可顺应时代前进的潮流,不断更新自我,并与之相适。但我们不能因这追求物质和效率的时代而浮躁不安,最终被其同化为社会机械中的一个零件。梁启超先生对书法慎之又慎,对每一个字都反复酝酿斟酌后方才落笔,也正是因为这"不苟且""不急于求成"的宁静,造就了一代书法大家。书法对于梁启超先生是能使心灵愉悦之物,但若我们在前行中为了速成而舍弃内心的平静,也可谓忘了生命的初衷和本质。

　　在这宁静的心灵姿态下,支撑着的,更多的是一种暗中的涌动和积蓄。

　　顾城曾写下:"我愿变成树根,深深扎入底层。"当我们将枝叶不断向更远更高的天际延伸,却忽视了那土层下的树根,那是让我们在这变幻喧嚣的社会中能够等待的基础和根本。在前行中等待便是将根扎入地层的过程,我们汲取大地的养分,默默地积蓄生命的力量。歌德凝血创作《浮士德》的六十载光阴中,他不断从民间挖掘素材,激发新的灵感,锤炼自己的思想,为世界文学史留下了史诗性的巨作。这即是在前行路上的等待所爆发出的澎湃的、摄人心魄的生命能量。

　　这是一个急速前行的世界,是一个不会等待的世界,但这与我们在前行中等待并不矛盾。而在另一程度上,等待也使我们前行的道路更为明亮,更为平坦。

　　世界固然鸟语花香,我们每个人都在织着属于自己的茧,憧憬化蝶起舞的那一刻。结茧的过程是痛苦的,在蛹中的光阴更是寂寞而漫长的。但若我们静心在前行中等待,直至蚕蛹被咬破,我们振翅翩翩之时,终将完成我们生命的涅槃。

❋ 使用建议

　　对于议论文的写作,结构布局应该是放在审题训练之后的又一重点,正如行阵之首次,阶梯之有依。在正确审题的前提下,议论文写作的首要任务应该是构思安排文章的整体思路和内容的先后顺序,否则会文未成而先毁。学生要学会结构布局，先要学习优秀作品范例，学习他人合理的论证结构和有机组合内容的方法，梳理常见的行文思路。在示范作品的选择上，可以根据学生已有的学习经验，选择学过的典型作品，研究具有代表性的结构布局方法，并通过作文训练，让学生根据作文题目的类型和自身擅长的技能来选择合适的结构布局方法。文无定法，结构布局也应灵活巧妙，随文而变，从而使说理自然流畅，环环相扣，逻辑清晰，水到渠成。

✲ 教学反思

通过典型示例让学生掌握常见的结构布局法，是本课教学的一个重点，也是学生易于理解的部分，教学目标比较容易达成。而在具体写作实践中，要培养学生关注行文思路过程和规范结构布局的意识，却并非一蹴而就，这需要在一个漫长的写作过程中不断练习、不断调整，寻找适用于每一个作文题的布局方法，并且根据逻辑思维的过程不断修正，最终才能达到娴熟灵活地综合运用的程度。

申玲娣

2 循路而思

——思维方法的点拨

✲ 教学目标

通过对写作思维的训练，使学生在议论文写作中有意识地理解与运用重复思维和比较思维方法，发展创造性思维，养成良好的思维习惯，形成良好的思维品质，培养学生的开放心态与“自我”的思维方式。

✲ 教学重点

通过对写作思维的训练，能对各种文题准确解读、准确立意并快速拟写提纲；能围绕一个中心快速搜索材料并以清晰的思路、合理的结构布局文章，并以科学的精神表达自己独到的见解。

✲ 教学难点

比较思维和重复思维在论证中的运用方式。

✲ 教学设想

通过对高中课内议论文篇目《劝学》的论证思维的分析，引导学生认识比较思维和重复思维在论证过程中的运用,并能够运用这些思维方式,结合作文写作要求,准确解读、准确立意并快速拟写提纲,以科学的精神表达自己独到的见解。

✿ 教学过程

一、导入

在科技快速发展和信息高速传递的时代下,大部分群体对网络信息的依赖越来越强,思考的惰性渐趋增大,思维动力逐渐减弱。表现在写作中,许多中学生在思维能力方面也有惰性,往往人云亦云,难以在写作议论文时以科学的精神表达自己独到的见解。今天我们的课堂上,希望大家积极思考,拓展自己作文的思维。

二、问题呈现

1. 分析荀子《劝学》第二段中写到的青出于蓝、冰寒于水、木輮以为轮、金就砺则利和君子博学而日参省乎己这五则内容之间的关系,以及这样表述的效果。

明确:此段中作者通过列举青出于蓝而青于蓝、金属经过磨砺而变得锋利等五个例子,来说明事物通过一定的变化或者经受一些作用就可以变得比原来性能更加优越或者使其状态发生改变,于是作者推论出事物尚且是如此,君子也必须通过不断地学习以及每日反省自己的过错来提升自己的境界,从而变得思想明智、行为正当。

这些论据材料在主题上相似或相近,具有共同的指向,通过多次的渲染来突出、强化文章的中心论点,构建起一个内涵相同的话语系统,形成一种强大的说服力空间,共同指向议论文的中心观点,使读者能对文章的观点信服。我们将这种思维方式称之为重复思维。

2. 简析《劝学》的第四段"积土成山……"的论证层次和论证方法。

明确:第一个层次从正反两面论证了积累的重要性,开头从积土成山、积水成渊引出了积善成德,从正面说明了积累的重要性。以不积跬步无以至千里、不积小流无以成江海,从反面说明了积累的重要性。至此作者从正反两面说明了积累在实现远大目标中的重要性。

第二个层次,作者又将骐骥与驽马、锲而舍之与锲而不舍相对比,引出了客观条件不是学习成果好坏的决定因素,做事只有坚持不懈、持之以恒才能最终获得成功。

第三个层次,作者将蚯蚓与螃蟹作正反对比,以此证明只有态度专一才能够完成积累,这是本段的第三个层次。

该段中作者选取学习的方法和态度这一角度来对中心论点进行论述,运用比较思维突出观点,并且通过以上三个层次的反复论证来完成对这一角度的论述。

比较思维和重复思维只是在方式和形态上有所不同,重复是赋予不同材料以同样的内涵,比较则是以材料内容的反差来突出相同的主题。在《劝学》中,重复与比较都得到充分的运用。可见,在对论点的论证中,重复思维与比较思维是可以交叉使用的,比较中有重复,重复中有比较,二者共同作用,完成对论点的有力论证。

三、赏析经典

(一)赏析经典片段,探究论证所用的思维方法。

孝公既没,惠文、武、昭襄蒙故业,因遗策,南取汉中,西举巴、蜀,东割膏腴之地,北收要害之郡。诸侯恐惧,会盟而谋弱秦,不爱珍器重宝肥饶之地,以致天下之士,合从缔交,相与为一。当此之时,齐有孟尝,赵有平原,楚有春申,魏有信陵。此四君者,皆明智而忠信,宽厚而爱人,尊贤而重士,约从离衡,兼韩、魏、燕、楚、齐、赵、宋、卫、中山之众。于是六国之士,有宁越、徐尚、苏秦、杜赫之属为之谋,齐明、周最、陈轸、召滑、楼缓、翟景、苏厉、乐毅之徒通其意,吴起、孙膑、带佗、倪良、王廖、田忌、廉颇、赵奢之伦制其兵。尝以十倍之地,百万之众,叩关而攻秦。秦人开关延敌,九国之师,逡巡而不敢进。秦无亡矢遗镞之费,而天下诸侯已困矣。于是从散约败,争割地而赂秦。秦有余力而制其弊,追亡逐北,伏尸百万,流血漂橹。因利乘便,宰割天下,分裂山河。强国请服,弱国入朝。

明确:作者贾谊在本段使用了比较思维,将六国联合后的整体力量和秦国进行了对比。首先作者着重强调了六国在统帅、人才、人口、土地、兵力等方面的巨大优势,这些方面其实构成了重复,这一重复突出了六国联合的力量之大。

然而,如此强大的六国之师在与秦国交战时竟然一击即溃,这就从反面说明了秦国的强大。

此外,本文的其他段落也充分运用到了重复和比较思维,将秦国强盛的国势、坚实的基业与其灭亡的命运也形成鲜明的对照,"功业相反"。作者通过多组比较最终得出结论"仁义不施而攻守之势异也"。

四、重点探究

运用所学思维方法,对下述材料进行思考、交流,形成观点。

庄子在《逍遥游》中说:"无用之用,方为大用。"清代黄景仁在《杂感》中咏叹:"十有九人堪白眼,百无一用是书生。"

明确:庄子说的话意思是,没有"使用价值"的东西,才是最有价值的。黄景仁诗句的意思是:饱读诗书的读书人遭人歧视,没有价值。饱读诗书在今天是"无用"还是有"大用"? 如果"无用",是何原因? 如果有"大用",是在哪些方面产生? 运用比较思维和重复思维进行讨论,形成观点。

五、作业

将上面的讨论形成作文,800 字左右。

✿ 使用建议

教师可以对选作范例的文言文语段在上课前进行充分的复习,以便于课堂上专注于对这些语段中所蕴含逻辑知识的分析,将讨论环节充分展开。当然,也可以根据教师自己的阅读和教学经验,选择符合这些逻辑知识的其他文本,用以讲解。

✿ 教学反思

选作范例学习重复思维和比较思维方法的讲解文本和鉴赏文本都是文言文。虽然对于高二学生而言都是已学文本,但课堂上回顾、疏通这些文本仍花费了不少时间,课堂的讲解讨论环节没能充分展开。所以,还需要考虑选择其他具有这些思维方法的现代文来替代部分文言文,更利于课堂讨论环节充分地展开。

陈 慧

3 融会贯通
——论证结构的灵活运用

✿ 教学目标

1. 阅读议论文经典篇目，了解议论文常见论证结构：并列式、层进式。

2. 掌握两种论证结构常见布局方式。

3. 灵活运用两种论证结构，彰显作文个性色彩。

✿ 教学重点

阅读议论文经典篇目，梳理归纳各篇目论证结构，掌握两种论证结构常见布局方式。

✿ 教学难点

根据写作材料的主题，灵活运用两种论证结构，彰显作文个性色彩。

✿ 教学设想

一篇成功的议论文的行文布局，不仅要层次清楚，而且还要重点突出，这说的是议论文的篇章结构。议论文的逻辑论证结构主要是指论证的结构方式。论证结构必须有论题、论据、论证这三个要素。

高中生在写作议论文时，往往匮乏的是逻辑论证结构方面的知识与能力。且议论文论证结构多种多样，并没有一个固定的模式。因而教师有必要面对这一问题，在作文教学中为学生提炼和总结出常规框架下的议论文写作论证结构模式，以供学生根据写作需求和个性表达需求加以综合运用。

本课教学设计以学生在高中阶段已学的议论文为范例，读析结合，寻找议论文常见论证结构；而后开展课堂讨论，了解不同论证结构所具有的效果；在此基础上拓展迁移，通过练习寻找适合自我写作个性的论证结构模式。

✿ 教学过程

一、导入

文章是客观事物的反映，内容千变万化，形式也多种多样。然而同一种文体的文章，在结构形式上总有基本的模式，这基本的模式就是规律。我们如果能够掌握议论文基本的论证结构模式,然后运用到日常的写作实践中,不断去理解、掌握、应用不同的变化格式,就能写出自我的个性。

二、问题呈现

1. 分析《六国论》第一段中的论证结构。

六国破灭,非兵不利,战不善,弊在赂秦。赂秦而力亏,破灭之道也。或曰:"六国互丧,率赂秦耶?"曰:"不赂者以赂者丧。盖失强援,不能独完。"故曰:"弊在赂秦也!"

(学生表述困难时,给段落中的句子标注序号)

① 六国破灭,非兵不利,战不善,弊在赂秦。

② 赂秦而力亏,破灭之道也。

③ 或曰:"六国互丧,率赂秦耶?"曰:"不赂者以赂者丧。盖失强援,不能独完。"

④ 故曰:"弊在赂秦也!"

明确:(总说)①六国破灭,非兵不利,战不善,弊在赂秦。

(分说)②赂秦而力亏,破灭之道也。③不赂者以赂者丧。盖失强援,不能独完。

(总结)④故曰:"弊在赂秦也!"

进一步分析:①②③④四个层次之间的内在关系是:①是总说、总引下文;④是总结、收束;②和③是分说并列的层次。从形式逻辑的角度,从①到②③是演绎,从②③到④是归纳。

知识补充:并列式结构有两个特点,一是分解论点,分论点平行,构成并列;二是论据并列。

2. 梳理巴甫洛夫的《给青年的一封信》的三个分论点,并指出三者之间的关系。

明确:全文分三个部分,段落提纲为:首先,要循序渐进。第二,要虚心。第三,要有热情。

很明显,三个部分的内容是并列的,不具有前后承续的逻辑关系。

知识补充:并列式结构的议论文各部分所反映出来的事理关系是并列的,

处于同一层面上,相互间并不具有事理上的前后承续关系,因而从事理关系上看,即便是将各部分的位置互换一下也未尝不可。

三、赏析经典

学生阅读《孤独与幸福》,黄宗羲的《原君》。

四、重点探究

梳理黄宗羲《原君》的结构层次。

明确:全文共分5段,段落提纲是:

第一段:古之人君之职分是兴公利,除公害。

第二段:后之人君违背古之人君之职分,视天下为私家产业。

第三段:古今为君之道不同的原因是今之人君颠倒了天下与人君的主客关系。

第四段:批驳了小儒盲目忠君的观点。

第五段:揭示后之为君不能避免被推翻的结局的原因以及辩明人君职分的重要性。

由此分析便显而易见,这五段所反映出来的事理关系是逐层深入的关系。

知识补充:层进式结构,也叫递进式结构。这种结构是按文章所反映的事理关系,一层接一层逐层深入地组成整篇文章。既然是逐层深入,那么哪一层先说,哪一层后说,其顺序是事理关系所规定了的,是不能调换的。

五、作业

阅读以下材料,写作一篇议论文,800字左右。

1994年普利策新闻摄影奖《饿童与兀鹰》记录了一个正艰难地向食品发放中心爬行的苏丹女童,连同一只虎视眈眈等候猎食她的兀鹰。在世界记住这幅作品的同时,人们也指责摄影者凯文·卡特丧失了良知,因为为了获得职业生涯的最高荣誉,他居然蹲守了20分钟,等待那只鹰朝跪倒即将饿死的女童展开翅膀。在获普利策大奖仅仅两个月后,不堪指责的凯文·卡特被发现死在自家的小货车内,终年33岁。警方给出的死亡原因是自杀。

附:学生优秀作文

饿童与兀鹰
上海市嘉定一中　周凯锋

一段时间前,国外的摄影界掀起了一场轩然大波。一幅以悲惨为基调的《饿童与兀鹰》在引起人们的关注与感慨后,舆论开始关注这幅作品背后的作者——普利策奖的获得者凯文·卡特。

报纸、媒体舆论一致对准的是凯文·卡特在面对女童挣扎在生死一线时的不作为,任凭女童在兀鹰的眈眈虎视下战栗的冷漠,更有人暗讽卡特为了得到普利策奖丧失人性。尽管卡特辩解说他还是救了孩子,却显得苍白无力。

不久,卡特死于车库内,死因为自杀。

究竟谁是兀鹰? 谁是可怜饿童? 答案一目了然。

卡特究竟何许人? 他是一名摄影师兼记者。拍摄此作品时,他正在这个穷困的国家做调查。诚然,他"无人性"地让女童经历了 20 分钟的煎熬,却拍到了举世震惊、唏嘘之作,让全世界见识到了该地区的艰难。

由此可知,卡特或许并不是一个合适的"道德标兵",却是一个遵守职业道德的优秀记者。

此时,再看问题"饿童"与"兀鹰",恐怕煞费苦心的卡特是弱势的"饿童",而咄咄逼人的舆论是"兀鹰"。

这正是因为公众未能及时在"人性"与"职业道德"中加以权衡,对卡特"道德绑架"。

人性与职业道德时同时异,当两者相悖时,就需要清醒地加以权衡选择。

最让我印象深刻的是《双城记》中台尔森银行的洛瑞先生,台尔森银行以其腐朽闻名,是专制落后的代名词,而洛瑞先生的善良、热忱,对玛奈特父女的维护,光辉的天性与台尔森的昏暗完全不符。这在当时麻木、昏怠的法国恐怕是宝贵的。

洛瑞先生的善良与其喃喃有词的"业务""生意人""行口不一",这是人性与职业道德选择的明确典范。

《霍乱时期的爱情》中弗洛伦蒂诺·阿里萨乘坐的轮渡遇到一个独自落在丛林中的人,即使在霍乱流行时,船长依然为那个迷失者送去了食物与水。

纵然船上乘客的生命比那迷失者更重要,船长依然不摒弃人性,为他人带来生的希望。

总之,人性与职业道德两者之比无绝对,只有相对,关键是如何选择。

✳ 使用建议

苏洵的《六国论》、巴甫洛夫的《给青年的一封信》、黄宗羲的《原君》三篇文本的结构梳理可以放在课前作为预习题完成。教师在课堂上可以根据学生完成情况,选择性地对三篇文章的结构进行讲解,既可节约课堂时间,也可使讲解更具针对性,提高课堂效能。

✳ 教学反思

课堂聚焦在苏洵的《六国论》、巴甫洛夫的《给青年的一封信》、黄宗羲的《原君》三篇文本,梳理其结构,以帮助学生了解议论文常见论证结构:并列式、层进式,引导学生灵活运用两种论证结构,彰显作文个性色彩。

陈 慧

4 纵 横 捭 阖
——作文思路的个性拓展

✳ 教学目标

1. 通过写作思维训练,使学生在议论文写作训练中有意识地理解运用形式逻辑与辩证逻辑思维方法,发展创造性思维,养成良好的思维习惯。

2. 通过学习,使学生能够围绕一个中心快速搜索材料,并以清晰的思路、合理的结构布局文章。

✳ 教学重点

通过对写作思维的训练,使学生能够围绕一个中心快速搜索材料,并以清晰的思路、合理的结构布局文章,以科学的精神表达自己独到的见解。

✳ 教学难点

逻辑思维中的因果思维、构成思维、过程思维在议论文写作中的建构。

✳ 教学设想

议论文的结构规律和逻辑思维相对应,主要包括形式逻辑和辩证逻辑。而这两种逻辑的相互渗透,决定了议论文结构的复杂多样性。学生在写作议论文时,能有意识地运用逻辑思维方法,遵循一定的逻辑思维,就能够围绕一个中心快速搜索材料,以清晰的思路、合理的结构布局文章,并以科学的精神表达自己独到的见解。本课设计通过对范文的逻辑思维的梳理,讲解常见的几种逻辑思维路径,并通过课堂以及课后练习的巩固和提升,帮助学生有意识地理解运用形式逻辑与辩证逻辑思维方法,发展创造性思维,在作文的思路上形成个性拓展。

❋ 教学过程

一、导入

詹姆斯·A.雷金认为:"议论文是以逻辑为基石,以证据为结构,以说服读者接受观点或采取行动(或者两者兼有之)为写作意图的文章。"议论文通过概念、判断、推理等逻辑形式来阐明事理,揭示事物本质和规律,它在篇章结构、段落层次、语言词汇等方面都具有严密的逻辑性。

要写出条理清晰、论证严谨而又有说服力,并能彰显自我个性的议论文,就需要具备较强的逻辑思维能力。

二、问题呈现

1. 分析鲁迅《拿来主义》论证结构思路

明确:第一部分即第 1 到第 7 段,谈为什么要实行"拿来主义",运用原因分析和背景分析来进行举例和比喻论证。第二部分即第 8、第 9 两段,谈怎样实行"拿来主义",运用了措施分析。第三部分即第 10 段,总结全文,谈实行"拿来主义"的重要性和迫切性,则运用了功能分析。

鲁迅的《拿来主义》一文中,运用措施分析的操作模型解决了文章写什么的问题。在对事件进行原因、背景、功能分析后,针对分析的结果采取相应的措施,抑制、消除负面影响,或促进正能量,这即为措施分析。原则上,应对分析得出的每一种原因、背景、功能制定相对应的措施。

2. 以"滥竽充数"寓言为例,分析其中所蕴含的哲理

"齐宣王使人吹竽,必三百人。南郭处士请为王吹竽,宣王说之,廪食以数百人。宣王死,湣王立,好一一听之,处士逃。"

——《韩非子·内储说上》

明确:"滥竽充数"这一寓言,就具有多义性,即从不同的角度分析,会出现种

种不同的立意:(1)从齐宣王的角度分析,齐宣王爱听奉承话,不进行必要的考核,所以为南郭先生"混饭吃"提供了客观条件。(2)南郭先生听到湣王爱听独奏,拔腿就逃,有自知之明。(3)从南郭先生自身分析,不应该有投机取巧念头,等等。

运用推进思维,进一步转换视角,可以进行如下分析。如我们可以从齐湣王的角度进行分析,他喜欢听独奏,可以品评吹竽者艺术水平的高低,客观上给人才提供了表现才能的机会,有利于选拔人才、任用人才,同时也必然有利于吹竽者技艺的日臻完善,杜绝像南郭先生一样混饭吃的现象。

如齐宣王,他爱听合奏,这本无过,问题在于在组合这支吹竽队伍时,他是如何选拔人才的呢,为何能让对吹竽一窍不通的南郭先生鱼目混珠呢? 这说明他在选拔人才的制度上存在很大的漏洞,为南郭先生滥竽充数提供了客观条件。治理乐队是如此,又焉知治理国家不是如此呢? 再深入分析,齐宣王声称爱听竽,却连南郭先生这个对竽一窍不通的人都辨别不出来,难道不是附庸风雅、滥竽充数吗?

知识讲解:议论文写作中,要想文章写得深刻并有一定的针对性,就不能停留在事件的表面和具体分析上,而必须在具体分析的基础上进一步深入拓展和发掘论题,这样才有可能由特殊到普遍,由个别到一般,由表及里,否则不过是就事论事、隔靴搔痒而已。这时就要用到推进思维。

如何做到将思维深入推进呢? 其关键在于要能找到一条抓住事物本质的思路。这就需要写作者在广泛思维的基础上,首先确定一个角度,然后针对这一角度纵向深入思考,层层深入,由表及里,由果溯因,由现象探本质,采用推求的方法,多问几个"为什么"或"怎么办",切忌浅尝辄止。一旦想到点子上、关键处,就应抓住不放,然后再生发扩展,形成认识。思维越深入、细致,就越有可能挖掘出尚未被发现的方面,形成独到、深刻的见解。

三、赏析经典

探究《作家要铸炼语言》选段中段落内部的层次逻辑。

①我们的古人在诗歌创作上强调"炼字",主张意胜,要做到"平字见奇,常字见险,陈字见新,朴字见色"。②这就说明他们对语言艺术的重视,要求人们在这方面下一点功夫……③相传王安石写"春风又绿江南岸",先用"到"字,再改"过"字,又换"入"字、"满"字,经过多次更易,最后才选定了"绿"字。④刘公

勇在词话里,极口称道"红杏枝头春意闹",认为"一闹字卓绝千古"。⑤据说这个"闹"字也经过多次改动,临末才确定下来。⑥其实"绿"也罢,"闹"也罢,好处就在于准确、鲜明、生动,带有动态,刻画了春天的蓬勃生机。⑦可见形象的突出,还必须依靠语言的渲染。

明确:起始句是一个简洁的陈述句,用来鲜明准确地指出分论点。中间部分一般要用几句话引述事例,是事例部分。事例是为了证明分论点,所以内容要紧密围绕分论点展开,不可偏移。最后一句通常为总结部分,这部分常用假设说理和因果说理,把事例和观点结合起来,得出结论,呼应论点。

四、重点探究

运用所学思维方法,对下述材料进行思考,交流,形成写作思路。

"知止"二字作为座右铭高悬于李嘉诚办公室的醒目处,清人曾国藩一生的作为和成就也处处有"止"的烙印。

古语云"知行知止,知止而行",意思是要懂得"行",也要懂得"止",懂得"于止中行"。

明确:首先阐明,什么是"行",什么是"止"? 这是两个形象的表述,具体到现实人生中,什么状态是"行",什么状态又是"止"?

其次辨析,"止",仅仅是停止、不为吗? 既然是"于止中行","行"与"止"又是什么关系?

再次,继续思辨何时当"行",何时当"止",如何把握度?

五、作业

将上面的讨论形成作文,800 字左右,文体不限(诗歌除外)。

附:学生优秀习作

且 行 且 止

上海市嘉定一中 杨 澜

我们这一代,生活在一个最好的时代,亦是最坏的时代。众多新兴事物的蓬勃发展教会我们要"行",要勇往直前,而在求新求快的浪潮中我们是否应

"止"，冷静下来思考人生的价值，明确前行的方向，省察生命的意义，从而厚积而薄发呢？

李嘉诚办公室的醒目处有"知止"两字作为座右铭。作为掌舵人尤其要懂得知止而行。

当巨大的利益诱惑和经济效益摆在面前时，人往往会被冲昏了头脑，而此时懂得停下来是一种智慧。暂时的停顿可以让我们有时间思考过去决定的正确性，分析未来道路的方向。

中国的经济在过去的若干年中飞速发展，行得太快，亦带来巨大的潜在问题。中国领导人懂得于止中行，放缓经济增速，同时与合理的政治体制、优良的道德环境、正确的价值观和世界观协调一致相互支持的科学发展观，不就是这种意义上的且行且止的哲学内涵吗？

当然，种种问题也存在于社会文化方面，譬如现在可能只有少数人会做到"吾日三省吾身"，而未经省察的人生终究没有价值。停下来，能帮助我们丰富自己生命的厚度，不在随波逐流中迷失了自我，更坚定地走自己的道路。

"知止而后有定，定而后能静，静而后能安。"用文化来充实自己生命的厚度才是治国之本，也是立身之道。此时的止绝不是浪费时间，这是"博观而约取，厚积而薄发"的智慧。

"麒麟才子"胡歌在荣获众多殊荣之后没有再攀高峰，而是选择休息一段时间，"演戏不能一直往外掏东西，需要有东西沉淀下来"。

胡歌在大红大紫时停下来自我沉淀，李安导演在人生最走投无路时也停了下来，体味人间百态，让生活的苦难熬成艺术的源泉。清人曾国藩少时就深爱《止学》一书，他一生的作为和成就，处处都有"止"的烙印。于止中行就是停下来汲取养分，让浮躁的心回顾自我。人生如戏，我们也应在行云流水中停下来省察自己的人生，止而厚积，行而薄发。

同时，没有停止过的人生就如同一台上了发条的机器，没有方向也没有意义，完成任务一般的人生索然无味。当前行不再是唯一的价值，我们何不停一会儿呢？从前的日色都变得慢，我们有时间停下来，环顾四周的一片鸟语花香。现在当我们行到水穷处时，不如就坐看云起时吧。

古语云："知行知止，知止而行。"我们同时也要懂得"行"意味着要时时克服固有的惰性，不能以知止为借口而偷懒，人生的行走始终需要足够的动力。

慢慢悟出且行且止的道理,在人生路上才能走走停停,活出有意义的人生。

❉ 使用建议

本课中选择了《拿来主义》《滥竽充数》和《作家要铸炼语言》作为范例来讲解逻辑思维中的因果思维、构成思维、过程思维这些结构逻辑知识,授课教师可以根据自己对这三种逻辑知识的理解,选择自己更为熟悉的文本作为范例,以便于更好地掌控课堂。

❉ 教学反思

运用学生熟悉的文本作为范例来讲解逻辑思维中的因果思维、构成思维、过程思维在议论文写作中的建构,比较容易为学生接受。

陈　慧

第二单元　鉴往知来　启迪明智

1　走　进　历　史
——观照风云万态

❀ **教学目标**

1. 养成阅读历史著作的习惯,掌握正确解读历史的方法。

2. 正确认识历史的作用、看待历史的方法以及人与历史之间的关系。

3. 根据具体的作文题目,思考对待历史的态度,读史的方法和意义,撰写作文。

❀ **教学重点**

认识历史对人类的作用,掌握解读历史的方法,关注人与历史之间的关系。

❀ **教学难点**

根据具体的作文题目,从"人与历史关系"的角度撰写作文。

❀ **教学设想**

人类的时间维度可以分为过去、现在和未来。过去即为历史。过去与现在和未来都密切相关,所以我们必须了解历史、研究历史,以历史指导现在和未来。在我们的作文教学中,历史也是一个具有重要研究意义的主题。以史为鉴,有益于个人的发展,也有益于民族、国家甚至全人类的发展。本课设计通过思考历史的作用、对待历史的正确态度、阅读历史的方法、人与历史的关系等问题,探讨此类作文主题的构思和立意,帮助学生从自我成长、鉴往知来、文化传承等角度挖掘历史的价值,反省自身对待历史的态度和行为,从而形成正确的史观,并由此写出深刻理性的作文。

❀ **教学过程**

一、导入

北宋张载曾言:"为天地立心,为生民立命,为往圣继绝学,为万世开太平",其中的"为往圣继绝学"意思是要接续、继承、复兴、发扬中国文化的主流传统,这代表了一种文化自觉。学习历史,研究历史,从历史中获取经验和智慧,也是一种"继绝学"的方式。前事不忘,后事之师。中华民族自古以来就有治史、学史、用史的优良传统。所以我们要读史,以史为鉴。

二、问题探究

1. 历史是什么

有人说,历史是个任人涂抹的小姑娘,其实不然,历史应该是过去的人、事物化的客观呈现。历史就是过去发生的事,是一种客观存在。历史研究的科学性,就在于它对过去客观存在的再现和思考。

2. 对待历史的态度

要尊重历史,敬畏历史,坚持我国史学"秉笔直书"的优良传统,坦诚、勇敢、自省、开明地对待历史,正如国学大师陈寅恪大声呼吁的:"国可亡,而史不可灭。"

不能随意涂抹和剪裁历史事实,不能断章取义、凭借想象或出于某种目的肆意歪曲和否定历史。

3. 学习历史的意义和作用

(1) 明智多思:读史使人增长智慧,提升修养,博学多识;使人眼光高远,视野开阔,明智通达;使人增进道德情操,培养广阔胸襟。

相关素材:

龙应台说,阅读历史就应该把历史事件放到一个大的坐标中去,"你给我一个东西、一个事件、一个现象,我希望知道这个事件在更大的坐标里头,横的跟纵的,它到底是在哪一个位置上? 在我不知道这个横的跟纵的坐标之前,对不起,我不敢对这个事情批判。"也许只有把它放在整个历史时空,或某一特定时空里看,我们看待它的尺度和界限,才能趋于宽广,无限深邃,眼光才更长远,视野才更开阔。

龚自珍:"欲知大道,必先为史。"

古罗马政治学家西塞罗:"一个人如果对自己出生以前的历史毫无所知的话,这个人就等于没有长大。"

培根《论读书》:读史使人明智,读诗使人灵秀,数学使人精密,格物之学使人深沉,道德哲学使人庄重,逻辑与修辞使人善辩;凡有所学,皆成性格。

（2）鉴往知来：历史在某段特定时期总会呈现出某种相似性，前人处理类似事件的方法会给后人提供借鉴和参照。

司马迁著《史记》意在"述往事，思来者"；司马光编《资治通鉴》是要"鉴前世之兴衰，考当今之得失"；唐太宗李世民认为"以古为镜，可以知兴替"……表达的都是以史为鉴、服务现实的思想。

对国家来说，历史是经验、教训、明鉴、秉承，是过去的沉积、未来的镜子；对民族来说，历史是反思之根、力量之泉、创新之本；对个人来说，历史是老师，教你融会贯通、惩前毖后，是思想之源、进步之阶。

相关素材：

钱穆：历史是过去与未来相互拥抱，相互渗透，而其机括则操之于现在。

（3）养成独立思考的习惯和去伪存真的鉴别力。读史过程中疑问的产生、解答、比对和萃取的过程，使人养成追求公正客观的坚持力。对历史去伪存真的过程，使人养成质疑批判的思维，也逐渐形成独立思考的习惯与能力。

（4）热爱祖国，了解与传承民族文化精神。学习历史能充实自身精神世界，增强民族自豪感，激发爱国情怀。历史是民族文化精神的演化发展过程，探索历史能让人了解和传承民族文化精神。

相关素材：

二战将近结束时，英美空军联合发动对德国历史文化名城德累斯顿的大规模空袭。这座"曾经美得让人惊叹的城市"最终成为一片废墟。这是二战历史上最受争议的事件之一。

我国国学大师钱穆先生在《国史大纲》一书的序言中说：所谓对其本国已往历史有一种温情与敬意者，至少不会对其本国历史抱一种偏激的虚无主义，亦至少不会感到现在我们是站在已往历史最高之顶点，而将我们当身种种罪恶和弱点，一切诿卸于古人。

宋神宗："惟君子多识前言往行以蓄其德，故能刚健笃实，辉光日新。"

梁启超："史学者，学问之最博大而最切要者也，国民之明镜也，爱国心之源泉也。今日欧洲民族主义所以发达，列国所以日进文明，史学之功居其半焉。"

4. 人与历史辩证统一的关系

问题：谁是历史的创造者？

人既是历史的前提,又是历史的结果。

人是历史的存在,一方面发挥自己的能动性、创造性,另一方面又知道自己不是随心所欲的。

个人影响历史,个人创造自己的历史。有的人的历史随着时间的消逝而消失,有的人的历史对社会、对人类的发展起了重大作用,通过自己的言行举止来影响历史。历史也能够影响个人自身的发展。

三、作文探究

1. 1931年至1937年期间,东城区北总布胡同3号四合院曾为梁思成、林徽因夫妇租住。这一时期是两人对中国建筑史及文物保护作出重要贡献的时期。2009年因涉及商业项目,24号院门楼及西厢房被先后拆除。2012年1月27日,梁林故居被部分拆除。

读了上述材料,你有什么感想、见解或看法呢?

明确:梁思成与林徽因夫妇是中国文物建筑和历史文化名城保护工作的倡导者,然而,他们的故居却一再面临着拆迁的威胁。引发的思考可以从保护古建筑的角度,谈故居的文化价值,古建筑是我们文明成长的历史见证,更为研究历史和科学供给实证,为新建筑设计和新艺术创作供给借鉴;可以从保护文化自觉精神的角度,谈如何对待历史文化遗产,不能为了眼前的经济利益而数典忘祖,挑战文明的底线。

2. 有人说,最好的预言是过去,如果你希望现在与过去不同,请研究过去。有人说,怀旧是希望之路上的绊脚石,为了更好前行,不要沉湎于过去。

谈谈你对这两句话的思考。

明确:材料中的两个观点看上去是对立的,一个是呼吁研究过去,一个是提醒你别沉湎于过去,但深入分析就会发现,两句话都主张要立足现实、面向未来,因此以史为鉴、继往开来,绝非沉湎于过去。研究过去,了解从哪里来,才知道要到哪里去。过往的历史能够帮助我们明白现在的成因和未来的走向。浴火重生的历史记忆,支撑我们从昨天走向胜利,更将在今天和明天引导我们奔向复兴。

四、写作实践

醉心于古文化研究的英国历史学家汤因比曾经说过,如果可以选择出生的时代与地点,他愿意出生在公元一世纪的中国新疆,因为当时那里处于佛教文化、印度文化、希腊文化、波斯文化和中国文化等多种文化的交汇地带。

居里夫人在写给她外甥女的信上说:"你写信对我说,你愿意生在一世纪以前……伊蕾娜刚对我肯定地说过,她宁可生得晚些,生在未来的世纪里。"

上面的材料引发了你怎样的思考? 请结合自己的体验与感悟,写一篇文章。

附:学生优秀习作

此 生 有 时
交大附中嘉定分校　费钱超

历史的选择是必然的也是挑剔的,谁也无法选择出生在哪个时代。而汤因比与伊蕾娜是在不断对于人性与自我的探究之中得出两种假象与希冀。

汤因比渴望回到历史,那是他对于历史开创之时的一种强烈憧憬与渴望,他热衷于古文化,甚至于痴狂,他想做一个历史的亲历者,而不仅仅是一个研究者。

较之汤因比,伊蕾娜多的是一种对未来的巨大好奇,尽管她不知道未来的世纪会是如何一番天地,但她敢于去发现与面对。她会认为那个世纪将更能展现出她的能力。

而在材料中的居里夫人所想表明的又是怎样一种态度呢? 最终问题的关键点就聚焦于:究竟是时代造就了人才,还是人才开创了时代。

在历史不断曲折前进发展时,它造就了人才。人才的定义本就是在某些领域颇有造就的人。我们可以推想若是一个没有文字没有文明的蛮荒时代,怎么可能出现各种文化? 又怎么可能出现汤因比?! 人才是适应于时代精华发展的人,在远古时期也许你能生存就是人才,而在今则显然不同,可见人才无法脱离时代而存在。

而时代的更替又是从何而来? 我想不仅仅是春秋的轮替,而是人才开创了一个世纪。就像丁尼生所说："每个人都有一种勇敢者精神,而随着时间的推移和命运的不济,这种精神会逐渐消失,而真正勇敢的人,不会因命运的更替而放弃。"是的,正是这些勇敢者不断地创新与突破,为未来铺下了道路,没有牛顿就没有经典力学理论的发展,没有曼德拉就没有非洲的解放……

行文至此,我想我们已经能对居里夫人的态度有了定数,在《跨越百年的美丽》中,我们了解到了她的人性美与科学美。然而她一定深知若没有一个对于科学真知探索的时代,她发现不了镭元素;而她也一定深知若没有她对科学的探索不止,今天的时代又会有许多不同。所以她想与她外甥女表露的也许只有四个字:此生有时。

我们不必去迷信"命运天注定"之说,我想我们需要明白的是人才与时代相互决定,不可分割,而我们每一个人都可以是时代中的人才。我也曾在黑暗之中抱怨,但我深知那是浪费时间。

与其抱怨生不逢时,不如试着去成为时代的人才。

✱ 使用建议

人与历史的主题是作文教学中的又一重要组成部分,作文考察的素养之一便是学生的历史文化素养。教学过程中要重视学生的历史积淀,这是历史专题作文的首要教学环节。教学准备中要让学生积累丰富的历史素材,没有丰富的历史底蕴,思考也将无法展开;还要注意学生思考历史作用的思维维度,从自我到国家民族、人文文化,应视通万里,古为今用,古今相融;最后还要注意学生看待人与历史关系的逻辑理性与辩证思维,强调史由证来,论从史出,有据有理,兼听全面。教学中也可以课内史论文为示例,在写法上给学生提供范式。

✱ 教学反思

人与历史的教学主题如何兼顾学科之间的融合而又侧重文学性与写作教学,是本课教学的难点。教师在构思立意时要关注历史,更要关注人文精神与个体品格的成长。文学在更大的意义上是"人"学,从"人"出发才能更好地发挥品读历史的功用。中国古代文史不分,本课教学也应更加关注史学之"美",形式美和语言美,这样才能更好地实现历史主题研究对作文教学的激发和完善,而不是越俎代庖、取而代之,剥夺了作文本身的文学趣味和特色。

申玲娣

2 评点历史
——揭示社会规律

❋ 教学目标

1. 学会将典故、神话、历史等与现实问题联系起来。
2. 学习并运用借古讽今手法。

❋ 教学重点

准确理解借古讽今的手法。

❋ 教学难点

将现实问题正确嫁接到熟知的典故或人物身上。

❋ 教学设想

中学生在作文中常会关照现实,探讨社会公平等问题,但因社会阅历不够,容易走偏。高中语文教材中选了许多成功运用借古讽今手法的佳作。本课设计让学生学习并熟练运用这种手法,从历史经典中选取材料,汇聚在主题之下,以恰当发挥讽喻现实的作用。

❋ 教学过程

一、导入

古代许多有识之士,对现实往往有较多深刻的体察,若是仕途坎坷、怀才不遇,或是揭露时弊、指斥朝政有不便明说之处,他们往往从历史人物和事件中去寻求载体,以便委婉曲折地表达自己的心曲。

中学生在作文中关注现实、批判黑暗,学习并正确运用这种委婉的表达方式,对提高写作水平大有裨益。

二、范文链接

与学生一起回顾以下课文:《咏史》《过秦论》《阿房宫赋》《伶官传序》《把栏杆拍遍》。请学生从以上例子中选一,说说作者是如何表达自己观点的。

明确:贾谊的《过秦论》被鲁迅誉为西汉鸿文,名为过秦,实则过汉。贾谊生活的年代,表面上看似太平,实际上矛盾重重、危机四伏,如诸侯王的封建割据和中央集权之间的矛盾,匈奴两次入侵和西汉人民希望安居乐业的矛盾,劳动人民与统治阶级之间的矛盾等。作者看出了这些矛盾的存在,并且从秦王朝覆灭的历史事实中意识到人民力量的伟大。他试图通过对秦朝兴亡的分析,借古讽今,使汉王朝接受历史的教训,从而改革政治,调整矛盾,避免社会危机。

思考:这些文章多采用了什么手法?

明确:借古讽今。

三、技法点拨

以《促织》为例。

1. 蒲松龄要反映的社会现实(社会问题)是什么?

明确:黑暗的现实,为政者之贪婪、凶残、自私,封建制度的腐朽,横征暴敛的罪恶。

2. 蒲松龄如何将《促织》与现实嫁接?

明确:勾勒现实——"宫中尚促织之戏",并指明故事发生年代为明代"宣德间"。

典型人物——成名,"操童子业,久不售。为人迂讷"。

设置情节——征虫、觅虫、求虫、得虫、失虫、化虫、斗虫、献虫。

3. 思考:如何在写作中运用这种手法?

明确:首先确定要反映的社会问题或社会现象,然后从自己熟悉的名著、典故、神话、传说中选择恰当的人物、情节进行嫁接,接着构思情节,将古代人物放在当今社会来演绎故事,反映当今社会的问题,最后写作成文。

值得注意的是,用这种写作方法,不是要编一个新的故事,而是要借这个故事反映现实问题。

四、写作实践

1. 阅读鲁迅的《故事新编》,再次学习体会这种写作方法。

2. 尝试用这种方法来刻画新时代的"葛朗台""范进""愚公""阿 Q"等,或者反映当今社会的其他现实问题。

✲ 使用建议

授课之前,应让学生充分预习、回顾此类典型课文,熟悉文章的主旨、思路、结构、手法。

刘鹏程

3　再看历史
——当代意识解读

✲ 教学目标

1. 培养学生将历史与当代相关联的意识,养成读书看报、关注时事的习惯。

2. 了解当代意识的概念与内涵,学会从历史、现实与自我成长之间关联的角度构思立意。

3. 结合具体作文题,从历史与当代现实的角度审题立意,并写作成文。

✲ 教学重点

寻找历史、现实与自我成长之间关联的角度,从鉴往知来的角度构思立意。

✲ 教学难点

深刻思考历史与当代现实的关联,从此角度审题立意,并写作成文。

✲ 教学设想

历史是人类的教科书,是取之不尽用之不竭的宝藏,值得一读再读。在各种不同视角阅读之下,历史呈现出不同的风貌和价值。历史是人类的过去,过去的意义应该指向现在和未来。所以本课试图从当代意识出发去研究历史,使历史服务于现在,帮助今人寻找历史中契合当今时代的题材和观念,对其进行研究,并且以之为良药解答现代人的困惑和时弊,这是一种自觉意识。再读历史,阐释历史,让这种阐释成就现实中人类自我的成长。首先要明确认识我们身处的时代特征,深入剖析我们的生存处境和精神困境,此为切脉寻症;其次要以当代意识阐释历史,寻找到救治今人病症的良方,此为对症下药;回望过去,展望未来,连接于现在,此为本专题之意义价值。

✲ 教学过程

一、导入

人类每一个个体都生活在现实之中,当代人研究历史,应该是出于当代人现实生活的需要。只有懂得现在的人，才能真正理解过去，才能在以往的历史资料中找到有利于现实的素材。所以当代意识就是："不懂得现在，就无法理解过去。"俞吾金说，理解现在，才能深刻地理解过去，阐释过去，而阐释过去，是为了更好地走向未来。

二、问题探究

1. 什么是当代意识

当代意识就是当代人通过对自己置身于其中的现实生活的深入反思，把握与当代现实生活本质相切合的价值观念，并自觉地把这样的价值观念作为立场和出发点运用到历史研究中去。

而研究历史的最终目的，还是服务于现实社会。

我们学习历史，但要着眼于当下，关注现实，从集体到个人，从外界到内在，从自然到社会，从经济到文化，从优势到弊病，关注底层与民生，关注思想与表达，关注差异与冲突，关注多元和融合，都是研究历史作用于现实的题中应有之意。

2. 当今社会现状解读

（1）时代特征

当代中国社会正处于转型过程中，追求现代化和经济强国的进程中，存在多元文化、新旧冲突、道德失范、信仰危机等问题，与之相切合的价值观念则是：珍惜生命、尊重人格，追求自由、倡导民主、维护平等、强调公正等。我们在历史中发现和倡导这些价值观念，进而对现代化建设和市场经济的健康发展发挥积极作用。

经济、科技、军事、政治力量的崛起发展与思想的发展不同步，"互联网＋"时代、电子信息时代、微时代、快时代，思想、文化、阅读都呈现出开放、自由、碎片化、透明、便捷、快速的特点，也给社会带来了浮躁、功利、焦虑、人性冷漠等时弊。

相关素材：

龙应台：我希望这能作为中国走向另一个自信和开放的文化大国的一个起点，并慢慢朝这方面走。书展是每一个国家把她文化里头最有创意、最勇敢、最敢挑战的思想拿出来给你看，然后所有国家都在比赛：我的国家文化土壤最丰厚,所以连其他国家都想来买我的文学作品和思想作品的版权,他们想把我的东西翻译出去。其实所有国家在比赛的,都是思想的自由与创意。这个时候,我相信很多中国出版的同行,以至作家们,心里一定有些想法,就是说中国在大国崛起的过程里头,真正需要加油的是思想开放以至文化创意。

(2) 当下的个体特征

人的生存困境:现代文明束缚下的不自由,人的精神的异化与挣扎,幸福感和信仰的缺失,自我丧失的困惑、孤独与绝望……

人的自我救赎的渴望:

以一种内在的精神力量,对现存文化体系进行反思和精神重构,以获得生存的审美体验,寻求"诗意的栖居",拯救大地、接受天空、期待提升、引导自我改良的渴望,去解决科学、理性与制度、技术不能解决的问题,满足、慰藉混乱迷茫的心理,给摇摆不定的生命和谐宁谧。如果要到历史中去寻找这种力量,以陶渊明为首的中国古代隐士就是原型,他们的寄情山水、诗意栖居、审美建构既是当时又是现在精神自救的良方。

"情感"作为"人活着"的归宿与最高境地,使心灵得到安顿,使人诗意栖居,使人生完满充实,使人获得安宁愉悦。

相关素材:

雅斯贝尔斯:"人生活在世界上,却要反抗这世界。"

李泽厚:"如果时间没有情感,那是机械的框架和恒等的苍白;如果情感没有时间,那是动物的本能和生命的虚无。只有期待(未来)、状态(现在)、记忆(过去)集于一身的情感的时间,才是活生生的人的生命。"

与现实生活、物质生产、概念语言不同,在情感中,过去、现在和未来可以完全融为整体。

三、作文题解

1. 2011 年徐汇二模作文题

十年前,白岩松写了《痛并快乐着》,十年后,年届不惑的他有了《幸福了么?》之惑,惑于敬畏、担当、守护、悲悯、爱……的缺失;他计划再过十年写一本书,叫《终于信仰》。

三个十年,三本书,是一个人,其实也是一个时代的成长、困惑与追寻。

明确:一个人和一个时代都是在对幸福、快乐的追寻与困惑中成长的,社会转型期带来的混乱和缺失,使人迷失在现代丛林的生活里,精神上敬畏、担当、爱的缺失,令人产生心灵之惑——我们和时代到底该何去何从,走向哪里,怎样走过去? 而一切问题的解决,最终指向人的信仰,整个过程,因缺失而困惑,因困惑而追寻,因追寻而成长。个体的自我救赎最后成就了时代的正轨直行。

2. 2016 年宝山一模作文题

纪录片《互联网时代》解说词:

从人类文明出现到 2003 年,所有存储下来的信息的总和仅仅相当于如今人类两天创造的数据量。全球最大的图书馆,美国国会图书馆的所有馆藏不足今天人类一天所产生数据量的万分之一。

互联网时代的数据拥有了全然不同的价值内涵,有用才被记录的时代结束了,一切能够被记录的都会是有意义的。

明确:这个作文题是对现今互联网时代大数据现象的思考,对比历史和现实,数据量的大小和选取数据的标准都发生了变化。现在的标准隐含着互联网时代数据记录的价值取向:不以是否有用作为被记录的标准;凡是能够被记录的都会有意义。这显示出互联网时代人的价值取向的转变,其中包含着互联网技术给个人与社会带来的巨大冲击与深刻影响。可以分析大数据产生的主客观原因,也可以分析大数据体现的时代进步性,或者如何对待数量庞大质量不一的大数据,辩证分析大数据有用与无用,有意义与无意义的对立转化。

四、写作实践

阅读下面这首诗歌,完成一篇不少于 800 字的议论文,题目自拟。

《朗读》(王寅):我不是一个可以把诗篇朗诵得/使每一个人掉泪的人/但我能够用我的话/感动我周围的蓝色墙壁/我走上舞台的时候,听众是/黑色的鸟,翅膀就垫在/打开了的红皮笔记本和手帕上/这我每天早晨都看见了/谢谢大家/谢谢大家冬天仍然爱一个诗人。

附:学生优秀习作

灯暗了,影子在发光

交大附中嘉定分校　孙钲洋

　　每个人都会感到孤独。也许只是因为在某一刻身边没知心的人,心情的频率与周围世界的频率不一样了,也许只是想到了没法抛却的忧伤往事,每每那时,眼前的灯就忽然暗了,人们在只剩影子的黑夜里饱尝自己的卑微与彷徨。《朗读》这首短诗,就是这样一首诗,将孤独表现得淋漓,也将孤独剖析到了直指人心的最深处。

　　"我不是一个可以把诗篇朗诵得/使每一个人掉泪的人",作者简单的陈述,却隐隐铺下了一条幽幽的路。试想,又有谁能够让每一个人都懂自己内心的想法呢?有时候,一个看似理解的目光向你投过来,这眼神背后或许不过南辕北辙。作者有这样的感觉,他才会一个人朗读,一个人臆想,臆想自己站上舞台,鸟儿是听众,墙壁被感动。可最后,作者不得不用一句自嘲的"谢谢大家"作为一个人的谢幕。他告诉我们,至少他曾热烈地爱过朗读,或是卑微地爱过。可以说,正是这种孤独感造就了人的光芒,换句话说,灯灭了,但影子在亮。

　　这让我想到了弗兰茨·卡夫卡,一座同样坐落在文学版图上的孤独城市。他的作品在他临死前都未能问世,他在给他好友最后的请求中说,必须烧毁掉他书箱里写字台上一切他的文字。最终他的好友没按其遗嘱做,那些惊世骇俗的作品才得以存世。卡夫卡是一世孤独的写作者,他始终躲在玻璃墙后面,不结婚,不交流,在夜深人静的时候写作,甚至生命即将消失之际,他也偏执地要求销毁遗稿,切断与世界最后的联系。然而,他灰暗晦涩的孤独深处,一种思想的光辉却投射到了他的影子上,《变形记》里荒诞而前无古人的风格足以使它发光。

　　不论是卡夫卡还是王寅,他们都是孤独的,但他们都在发光,这种感动的光,执着的光,卑微而热爱的光,只有在灯全部暗下之后才能变亮。

　　《那些年》里说:"我想成为一个厉害的人,所谓厉害,就是让这世界因为有我,而有一点点的不一样。"王寅做到了,他让别人读到了他的文字,然而他仍然享受着孤独,是因为只有孤独可以铺出一条黑暗恰到好处的路,等待那摇曳的思想微光漫步。

· 412 ·

那么，王寅究竟为何要"朗读"，而不是以沉默的方式静静燃烧呢？"关上门，不是为了幽禁欢乐，而是为了解放悲伤"，这是叙利亚诗人阿多尼斯在《我的孤独是一座花园》中所说的。人需要排解，因而他们这些承受了更多孤独的作家，也要以一种方式解放他们深埋的悲伤，不是给人，而是给"黑色的鸟"，那是些最不可能理解自己但也最完美的听众。阿多尼斯还说，"世界让我遍体鳞伤，但伤口长出的却是翅膀""诗歌，这座浮桥架设于你不解的自我和你不懂的世界之间"。

由此，你开始真正明白了孤独。它是一首诗歌，充满了太多的不解，它也是诗人的思想载体，是黑夜，只有当它降临时，每一片湖水才能独自承受黑暗，同时只有那时月的粼光才会在湖面上星星点点地闪烁。也就是，灯暗了，影子在发光。

✴ 使用建议

这一专题之前，关于历史已有两层铺垫：走进历史，评点历史。所以这一专题是前面的升级版，难度提升，针对性更强，上课之前学生必须有大量历史素材的积累和史学思想的基础。教师必须引导学生在之前广博读史和宽泛思考的基础上，收拢到当代意识上，从关注现实、分析现实出发，回溯历史，最后还必须回归到现实，发挥历史对整个社会环境有序发展和人们价值观纠偏的指导作用。

✴ 教学反思

现实—历史—现实，起点和重点的两个"现实"是有本质区别的，前一个是混乱无序、迷茫冲突的现状，后一个是经过"纠错""成长"后的现实，这中间的桥梁就是用当代意识解读历史，又服务于当代的一个痛苦的过程。教学中这一点如何落实，是教学重点，需花费时间较多。建议列出课前任务清单，让学生做好预习作业，以便于各教学环节的顺利推进。和具体作文题目结合起来思考，使观点和分析具有针对"这一个"作文题的个性思考，是教学难点，课堂作文例题的分析必须细致深入，课后的习作才能顺利完成，这也是教学中仍需改进的一点。

申玲娣

第三单元　放眼现实　感知时代

1　多维立体
——观察社会视角

❊ 教学目标

1. 具体认识社会的概念以及人与社会的关系。

2. 结合具体作文题,从多维度思考人与社会的关系,并完成审题立意。

3. 根据具体的作文题,练习人与社会关系的主题写作。

❊ 教学重点

培养多维度立体思考人与社会关系的意识并由此审题立意。

❊ 教学难点

深刻分析阐述人与社会关系的主题。

❊ 教学设想

人是群居者,必须存在于群体共同体中,所以人不可避免地要遇到个体和群体关系的问题,也就是人与社会的关系,人与他人的关系问题。人应该怎样正确看待和处理自己与社会的关系,才能更好地在社会中生存,实现自我价值?本课设计试图从这一角度去审视我们的写作题目,将相关作文题归属到这一话题下进行思考、提炼、归纳和论述。在明确概念的基础上,帮助学生正确认识人对社会的依赖性和独立性,社会对人的帮助和制约,人和社会必须共同发展,和谐共存。还要借助相关作文题学习如何多维度观察社会、思考人生,并从这一角度去审题立意,分析和论述问题。

❊ 教学过程

一、导入

有人说,世上只有三道高考作文题,即考察人与自我的关系,人与他人(社会)的关系,人与自然的关系这三道作文题。这三道作文题又可分为两大类,分别是研究个人和自我的关系,研究个人和外界的关系。人与社会的关系便是其中一种。

围绕这一关系,有哪些问题需要探讨和思考?

明确:什么是社会? 社会与人之间是怎样一种关系? 人应该怎样处理好自我和社会之间的关系?

二、问题探究

1. 概念解析:什么是社会

社会:特定环境下共同生活的同一物种不同个体长久形成的彼此相依的一种存在状态,具有独特的行为规范、文化和风俗习惯。社会是维系人们之间的某种特定关系和联系互动的纽带,承载着文化的传承、交流和积累的网络和储存器,更是展现人类自身精神力量的场所。

2. 社会与人的相互关系

(1) 社会于人而言

作为个人生存的环境,社会影响个人的生活,也影响个人的精神、观念、文化等。社会制约和决定着个人的生存和发展,社会的物质文化条件制约着人的发展方向和发展水平。社会热点事件会引发人们的争论,也会造成不同的价值导向。

同时,社会也帮助个体自我实现,为个人发展创造各种条件。

(2) 人对社会而言

人依赖社会:个体需要生活于社会中,与人共处和交往,受尊敬、被信任。同时人相对于社会又具有独立性:个体具有独立的自我和人格,不能随波逐流、盲从社会。个人要遵守社会规则,又要保持个性,要加强自身道德修养,自强不息,厚德载物。

人反作用于社会:个人通过自己的努力,为社会贡献自己的力量,使社会不断发展,社会财富不断增加。所以人要有社会责任感,人格健全、品德高尚,自我价值才能得到充分实现,这正是古今仁人志士所谓的"任重而道远"。

(3) 人和社会的关系:和谐

人和社会不能对立,否则不利于双方的发展。构建和谐社会,为每一个人的发展创造最有利的条件,让每一个社会成员充分而全面地发展,也为和谐社会的构建作出贡献。

和谐是人与社会共同发展的目标,和谐才能更好地发展。和谐是人与社会的平衡,是可持续发展的前提条件。人和社会和谐,才能让社会与人齐发展。

大我与小我的统一,自由意志与社会公德的兼容,个人梦想与社会梦想的一致,合作共赢……一座城市的温度,一个国家的文明,全人类的命运,都与每个人息息相关,这些都可以是人与社会话题范畴的小命题。

三、有关人与社会关系的素材

1. 易卜生说:"社会犹如一条船,每个人都要有掌舵的准备。"

2. 美国学者库柏说:"公共意识并非期望公民必须变得无私并在行为上完全利他,但它确实意味着,公民负有契约性的自制的责任。"

3.《侍坐篇》中曾子述志:莫春者,春服既成,冠者五六人,童子六七人,浴乎沂,风乎舞雩,咏而归。(只有社会安定、国家自主、经济稳定、天下太平,每个个体才能享受真、善、美的人生,才能有真正的自由。这样的个人自由,不是老庄那样的消极无为的逍遥,也不是那种极端个人主义的自由,而是人与自然、人与社会合为一体的、和谐的自由)

四、有关人与社会关系的作文题的解读

1. 鲁迅说:"无穷的远方,无数的人们,都与我有关。"
请自拟题目,自定立意,自选文体(诗歌除外),写一篇不少于800字的文章。

2. 伴随着多元化和多功能化的进程,今天的世界已非当年的模样——到处都是色彩、外形、行为不同的生活方式、生活标准和生活理念所构成的反差。我们或许不能总留意到周围的各种反差,但总有一种反差会触动你的心灵,引起你的深思……
请以"反差"为题,写一篇不少于800字的文章。

3. 有水就有岸,岸阻遏了水的自在流淌,也避免了水的泛滥成灾;水需要岸的善加疏导,却排斥岸的恶意围困。
请据此作文,要求800字以上,自拟标题,自定立意,文体不限。

明确:这几则作文题都可以从人与社会的关系入手去审题立意,一个人只有正确认识自我和外界,处理好自己和外在的关系,才能最终实现自我价值,同时为社会做出贡献。

鲁迅的话正是他自身的写照。"无穷的远方,无数的人们,都与我有关","远方"是哪里?"人们"是谁?起点是"我",终点是什么?这一句话,在今天这个时代又有什么探究的意义?学生首先要梳理清楚这些问题的答案和他们之

间的逻辑关系。命题背后,其实体现了一个人的社会责任感,对底层的关怀与悲悯情怀,以天下为己任的大情怀大境界,对社会的清晰认知和深切关怀,是超越个体利益的大我胸怀。

社会转型期,各种现象的反差时时处处充斥着我们的生活:贫与富,奢侈与勤俭,游戏人生与兢兢业业,客观的反差,贯穿着我们的世界和历史。还有主观上的反差:观念的反差,理念的反差……这些反差,或源于自然条件的制约,或源于个人能力的差异,或源于制度、社会机制以及不同的社会历史、风俗、习惯等因素的差异,或源于个人政治立场、思想观念以及情感因素的差异。我们要消弭人世间贫富、贵贱、善恶的反差,但又要倡导学术上百花齐放、百家争鸣的反差,追求思想上万紫千红的反差。

水和岸可以用来比喻人与社会,水是自由的,可以喻指人的欲望、自由、道德品质、行为等;岸是一种约束,可以喻指法律法规、社会公德、道德规范、行为准则等。本文可以写个人自由和社会法规,自由和纪律,个体和整体。人生似水,有了道德、法律的指引和规范,才能保持正道。

五、写作实践

"晒"在广东方言里有"炫耀"的意思,"晒"也有"公开"的意思,比如权力要晒在阳光下,加强监督,"晒"在网络上流行就是本着"分享你的一切"的指导思想,当然也有一些人把别人的隐私晒到网上,美其名曰"光明磊落的暴露"。

一个"晒"字,内涵丰富,引发我们很多联想和思考。请选一个角度,谈谈你的观点和认识。(题目自拟,文章800字左右,不要写成诗歌)

附:学生优秀习作

晒是一种自由生长的公民力
交大附中　华　丰

物质科技领域的膨胀性发展势必导致精神文化的配套改变。

——题记

随着我国的经济繁荣,人们对于精神层面的需要呈现爆炸性增长。网络的普及意味着公民第一次有了一个信息交换以及意见交流的匿名平台,意味着

"沉默的大多数"开始有了不再沉默的空间与自由,也意味着很多不为人知的权力将被"晒"在目光之下。

那些暴力强拆事件,或许是近年来网络上被晒得最多的话题之一。私有财产的保护权一时引来网友热议,而这场热议的结果是推动了我国对《城市房屋拆迁管理条例》的立法措施。在这次的日本特大地震中,又见中国的网友们"晒"图片,"晒"讯息,当然,还有最不可少的"晒"出自己的关心与祝福。这体现出大部分的中国国民终于能够跨越历史的阴霾和民族的仇恨,去向大洋彼岸承受着伤痛的人们,表达自己最良善的关怀。

诚然,在"晒"这样的全民性运动中存在着一些不和谐的音符,有些人"晒"出了别人的隐私。但我相信,大部分的公民是理性的,具有保护他人隐私的担当和意识。而网络"晒"出一个更健康美好社会的积极作用,仍然不能因此被全盘否定。

有人晒就势必有人围观。《南方周末》所发表的一篇文章《围观改变中国》中说的话,我深表赞同:"13亿人的目光聚集起来,足够形成世界上最大的一只探照灯。"这探照灯可以穿越所有的掩饰和虚伪,穿过所有腐朽阴暗的东西,带领我们前往事物的本质和真相。在这光的尽头,有希望吗?我想是有的。

中国的大多数公民是习惯于沉默的,当他面临着买不起房、生不起病的实实在在的生存压力时,有个地方"晒"出自己的呐喊,是件多么美好的事情啊!

当中国的公民们得以以"网友"的身份"晒"出自己的心声时,我相信即使是无言,也足以汇成一股震撼地球的力量。这股力量,我称之为公民力。

人文社会与自然社会的进化过程都是不可逆的。我很乐意地说:"就让这样的公民力自由生长吧。"

❋ 使用建议

本主题教学放在高二第一学期第三单元中,上承人与自然的关系,下启人的社会价值和生命意义的主题。很多作文题都可以归属到这一话题中,教学时要将大话题分解为小话题,再逐个完成主题思想的积累和素材的完善,当然涉及具体的作文题还要具体问题具体分析,也许审题立意时只是局部涉及人与社会的关系,社会角度是自我角度的升华,是小我实现累积而实现的大美局面。若能培养学生自觉形成从"人与社会"关系构思立意的意识,就是本课教学的成功之处了。

✿ **教学反思**

本课设计话题很大,素材很多,一两节课很难穷尽。可以设计成教学系列,比如社会对人的作用,人对社会的反作用,人相对于社会的独立性和个性化,人与社会的和谐等几个小专题,通过学生收集素材,多维审题深入挖掘二者关系,丰富作文审题立意的角度,同时形成多角度辩证联系看待问题的思维习惯。因此课堂教学最终还要依赖学生课前课后的自主学习。

申玲娣

2　慧 识 万 象
——点中要害"穴位"

✿ **教学目标**

1. 把握时事评论的评价角度和态度。

2. 培养独立思考、深入探究的能力。

✿ **教学重点**

把握时事评论的评价标准。

✿ **教学难点**

找到时事评论的切入点,能多元深入地思考问题。

✿ **教学设想**

很多学生经常在微博、朋友圈、贴吧等网络平台上对一些新闻时事发表看法和评论,但不少学生习惯于自由任性或是跟风追评,容易造成主观臆断或泛泛而谈,甚至失去原则立场。这都是由于缺少评判标准而抓不住中心所造成的。因此本课设计旨在引导学生建立时事评论的标准原则,冷静理性地分析思考问题。

✿ **教学过程**

一、导入

学生交流作业中对柴静《穹顶之下》事件的评论。

二、引导学生建立评价标准并练习掌握

1. 以学生作业为例,让学生自己发现问题

病症一:判断片面,一边倒。

· 419 ·

病症二：人云亦云，缺乏事实依据。

病症三：语言表述过繁，没有层次，将读后感与评论混淆。

2.教师提供网上各种评论，对比学生作业，总结归纳

明确下药：要有评价的角度——可从评价者的身份思考。

要有评价的态度——持客观公正的原则（为社会所普遍公认的律则和价值标准）。

三、课后训练

就日前有网友曝出一组据称系学校出游时学生给老师打伞照片的事件，写一则短评。

❈ 使用建议

本设计中所用的新闻时事仅为示例，建议教师在教学时换用最新的、在学生中引发热议的新闻时事给学生探讨。

❈ 教学反思

在总结客观公正这一原则时，应该先让学生思考，让他们反思自己平时在评论时秉持的是什么标准，由此感悟"客观公正"的重要性。

夏侯畀春

3 感 知 人 性
——评议社会公义

❈ 教学目标

1. 能运用肖像、语言等基本技巧刻画人物、表现性格。

2. 正确看待人性美丑，弘扬人性光辉，鞭挞人性丑恶。

❈ 教学重点

综合运用各种人物刻画技巧。

❈ 教学难点

理解并能运用文字表现人性的复杂、善变、多面。

❈ 教学设想

文中的人物是否鲜活、丰满、立体，是评价中学生作文品质高低的一个重要

维度。中学阶段学生已熟知各种刻画人物的有关手法，但综合运用各种人物刻画的技巧才能展现人物性格，表现其复杂性。

✳ 教学过程

一、导入

人性本善还是本恶？这是一个争论由来已久的问题。在作文中应该怎样彰显人性光辉，鞭挞人性丑恶？

二、范文链接

1. 回顾教材

以"……文章塑造/刻画了具有……的形象"为例说一句话。

参考：

《沁园春·长沙》塑造了一个以拯救国家为己任，意气风发豪气满怀的青年革命者形象。

《烛之武退秦师》塑造了一位深明大义、以解国难为重、智勇双全的年迈者形象。

《最后一片常春藤叶》刻画了一个以自己生命为代价创造真正杰作的画家形象，讴歌了以贝尔曼为代表的普通人的高尚。

《葛朗台》刻画了一个嗜钱如命和极端吝啬的守财奴形象。

……

2. 联系课外

说说你印象深刻的具有人性美的人物（先文学形象后现实人物）。

参考：

夏洛蒂·勃朗特笔下的自强自信自尊、执着追求爱情、富有抗争精神的简·爱。

海明威笔下的坚强乐观、百折不回、永不屈服命运的老人桑地亚哥。

雨果笔下的外表丑陋而内心无比善良的敲钟人卡西莫多。

赤子之心、爱国典范钱学森。

身体高度残疾，却在自然科学领域取得惊人成就的霍金。

"三无"科学家，诺奖得主屠呦呦。

……

三、技法点拨

以下语段分别从哪方面刻画人物,对于我们刻画人物有什么启示?

1. "谁的?不就是夏四奶奶的儿子么?那个小家伙!"康大叔见众人都竦起耳朵听他,便格外高兴,横肉块块饱绽,越发大声说,"这小东西不要命,不要就是了。我可是这一回一点没有得到好处;连剥下来的衣服,都给管牢的红眼睛阿义拿去了。"

"你要晓得红眼睛阿义是去盘盘底细的,他却和他攀谈了。"

——鲁迅,《药》

明确:肖像。

相由心生,鲁迅《药》中的康大叔与阿义都是刽子手。由于长时间从事残害生命的工作,在他们的脸上就留下鲜明的印记,如阿义的那双血红的眼睛,康大叔的满脸横肉,都是他们性格凶残暴虐的象征。写肖像不能将五官、身形毫无选择地面面俱到,要选择具有代表性的肖像特征来突出人物形象,这样才能做到让人过目不忘。

2. 孔乙己是站着喝酒而穿长衫的唯一的人。他身材很高大;青白脸色,皱纹间时常夹些伤痕;一部乱蓬蓬的花白胡子。穿的虽然是长衫,可是又脏又破,似乎十多年没有补,也没有洗。

——鲁迅,《孔乙己》

明确:衣着。

又脏又破的衣服说明孔乙己的穷困,而这件衣服却恰是坐着喝酒的体面人才穿着的。只是对一件衣服的描写,孔乙己迂腐的性格特征,尴尬的双重心理就显露了出来。衣着能反映一个人的喜好、审美追求、生活习性、社会地位和经济情况,因此,对于衣着的观察不可省略,描写不能泛泛,选择要具有典型性。

3. 项羽大怒曰:"旦日飨士卒,为击破沛公军!"

项王曰:"此沛公左司马曹无伤言之;不然,籍何以至此?"

项王曰:"壮士,赐之卮酒。"

——司马迁,《鸿门宴》

明确:语言。

项羽的言语并不多,但每一句言语都很有分量。以上虽然只有三句话,但项羽轻谋寡信、胸无城府、豪迈直爽的性格特征表露无遗。语言是人物性格最突出的外显,但作文字数有限,语言描写要惜墨如金、有的放矢,选取最能够表现人物性格特征的语言。

4. "这套衣帽,他只在督学来视察或者发奖的日子才穿戴。而且整个教室有一种不平常的严肃的气氛。最使我吃惊的是,后边几排一向空着的板凳上坐着好些镇上的人,他们也跟我们一样肃静。"

"我听了这几句话,心里万分难过。"

"他感情激动,连声音都发抖了。听到他古怪的声音,我们又想笑,又难过。啊! 这最后一课,我真永远忘不了!"

——都德,《最后一课》

明确:心理。

心理描写,能直指人的内心,使人物形象更加生动、逼真。小弗郎士此时已强烈感受到了镇公所布告牌前围观的人群激愤的情绪,为自己未能好好学习而深深懊悔。虽然只有一堂课的时间,作者却清晰而又细腻地刻画出小弗朗士的心理变化过程,塑造了一个虽顽皮、却明事理、有爱国心的孩子形象。

四、写作实践

1. 用简洁的话语描述一位同学的相貌,让其他同学来猜。

2. 选取历史史实、文学作品或影视剧中的一个人物形象,用衣着、使用的器物等来概括其形象和个性,并让同学来猜。

3. 选择一句某个人对你说的、令你最为难忘的一句话。这句话表现了此人怎样的性格特征?

4. 到街道、市场观察各种人物,如卖货的、推车的、修鞋的……抓住某一个人物特有的肖像、语言和动作,把他的个性写下来。

❋ 使用建议

熟练运用人物的描写手法是刻画人物、表现人性的基础和关键,但写人离不开写事,在表现人性的同时,不能忽视典型事例的选择与取舍。

刘鹏程

第 二 学 期

第一单元　说理论证　走向艺术

1　求　根　溯　源
——分析事件原因

✿ **教学目标**

　　1. 找准思考的问题,把握分析的对象。

　　2. 关注事件发生的原因,提炼具体的思考路径和方法。

✿ **教学重点**

　　把握材料的核心问题,深入分析原因。

✿ **教学难点**

　　分析事件原因,提炼具体的思考路径和方法。

✿ **教学设想**

　　在审题立意上,有的学生作文仅停留在对材料的解释和扩充,缺少深入的感知和理性分析,没能从已知的材料中去推断潜在的意蕴。如何引导学生深入分析,做到深层次思考? 教师可以引导学生进行原因分析,充实"为什么"这一角度,将文章写得深入而又深刻。本课教学设计旨在引导学生把握材料的核心问题,深入分析原因。

✿ **教学过程**

一、导入

　　议论文的构思中,因果分析是重要的一环。同学们经常感叹,为什么我的作文没有别人写得深刻? 其实,原因就在于你没有对材料中的核心概念(或事件)作"为什么"层面的深入分析。

二、问题呈现

如 2013 年上海高考作文使用的材料是："生活中,大家往往努力做自己认为重要的事情,但世界上似乎总还有更重要的事。"材料主体由两个分句组成,合在一起共同描述了一个普遍存在的现象。细致地分析两个分句,我们会发现它们指向的内容存在差异:前一句描述的事实背后,体现的是自己主观上对"重要"的认识、选择和实践;后一句则可以理解为世界上客观存在着很多"更重要的事"。两句中的"重要"都可以是自己的主观认识或客观存在。两个分句合在一起,即能带给考生一系列问题:这是一个什么样的现象? 实质是什么? 这样的现象普遍存在的原因是什么? 这样的现象在我身上是怎样体现的? 我为什么会这样做? 这样的现象合理吗? 我该怎么做? 这一系列问题引发的思考并不是平面铺开的,而是纵向深入的。

这则材料引导学生思考"重要"及"我"两者本体及两者之间的关系。要回答上述问题,必须思考对个人的重要与对世界(社会)的重要,主观的重要与客观的重要,重要的事与我能做的事等各组关系,这些思考关联着自由主义与功利主义,个人掌握命运与命运控制个人,做事的意义与做人的意义等相关命题,而这些命题拥有足够的社会、政治、哲学的厚度与深度。

学生往往会思考"重要的事""更重要的事"是什么。那么,它为何重要? 原因何在? 在这一方面,学生往往缺少深入思考,最终导致作文概念化、简单重复。

三、范例分析

《汉书·艺文志》中有"安其所习,毁所不见"一语,大意是指:人往往安于自己所习惯、所熟悉的事物,对从没见过,或未有直接、间接经验的事物,则常常予以否定。

对这种生活中普遍存在的现象,你有怎样的联想和思考? 请选取一个角度写一篇文章,谈谈你的想法。要求:(1)题目自拟;(2)全文不少于 800 字;(3)不要写成诗歌。

根据题意,我们可以从以下方面进行立意:

1. 兼顾两者的立意:留其所习,纳所不见;有容乃大;新旧的碰撞;

2. 积极应对"不见"：积极面对改变与未知；敢为人先；不做"套中人"；破除思维定式；探所"不见"；

3. 宽容对待"不见"：请宽容对待"不见"；包容未知；

4. 主动破除"所习"：摆脱习惯的束缚；乐于尝试；走出无知山谷。

在立意确定之后，我们如何对原因进行挖掘和分析？可以参照下面的习作片段。

例1：人会安于所习惯、所熟悉的事物。不仅人有此特征，作为生物，这种现象都存在，可以说对于习惯和熟悉的事物，人都因具有寻求安全感的本能而倾向于它们。对于熟悉的事物我们对其是信赖的，但这只能是信赖，而非依赖。如果一个人长期停留在自己和别人给予的空间里，那终究是孤陋寡闻，无法进步。所以，安其所习是必要的，但不能过分，否则会让我们失去创新探究精神和对事物的思维、判断能力。

对于从没见过，或未有直接、间接经验的事物，人会产生陌生感。而这陌生感易使我们自然而然地产生不安的情绪。如果无法控制这种不安情绪，任其不断扩大膨胀的话，将会上升为排斥心理。因为对"所不见"积累着排斥，所以我们便对此予以否定，长此以往便陷入恶性循环却不自知。

例2：《汉书》说"安其所习，毁所不见"，这大抵是传统中国人普遍的生活态度。我们的农耕文明似乎注定了中华民族喜欢稳定、一成不变的生活。每天日出而作，日落而息，世代于一片土地上生活仿佛已是莫大的幸福。所以，我们似乎不需要接受无谓的新事物的心态在很长一段时间内是文化主流。直到近代上海引进有轨电车之时，仍有百姓抱怨电车的声音惊扰地下神灵。不尝试着接触理解所谓的"陌生"事物，面对眼前的变化视而不见且不给它们任何辩解的机会，从而一棒子打死，贴上妖魔化的标签，如是的顽固封闭实在可怕。

四、提炼方法

对范例的文段作原因分析，关注它们阐明"为什么"的角度：例1是从人性、心理的角度；例2是从历史、文化的角度。

归纳：原因分析可以从人性、心理；历史、文化；现实、社会等角度。

五、课堂练习

提供学生习作片段，按要求进行修改。

第一个吃蟹的人

勇于试新，打造美好生活。

都说第一个吃蟹的人是最勇敢的人，当然他也是最幸福的人。勇于试新，帮助人们脱离困境；勇于试新，帮助人们脱下身上的缠绕；勇于试新，帮助人们走向下一个纪元。

刘伟，在中国达人秀中出名，并成为第一届总冠军，他面对残疾带来的痛苦只是一笑而过。他在广大人民面前证明了他是一个普通人，但在我们大家的眼里，他比普通人要伟大。他从小的梦想是成为一名足球健将，但老天仿佛给这个普通人开了个玩笑，让他失去了双手。但也许老天又不忍心伤害他的愿望，又给他留了一双"翅膀"——他成功征服全世界的脚。他没有因为失去双手而自暴自弃，而是用他的双脚创造出了美丽的音乐。他是灵魂的演员，他用人们认为不可能的双脚演出了一场音乐盛典，他的名字将会永存于每个人的心底，因为他把不可能变成了可能。

他是灵魂的演员，创造双脚的美丽。

袁隆平，杂交水稻之父。他把自己视作一个农民，却创造出了无数人的食物。他的一生都献给了水稻，他创造了无上的财富，但他却不是最有钱的人。他认为自己只不过是一个农民，就是这样的一个农民使我们的生活有了巨大的变化。

他是世界的农民，创造世界的财富。

居里夫人，伟大的科学家。她是跨越百年的美丽，是人类的先驱者，是人类进步的基石。居里夫人和她的丈夫一起努力，发现了镭。她勇于创新，勇于对大自然探索，敢于面对人们害怕的东西，所以她是当之无愧的伟人。

她是百年的美丽，创造人类的进步。

在生活中，我们不求向那些伟人一样敢于创新，但也要善于观察；在学习上要把老师的知识变为自己的；在将来的工作中应有主见，把工作做到最好。

第一个吃蟹的人,是凭借勇敢走向成功,而那些伟人是凭借信念取得成功。他们勇于创新,勇于挑战,更勇于发现。他们是人类进步道路上必不可少的明灯,他们带领我们进入美好的人生。

明确:试新?创新?作者此处偷换了概念。另外,作者没有对原因作深入的分析,论证十分空泛。此处可引导学生在原因分析方面着重深入。

六、作业

阅读下面的材料,自选角度,自拟题目,写一篇不少于 800 字的文章。

野地里的树,生机勃勃,但是任由它自由生长,最后可能成为一堆劈柴。公园里的树,几经修剪之后看上去赏心悦目,但是可能缺少了个性和活力。

附:学生优秀习作

拥抱未知

"安其所习,毁所不见",人类或多或少地从本能上恐惧着未知的事物。因此,不少人安于现状,但这决不能成为他们逃避未知事物的借口。

完全相反,我坚持认为探索未知事物是刺激精彩的活动。对于自己所习惯、所熟悉的事物,难道人不会厌倦、烦恼吗?叔本华也指出人本身就是在欲望与满足之间徘徊的。然而,安于现状的人扼制着自己对未知事物的好奇。好奇而又惊恐,是人对事物的本能上的看法。人不能违背自己的本性,否定未有直接、间接经验的事物。因此我认为拥抱未知是人类基本亦是必需的活动。

然而,想要挖掘未知、了解未知,也不是一件轻而易举的事。由于认识的缺乏,人会在接触新事物的道路上磕绊。培根提出:"航行在无垠海洋上便以为没有陆地,那么人终究是拙劣的水手。"相信每个人肯定都有接触新事物的想法,可目光短浅的现实让人寸步难行。前段时间,微软公司停止了对 Windows XP 的更新服务,但不少人不顾病毒的威胁,依然停留在这老旧的系统上。Windows XP 固然为一代经典,但人们不肯撒手,很大程度上缘于根深蒂固的旧价值观在起着作用。不与时代同进步的思想,自身视野滞留于过去,这种人终将被时代淘汰。培根也说过:"人如同市场,只待在原地,其价值肯定会下降。"所以,让思想如同市场快捷、日复一日地转动,我们才有能力与新事物交谈。

而且,敢于将自我埋进对未知的探索过程中,是不拘泥于现实、勇于与主流抗争的极大体现。哥白尼坚持"日心说",即使与象征权威的教会为敌,自己也毫不动摇。只有这样坚持真理的科学家,才会让科学的未知逐一得到认识。

我们要不断开阔眼界,才能找到寻找未知的正确道路。人是有惰性的,一日不去思考,一日不去接受新知识,身体与心理上就会变得懒散。怠惰是与新事物接触的最大敌人。

拥抱未知吧!其实生活中总有你未知的事物。想否定未知,就必须亲身实践,寻其本质,究其本源,这样得到的观点才站得住脚。拥抱未知,它是人类的朋友,不是敌人。

❀ 使用建议

分析事件原因,学生往往无法做到深入。建议让学生在范例分析环节开展小组讨论,并作旁批,教师适时提供一些原因分析的角度启发学生思考。对有问题的学生例文作修改,可以在课上让学生提出自己的看法,具体的改写可以在课后进行。

❀ 教学反思

写议论文时,学生往往难以深入分析事件原因。关于事件原因如何深入分析,可能需要花费几课时才能让学生真正掌握。因而,本课时的教学只是一个引导。在日常训练中,教师经常选取一些课外材料对学生的原因分析能力进行巩固性练习,是十分必要和有效的。

许正芳

2　穷究意义
——分析事件价值

❀ 教学目标

1. 分析事件,把握核心内涵。

2. 关注事件的价值,提炼具体的思考路径和方法。

❀ 教学重点

分析事件中的价值,把握核心内涵。

❋ **教学难点**

在分析事件价值的过程中提炼具体的思考路径和方法。

❋ **教学设想**

在写作时,学生在审题立意之后,还需要深入论证。如何关注材料的价值,对其意义进行深入分析,往往是学生论证过程中缺失的。本课教学设计试图通过对价值的深入分析,建构学生写作中深入论证的具体图式。

❋ **教学过程**

一、导入

同学们在议论文写作的论证过程中,往往缺少多元的角度。分析事件,往往就材料论材料,就事论事,文章因而显得浅薄。事件价值意义的分析,是促使我们深入事件进行分析的一个重要角度。因此,如何深入分析事件的价值,是值得我们探讨和学习的重要内容。

二、问题呈现

《汉书·艺文志》中有"安其所习,毁所不见"一语,大意是指:人往往安于自己所习惯、所熟悉的事物,对从没见过,或未有直接、间接经验的事物,则常常予以否定。

对这种生活中普遍存在的现象,你有怎样的联想和思考?请选取一个角度写一篇文章,谈谈你的想法。要求:(1)题目自拟;(2)全文不少于 800 字;(3)不要写成诗歌。

学生面对这则材料,大多对"所习""所不见"能进行阐释,但在论证的过程中往往不能对它们各自的内涵以及价值意义等分析到位。

三、提供范例

课上出示学生习作中的片段,让学生对其价值意义的分析作出总结。

例 1:毋庸置疑,只认可习惯的事物而否定未知是一种极端不可取的思考方式。我们生活的环境与身边万物本都是未知的事物,而如今我们能够知道何为宇宙太空,何为岩石矿物,都是由于前人对于新事物和未知的探索才使人类文明有所进步。如果我们只停留于前人探索未知的成果,而不去继续探

索并将其否定,那么这个社会只会原地踏步停滞不前,甚至是如逆水行舟不进则退吧。(从"后果"角度作批判分析,凸显价值)

例2:鲁迅说:"世上本没有路,走的人多了,也便成了路。"世上也本没有所谓的"熟悉"的东西,接触多了,人们才熟悉了。实际上,排拒陌生的事物本是人保护自己不受伤害的本能,可若对陌生事物不加尝试拒而远之,人类的文明又该如何进步?第一个看到火种的人若出于害怕被烫伤而将其熄灭,又怎会有人类从吃生肉到烹饪的发展?从计划经济时代到改革开放,我们说要学会"走出去,引进来",一味地对新时代新事物抱有戒备恐惧之心,终究只能将自己锁死在封闭中,至于其中利弊,在经历之前,实则没有人有资格加以评判。学会尝试,我们才有机会切实接触一件事物,才有把握运用自己的理智评判个中好坏,而不是被狭隘和蒙昧限制于一隅。(从"假设论证"角度作正面分析:谈价值,谈影响,谈意义)

例3:当所有人都顺着同一个方向前进的时候,那个停在中间沉默的人就是勇士。我们众人对于这些个性鲜明的"极客"总是采用一种否定的态度,自以为"中庸之道"是安度人生的遗世良方。但何不扪心自问一下,其实对于这种新鲜个性的事例的否定,很多时候不是对事件本身的否定,而是由于自己没有勇气去经历而产生的"酸葡萄"心理。如果每一个社会人处在新事物的发展中都缺乏勇气表示不安的话,那么社会估计就如同不受力的物体,永远保持在停滞不前的状态之中了。(从"假设论证"角度作正面分析:谈价值,谈影响,谈意义)

四、提炼方法

价值往往涉及"实用价值"和"审美价值"。实用价值既包括显性的如本能、行为方式和情绪表达等等,又包括隐性的如心理动机、心理欲求和行为暗示等等;"审美价值"既有精神归属方面的,如生命体验、生命厚度和高雅情趣等等,又有人格境界方面的,如自我升华、导人向善和生命的意义等等。

我们可以结合这些角度,使用推断结果、凸显价值的方式或用假设论证、正反对比论证等谈事件的价值、影响和意义。

五、课堂练习

提供材料,对例文所写的事件的价值作分析。

阅读下面材料,自拟题目,写一篇不少于800字的文章(不要写成诗歌)。

人是符号的动物,我们习惯用"企业家""农民工子弟""90后""残疾人"等等不同的符号来标识人的不同,自己也常常为"符号"所累。当人被"符号"遮蔽时,容易忽视人共有的本性,也易忽视自己的存在。结合现实生活,自选角度,自拟题目,写一篇文章。

符号≠人
上海市嘉定区第二中学　唐思佳

从几千年前,人类的先辈在泥土上随意地划下几条简单的线条开始,符号就已经来到世上。时至今日,它又有了新的作用。"企业家""农民工子弟""90后""残疾人"等各种符号被冠在人身上,甚至成了一个人的代名词。只是,这些各式各样的却又像从统一的流水线上制造出的符号,果真能代表一个有血有灵不可复制的鲜活个体吗?我看不然。(点明现实的社会背景)

追根溯源,类似的现代符号的出现,该是在人类进入文明社会以后。人类的发展使得一个个冠于名前的符号出世。说好听,那是人的精神追求在物质条件得到基本满足以后的提升。但这符号的本质,不过是对于一个个体的以偏概全的认识。人既生而平等,又何来或捧或贬的别名?(对"符号"本质的分析,论及实用价值)

符号于是被用来区分人。区分人的什么?无非是智力的高低、品性的优劣、成就的大小、家境的好坏、地位的高低……而这些符号里,总掺杂了点或尊敬或同情或鄙夷或仇恨的情感。(分析"符号"存在的隐性原因,源于心理欲求)

要正视虚名,莫叫浮云遮望眼,更不能让符号牵制自己。季羡林先生是这样一位摒弃了"符号"二字的学者。有的人一生在世,为的是追名逐利。但他却用一生,将自己头顶上的"国学大师""学界泰斗""国宝"这三项帽子摘去。他说:"三项桂冠一摘,还了我一个自由自在身。身上的泡沫洗掉了,露出了面目,皆大欢喜。"符号,只是一个人的附属品罢了,少了无害,多了,却会牵制一个人奔向成功的步伐,遮住一双坚毅的慧眼。(论及摒弃"符号"背后所体现的审美价值,是一种高雅的情趣)

要慎用符号,切莫乱下定义。当今世上,似乎什么"企业家""作家""慈善家"到处那是,随随便便一个人,都能给自己冠上几个听着极唬人的头衔出来。于是,这些曾经高高在上的符号的威信落到了地上,被踩进泥里。真名士不屑用它彰显价值,假名人争着用它掩其鄙陋。殊不知,真名士自风流,一味追逐虚名反倒显出其狭隘的价值观。所以,滥用符号只会适得其反。(正反对比分析,批判追求"符号"之人的狭隘价值观,反衬真名士的生命价值)

用好符号,摆正它的位置,就要活出本真,既不要为符号所困,也不要滥用符号来满足一己之私。

符号只是符号,代表不了一个人。

六、作业

阅读下列材料,根据要求作文。

国内有许许多多各级别的"专家鉴定会",许多项目通过鉴定会,可以得到一个"达到国内领先水平"的鉴定意见,但大多在鉴定之后就销声匿迹了,真正得到社会认可、真正产生了预期的社会效益和经济效益的项目凤毛麟角。

另一方面,一些在市场上取得了很大成功的科研项目,却从没有组织过"专家鉴定"。屠呦呦教授获得了诺贝尔生理学或医学奖,但屠教授属于"三无科学家":无海外留学经历、无博士学位、无院士头衔。

这样的"专家鉴定"有什么意义? 请结合你的理解,写一篇作文。自拟题目,自定文体,诗歌除外。

附:学生优秀习作

求同更应存异

莎士比亚说:"人是习惯的动物。"此言恰与"安其所见,毁所不见"有相同之处。正是由于习惯,使得人们往往安于现状,拒绝新事物。

这无疑会让我们故步自封,眼界狭隘。因此,我们应打开思想和眼界,在求同的时候更应存异,允许我们未见过的事物存在。

由古至今,从大脖子病患者耻笑正常人的故事,到时常有扼杀新想法诞生的现象,我们看到人们总是受习惯和群体效应的引导,在潜意识中自觉地排斥新的事物。社会和时代是发展的,也许时人会宽容这一次的"只求同不存异",认为这仅是消去一丝"不和谐"的声音,但如若从纵向去看,这便可能阻止了新的事物的产生,而这新事物也许会改变世界。

黑格尔在《哲学讲演录》中说:"同一种音调的重复不是和谐。"倘若人们只渴望世界大同,都秉持同一种观念和思想,那绝不是和谐的表现。相反,真正的和谐不应局限于相同的价值观,更应拓宽为允许"异类"的包容环境。布鲁诺、哥白尼的悲剧为如今的我们敲响警钟,也恰是他们让社会科学真理更接近现实。这无疑证明求同更应存异的态度让每一个生命都能有其不同的高度。

求同更应存异,会让更多的人才涌现。王尔德曾说:"人没有比灵魂更高贵的东西。"比尔·盖茨、乔布斯等人凭其不同于众人的思想和灵魂高度推动现代科技的革命,引领全人类的进步。而在此过程中,他们的父母对他们的想法给予了充分的肯定和支持。与其说"存异"允许异类的存在,不如说这是一种事物进步发展的动力。在同化的生存环境的异化,才是人类进步的动力。

莫言说:"当所有人都哭时,应允许有的人不哭。"因此,我们不能盲目追求和谐,这样的习惯心理会让我们成为习惯的奴隶。而荷马曾说:"当一个人成为奴隶时,他一半的美德便失去了。"为了不失去美德和更高贵的东西,我们应打破习惯的牢笼,允许异己的存在,包容异己的存在。

要冲破固化已久的桎梏,势必要下很大的决心。但只要从个人做起,有求同更应存异的观念,这一点微弱的灯光,便会如巴金先生所言,"即使是微弱的随时都会被黑暗扑灭的灯光,也可以鼓舞我多走一段长长的路"。

❋ 使用建议

分析事件的价值,属于思维提升中比较有难度的部分。本课时的训练针对性强,需要学生在课前对例文的题目进行充分思考。课上的研讨提炼是十分必要的,建议要让学生活动起来,通过小组讨论等形式加以总结和补充。

❋ 教学反思

议论文的说理,是高二学生感觉比较有难度的,难就难在要将道理说得清楚,说得令人信服。在教学这一部分时,我发现分析事件的价值,学生可能会"贴标签"式地说一些空话。而课堂上的训练时间有限,多数学生不能马上有感悟。因此,关于这一课时的教学,建议教师要多收集学生的例文并引导其进行针对性的分析。关注事件的价值,能让学生的作文思维有层次上的提升。教师要形成序列化,进行巩固性训练,方能有效。

许正芳

3　明　其　发　展
——分析事件趋势

❉ **教学目标**

1. 把握题意,学会整理分析事件。

2. 关注事件的发展趋势,提炼具体的思考路径和方法。

❉ **教学重点**

学会分析事件的发展趋势。

❉ **教学难点**

关注事件的发展趋势,提炼具体的思考路径和方法。

❉ **教学设想**

事物是发展变化的,我们既要看到事物的过去,也要看到事物的现在,更要看到事物的未来,这样才会对事件作出正确的判断。我们可以从小看大、由近看远,分析事件中的趋势,从而使自己的论说显得无懈可击,充实而丰厚。本教学设计旨在还原学生分析论证中的不足,尤其关注事件的发展趋势,以提炼具体的思考路径和方法。

❉ **教学过程**

一、导入

哲人说:太阳每天都是新的,人不能两次踏入同一条河流。的确,事物是发展变化的,我们不能静止地看待事物,只有综合比较,学会前瞻和后顾,才能作出正确的判断和智慧的选择。所以,学会分析事件的趋势是十分必要的。今天,老师和同学们一起,用具体的例文为例来学会分析事件的趋势。

二、问题呈现

呈现作文题:有人说,山坡上开满了鲜花,但在牛羊的眼里,那只是饲料。我们今天并不是鲜花少了,而是牛羊的眼光多了。

以上的话引起了你怎样的思考? 结合现实生活,自选角度,自拟题目,写一篇文章。

很多同学能分析出"鲜花"是美好的东西,"牛羊的眼光"是现实的眼光,至此作大加批判,却鲜有从事件的发展趋势来联系当下思考未来,因而,文章的观点显得局促,也没有权衡利弊看出主流。

三、提供范例

拒绝功利,懂得欣赏

上海市嘉定区第二中学　徐苏君

娇艳欲滴的鲜花,牛羊却只当之为食物。诚然,这是看事物的眼光的不同,由此及人,我觉得能够拒绝功利、懂得欣赏的人,才拥有澄明的眼光。

现如今,"牛羊的眼光"多了,就如同人们眼中看事物只看到其功利性。尤其在上海,这个被称之为魔都的城市,拥有它自己的繁华光环,却总能看到"功利"二字一闪而过。

每个城市一隅都是社会的化身。在地铁上,放眼望去,光鲜亮丽的人不少,但是他们的眼中藏着什么呢?我能听到的,是此起彼伏的电话声,向经理报告业务进展的,向底下员工催促的——前者阿谀奉承,后者作威作福。我能看到的,是人们永远最关心的房价,股票的涨跌,仿佛这才是生活必需品……甚至我害怕,以后我能闻到的,不再是食物的芳香而是满满的铜臭味……

为什么会这样呢?是因为眼中的功利太多了。追求得太多,工作、名利、财富、荣誉,一样都少不得,然而这样的生活不显得虚无吗?

生活的本质并不在于一味地追求,懂得欣赏是另一种生活的眼光。

仍然记得苏轼,年轻的时候意气风发,才气逼人,却也因此而骄傲自满,遭到谪贬。此时此刻,名声、地位,都已烟消云散了。仕途不顺,对他来说是很大的打击,然而抛去功利对他来说,生活好像有了一番新的光景。

印象最深的,是他在市集撞到一个满脸凶恶的大汉,因此被打,他却开怀大笑,还在信中对友人写道:"自喜渐不为人知。"

我想,这是一种对于这种悠闲生活的欣赏,也是他心灵上的一次超脱。懂得欣赏淡泊安逸,不为功利所累,才能写出"回首向来萧瑟处,归去,也无风雨也无晴"的千古佳句。

可见,在懂得欣赏的人眼中,"鲜花"不仅仅是聊以为生的食物,也是一种对于生活、对于美的追求与欣赏。

有人欣赏音乐,梅艳芳曾说过:"我这一辈子没有结婚,我唱歌也不是为了什么,而是我喜欢音乐,我把自己嫁给了音乐。"那是对于音乐的热爱与奉献。有人欣赏美景,三毛曾为了神秘的撒哈拉而奋不顾身地前往,她说她的前世在那里,那是对于灵魂的追求。有人欣赏英雄,千万人举着蜡烛为救人的勇士送别,那是对于勇敢的欣赏……

其实,可以欣赏的事物很多,关键在于懂得欣赏;可以追求的东西很多,关键在于适当追求。这就是同样的鲜花在不同人眼中的差别。

适当拒绝功利,懂得欣赏生活,是现代人所迫切需要学会的。欣赏能让人的精神世界更升华、更真实一点,功利的虚无永远掩盖不了真诚美好事物的光彩。这是多么澄明的眼光。

明确:此篇习作中作者看清楚"牛羊的眼光"会遮住欣赏的目光,而现代人迫切需要学会摒弃这种眼光,在现实之中,更要看到真诚美好的事物所放射出的光彩。这就是恰到好处地把握了事物发展的趋势,因而看问题显得全面,文章分析更有说服力。

四、提炼方法

分析事件的趋势,我们要看到它过去的成因,现在的状况,更要明晰它未来的发展。此外,要权衡事物的利弊看主流,不要让次要的方面否定主流。

五、课堂练习

提供学生佳作,分析文章在事件趋势方面的写法。

根据以下材料,选取一个角度,自拟题目,写一篇不少于 800 字的文章(不要写成诗歌)。

当下,各行业都涌现出很多敢于打破传统束缚的人。当然,老话也说"枪打出头鸟",认为保持低调才能安身立命,当"出头鸟"会带来更多挑战和风险。

冲 与 不 冲

上海市嘉定区第二中学　陆雨沁

各行业涌现出敢于打破传统束缚的人,这是好事,只有创新才能推动社会

进步与发展。(开头指出"打破传统束缚"是必然的趋势)

然而,老话也说"枪打出头鸟",认为低调才能安身立命,否则会有挑战和风险。此话也不假,因为"冲头"往往没有好结果。

敢于打破传统束缚的人是英雄,他们往往在某一领域拥有自己独到的见解,他们不满足于已经被定义或是上封条的传统,敢于思考,敢于表达,是大智的表现。鲁迅先生不也是一只出头鸟吗?当他看见被关在铁笼子里还围观同胞受残害的群众时,是他站了出来,打破死寂,弃医从文,开始了革命的新道路,唤醒了无知的群众。时代的发展需要这样的领头人,他们是必不可少的。(此段看到过去"打破传统束缚"的英雄是时代的需要)

而当今社会,这样的人也并不少。马云在虚拟的世界中开枝散叶,正是他,在网络领域独领风骚,为家家户户带去便捷。不敢想象,若是没有他,足不出户购物的梦想谁来实现?

在国难当头时,要敢于站出来,这是勇者的担当与责任。在科技创新时,要勇于表达自己的意见才能推动社会进步。(此段同时指出过去与现在对"出头鸟"的呼唤)

但是,这种"出头"应是充满正能量的,是值得被礼赞的,在为人处事上就不应太活跃出头,低调做人是一种美德与风度。为人处事的低调不出头,是一门学问与谋略,是一种化干戈为玉帛的喜悦。做人做学问的不出头是智慧的、不被打扰的,它不是懦弱的而是收敛的。居里夫人在做实验时,往往将来访的客人拒之门外,这样才能潜心思考。这样的人不显山不露水,却是被后代所铭记的,他们往往在默默无闻中蓄势待发。

我们的社会,需要勇敢的"出头鸟",他们不畏艰险,勇敢向着困难前行,也需要不出头的人,他们的行为往往蕴含人生的哲理。当然,需要被赞颂的"出头鸟"不是在朋友堆中说别人坏话的出头鸟,不是取笑别人的出头鸟,而是追寻真理,勇往直前冲冲冲的人!(此段对事件的趋势有分析,看到它的主流发展的价值)

六、作业

阅读下列材料,按要求作文。

春天来了,美丽的湖畔飞舞着五彩斑斓的蝴蝶。一对孪生姐妹也在湖畔飞舞着。看见美丽的蝴蝶,一个赞不绝口:"啊! 多美的蝴蝶啊! 多可爱啊!"而另一个则说:"哼,你知道它过去是什么吗? 是啃吃庄稼的害虫!"

附:学生优秀习作

传统是否应被打破

上海市嘉定区第二中学　金昕怡

　　老话说"枪打出头鸟",若是当这"出头鸟"带来的只有风险与挑战,那么安身立命才是唯一态度。但反观当今社会,各行业却涌现出了越来越多的"出头鸟"。在如此矛盾的现象之下,我们是否应该当那一只"出头鸟"?

　　诚然,许多保守的人认为安身立命是关键,挑战与风险的危害不应触碰。但社会上的年轻人并不以如此的目光看待事物,他们敢于打破传统的束缚,向创新迈进,也许有风险,他们却更愿意接受严峻的挑战。如此说来,我们难道每一个人都要争当"出头鸟"吗? 是否打破传统束缚更应进行辩证地看待?

　　争当"出头鸟"的人们勇于挑战并且富于创新精神。民国时期已不见清朝长辫子,人们不用再行跪拜礼,女人去除裹小脚的陋习,不正是作了出头鸟的先例,打破传统束缚后才有了如今中国人的模样? 若是安身立命并保持低调存在,也不会涌现出如此多的"出头鸟"。更重要的是他们敢于打破传统束缚,使得人们在不断的进步与创新中迈步前进。历史进程中的"出头鸟"已不断涌现,如今快速发展的社会更是不乏这样的人。若是没有"出头鸟",那我们也许至今都不会对宇宙有所认识,对万物有所接触。所以如今我们不能缺少"出头鸟"。

　　那些不争当"出头鸟"的人们亦不无道理。他们也许因不打破有悖于常理的科学规律而保持低调并安身立命,但若这些维持真理而不争当"出头鸟"的人不存在,那社会全被"出头鸟"的人占据,岂不也是一种风险的存在? 正如现在越来越多的人打着创新的口号改编各类名著,却以"雷人"来颠覆常理,自然是应当受到极力否定的。所以我们也不能缺少那些坚守而不愿打破束缚的人。

　　用打破传统束缚来求得创新与突破,用坚守传统来避免风险且维持真理,两者缺一不可,才能追求更正确可靠的创新。

　　我们应该当"出头鸟",更应该在规避风险的条件下当出头鸟。在同时具备打破传统束缚的创新精神和坚守传统真理的脚步之中,取得成功。

✱ 使用建议

本课设计关注"分析事件趋势",这是一个引导学生全面思考问题的重要方面。本课的学习,建议学生对范例或课后练习题进行及时的训练。当然,也可让学生多进行局部的训练来加以强化。

✱ 教学反思

分析事件的趋势,是为了让学生更为深入、更为全面地看到事件的发展。很多时候,我们的教学忽视了这一重要方面。关注事件的发展,学生可能会比较空洞地去谈。要改变这一状况,需要教师结合平时的作文训练给予学生明确的方向。本课时所选的材料较为典型,但需要学生自己进行分析提炼并进一步地完善。

许正芳

第二单元　说理语言　凸显风格

1　逻　辑　辩　证
——锤炼议论语言

❀ **教学目标**

1. 了解议论文语言基本特征。

2. 理解议论语言的逻辑辩证性。

3. 学会合理、准确地使用说理性语言。

❀ **教学重点**

通过赏析片段，初步理解议论语言的逻辑辩证性。

❀ **教学难点**

针对文体特点，培养合理、准确地使用说理性语言的能力。

❀ **教学设想**

议论文重在讲理。要讲清道理，就需要有准确的概念和严密的逻辑，因此所使用的词句也必然要求准确严谨，同时应概括简洁，体现出鲜明的观点。本课设计重点针对议论文语言的使用和锤炼进行训练，从概念辨识到经典片段的赏析，最后总结归纳，让学生在思索和练习的过程中明确议论文语言的特点，并且学会准确使用说理性语言来实现文章合理有力的逻辑推理。

❀ **教学过程**

一、导入

言辞凿凿，无可辩驳，是一篇好的议论文带给读者的感受。高中写作从写记叙文过渡到写议论文，在这过程中，我们要逐步把握好文体的特征，运用相应的语言，让说理准确严密，具备逻辑性、思辨性，从而写出具有说服力的议论文来。

二、问题呈现

在学生的议论文习作中经常会出现论证不充分的问题，表现为几种情况：

1. 混淆文体特征，将记叙描写作为文章主体，仅仅在文末加上一小段议论。

2. 论据和论证语言之间脱节，出现"穿靴戴帽"现象。

3. 语句之间缺乏逻辑性，导致论证力缺乏。

三、片段分析

1. 儒家学说的核心便是义，它是一切的道德准则。重义轻利是自古以来儒士所推崇的完美人格。宋明理学谈明天理，灭人欲，就是要求人们清楚并遵守内心的道义，淡化人性中对于利益的贪欲。因为求利是人类的天性，但由利益引起的贪婪使利站在义的对立面。利的美妙之处在于可以使你身体感到愉悦，甚至满足人的精神需要，如获得自尊、自信，但这样的满足，层次是非常低的。从本质来说，人们获得利益的代价是成为"利"的奴仆。作为一个拥有思想的种群，却被一个死物所牢牢控制，多么可悲！而"义"的坚守却真正使人类成为自己的主人。它使人听从自己的价值标准，如同一个厚重的锚，使人们在"天下熙熙，皆为利来，天下攘攘，皆为利往"的世界里有一个自己的位置，而不是迷惘地随波逐流。

明确：议论文的逻辑性体现在句子和句子之间的关联上，通过准确使用关联词就可以很好地体现。在本语段中，作者通过几个表示转折关系的关联词，一步步揭示"逐利"与"守义"从理论到社会现象中的辩证意义，明确了"义"的根本意义，使得论证层次清晰，具备较强的说服力。

2. 事实上，利与义的对抗，更准确地说，是利背后的贪，与义进行的对抗。利益是保障生活的基础。只忠于义却不考虑甚至放弃利的人，最终只能走向灭亡。因此马克思说："'思想'一旦离开利益，就一定会使自己出丑。"所谓经济基础决定上层基础，如果一个人连保障自己生命的基础利益也无法获得，那还谈什么思想呢？

明确：议论文的逻辑性与其语句表述的立场是否鲜明也密切相关。在写作过程中，我们需根据实际情况判定观点表述的立场。在上述语段中，作者用"更准确地说""只""最终只能"等词语来表达自己的观点和立场，态度鲜明。如果缺少这样的语句，那么论证可能模棱两可，缺乏论证的力度。

3. 思想不能离开利益，只有在正确利益的指引下思想才能展现光辉。马克思主义在为全人类谋福利的支撑下推动世界换新颜；《论语》所倡之"义"背后亦存在利益。心怀天下的儒士以"先天下之忧而忧,后天下之乐而乐"为己任,将众人的利益与自身利益相交融,才使儒学在中国思想史上留下灿烂一页,才为践行仁义之道赋予意义,并超越仅供修身之用而达到普济天下的境界。缺少利益的思想,只会成为空洞的喊话,使自己一事无成而出丑。

明确:语言的准确是体现文章逻辑性的重要因素,对于概念准确的判断、合理周密的推理,都能使论证更具备说服力。在上述语段中,作者用条件关系的句式来论证"利益"对于"仁义"的支持关系,准确阐述了矛盾概念背后的依存关系,论证有力。

四、提炼总结

议论文的语言必然是准确、简洁、形象的,但要体现议论文的逻辑力量,必须合理使用各种关联词,使用复句进行周密的推理。如果语言缺乏逻辑,那么逻辑的理性就无从体现。

五、课堂讨论

阅读以下两篇同题作文的片段,哪一篇的语言更具备逻辑论证力? 为什么?

1. 初次踏上绍兴的土地,眼前略显陈旧的砖砖瓦瓦让我觉得绍兴像夹在古老的江南水乡与新时代城市中生存,心中略感失落,难道这儿就是养育了一代书法大师王羲之、一代民族之魂鲁迅、一代巾帼英雄秋瑾,还有一位位时代骄子的地方吗? 未免太简朴了!

到绍兴必然要去"曲水流觞"的王羲之故居。而我的浅陋无知渐渐让我惭愧。

迎面是书有"永和九年……""矫若游龙"的书法瑰宝的石碑,身旁是王羲之练习书法而染黑的一缸缸水,目光在这两者之间来回转换,"书法之道"尽在这日复一日的苦练中,这苦练又藏于这简朴的竹林中,而简朴的绍兴又孕育了多少这样的竹林啊!

这自然是春风化雨的力量,这绍兴自然也是"极高明而道中庸"的。

绍兴最摄人心魄的不只是它的人文气息,我在绍兴领悟到的"大道"却是在一片山水之中。

从王羲之的故居出来,我看到一条溪水,落花、松林、日光映照其间,水中藻荇交横,偶尔也有游鱼戏虾出没。溪水静静地流淌,流向淡淡的远山,两岸松柏丛生,叫世俗之人心生寒意。而我那颗从城市带来的急功近利的心,被甘洌的流水荡涤得清了静了,一切的荣与辱,万般的蝇营狗苟在水流中沉为淤泥。

2. 很多时候,我们似乎总在追求着比我们能够得到的更多,于是一路上都不停地奔跑、追逐。但是得到了之后,我们还记得当初上路时最简单的渴望和幸福吗?

"简单"是一种对待生命或是生活的态度而已,最简处,才是最真处,老子的"大音希声,大象无形"恐怕也正是此意。

早在19世纪中期,梭罗就意识到了这一点,离开机器声隆隆响彻天空的世界,他不愿像其他人一样成为机器上的一个螺丝钉,于是他用28美元在瓦尔登湖边造起了那座简单的木屋,也造起了他简单的生活,更造起了他从简单中所孕育和领悟的深邃的人生哲理。就是简单到只有"天、地、我"的生活,令梭罗比当时任何一个富有的人都快乐、真实。梭罗站在喧闹之上的宁静处看生命,那么他所看见的才是至真、至深处的生命。"想要体验到真正的生命,你必须站在生命之上",尼采如是说。的确,站在生命之上就意味着摆脱浮世,这并不是要求人们出世,而只是怀抱着最简单的目的去生活、去享受、去体味生命。

六、巩固练习

参照以下段落,以"简单与复杂"为论题进行仿写。(200字左右)

从来文章都提倡简练,而繁冗拖沓为作文病忌。这诚然是不错的。然而,文章的繁简又不可单以文字的多寡论。言简意赅,是凝练、厚重;言简意少,却不过是平淡、单薄。"繁"呢,有时也自有它的好处:描摹物态,求其穷形尽相;刻画心理,能使细致入微。有时,真是非繁不足以达其妙处。这可称为以繁胜简。看文学大师们的创作,有时用简:惜墨如金,力求数字乃至一字传神。有时使繁:用墨如泼,汩汩滔滔,虽十、百、千字亦在所不惜。简笔与繁笔,各得其宜,各尽其妙。

——课文《简笔与繁笔》节选

❋ 使用说明

本课可作为讲评课材料使用,以"大道至简"为题作文,从语言角度进行点评和训练。

❋ 教学反思

议论文的遣词造句体现出论证力度。在教学过程中,不仅仅是比较分析,更要让学生尝试朗读,提醒他们在重点词语之处停顿,这样学生更能体会到词句的重要性。事实证明,"写"和"读"的结合更能提升学生的写作兴趣。

王燕君

2　博采众长
——作文语言的灵活多变

❋ 教学目标

1. 了解文章不同的语言风格及其表达效果。

2. 学会根据作文表现需要合理选用语言。

❋ 教学重点

了解文章不同的语言风格及其表达效果。

❋ 教学难点

学会合理选用不同风格的语言来写作。

❋ 教学设想

语言是一篇文章的外显部分,是给人的第一印象。文章的内涵和意蕴需要语言来展现。一篇好的文章,语言是经过精心选择和锤炼的。本课教学设计意在引导学生关注不同的语言所呈现的不同风格,辨析其不同的表达效果,通过鉴赏和模仿实现灵活运用语言的目标。

❋ 教学过程

一、导入

议论文的语言首要的要求是准确,注重规范和贴切,注重逻辑和论证,基本是采用概述的方式来援引事例,使用言简意赅的语言来进行归纳分析等。因而很多同学会有一种错误的认知,认为议论文的语言不需要生动,只要按部就班完成文章的论证就可以了。其实议论文的语言也需要进行适当的艺术加工,将抽象的道理和鲜活的形象结合起来,运用恰当的语言使得论证更有说服力和感染力。因此,学习不同风格的议论文,了解其语言特点并加以借鉴,是我们可以尝试的一种简捷有效的方式。

二、范文赏析

1.《流年履印》(上海市嘉定区第二中学,叶怡)

徒步于老街是一种宁静的悠然,不论是你双足与青石板街道的共舞,还是手与老城墙的亲切问候,这里都洋溢着流年的气息。当厌倦了在都市中的漂流,人们甘愿在流年的履印中静静沉浮。那红木的窗板上雕刻着的,是经典;那寂静的图书馆里沉睡着的,是经典;那些曾经伴随着我们长大,然后温柔注视着我们的背影渐行渐远的,更是经典。

有时仅仅是岁月无意的一个转身,有些情,便永远驻足在了它的目光中,让人在那迷离的眼波里深深沉醉。

我能够体味这执着,这些流年的印记,将永远铭刻在时间的光波里。它是我们心中最深情的"缠绵悱恻",也是值得所有人长久铭记的"经典永存"。

或许现代人习惯了每日的行色匆匆,可是当我们风尘仆仆地走过凡世,又将会走到哪儿去?我们现在似乎已经难以创造出足以被后世奉为"经典"的东西。曾经记录了老上海一代风情的留声机,如今在哪里?我已见不到当年那撑着纸伞、一袭旗袍的秀丽女子从烟雨江南中走过,她仅仅用一个浅浅的笑容,便勾留了老上海多少浪漫的情思?呼唤经典的声音依然薄弱,更多时候我们能做的,或许也只是闲暇之余坐在小马路边宁静的咖啡馆里,耳边隐约倾听着李斯特的《叹息》,注视着胶片电影般的流动的街景,看法国梧桐忧伤的落叶在风中安静飘零。我们在怀念那些经典,却在无意中消磨了那些经典。纵使新版《红楼梦》中有再美的景致、再倾国倾城的女子,都无法在人们心中得到那份仅仅留给"经典"的位置;纵使当代大电影有再恢宏壮丽、特技逼真的艺术效果,也不及三十年前水墨动画中轻描淡写似的一笔。常听见夏天路边乘凉的老人们说:"现在的高科技电影,哪有我们小时候的露天电影精彩。"也许她们早已不记得儿时那部影片的具体内容,但那种经典的温情却历久弥新。她们依旧是不紧不慢地摇动手中破旧的老蒲扇,依旧是一张小小的木板凳,依旧是一身简朴的素色衣衫,却无比动人地勾勒出那个年代清朗通彻的眉眼,一如当年她们仍然年轻时的样子。但为什么我会感觉到,那些曾经积淀在人们心中的美好与温存,正随着时光的沙漏渐渐流逝呢。会不会有一天,年轻的父亲母亲已经无法为年幼的孩子讲述过去的童话故事;老上海闪烁的霓虹灯终在最后一次倾情后不再亮起;古老的小洋楼的窗口再也没有暖黄的灯光为门前窄窄的行道编织一团厚厚的温暖。我们,失落的又仅仅是经典吗?

经典是遥远时代馈赠于我们最深情的礼物,我们该不该担心,几十年,甚至几百年后,还会有人记得曾经罗马的那一段爱情故事吗? 还会有笑声爽朗的孩子在弄堂的一隅开心地嬉戏吗? 还会有人愿意坐在刻满印记的红木书桌前,写下怀念经典的诗文吗?

深呼吸,老街幽深的石板路在眼前变得绵长而又清晰,它在流年的沉静里缄默,延伸至很远的远方。街道两旁的老屋似是已经安眠了一个世纪,如今的它即便是清醒时也只是眯着睡眼惺忪的眼睛,对这个陌生的世界懒洋洋地打量。风吹过,掀动悬挂着的一块锈迹斑斑的铭牌,我看不清上面的花纹,它是永远地被一斑铁红抹平,还是早已印刻在了那时光的轮盘之上,成为流年错综繁复的经纶?

沿着小路一直走着,身后的光渐渐隐匿在小巷的拐角,我恍惚间像是看到有什么东西在路的尽头悄然莞尔,然后旋转着消失于暮色不复明朗。

思考:这篇文章采用了哪些语言方面的技巧? 这些技巧带给读者怎样的阅读体验?

参考:排比、借代手法在文中得到了娴熟的运用,使得文章在说理的同时具备了散文的优雅,让读者在阅读中既体会到了作者的阅读积淀,也感受到了语言的轻灵。

2.《未有天才之前》(课文选例)

思考:鲁迅的文章历来以语言犀利见长,一针见血而又不乏幽默形象,请从文中体会其语言特色。

参考:反语、借代等语言技巧,使得论证具备了讽刺意味,也达到了良好的说清道理、鼓舞读者的目标。

三、方法小结

用不同的语言表达形成不同的文章风格,可以作几种尝试:

1. 打造词句,使用成语、四字短语,增加语言的节奏感,同时也具备说理的气势。

2. 综合使用整句和散句,形成错落的美。

3. 适当变化表达方式,使用描写增加感染力。

4. 灵活使用各种修辞手法,增加语言的灵动性。

四、课堂训练

仿写 1:自拟一个关键词,仿照以下语段写一段议论。

成熟是一种明亮而不刺眼的光辉,一种圆润而不腻耳的音响,一种不再需要对别人察言观色的从容,一种终于停止向周围申诉求告的大气,一种不理会哄闹的微笑,一种洗刷了偏激的淡漠,一种无须声张的厚实,一种并不陡峭的高度。勃郁的豪情发过了酵,尖利的山风收住了劲,湍急的细流汇成了湖,结果——引导千古杰作的前奏已经鸣响,一道神秘的天光射向黄州,《念奴娇·赤壁怀古》和前后《赤壁赋》马上就要产生。

——余秋雨,《东坡突围》

仿写 2:选择一个社会问题,采用典型形象描写引出议论。

还有一样是恶意的批评。大家的要求批评家的出现,也由来已久了,到目下就出了许多批评家。可惜他们之中很有不少是不平家,不像批评家,作品才到面前,便恨恨地磨墨,立刻写出很高明的结论道,"唉,幼稚得很。中国要天才!"到后来,连并非批评家也这样叫喊了,他是听来的。

——鲁迅,《未有天才之前》

❈ 使用说明

本课所引文本较长,应事先印发范文资料给学生预习。本课设计可作为第一课时使用,作业及修改交流可用第二课时解决。

❈ 教学反思

学生在写作过程中囿于一贯风格是常见问题。在本课教学中,让学生接触两种截然不同的写作风格,并通过模拟仿写来打破已经习惯的风格。在这个过程中,有部分学生表现出较大的写作兴趣,故而在第二课时进行仿写佳作交流及问题讨论修改,引导其他学生进行点评,较为有效地鼓励了他们共同思考和提升。

王燕君

第三单元　大千世界　世相评判

1　说真话原则
——社会事件的真实性

❋ **教学目标**

1. 学会把握社会事件的核心内容。

2. 抓住关键,学会分析评论社会事件。

❋ **教学重点**

学会把握社会事件的核心内容。

❋ **教学难点**

学会分析评论社会事件,遵循"说真话原则"。

❋ **教学设想**

关注社会现实的作文,具有很强的现实针对性。如何看待这些社会事件与个人的关系? 这个问题一直是高中生作文里所欠缺的部分。"以手写我心",大部分学生都难以跳出自我的圈子而将目光投向社会、投向生活。因此,关注社会事件的作文训练,必不可少。它可以让学生更多地思考"我"与社会、"我"与他人的关系问题,将写作的内容扩展开来。

❋ **教学过程**

一、导入

社会事件,每天都在发生。顾炎武先生曾说:"家事国事天下事,事事关心。"的确,如何看待社会事件,关系着我们的作文是不是能"接地气"。今天,老师和大家一起来关注社会事件,学会"说真话"原则。

二、问题呈现

有这样一则新闻:杭州女工吴菊萍,因为徒手接住从 10 楼坠落的女童,而被称为"最美妈妈"。大家怎么看待这一事件? 学生大多为吴菊萍的善行竖起了大拇指,"善良""感动"的词眼充斥其间。对于一个社会事件,我们可以从旁观者的角度去评论,但一定要有合适的阐发自身观点的角度。

三、提供范例

为学生提供例文《积"小善"可以成"大美"》,例文发表于 2011 年 8 月 5 日《人民日报(海外版)》。

明确:例文对"最美妈妈"这一事件从"善良的人性"和"平凡与伟大"等角度展开议论。

四、提炼方法

1. 关注社会事件的核心内容;

2. 确定角度(关注"我"与他人、"我"与社会的关系);

3. 分析不同角度所产生的观点的合理性;

4. 综合权衡,加以升华。

五、课堂练习

阅读下面的材料,按要求完成作文。

曾经,父母叮嘱孩子的口头禅是:"慢慢走,小心跌跤!""慢慢吃,小心噎着!"现在,孩子听到最多的是:"快点吃饭!""快点做作业!""快点弹琴!""快点睡觉!"甚至是:"快点玩!"

请你以"我们到底是快点还是慢点"为题,写一篇文章。

要求:(1)不少于 800 字;(2)不要写成诗歌;(3)不得透露个人相关信息。

六、作业

根据以下材料,自选角度,自拟题目,写一篇不少于 800 字的文章(不要写成诗歌)。

美国社交网站"脸书"创始人扎克伯格喜得千金,宣布捐出所持 99% 股份用于慈善事业,并在个人主页上附上一封给女儿的信,信中说:"和所有的父母一样,我们希望你能够在一个比今天更好的世界里长大。我们将为此作出自己的贡献,而这不仅仅是因为我们爱你,也是因为我们对下一代所有儿童负有道义上的责任……"扎克伯格的举动引起了人们广泛的思考。

附:学生优秀习作

人生百味,快慢相宜

上海市嘉定区第二中学 顾晓静

快与慢是节奏不一的两种交响曲,快是慷慨激昂,扣人心弦;慢则是平稳舒缓,心旷神怡。只有快慢交织,才能谱写出波澜壮阔的乐章。

快,快的是速度,高的是效率。兵贵神速,战争的胜利贵在天时。有时,人的成功,也贵在抓住速度。一恍之间,可能是一步登天,也可能是名落孙山。但培根说"真正迅速的人,并非事情仅仅做得快,而是做得有效"。狼吞虎咽、囫囵吞枣只会伤身而无益处。一味求快,只会使"豆腐渣工程"层出不穷。"中国式过马路"是国人在高速时代过分求快的体现,求快而无视规则与法律,只会威胁到人的生命。

一味求快,只会使人心浮气躁。有时,更需要我们慢下来静静思考。

"吟安一个字,捻断数茎须",好文章需仔细推敲,慢工出细活。曹雪芹的《红楼梦》"批阅十载,增删五次",句句斟酌,字字推敲,才会使人读来有"字字看来皆是血"的感慨。慢是积淀,只有不断积累,最终的智慧才会喷涌而出。

慢,贵在享受过程中的"美丽风景"。纪伯伦说"乌龟比兔子更能讲些道路上的情况"。慢,可以使我们明察秋毫,贵在享受过程中努力的付出。工夫茶需要多道工序,只有经过重重浸泡,才能齿留余香。人同茶一样,只有在慢的过程中不断磨炼品格,"苦其心志,劳其筋骨",则"天将降大任于斯人也",才会获得最后的成功。

快是高效的体现,慢也是一种认真执着的追求。慢为快储备动力,快则是蓄力后的厚积薄发。读书人寒窗苦读十年只为一朝金榜题名,菲尔普斯、博尔特日复一日地苦练才能在赛场上创下世界纪录,成为速度的代名词。

在我们这个时代,快节奏与高效率屡见不鲜,而慢生活也开始被我们慢慢提倡。只有修养了身心,才能扬帆起航面对重重挑战。

快,轰轰烈烈;慢,细水长流。匆匆的灵魂来不及体会人间温情,徐疾有致才能在时光中安定从容。

❋ 使用建议

由于课时的限制,学生可能无法对社会事件进行深刻的认识。教师可以课前让学生去收集一些社会新闻或阅读相关的时事评论文章,让学生一起讨论和提炼对社会事件可以持有的角度。

❋ 教学反思

关注社会,是中学生写作的现实意义和价值。很多学生在写作时往往只会从已逝的古人中选取适用的素材,而缺乏对现实生活的关注和思考。因而,本课教学中的引导是十分必要的。社会事件每天都在发生,因而,教师的教学也不应仅停留在课堂有限的讲解和训练,可以让学生平时注意收集一些典型的身边的事,经常进行交流和分享,这样学生关注社会的意识才能真正落到实处。

许正芳

2 多维度运用
——思维训练的关联性

❋ 教学目标

1. 准确把握思考角度的具体内容。

2. 学会多角度灵活进行思维训练。

❋ 教学重点

学习和把握多角度灵活思维的方法。

❋ 教学难点

学习和掌握思维训练的关联性。

❋ 教学设想

世间的一切事物都是相互联系的,绝对孤立的事物是不存在的。本课时的设计旨在改变学生单一地、非此即彼地看问题的方式,让学生能够学会联系地看问题。最终通过思维训练跳出"非此即彼"的简单固化思维,学会变换角度、多重角度的多样灵活思维,获取"除此还有彼"的新发现。

❋ 教学过程

一、导入

不同面呈现景象不同,所见感受不同,所得认知也不同。事物的多面性决定了事物的丰富性,决定了认知的多元化,决定了思辨的多面性。同学们,我们要看到事物之间的彼此联系,在写作中要关注这种联系。

二、问题呈现

训练多角度思维,可以选择命题作文和材料作文两种类型。命题作文题目如下:以"路"为题,写一篇不少于 800 字的文章,除诗歌外,文体不限。

材料作文题目如下:曾经,父母叮嘱孩子的口头禅是:"慢慢走,小心跌跤!""慢慢吃,小心噎着!"现在,孩子听到最多的是:"快点吃饭!""快点做作业!""快点弹琴!""快点睡觉!"甚至是:"快点玩!"请你以"我们到底是快点还是慢点"为题,写一篇文章。(要求:1.请把题目抄在答卷纸上;2.不少于 800 字;3.不要写成诗歌;4.不得透露个人相关信息)

学生思考命题作文"路"的时候,相对比较容易,能想到很多与"路"相关的内容,但大部分学生思考角度有些混乱,关联性不够。学生在思考材料作文题的时候,对于"快与慢"两个方面,两者之间的关联在哪里?怎样多角度地进行思考?学生似乎不能很好地把握。

三、课堂讨论

就命题作文"路"可写角度进行讨论。

立意解析:

此题是一篇命题作文,我们可以从"路"的角度生发出很多思路。从最为贴切的自我人生经历而言,可以有"成长之路""奋斗之路"等等,甚至具体到你每天都要走的一条路。走在这些路上,你成长的点滴、奋斗的艰辛、一步一步走过的体会,那些得到的或是遗失的,都可以是行文的内容。换个角度,从宏观一点的思路,路可以是国家、民族、信仰的路。

此外,"路"还有很多种。有的路让人趋之若鹜,有的路让人避之不及。站在分岔路,你如何选择人生;遇到绝路,是否又能够绝处逢生?

总而言之,"路"这个词,与我们的生活息息相关。无论你选择哪一个角度去阐释这条"路",最好都要在收尾的时候或明确或暗示地表明你的态度。"路"可以有千万条,走路的方式也可以有千万种,你如何选取、如何对待,这些思考至关重要。

四、提供范例、提炼方法

论 快 与 慢

上海市嘉定区第二中学　张逸羽

自古以来,快与慢一直被说成是一对矛盾体。当然其矛盾是显然的,毕竟在通常情况下我们只能在两者中取其一。在纷繁的文学作品中也可找出不少人们对于这对对立体或主观或客观的评价。

现代的人们往往处于两个极端:或言"快"良,于是涌现出"快餐、快车、快文化"等等;或言"慢"良,于是又涌现出一堆"慢餐文化、慢运动"等等。在佩服国人的经商头脑的同时也产生了疑惑,这样的"快"与"慢"是否真正利大于弊了?

快不是草率。不得不说,物质层面的迅速发展给我国带来了生机和动力,但一系列偷工减料的工程建设令人不寒而栗。近年来风行的速读经典,将厚达几千页的名著硬生生截成几百页的薄本,按这样计算,一个月就能翻完四五本"名著",但试问这样的读物还存在余韵吗? 答案皆晓。同样,慢也绝不能等同于散漫。如虽在图书馆中阅书却没有吸收多少,这是打着"慢阅读"的旗帜在消磨时间,为了找个适当的理由让自己心安。

其实说了这么多,并不是为了争论快与慢孰对孰错。毕竟从它们产生的那时候就注定了没有对与错。欲速为什么不达? 不是因为速本身有错或追求速不对。当一个人心有旁骛,眼中只有速度,不再意识到质才是完成一件事的根本标准时,他就会犯错。

何时须快,何时应慢? 这就要求我们有足够的自省,从现实出发,分析当下。这里举个例子,幼时学骑车,初期总是骑得飞快,因为我发现,这事身不由己,根本没法儿让它慢下来,因为一慢下来就跌倒了。好比当代的竞争之道,你慢下来就给予了对手超过你的机会,此之大势所趋,你便不能慢。处在一个崇尚速度的时代,每一个人的想法都像春天里的花朵,争先恐后、争分夺秒地绽放,这是一个追求速度与效率的时代的魅力,但也是问题所在。20 世纪 80 年代,微波炉就已进入中国市场,但普及率和使用率一直很低,其原因是进入市场的时机不对。而进入 90 年代,人们的生活水平有了明显提高,此时开始发起微波炉普及行动,自然水到渠成。

　　所以说真正的高人是能自由控制自己的节奏来达到事件的预期效果的人，这是一种伟大的自我修行成果，也是一种大智慧。这样的人可快也可慢，不受任何干扰，欲速时事半功倍，欲缓时日参省乎己，聆听内心的声音，更加从容，更加沉静，更加强大。

　　明确：该命题作文让我们思考：我们究竟是应该快一点还是慢一点？以材料作为起点，儿时父母总叮嘱我们凡事小心、慢一点，为的是让我们更好地生活和成长。而现在我们听到的"快一点"的催促，更多的对我们成长的鞭策，不希望我们将时间浪费，而应把握一分一秒，去做更有价值的事情。"快一点"或是"慢一点"，都是父母对我们的关爱。只是随着我们年龄的增长，他们表达爱的方式有了变化，他们侧重的点也不尽相同。那么就我们而言，是希望快一点，还是慢一点呢？

　　此文从"快与慢"今昔不同表现的角度分析，看到了时代的变化，也对二者的表现和实质进行了探讨。

五、作业

　　阅读下列材料，自选角度，自拟题目，写一篇800字左右的议论文。

　　大自然有着这样的现象：太阳虽然曾炙烤大地，但万物总渴望着阳光的沐浴。

附：学生优秀习作

我们到底是该快点还是慢点

上海市嘉定区第二中学　李　芸

　　人生之行，须敏于行，而缓于思，顺其本心，快慢合乎情理，方可从心所欲，自然生长。

　　所谓快，即行事雷厉风行，不拖泥带水；所谓慢，即行事徐缓有序，不慌乱盲目。两者看似矛盾，实则只有和谐的统一。

　　朱自清取字"佩弦"，是为了敦促自己行动敏锐，不可拖沓；禅学倡导心静，以慢来告诫自己勿为浮世所扰。由此可见，快可促人奋进，慢可使人明辨。但过快会让人心浮气躁，难以客观看待世界；过慢则使人烦琐不知变通，闹出揖让救火的笑话。

依我所见，值得推崇的"快"应是一种理清思路后把握时机的果敢，而"慢"则是一种敢于在纷繁错乱中停下脚步沉思的胆识。快慢合理结合，过急则知慢，过缓则知快，是我们应该做的。

正如小时候父母叮嘱我们要"慢慢走""慢慢吃"，是因为我们年纪尚小，不可操之过急，快会致使不必要的麻烦。而长大后，父母叮嘱我们"要快点"，是希望孩子不要浪费无谓的时间，跟上时代的脚步。这其中自然地融合了快慢结合的道理，是父母教授的生活法则。

我们身处于一个"快"的时代，却往往不自觉地养成了一种不必要的"慢"。现代电子科技使我们极快地了解全世界，我们什么都想知道，却只粗略地浮于文字表面，活得肤浅，有多少人能"慢"下来，沉下心去思考、阅读，获得深层的体会？我们看似"日理万机"奔波，忙活于这于那，没发现充斥生活的不过是琐事，而把对人生有益的重要之事撂在一边，用无意义的忙碌推诿发现真实内心的勇气。

不理智的快慢安排使人们精疲力竭却无所获。但人们已发现了问题，通过阅读、运动等方式放慢脚步，去寻觅快慢的哲理。

我们到底应该快点还是慢点是应由情景定夺的。应在行动上果敢，思想上徐缓，做到快慢协调，做事有条理，也不拖沓，行动于世间，以顺应时代的潮流，这样的结合才符合自然之理，使人诗意而理性地栖居于这个世界上。

❋ 使用建议

本课时的内容应该以学生讨论、归纳的方式进行，也可以用表格的方式将学生思考的角度进行分类整理。

❋ 教学反思

事物与事物之间的联系，有内部与外部、现象与本质等等。每个面的关联，都是学生思维深入的切入点。对同一形象也可以从不同角度去联想，联想的角度不同，思维角度也就不同。对学生进行思辨训练，学会多角度进行思考，把握多样的思维角度，是十分重要的。教学时教师一定要讲清楚这些方面。

许正芳

3 敏 锐 的 眼 光
——事件判断的合理性

❀ **教学目标**

1.学会把握事件的核心内容。

2.学会正确地陈述观点,对事件作出合理的判断。

❀ **教学重点**

学会把握事件的核心内容。

❀ **教学难点**

学会正确地陈述观点,对事件作出合理的判断。

❀ **教学设想**

判断事件,需要敏锐的眼光。教会学生学会判断,是学习议论文写作的第一步。本课设计旨在还原学生对社会事件产生看法的角度,并加以提炼,期望学生形成自我判断的一些常用角度。

❀ **教学过程**

一、导人

议论文是用以表达见解的一种文体。叶圣陶先生曾经说过:“如其没有判断,也就无所谓见解,也就没有议论这回事了。”他还强调:“议论一件事只能有一个判断。”因而,我们的议论文教学应该教学生如何正确地表达自己对事件的判断。而如何形成自己对事件的正确判断,涉及形成正确观点的思维方法。本节课我们一起来探讨,如何形成自己对事件的正确判断。

二、问题呈现

初写议论文,很多学生都知道要提出观点,表达自己对事件的判断;但常常在作文中没有明确表达自己的看法,对待事件的判断十分不准确,要么是人云亦云、无须证明的所谓“判断”,要么是旁逸斜出、无关紧要的所谓“看法”。如何判断事件才是合理的? 需要我们进行分析和归纳。

三、提供范例

根据以下材料,自选角度,自拟题目,写一篇不少于 800 字的文章。

今年 1 月,华裔耶鲁毕业生张磊向耶鲁大学管理学院(SOM)捐赠 8888888 美元。

张磊出生于中国中部,曾是高考状元。他曾在中国人民大学学习国际金融,1998 年至 2002 年在耶鲁读 MBA,并获得国际关系硕士学位。张磊在解释向耶鲁捐款的行为时说,因为耶鲁改变了他的一生。

感恩之心何需解释

新年伊始,华裔耶鲁毕业生张磊向耶鲁大学巨额捐款的消息在社会上引起不小的轰动。或赞誉或声讨,面对舆论,张磊为自己感恩的行为作出解释。不知看到这则消息时,你作何感想?而我的注意力却被"解释"二字所吸引。我想,这"解释"的背后,必定隐藏着太多的东西值得解读。(阐释材料引发思考)

我认为,感恩之心无须解释!(提出论点,针对材料中关于捐款事件的核心问题作出自己的判断)

感恩不应牵扯任何地域、文化、政治的局限。(理由一)出生在中国中部的张磊,曾在中国人民大学学习,而在耶鲁攻读的经历,却是改变张磊一生的重要原因,这理应感恩。而事实却是激起了国人的"崇洋说""不爱国说"的声讨和批评。试想,若是"耶鲁大学"换作国内任何一所大学,那激起的绝对不是声讨,而是如潮的赞美。其间的差距隔了千山万水!我想,这样的重压之下而生成的解释背后,是国人对其崇洋声讨的巨大负担,这负担同样揭示了一个严肃的关于地域、文化,甚至掺杂政治的话题。(反面分析)这不由让人联想到日本战后遗孤来中国感恩的事情。当一张张洗净铅华的脸,口中说着极为标准的普通话而身体里流淌着日本的血的遗孤,向领养自己的中国家庭表示感谢时,这感恩之心无地域的局限,更遑论关于那场战争带来的人性、政治的考虑。因此,感恩之心无地域、文化的局限,而是如流水,绵延流向一切江河湖泊。(正面分析,用正反对比论证的方法证明分论点一:感恩不应牵扯任何地域、文化、政治的局限。判断合理,有纵向比较的合理性)

感恩之心是人类最纯粹的感情,是一股正气之下最直接的温情表达。(理由二)本没有理由,哪来解释? 感恩是中华民族的传统美德和优良品质。古有"生当陨首,死当结草",又有"滴水之恩当涌泉相报",当那句"来生愿当牛做马以报答"的侠气誓约浸润了国人充满道义的内心,感恩的品质不知不觉之下在中华民族的精神长河中根深蒂固。回眸今朝,有著名企业家捐巨资在农村建造希望小学,只为感恩当年农村教师的启蒙之恩,也有一批又一批的海外留学生为了报答国家的培养,在学成之后选择归国,为国家建设贡献火热的青春和力量。张磊同样是这样,在接受了一所名校对其困苦交加的情况下给予的物质和精神的支持,在收获了珍贵的知识后,选择捐款报恩的行为是如此简单而纯粹。这样简单而美好的情感不容诋毁和怀疑所玷污,而看似"忍辱负重"的解释对他是如此不公,更是对感恩品质的玷污。(分论点二的论证作者采用多角度归纳的方法)

感恩之心何需解释,当所有人将"同一个世界"的口号挂在嘴边时,理应做到心口一致。简单地看待它吧! 隐藏在感恩背后的真诚、正直、温情和感动,才是感恩之花所散发的全部幽香!

四、提炼方法

学会判断事件,要有自己从某个角度判断的依据;关于角度,我们可以从社会背景、现实原因、审美价值等多方面考虑。

五、课堂练习

提供学生习作片段,进行分析和修改。

根据以下材料,选取一个角度,自拟题目,写一篇不少于 800 字的文章(不要写成诗歌)。

当下,各行业都涌现出很多敢于打破传统束缚的人。当然,老话也说"枪打出头鸟",认为保持低调才能安身立命,当"出头鸟"会带来更多挑战和风险。

你愿意做只合格的出头鸟吗
上海市嘉定区第二中学　孙霖峰

现今这创新的社会,涌现出一批敢于打破传统的"出头鸟",他们不断突破,跳出来改变时代航行的轨道。但也有些人觉得"枪打出头鸟",低调才能安身立命。究竟该随波逐流还是做可能引来非议的出头鸟?

在我看来,我们更需要的是出头鸟。(对是否需要"出头鸟"给出自己的判断)

保持低调并不是指要墨守成规和逆来顺受,而我们的国人现今似乎对这低调有些误解。他们所谓的"低调"实是一种对过往信条的盲从以及为了规避风险的心态。这种心态其实自古就有,如汉文帝之"罢黜百家,独尊儒术",实则"儒表法里",但也未见什么人充当"出头鸟"来指出这所谓的"儒学"已经失去了原先"仁"的本质,都怕惹上背离祖宗的骂名,最后任由"儒学"变成统治的工具。这一代代传衍下来,国人也自然养成静观其变、随大流的"低调"想法。(指明"低调"的本质,提出自己的理由)

但社会的进步靠的是创新,有时还真的需要"出头鸟""刺头"来挑战传统信条,作出突破。

美国的迅速崛起对我们来说是有一定的借鉴意义的,在其崛起的过程中,那些亢奋的"出头鸟"起到了很大的推动作用,如华盛顿、富兰克林、爱迪生,等等,从政治、科学等领域不顾世人眼光的压力进行革新,从而让这个充满自由精神的国家得以独占鳌头。(强调"创新"的价值,充实自己的理由)

在中国历史上也有著名的"出头鸟",如孙中山废裹小脚习俗,但现今这样的人似乎越来越少。因此,我们更需要出头鸟。

但出头鸟不是鲁莽,空有勇气是不够的,你得有正确的观点和客观的心态及分析能力。若是只会胡说八道逞莽夫之勇,那还真不如"低调"来得好,因为这不是一只合格的、有积极意义的"出头鸟",而只是个哗众取宠的乌鸦罢了。

我们的社会更需要合格、理性、有勇气的"出头鸟",这样才能了解到社会的不足并取得长足的进步,而社会也应赋予"出头鸟"们足够的宽容、耐心、自由,而不是一味打压。

六、作业

近日,上海发生一起车祸。电瓶车驾驶者魏先生被撞倒在地,周围的人纷纷拨打电话求救,一名外国女子走到他身边,用双手紧紧握住他的手,不断地鼓励他,直到救护车赶到。事后她对周围的人说:"我既不是医生,也从来没有做过护士,我只是看见他非常痛苦,没法动弹。地上非常冰冷,我觉得握住他的手可以让他暖和些,舒服些。"

这则材料引发你怎样的思考?请选取一个角度,写一篇文章。

要求:(1)题目自拟;(2)全文不少于 800 字;(3)不要写成诗歌。

附:学生优秀习作

又是一场"道德绑架"

张磊的事儿已经不是什么新鲜事了,前些日子,不论是在主流媒体或是网络论坛上,它几乎刮起了一场批判风暴:为什么他如此不具备爱国之心?为什么他将巨款捐给了美国,而不是生他养他且更需要资金的中国?

捐款本来是件好事,然而张磊为何反而成了"众矢之的"了呢?依我看,这显然是一场典型的"道德绑架"。(提出论点)

这"道德绑架",历来不是什么新鲜事,是国人向来就养成的对公众人物过分要求的心理。一位幸运的彩民收获了高达三亿人民币的奖金之后,将两千万捐于希望工程,却招来了一片谩骂声。"一下子赚了三亿,才捐了两千万!?"似乎所有人都这么想。

但细细想来,这样的想法是否过于苛刻了?这位彩民的税后实得款是一亿五千万,而两千万则是总量的近七分之一。请问,那些大肆批判这位彩民的人扪心自问,你愿意捐出你所有收入的七分之一吗?

显然,当人们在要求自己的行为时,偷偷放低了标准,却用自己主观上的"理想标准"要求别人、"绑架"别人。所以,当诺基亚向汶川捐出五百万时,人们愤怒地指责他们,殊不知这五百万的善款亦是一片"善心"啊!这样的"道德绑架"或许有助于捐款的筹集,但对于捐款人却是不公平的。

"张磊事件"不但是一场典型的"道德绑架",更是一场"自私"的"道德绑架"。(既承上概括了理由一,又启下引出理由二。在论证理由一时用归谬法对某些国人对待某彩民和诺基亚的态度作了批判)

我们作一个假设,若是一位来自于东南亚的留学生在中国人民大学毕业后,向大学捐助了巨款,此时的我们一定会赞颂他的感恩之心,将他推上道德模范的位置。那么,为什么同一件事会有如此悬殊的评价差异呢?

461

原因在于我们狭隘的"民族主义"。我们只是站在了本民族的立场上,认为所有合乎本民族利益的事都是"高尚"的,反之则是应该被"批评"的。如果按此理论,那么,高尚的白求恩则亦应被诟病,因为在加拿大,也有千千万万的同胞在等着他高明的医术。

因此,我们更需要的是一种开放的国际眼光,而不是仅停留在相对"自私"的道德标准上。因为,这种"道德绑架"是完全难以站住脚的。(继续使用归谬论证)

此外,我们也应主动地去发现张磊回报母校的感恩之心,去歌颂它,赞扬它,而不是用自己的主观意愿去"绑架"这份感恩之心。

希望今后国民在评论某一件事时,能够全面地、客观地去分析,而不是仅仅一个冲动,就将他人"道德绑架"了。

❀ 使用建议

本课时的教学中可以增加一些学生自由发言的时间,让学生充分讨论,形成判断事件的角度。教师可以用表格的形式对学生加以引导,确定要论及的角度。学生也可以在课前自行阅读相关材料,完成自我分析的部分。

❀ 教学反思

判断事件需要敏锐的眼光。那么,如何让学生拥有这样的眼光? 教师可以借助一些具体的素材来组织学生讨论,但往往在讨论过后,学生还是难以形成这样的能力。这是由于教师仅仅在有限的课堂时间中训练,成效不一定显著。因而,需要学生结合课后自己的收集和整理来加以巩固和完善。教师可以布置周末作业,让学生收集关于一些社会新闻、事件的评论文章,从中汲取有价值、有启发的部分。

许正芳

4 显自我思想
——事件运用的创新性

❀ 教学目标

1. 学习求同分析、比较求异分析、寻因问果、假言因果等论据分析方法,强化对论据分析所需的自我意识的培养。

2. 练习掌握、灵活运用多种论据分析方法,彰显作文个性色彩。

❋ 教学重点

分析学生议论文习作中论据使用的误区,结合经典议论文篇目的阅读分析,讲授求同分析、比较求异分析、寻因问果、假言因果等论据分析方法,强化学生对论据分析所需的自我意识的培养。

❋ 教学难点

根据写作材料的主题,灵活运用论据分析方法,彰显作文个性色彩。

❋ 教学设想

论据分析的准确、充分、透彻、深刻,是学生写好议论文的关键,因此论据分析也就自然而然成了议论文写作教学的重中之重。为了避免学生一写议论文就堆砌论据,议论文成了"名言荟萃"或者"名人开会",只见"据"不见"论"的现象出现,帮助学生能够鞭辟入里、深中肯綮地分析论据,彰显作文个性,在教学过程中,呈现学生习作中出现的论据表述和分析的问题所在,给出方法指导,并通过一定的佳作赏析和练习巩固,使学生在写作议论文的过程中,能更自如地运用素材,并在分析过程中彰显自我意识,使文章呈现出更强的个性色彩。

❋ 教学过程

一、导入

在议论文写作前,同学们常会准备好丰富的素材,但在行文过程中往往忽略了对素材进行分析。或者有所论述,也只是一种现象描述,不能上升到理论的高度,尤其是未能从思维的角度予以阐述。我们知道,议论文写作必须从具体的客观现象上升到某种理论高度,因此在写作中仅仅有对素材的选择、表述还远远不够,还必须运用分析的方法揭示素材所蕴含的哲理以及与论点的联系,只有如此,素材才会转化为论据,才能"物尽其用",起到揭示、证明论点的作用。当然,写作者也得以在分析过程中彰显自我意识,使文章呈现出更强的个性色彩。

二、问题呈现

作文题:

云霞飘到湖面上空,影子倒映在水里,湖水就成了它的另一个天空。请以"寻找另一个天空"为题写一篇文章,文体不限(诗歌除外),不少于800字。

有三个学生在作文中有共同点：论点相同，即寻找另一个天空，实现自我理想。论据相同，即鲁迅先生弃医从文。学生习作片段如下（学生讨论、分析三则论据）：

1. 例一

当鲁迅为了拯救国人而学医时，他发现真正该拯救的不是国人的身体，而是国人的灵魂。他——毅然地决定弃医从文。他要用他的笔来改变中国，他为了他那埋藏于心中的梦想，决定选择了他的另一个天空。

2. 例二

当灾难降落到中国，先生毅然放弃了做一名医生的念头，拿起了手中的笔，开始唤醒着国人们的灵魂。

鲁迅先生能作出如此决定，肯定离不开他的坚强与理智，因为他在那里寻找到了一个天空，在那里，他的双眼变得格外明亮，他的思想也得到了升华。

他发现了旧中国政府的无能，他发现了人民遭到迫害后的痛苦，他更发现了人民被欺骗后的无知，他决心改变这一切，于是一篇篇发人深省的文章问世，一个个人民的心得到净化。

3. 例三

当鲁迅还是一个二十岁出头的热血青年时，他便以医生的身份救死扶伤，留学日本。在外人看来这是个多么稳定又崇高的职业啊。但对于鲁迅自己来说，这个"异国从医"的天空并不是他最终的归宿。每天关心着动乱的祖国，看着一个又一个英雄为国捐躯，他终于按捺不住。异国从医并不能使他心灵得到彻底满足，他尝试着许多可以让自己得到慰藉的办法，尝试着寻找真正属于自己的天空。就这样，终于找到了另一个天空，那个充满着爱国热情，充满着革命青年奋斗身影的天空。从此，鲁迅"弃医从文"，毅然决然投身挥动如椽巨笔书写革命的"革命家"行列。其实，鲁迅不能算是一个革命家，而他却是一个能为祖国事业、祖国的革命斗争献身的"一代文豪"。正是因为鲁迅寻找到了这一个可以让他尽情挥洒笔墨，抒发心中的不满、愤怒以及志向抱负的天空，才有了那样一个个发人深省的形象——孔乙己、阿Q等等；才有了像白莽一样受到影响而投身革命的文学青年……假使鲁迅仍留在最初那个属于医生的天空下，中国文学史上就会少了不计其数的影响国人成长的文字。

除了鲁迅,通过寻找另一个天空而实现自己真正梦想的人,还有很多……

明确:例一没有把题目中的"另一个天空"说清楚,"另一个天空"所指的是文学的天空。

例二的层次不清晰,有些先后颠倒。同时,例二中的"一个天空"概念不清,所指不明,导致"另一个天空"表述没有得到彰显。

例三,论据太长,"另一个天空"还是不明确。对于鲁迅而言,他的另一个天空是相对于医学而言的文学天空,可以将"找到了另一个天空"改为"放弃学医,找到了解救国人灵魂的另一个天空——文学"。

在议论文中对材料的叙述语言要简练,选择与论点有关的内容;分析议论时要承接叙述内容,并紧扣论点,将重点概念阐释清楚;学会运用一定的论据分析方法,如求同分析、比较求异分析、寻因问果、假言因果等方法,有效分析论据,提升论证力度。

三、重点探究

学习常用的求同分析、比较求异分析、寻因问果、假言因果等论据分析方法,并对上述论据及其分析进行改写,使作文升格。

1. 求同分析法是一种以若干个论据在本质上的相同点为切入点,对这些论据进行分析的方法。要通过对论据的分析达到使论据与观点相契合并能对其形成支持的目的,就要充分发掘论据在本质上的共同特点,并对其一些共性进行提炼。

2. 比较求异分析法就是在论据分析过程中,对事物的相同点或不同点加以比较分析,但它更注重的是在比较分析相同点的基础上,突出其不同点或差异点。

3. 寻因问果法,一般是在摆出现象之后,从事实到理论,从现象到本质,从感性到理性,对客观现象作出全面、深刻分析。这种论据分析方法,好像剥茧抽丝一样,可以使论证或论述层层深入。

4. 假言因果法是指在议论文写作中进行论据分析时,当论据表述之后,运用假言推理的方法进行推论和分析,以证明论点正确的一种论据分析方法。一般来说,对于从正面表述的论据可以从反面对其进行分析;从反面表述的论据可以从正面对其进行分析。

改写示例:

赴日学医是他实现理想的开始,他立志要用自己的医术治病救人,但医学院里观看幻灯片的一幕让他意识到手术刀无法医治中国人民麻木的心灵,更实现不了他拯救民族、富国强民的志向。于是,他开始寻找另一个天空,另一种救治民众精神、唤醒他们觉悟的方法,唯一的途径就是用笔写文唤醒百姓,以此为武器向黑暗的恶势力发起挑战,激起更多中华儿女同反动派作斗争。

他,便是鲁迅,睿智而勇敢。当原先的学医的天空无法成就其拯救民众精神、扭转民族命运的抱负时,他毅然弃医从文,寻找到了另一个天空——尽情挥洒激扬文字。在这个文学的天空下他实现了自我理想和价值。

四、赏析经典

1. 赏析经典片段一,探究论据分析方法

梅兰芳先生当年拜师学京戏时被老师毫不留情面地拒绝了,因为老师认为他先天条件不足,说他目光呆滞,眼睛是"死鱼眼",根本就干不了这一行。但是梅兰芳先生却没有因此就轻言放弃,从此他每天早上起来,用眼睛紧紧追随着在空中飞翔的鸽子,水中游动的鱼儿。功夫不负有心人,他终于练就了一双炯炯有神、光彩流转的眼睛。梅先生的成功源自于他的执着。假如梅兰芳在听了老师对他的评价后就轻言放弃,就不会有一代京剧大师的诞生;假如他在练习眼神时知难而退,也不能练就顾盼生辉的眼神;正是因为梅先生执着地追求自己的理想,才最终取得了成功。所以可以说,成功源自执着。

明确:假言因果论据分析,有力地突出了论点,比仅仅简单的对论据进行表述有更大的说服力。

2. 赏析经典片段二,探究论据分析方法

越王勾践和宋高宗赵构在战败后国家几近灭亡时所面临的形势是大致相同的,国内同样都有反抗侵略者复国的呼声,恢复国土的可能性是存在的。越王勾践卧薪尝胆,努力恢复生产并对人民进行教化,得到了文种、范蠡等人的帮助,最终以三千越甲吞并了曾经强大而不可一世的吴国。而宋高宗赵构建都临安只求偏安一隅,对敌人卑躬屈膝摇尾乞怜,为亡国埋下了祸根。即使有岳飞那样的名将,最终也难逃亡国的命运。正是由于越国和南宋的统治者不同的志向,才导致了国家命运的迥然差异。

　　明确:这一段文字明显地运用了比较求异分析法进行论据分析。正是由于从"同"中分析出"异"来,才使文章的立意与论据产生了紧密的联系,从而使论据有力地证明论点。

五、作业

　　古人论书法时说,"藏锋以包其气,露锋以纵其神";现代人则说,"善藏锋者"与"善露锋者"皆成大器。

　　请根据你对生活的观察和思考,就"藏锋"和(或)"露锋",联系实际,写一篇不少于800字的文章,题目自拟,文体不限(诗歌除外)。

附:学生优秀习作

"露锋"亦不忘藏

上海市嘉定区第一中学　杨　玥

　　书法中,藏锋可包气,露锋可纵神;音乐中,一次暂停可以在休整之余给人更多的回味空间。同样,现代人口中的"露锋者"在自己擅长的舞台尽情展示,而"藏锋者"将灵气收养,或许是含蓄,又或许是酝酿着下一次的爆发。锋芒毕露者可能给人过分张扬的印象,而过分藏锋也可能使机会错失。露锋之余不忘时时藏锋倒不失为智慧的表现。

　　山口百惠是20世纪八九十年代中国家喻户晓的演员,她主演的多部影片都给人留下了深刻的印象,而正当她如日中天时,她却选择退出娱乐圈,转而在家相夫教子。山口百惠将自己善良的形象留在了电视荧幕上,尽情享受演戏带给她的快乐,演绎别人的过程中,她也将自己自由单纯的个性充分展示出来。如此一来,她退出银幕的选择就更令人感慨,但是她的退出却是最好的选择。日新月异的日本影坛,一个优秀演员的表演时间可能并不长久,功成身退,享受家庭生活的安逸与幸福是山口百惠更高的追求。她收起自己闪亮的形象,成为一名普通的母亲与妻子。灿烂辉煌后回归于平淡,露锋芒后不忘藏锋,这背后有着自信,更多的是淡然的心态。

看现代社会，多少人每天沉浮于其中，有的声嘶力竭地展示标榜自我，也有的凭借自己的实力在默默付出。《梁祝》演奏者俞丽拿已是年过七旬的人了，当年她在舞台上风华正茂，深情地拉起缠绵的乐曲，以致听众沉醉于优美的乐曲中，曲终后，俞丽拿等了五秒钟，掌声才如潮水般涌来。现在的俞丽拿，不再活跃在表演舞台上，她将精力专注在培养青年演奏者身上，桃李满天下，荣誉纷至沓来，她却始终淡然一笑。为了让学生更好地了解节奏，她还会跳起轻快的小舞步，轻轻点地，年轻依旧在她脸上荡漾。

曾经在舞台上叱咤风云的无数演奏家、艺术家，无不有着光鲜、令人瞩目的过去，他们在舞台上奉献着光和热，展露着他们的“锋芒”。而后，他们培养新人，虽然面对舞台他们藏起了骄人的锋芒，但是他们却把锋芒转移到了新人的身上，并且让他们更出色。他们的背后有淡然，这种淡然让他们不为名利所牵绊，不为荣誉所束缚，而他们的成就却远大于原来所能给予的。

“露锋”而不忘“藏锋”是一种舍得放手的淡然，这种淡然不会让成功就此止步，而将更美、更伟大的影响留在了将来。

✲ 使用建议

每个教师都可以根据自己的写作教学实际，灵活运用本教学设计，不一定要求完成同题作文。在选择学生的习作时，必须注意同一材料不同学生表述中体现出的思维的不同，应作分类讲解。

✲ 教学反思

本课针对学生习作中反映出的普遍问题，结合佳作片段赏析，引导学生学习求同分析、比较求异分析、寻因问果、假言因果等论据分析方法，强化学生对论据分析所需的自我意识的培养，有利于学生灵活运用多种论据分析方法，彰显作文个性色彩。

陈　慧

高三年级

辩证思维与追求境界

第 一 学 期

第一单元　实用文体　功能文体

1　传 播 能 量
——发挥倡议书的功能

❋ 教学目标

　　1. 掌握倡议书的常见格式和写作特点。

　　2. 根据需要修改语言格式规范，突出倡议书的功能。

　　3. 善于利用倡议书表达公民意识，引领社会积极风尚。

❋ 教学重点

　　掌握倡议书的常见格式，从读者角度考量倡议目的。

❋ 教学难点

　　根据倡议书的格式规范调整语言，突出其表达效果。

❋ 教学设想

　　倡议书是日常生活中经常使用的一种应用文，它融合了小议论文的特点——以情动人、以理导人，属于交际写作中读者意识很强的一类文体。而结合学生缺乏倡议实践需要的实际情况，本节课从社会条例出发，激发学生写作兴趣，以自我小测验来帮助学生掌握相关知识。结合读者与作者心理，使学生找到写作的内在心理动机，从而更好地在倡议书的字里行间体现与读者沟通的意识。

❋ 教学过程

一、导入

　　东方网 2015 年 12 月 30 日消息：记者从市政府新闻办获悉，上海市人大常委会第二十六次会议表决通过《上海市烟花爆竹安全管理条例(修订草案)》:禁止在外环线以内区域、外环线以外 8 类场所燃放烟花爆竹;在禁放区域内不得经营、储存、运输烟花爆竹。重污染期间一律禁放烟花爆竹。

看到这则消息,你有何感受? 请从个人角度和社会角度两方面写下你的意见。分别与同学深入交流两种意见,并作出最后决断。

二、倡议书的功能

生活中我们常会面临理智与情感的冲突,个人私欲和公众利益之间如何权衡? 作为社会公民,公众道德的规约会使人作出更合理的判断。

但未必每个人都能快速改变初衷,这时我们就需要一架天平——倡议书,来打通两头立场矛盾的人群。短短几百字,却能传播无形的正能量。

三、倡议书的定义与格式

定义:倡议书是个人或集体提出建议并公开发起,希望共同完成某项有普遍意义的社会活动而写的一种书面文章。

考考你:(多选)你认为倡议书中必须具备的格式要素有(   )

A. 标题:"×××倡议书"或直接写"倡议书"。

B. 称呼一般顶格写在第二行开头,也可不用称呼,在正文中指出。

C. 第三行空两格写正文内容。

D. 结尾:表示倡议者的决心和希望或者写出某种建议,加上表示敬意或祝愿的话。

E. 右下方写明倡议者单位、集体的名称或个人的姓名,署上发出倡议的日期,即为落款。

明确:ABCE 四项为倡议书的要素,而结尾一般不写表示敬意或祝愿的话。

四、倡议书的内在特征

1. 比较宣传画与倡议书的不同之处,总结容易被读者接受的行文特点

明确:内容使人感到与切身利益相关,且对未来生活有积极意义。

语言轻松而具有感染力,动之以情晓之以理,一般不使用强制性语言。

交代清楚倡议背景、原因、目的,使人明明白白,有效指导自身行动。

小结:倡议书要先打动读者,使他们产生这样的心理感受——它是如此迫切:

① 时间的迫切:倡议书的要求已经迫在眉睫,具有时间上的迫切性;

② 现实的迫切:倡议的事情已经到了刻不容缓的阶段,甚至有了负面影响;

③ 对象的迫切:已响应倡议的人数客观增加,道德情感的自觉约束得到认同。

2. 阅读范文

阅读下面的一封倡议书,补充倡议书还有哪些内在特征。

文明祭祀倡议书

全县父老乡亲:

今年入冬以来,我县气温较往年同期偏高,降水偏少,森林火险等级持续升高,森林火警火灾频发并呈逐步高发趋势,森林防火形势极度严峻。日前,我县森林防火指挥部发布禁火令,规定从即日起到 2 月 14 日止,严禁林区一切野外用火,严禁林区燃放烟花爆竹,严禁林区烧纸钱、点香蜡。为了秉承传统,告别陋习,倡导文明新风,促进社会和谐,进一步提高城乡文明程度和全民文明素质,在全社会形成文明祭祀的良好风尚,我们倡议:

一、文明祭祀。大力提倡鲜花祭奠、植树祭奠、公祭悼念、撰写追忆文章等文明祭祀活动,以献一束花、植一棵树、清扫墓碑等方式寄托哀思,营造引导文明祭祀的社会氛围。

二、科学祭祀。提倡科学意识,摒弃焚烧纸钱、冥物等传统落后的祭奠方式。党政机关公务人员以及广大共产党员、共青团员,特别是领导干部要率先垂范,做文明祭祀的先行者、带头人,用实际行动影响和带动身边的城乡居民。

三、环保祭祀。树立环保意识,自觉做到不在重要交通干线及路口、不在城乡大街小巷等公共场所烧纸钱、撒冥币。做到不污染环境、不影响他人生活,大力维护优美整洁的城乡环境。

四、节俭祭祀。遵守社会公德,崇尚尊老传统美德,树立厚养薄葬的新观念。提倡对在世老人尽孝心,多关爱,使他们老有所养、老有所乐;老人逝去时,不大操大办、铺张浪费、相互攀比,以节俭方式寄托哀思。

五、安全祭祀。严格遵守有关防火规定，不违规用火。做到不在山头、林地、墓地烧纸焚香、点燃蜡烛、燃放鞭炮，杜绝各种不安全行为的发生。

让我们携起手来，从现在做起，从我做起，从点滴做起，用文明缅怀的实际行动，表达对先祖、先贤、先烈的怀念之情，为建设幸福美丽家园作出应有的贡献。

××县民政局

20××年×月×日

小结：打动受众是为了从情感与理智上做好铺垫，但更要提出具体的要求、做法，使接受者知道如何行动——明确它的可行性：

① 做法的可行：罗列几条清晰的行动步骤或方法，最好有一定次序；

② 情感的可行：即使无法在行动上立刻予以支持，也可以争取更多的情感呼应；

③ 成果的可行：已有经验或相关领域的推广成效，鼓励延续更多好的做法。

五、修改不规范的倡议书

嘉定高考宁静日倡议书

马上就要开始高考了，为了给广大考生创造良好的考试环境，使高考工作顺利进行，南翔生活网向广大网友发出民生倡议书，向嘉定所有企业、市民等发出倡议，希望大家在高考期间不要制造噪声污染，确保考生能够在安静的环境中打好最后的"攻坚战"。

希望：司机不要随意鸣喇叭；商家不要使用高音喇叭招揽生意；露天娱乐者远离居民区活动；生产单位采取措施，防止噪声扰民；城市建设者在施工中不要产生扰民噪声；文化娱乐场所和饮食服务业经营者降低噪声排放。

最后期待：安静靠大家，受益你我他。我们真诚期待所有人加入到创造"宁静日"活动中来。

根据以上学习的倡议书的两点内在特征，为这封倡议书作一些修改，使它更规范，更有感召力。

六、写作实践

根据需要,选取下列漫画中的内容,完成一封与"禁止燃放烟花爆竹"有关的倡议书。读者身份自拟,注意格式规范。

郊区放爆竹限在距林地150米外。

燃放烟花爆竹产品时要保持清醒的头脑,严禁酒后燃放。

点烟花时,要用香支点燃,不要用明火点燃。

烟花点燃后,如果没反应,千万不要再上去查看。

✿ 使用建议

建议根据当下社会关注热点,调整导入内容。课前可提前布置学生准备倡议内容,结合对象不同身份拟写不同倡议书。还可以结合学校活动和社会实践,开展不定期的练习、展评活动。

✿ 教学反思

倡议书是最容易体现读者身份重要性的一种文体。对高中学生而言,可能已有相关写作经验,因此本课重在从心理动因上引导学生的思维,指向使倡议书体现出"情""理"两方面的支撑。当然,在具体写作中,学生可以体现不同生活经历、不同倡议功能带来的不同效用,这一点在教学设计中没有加以细化,师生可以在具体分析中共同探讨如何满足读者的不同需要。

张丽杰

2 "定格"时空

——架起报告文学中的立体视角

✸ 教学目标

1. 了解报告文学的文体特点和常用的叙事视角类型。

2. 研读范例,讨论并归纳相关写作视角、叙事结构、表现手法并运用于写作。

3. 树立客观、真实的写作意识,展现积极的世界观、人生观、价值观。

✸ 教学重点

通过范例研读,明确与报告文学相关的写作视角、叙事结构、表现手法。

✸ 教学难点

掌握报告文学的文体特点,运用适合的视角进行写作。

✸ 教学设想

高中生的写作"入口"常常是自己的生活经验,也常常以"我的感受是……"这样的情感体验为"出口"。看似有真切的体会,却较少拥有客观理性的表达,不曾从"我想帮助别人感受到……"的写作视角出发,对时代中的典型人物、事件、现象等进行有效记叙。本课设计从"时间胶囊"的情境预设入手,使学生明确文字的记录作用。再引入报告文学的概念,学生通过互动,明确其与一般文学作品在选材、内容上的区别。借助范例讨论,重在辨析报告文学的立体感需要从哪几方面去构建。细化的技巧(视角、结构、手法)不一一赘述,初步培养学生的报告文学意识,抓住报告文学最根本的特征,能写作一些具有"为读者""录时代"的短篇报告文学。

✸ 教学过程

一、导入

1983 年,乔布斯在美国科罗拉多州埋藏下一个"时间胶囊",里面装满了数百件不同的物品,包括"丽莎"鼠标(用女儿名字命名的第一代商务电脑的专用鼠标),还有 6 瓶罐装啤酒作为挖掘者的奖励。因为大多数物品都被装在塑料袋里,所以它们的保存情况良好。

假设你也想埋下一个时间胶囊作为特殊记录,让 30 年后的人们知道今天的人们是怎样生活的,但不能装入任何电子设备,你会怎么做?

明确:电子设备几乎可以记录所有的声光动态,音容笑貌,但也有不确定的技术缺陷。我们最原始的工具——语言文字,仍然不可退场。也许,只要一篇记录性文章,就能帮助你。这就是报告文学。

二、明确概念及类型

定义:报告文学是用文学手段来表现当前现实生活中具有典型意义的真人真事,是带有新闻报道性质的一种文学样式,被称为"文学轻骑兵"。

考考你:(单选)以下选项中能作为报告文学选材的是(　　)

A. 孔乙己式的旧社会知识分子的悲剧。

B. 上海好邻居王海滨舍己为人的壮举。

C. 我们家过"母亲节"的全天活动。

D. 诺奖得主莫言在家乡的生活近况。

明确:答案 B。报告文学的特点——新闻性、文学性、政论性。

考考你:(多选)报告文学的内容可以是(　　)

A. 记录某个事件、活动、项目的全过程。

B. 用文学方式扫描公众关注的社会热点现象。

C. 叙写一个或一群人的生活经历。

D. 用简洁的文字描述一个侧面、场面、瞬间。

E. 总叙时代洪流中典型的人和事。

F. 以生活中人为原型塑造的艺术形象。

明确:答案 ABCDE。自我概括常见的报告文学类型——事件型、社会现象型、人物传记型、"特写"或"全景"型。

三、范文研探

1. 学生可以写怎样的报告文学?作为社会公民为什么要写报告文学?

明确:小型报告文学。

把握现实生活的呼吸和神经,展现时代中人的思想认识——做一个"时空记录者"。

2. 如何做一个合格的"时空记录者"？怎样写出有意义的报告文学？学习范例并归纳(讨论)。

3. 报告文学中如何使读者感受如临其境？叙事的立体感如何呈现？

(1) 翻开一页真实——新闻性

一条路突然断了。其实不是突然断了,而是人们突然发现它断了。

当一条交通要道被撕裂了,人们才醒悟过来,才开始呼号与告急:"灾难发生了!"

"没想到,真是没想到……"

在我后来的采访中,很多人都这样感叹。

冰雪不是地震。它没有地震那样刹那间的摧毁力,但更具有隐蔽性。

还是让我们暂时回到韶峰。那每一个登上顶峰的人,不管是自己爬上来的,还是坐缆车上来的,都是一股子高高在上的派头儿。然而,雪和冰,就像一个悄然间进行的诡计,悄然间,上山、下山、进山、出山的路全都被堵死了,而上下山的缆车的缆索上已经覆盖了一层厚厚的冰雪。当你听到缆车运行时和冰雪撞击的声响,你才意识到:危险,不能再开了! 又一条路断了,这意味着,那些还在山顶上的人,不管是怎么上来的,全都困在了那个让你骄傲的顶峰上。而下了山的人,突然发现自己已经走不出这条伟大的山冲了。所谓山冲,也就是南方山地的那种十分狭小的山沟。一个原本已经很有现代气息的韶山市,仿佛突然又倒退到了 20 世纪初,回到了毛泽东少年时代那个荒凉闭塞的韶山冲。那些徘徊、流连的游客,连同他们的导游,开始饱尝颠沛流离之苦。想要从这山冲里走出去,唯一的方式就是苦不堪言的步行。而那些被困在山顶的人,此时早已没了欢声笑语,他们开始发出绝望的呼号,整个一派世界末日降临的景象。

不是没有车,但是没有路。那原本还很宽敞的道路,不知何时,已完全被冰雪封锁。大山里的道路,可能是结冰最快的路,随着气温的直线下降,已被冰冻得就像一道道突出地面的壕坎。偶尔有一辆车从这样的路上蠕动着左右打滑地开过来,从五十块钱一个人,到五百块钱一个人,这是一两个小时内发生的事情,而你要坐上这样一辆危险的车,去湘潭,去宁乡,去长沙,除了付出这样的大价钱,还必须拿性命去赌一把。

明确:报告文学的生命是真实,以清晰的叙述视角还原立体的新闻现场。

重点是抓住有价值的现实事件,多面挖掘其深远影响或意义。

——新闻要素　多点展现

(2) 采撷人生风华——文学性

范文:

他气喘不已,汗如雨下。时常感到他支持不下去了。但他还是攀登。用四肢,用指爪。真是艰苦卓绝!多少次上去了摔下来。就是铁鞋,也早该踏破了。人们嘲笑他穿的鞋是破了的:硬是通风透气不会得脚气病的一双鞋子。不知多少次发生了可怕的滑坠!几乎粉身碎骨。他无法统计他失败了多少次。他毫不气馁。他总结失败的教训,把失败接起来,焊上去,作登山用的尼龙绳子和金属梯子。吃一堑,长一智。失败一次,前进一步。失败是成功之母;功由失败堆垒而成。他越过了雪线,到达雪峰和现代冰川,更感缺氧的严重了。多少次坚冰封山,多少次雪崩掩埋!他就像那些征服珠穆朗玛峰的英雄登山运动员,爬呵,爬呵,爬呵!而恶毒的诽谤,恶意的污蔑像变天的乌云和九级狂风。然而热情的支持为他拨开云雾;爱护的阳光又温暖了他。他向着目标,不屈不挠;继续前进,继续攀登。战胜了第一台阶的难以登上的峻峭;出现在难上加难的第二台阶绝壁之前。他只知攀登,在千仞深渊之上;他只管攀登,在无限风光之间。一张又一张的运算稿纸,像漫天大雪似的飞舞,铺满了大地。数字、符号、引理、公式、逻辑、推理,积在楼板上,有三尺深。忽然化为膝下群山,雪莲万千。他终于登上了攀登顶峰的必由之路,登上了(1+2)的台阶。

明确:报告文学的艺术手法多样,用丰富的文学手段塑造立体的人物形象。重点是截取其人生中有代表性的性格品格,展现其风采神韵。

——文学手法　合理运用

(3) 指点社会万象——政论性

在这动摇的时代动摇的社会中,小市民们必然的要怠惰,放纵。街上往来着的人们,女人们散披着发,涂着不均匀的胭粉,走着迟钝的步子,男人们斜着嘴眼,手捧着鸟笼向茶馆里钻,一壶茶泡半天,嘉兴城里只茶馆就有一千多家,操持淫业者有海陆空的分别,旧社会的罪恶表现,嘉兴实是立在尖端。

在这种死寂的空气中从北城转过西城,沿着河岸,几条挂着铜牌的狗驯服的蜷伏着,经常的有些乞丐与他们做伴。巷子的拐角,贴着公安局刊印的"不准小便"的条子,马路阴沟上盖着"建设局制"的铁板。顺着倾脂河,有许多载稻草的板船停在那里,在草堆中留出方洞通进舱底,龌龊的孩子,便从那里爬出爬进。

南城,兵士散在河的两岸,有的肩荷着沉重的铁具,咒骂着向营房走去,有的赤着脚在河旁洗皮革,嘴里哼着小调。旁边有洗衣服和淘米的女人。

明确:这篇写于80多年前的报告文学,描写了20世纪30年代嘉兴这座江南小城镇的真实情景。报告文学是社会的镜子,化满腔情感为时代的立体影像。重点是通过截取万千生活片段中的一点,肩负为大众发言的使命。

——时代心声　融议于事

小结:作为作者,你的报告文学必须有立体的＿＿＿＿＿＿、＿＿＿＿＿＿、
＿＿＿＿＿＿。

明确:文学技巧、叙事空间、精神价值。

四、找一找你认为受读者欢迎的写作素材,并写出对应的作品价值

动笔前可先进行采访、资料收集等工作。(略)

五、写作实践

找一段校园里的事件或一位代表人物,写一篇校园报告文学,着重体现报告文学"立体感"的特点。

❀ 使用建议

建议教学时可以先作报告文学的文体介绍,在第一课时落实知识,做到理性把握。学生完成初稿后再结合以上三大特征进行语言表达上的评改辅导,比对范文,完成初步的报告文学写作。也可以结合报纸杂志的时代范文,在本课的框架中加入更多具体的分析,加深感性认识。可以与写人、写场景类文体的训练相结合使用。

❀ 教学反思

报告文学是高中生相对陌生的写作体裁,其内容的庞杂、篇幅的巨大,使得在有限的课堂时间中教学稍显局促。因此,在教学设计中以提问法快速把握文体特征,既调动了学生的兴趣,又能够使报告文学与其他文体的区别得以显现。具体的范文示范环节,重在感受报告文学的三大特性,而深入语言表达细节方面仍然需要细细推敲,要深入地与一般散文类文体相比较。报告文学是一种交

际作文,本课对于读者意识有了强调,但从写作者角色心理层面未作详尽的区分,这一点需要结合具体的写作选材、功能应用等再作强化。教师可以事先布置学生翻阅近期报刊或下发范文。第二课时的采访等也可提前准备。

张丽杰

3　真、新、思、简
——交际作文之新闻报道

✿ 教学目标

1. 引导学生学习例文,初步掌握新闻报道的写法。

2. 抓住新闻报道的特点,培养高年级学生语言概括和创新能力。

3. 培养学生在语文实践活动中对事件的观察和写作能力。

✿ 教学重点

把握新闻报道的鲜明特征。

✿ 教学难点

找到事件概括的切入点,能求真求新地成文。

✿ 教学设想

对于现代高中学生而言,生活在信息大爆炸的时代里,不仅需要掌握迅速整合信息的阅读能力,养成对生活敏锐细致的观察力,还需要在新闻报道的写作训练中提升概括提炼能力,形成创新意识,这对于其议论文写作也是极有助益的。

✿ 教学过程

一、导入

1. 根据预习作业(每人课前阅读《文汇报》或《解放日报》等报纸,找一则最吸引自己的新闻报道),交流阅读感受,并一句话概括新闻事件。

2. 根据学生回忆新闻报道事件,回顾新闻报道记叙六要素。

明确:新闻也是一种叙事性文体,记叙的六要素也就是新闻的六要素。包括人物、时间、地点,事件的起因、经过、结果。即"5W+H":"何人?（Who?）""何时?（When?）""何地?（Where?）""何因?（Why?）""何事?（What?）""如何？（How?）"。可概括为一句话：某人某时在某地因为某原因做了某事而出现了某种结果。

二、初步探究学习，领悟好的新闻报道的必备特点

1. 出示例文"赶着羊群上天猫"（2015 年全国新闻大奖消息类二等奖），请学生提炼本新闻主要内容，并分析关键信息在文本中的来源之处。

明确：在新闻标题、开头、中间、结尾等处能见关键信息。

2. 学生分小组交流讨论：本新闻报道在去除关键信息后，剩下的组成部分特点在哪里？ 值得欣赏的地方在哪里？

明确：好的新闻报道需要做到真实、简明、新颖、有思想。

三、强化训练，灵活掌握

1. 布置课堂训练：在我们的学习生活中，经常会有一些精彩的活动，今天就让我们也来当一回记者，把最近校园组织的一次义卖活动用新闻报道的形式记录下来。

2. 课堂交流，教师根据交流情况，选取学生习作示范或修改。

四、课后作业

根据课堂所学，课后再对自己的习作进行修改。

✿ **使用建议**

本设计中所用的新闻时事仅为示例，建议教师选取最近最新的新闻时事提供给学生探讨。可以从每年中国新闻奖入选新闻中选择。

夏侯畀春

4 视听读解
——驾驭影视评论的要素

✿ **教学目标**

1. 了解影视评论的相关要素及视角，将其与文章章法安排有机结合。

2. 讨论、重温经典影视作品，从感悟式体会逐渐向理性分析过渡。

3. 发现影视作品对生活的启示，培养自己独特的审美眼光。

❈ 教学重点

了解影视评论的相关要素,选取合适的评论视角。

❈ 教学难点

运用理性分析法评论影视作品,具备初步的审美与解读能力。

❈ 教学设想

影视作品是当代最为普及的大众艺术形式之一,其文学价值也十分深厚。高中学生已经具备一定的审美能力,但缺少理性的评价能力,或常流于形式,写作的影视评论与读后感相混淆。本课设计旨在介绍基本的影视评论要素,给予学生一定的评赏视角,使原本模糊随意的散评式文章逐渐向格式比较规范的文章过渡。结合两种入门式影评范文,使学生获得直观的写作结构示范,并掌握基本的影评写作格式。学会评价艺术作品,便能获得审美眼光的进一步提升,更好地发现影视对生活的启示意义。

❈ 教学过程

一、导入

你喜欢看电影、电视吗? 为什么喜欢?

你能接受生活中没有电影或电视吗? 为什么?

明确:影视作品有什么意义? 根据学生的回答,大致可以总结为两大方面:一是故事中的思考意义,二是视听享受中的审美意义。

二、影视评论的要素

影视能引发人的情感共鸣,怎样把共鸣变成清楚的观感? 无论是与他人的交流还是与自己的心灵对话,我们都需要借助评论性文章来表达。结合"导入"中发现的两种意义,我们可以引入一些要素来找到评论的"支点"。

1. 内容支点

(1) 主题:通常是指影视作品中的思想"启示",更可以深入理解为作品中用来帮助人们理解作品情节的大大小小的概念。

"主题"可以包括这些相关要素——主角的意义;角色之间的关系意义;故事希望你肯定(批判)的东西;几个情节间的联系;影视作品留给你的情绪感受等。

(2) 角色:通常评论最多的是角色,但如果仅仅停留在故事中角色的角度是有失偏颇的。你可以分析角色与演员、真实人物之间的关系,分析其角色特点与故事背景间的关系。

明确:角色是活动在故事中的人,而背后往往代表着一定的价值观。分析角色,也就是分析其在影视故事中的符号意义。

2. 形式支点(这里仅针对叙事电影,不包括纪录片或实验电影)

(1) 叙事:根据特定的情感的、身体的或智力的观点来组织情节的视角。

一般有五种常见的电影叙事结构模型:

① 因果式线性结构。以故事因果关系为叙述牵引,以线性时间戏剧化展开故事(少用闪回、插叙),情节结构环环相扣,逻辑严密。

② 回环式套层结构。以多层叙事链为叙述动力,以时间方向上的回环往复为主导(非线性发展),情节过程淡化,意义在叙述中产生,观众参与意义建构。

③ 缀合式团块结构。没有明晰的时间线性故事发展和因果关系,以打乱时空的叙事片断缀合而成,形成"形散神聚"的散文式结构,意象意境耐人寻味。

④ 交织式对照结构。以两条以上叙事链(不只是两条故事线索)组合形成对照性张力运动,建构复调主题,将移情幻象与哲理思考合而为一。

⑤ 梦幻式复调结构。以梦境和幻觉为主要叙述链接,以两个以上叙述声调形成对话和冲突,物理时空转化为心理时空,多重对话(人与人、人与自身、人物与叙述者、人物与观众)形成对话狂欢。

弄清了以上常见的传统叙事结构,就可以继续探究非传统叙事结构的意义。

明确:叙事结构中藏着作品试图呈现的意义。当然,叙事视角可以是全知的,也可以是限知的,与小说作品的叙事视角相近,是为了不同的叙事需要而设定的。

(2) 视点:广义上指看的位置,决定了你观察事物的方式,它可以是具体的,如屋顶的窗户,也可以是心理的和文化的,如一个儿童看外面的世界。

明确:视点可以呈现摄影机与被摄人物、动作的关系,也可以体现某人的主观视点。你可以分析这种特定的视点想给观众的隐含信息,甚至从中发现角色的视点与性格的联系。

3. 相关支点

影视作品尤其是电影,包含了文学、造型艺术、音乐、舞蹈、喜剧甚至建筑等各方面的知识。因此,在写评论性文章时,必然要用到相关领域的"术语",这一定程度上体现着作者的审美水平。就电影的艺术效果而言,你还可以找到辅助性的几个要素——

（1）场地和布景:拍摄的地点和搭景,往往对人物和情节有特殊意义,它们的排列方式可能有某种特殊意义。

（2）服装:定位角色,暗示他人或自己看待自己的方式,传递性格特点和社会信息。

（3）布光:是指自然光或人造光源照射角色、布景等的方式。它可以表现光影中的特殊意味。

（4）声音:除默片以外,所有的影片中都会运用声音来表现主题。你是否注意过这些声音的作用? 如画外音、环境音、旁白等,声音的连续与切换,沉默的作用,背景音乐、主题音乐对作品的烘托作用等。

（5）技术特效:动画、3D 等现代技术要素的参与对摄影的作用,对故事讲述与观众互动的作用;新媒体技术对传统影视播放形式的审美冲击等。这些都直接关乎对作品主题的评论。

明确:电影作为一门综合艺术,借助各种技术设备记录故事,融合各艺术审美手段,产生独特的声、光、影的故事。厘清了相关的评论要素,抓住其中一点或几点,影评就能区别于一般的文学评论或观后感。

三、影视评论的章法结构

从专业影评角度看,影视评论的文章类型有:理论文章、评论文章、电影报告、电影评论等。前两者侧重专业理解和学术探讨,后两者则更适合于入门者。电影报告重在详尽客观地总结和描述问题,电影评论则主要借助主观分析给读者作先期介绍,总结推荐观看的理由。

以下介绍适合高中学生写作的两种报告形式。

1. 报告式影评

范文:

《穷山恶水》和公路电影:构图。公路电影最明显的特点是随车移动的不同景观,比如霍莉和基特开着车行驶在西部宽广的马路上时所展现的不同远景。电影里的很多画面都是想要吸引我们注意主人公所处的巨大而空旷的空间。

和许多现实主义公路电影不同的是,《穷山恶水》里简单易懂的画面常常创造出超现实主义的景观。

注意点:报告式影评是在一篇描述性的文章里总结关于一部电影的笔记,避免给出强硬的观点和特定的理由。它的目标是在视听两个方面尽可能地客观和详尽,它的读者可能是讨论研究团队。

2. 评论式影评

注意点:评论式影评的受众是尽可能多的读者,且他们不一定具备专业的电影知识。它重在概述情节和背景知识,使没有看过电影的观众愿意一看。假如发表于大众媒体,应该突出情节的吸引力;假如是看过电影的观众的文学交流,那么更需要确立自己的观点,并从影片中挖掘一些理性的分析,甚至从一些通常不被注意的角度入手。

四、影视评论文章的结构模式

1. 模式一:单角度评析

题目:主标题

　　——副标题(主题思想、人物形象或者艺术手法)

第一段:电影风格＋电影梗概＋中心论点

第二段:分论点一

第三段:分论点二

第四段:总结(升华主题,并联系现实,提出个人思考)

2. 模式二:多角度评析

题目:主标题

　　——副标题(不用提出角度,只需要点明评哪部电影即可)

第一段:电影风格＋电影梗概

第二段:评主题思想(若看不出准确的主题思想,可以用感受来代替,但一定要结合电影情节,不要写成纯观后感)

第三段:评人物形象(可以评一个,也可以评多个)

第四段:评艺术手法(镜头、音乐、台词、画面、色彩等等)

第五段:总结,提出一个总体的评价(弥补开始第一段的中心论点缺失)

五、写作影评的步骤

1. 边看边记
2. 整理观感：要认真看、认真想、认真记
3. 拟定提纲
4. 正式写作

六、作业

1. 小组观看一部经典影视作品，学习相关电影知识。
2. 完成一篇预备发表在《爱电影》杂志上的电影评论。

❈ 使用建议

建议教师选择一部评价难度适中、适合学生观看的影视作品作为分析对象，穿插相关知识讲解。写作影评前可以收集各种观感，结合文体要求梳理后，师生讨论，共同确定写作思路和角度，这样更便于后期反馈、借鉴、评价。

❈ 教学反思

高中学生观看影视的经历十分丰富，但大多只是作娱乐、快餐式的思考，更多时候无法写出比较理性的影视评论，或杂乱无章，或浮光掠影。为了弥补相关知识的不足，课堂上需要拓展一定的专业内容，这会占用一定时间。理论知识需要教师事先作充分准备，阅读相关专业书籍，涉猎跨学科知识，这对教师而言具有挑战性。从知识普及到实践运用，可能需要更充裕的时间，因课堂时间和教师能力所限，中间的调度环节显得比较仓促。教师教学时可以结合教学计划，作一些统一安排。

张丽杰

第二单元　理性思考　妍媸人性

1　人 性 升 华
——由果溯因

❁ **教学目标**

1. 学会规避因果分析说理中常见的误区。

2. 了解并运用归因法进行分析说理。

❁ **教学重点**

提供经典语篇和习作的案例分析,了解因果分析说理中常见的误区。

❁ **教学难点**

掌握因果分析说理的思维方式并能应用到写作实践中。

❁ **教学设想**

通过对学生作文的分析可以看到,学生的说理能力比较薄弱,议论文写作中学生最为常见的是举例论证,而堆砌事例、以叙代议是学生的写作常态。这是学生理性思考不足的表现,因此,培养学生的思维品质,首先应从培养学生的理性说理方式开始。尤需关注的是因果分析说理。目前学生的因果论证普遍存在问题,这是思维方式单一狭隘的弊病。比如"美国总统奥巴马下令提高税率,之后不久统计表明:美国国内的暴力犯罪上升。因此,提高税率会导致犯罪上升",提高税率可能是犯罪上升的一个原因,但也可能不是,这是典型的乱赋因果。这种思维误区警示我们:思维中有可能两者之间并无必然的因果联系,但因为我们认知经验的偏差或其他原因,造成了说理上的不严谨。因此,有必要对学生进行这方面的思维训练,从而提高学生的说理能力。

❁ **教学过程**

一、导入

19 世纪,一位英国的改革家说:每一个勤劳的农夫都至少拥有两头牛;那些没有牛的,通常是好吃懒做的人。因此,他的改革方式是国家给每一个没有牛的农民两头牛，这样整个国家就没有好吃懒做的人了。这种想当然的思维方式，是典型的非理性、非逻辑的思维方式。我们在平时写作的过程中也经常会有这种错误的思维方式。本节课我们就通过一些写作案例的分析来探究一下由果溯因的过程中可以开拓出几种思维层次。

二、问题呈现

提供给学生两篇高考作文，请学生分析两篇文章在因果分析上有什么问题。

三、经典链接

通过研读经典作品和时评文章，提炼因果分析的方法。

1. 罗素的《我为什么而活着》：功利价值（利己、利他）——并列式。

2.《南方周末》的《为何你不爱读微信里的严肃文章》：实用价值。

3. 谢冕的《读书人是幸福人》：审美价值。

四、提炼方法：因果分析的基本操作模型

1. 个体原因

所谓"原因分析"，就是对某种自然或社会事物或事件存在的结果、现象、状态产生的先在性、环节性、过程性原因的追问、探究、追溯。而这些原因的追问探究首先需要从自我或者他人个体身上找原因：可以从人的心理、性格、价值观念、世界观、道德品质、修养、习惯、思想等方面去思考探寻。

2. 背景原因

背景分析，也称背景思维，即对某种自然或社会事物或事件存在的结果、现象、状态所依存的大背景、大环境进行的感受、探究和追问。可以从社会思潮、社会价值取向、历史背景、政治因素、社会大背景、文化传统、经济大环境、社会道德价值观等方面去探寻。

3. 前瞻性原因

所谓"前瞻性分析"，就是对某种自然或社会事物或事件存在的结果、现象、状态将会产生的直接或间接的功能（作用、影响、意义）进行的推断、预见、前瞻。可以对某种现象产生之后将会产生的直接或间接作用、功能、影响、意义等方面，或正面或反面或侧面地作分析。

4. 整体综合

所谓"整体综合",就是将上述各种原因分析和综合的认识成果,再次进行最后的系统、全面、综合的思维操作的过程。

五、课堂练习

提供学生习作片段,进行修改。

第一稿:

人的怕可以促使人进步,使社会和谐。<u>而不怕在一定程度上推动人的进步</u>。(过渡段)

人,因为不怕,而会去尝试新事物,同时使自己受到磨炼,有所进步。

富兰克林墓碑上有一句话记录了他的功绩:从苍天处引来闪电,从别人中夺来自由。因为他的不怕,他证明了闪电是电的一种形式,也从强权中争取到了自由。《俄罗斯维卫报》的记者安娜·普利特卡夫斯卡娅因为她的不怕,在强权威压下依旧向公民传递事实的真相。人因不怕而勇敢,而有所作为。以芦苇之躯,从而有所进步,活得更加精彩。

第二稿:

<u>不怕,是一种鼓励人向前的精神支柱</u>。

因为不怕,人才会去发现与创造;因为不怕,人的文化才会得以传承;因为不怕,人的精神才会升华。不怕是人发展最好的助燃剂。

《俄罗斯维卫报》的记者安娜·普利特卡夫斯卡娅在生命危机与真相之间不怕地选择了真相,用生命抒写自由的篇章;文天祥面对暗藏杀机的选择时,不怕地选择了捍卫自己的气节与操守;芭芭拉·麦克林托克在无人看好、无人帮助的情形下,不怕地选择了付出自己的光阴,发现了跳跃基因的秘密。怕可以伤害人的精神,使人知难而退,但因为"不怕"的支撑,人才会止住后退的步伐继续前行,创造人生的巅峰。

❋ 使用建议

因果分析说理是高中议论文写作中较难的知识,不是几节作文训练课就可以掌握的。建议循序渐进,方法提炼更多一些,覆盖层面更多一些,而在这之前最好仔细分析学生可能有的思维误区,以便有针对性地进行指导。

✿ 教学反思

因果分析是高中议论文写作中的"硬功夫",本课教学中虽然提供了范文和时评分析,但在方法提炼的过程中还是无法"深入人心"。怎样讲理,每个人的思维方向都不同,因果分析的基本操作模型虽然给了几种思考方向,但每一个思考方向还有许多值得探究的点,显然本设计还没有穷根究底。因此,写作指导中应该注重思维过程的引导,尽可能指导学生走出思维误区。

范雅君

2 和 谐 共 存

——从个别到一般

✿ 教学目标

1. 了解说理过程中常见的以偏概全、断章取义等问题的弊端。

2. 能够运用从个体到一般的思维方式说理。

✿ 教学重点

提供经典语篇和习作的案例分析,运用普遍联系的思维方法说理。

✿ 教学难点

将习得的思维方式应用到写作实践中并能有所进益。

✿ 教学设想

逻辑思维中的演绎推理即为"从一般到个别",比如下面这段文字:

万丈高楼平地起,但大家知道,只有在坚固的基础上才能筑起万丈高楼,在沙地上是建不起高楼的。可见,打好基础对做好事情是多么重要。达·芬奇的老师开始不是教他创作什么作品,而是要他画蛋,实际上就是要他严格训练用眼细致地观察形象,用手准确地描绘形象,手眼一致,不论画什么都能得心应手。正是因为达·芬奇经过了严格的基础训练,终于创作出许多不朽的名画,成为一代宗师。

这段文字中,第一句是用一个比喻推出了一个一般性的道理(论点):要做好事情,就必须打好基础。在演绎推理中,这就叫大前提。第二句说达·芬奇在老师的指导下进行了严格的训练,这就叫小前提。第三句自然而然地得到结论:达·芬奇之所以取得艺术成就,是因为他经过了严格训练。这样的逻辑推理是令人信服的。所谓演绎推理就是用普遍性的真理去证明特殊的论点的方法。

不过我们更常接触的则是归纳推理,即"从个别到一般"。然而在列举多项事例证明论点的过程中,学生存在的问题除了堆砌事例外,更多的是在分析说理的过程中断章取义,以偏概全,缺乏一种求同分析的合理性,缺少普遍联系的观点和意识。因此,有必要对学生进行这方面的训练。

❋ 教学设计

一、导入

由学生的习作片段导入。

二、课文链接:《简笔与繁笔》

在阐述"简笔与繁笔,各得其宜,各尽其妙"这个观点时,作者是如何用《水浒传》这个个别的事例扩大到文学作品一般的创作规律呢? 请看作者的推理:

1. 一部《水浒传》,洋洋洒洒近百万言,作者却并不因为是写长篇就滥用笔墨,有时用笔极为简省。

2. 以上是说用简笔用得好,同一部《水浒传》有时却又不避其繁。

3. 字面上的简不等于精练,艺术表现上的繁笔,也有别于通常所说的啰唆。

4. 刘勰说得好:"句有可削,足见其疏;字不得减,乃知其密。"无论繁简,要是拿"无可削""不得减"作标准,就都需要提炼。

5. 只要来自生活,发诸真情,做到繁简适当并不是一件太困难的事。顾炎武引刘器之的话说:"文章岂有繁简耶? 昔人之论,谓如风行水上,自然成文,若不出于自然,而有意于繁简,则失之矣。"

上面作者虽然也是以个别事例作为阐述的载体,但对一个事例不断地从反面与生活中常见现象作比较,以及从古人那里求得思想渊源,如此缜密的思维,实在是不断地反驳读者可能预设的种种思维"陷阱",从而自然地推到一般事理上。

三、问题呈现

阅读下面材料,按要求作文。

有人说:这世界上可怕的东西实在是太多了。

有人说:应该天不怕,地不怕,什么都不怕。

也有人说：如果什么都不怕，反而更可怕。

还有人说：应该有所怕，有所不怕。

以上看法引发了你哪些联想和思考？请自选角度，自拟标题，自定文体（诗歌除外），写一篇不少于800字的文章。

一位同学的文章片段：

什么都怕的是懦夫，什么都不怕的是莽夫。文天祥不愿为敌人服务，便最终留下了"人生自古谁无死，留取丹心照汗青"的千古名句。文天祥不畏惧生死，看淡了自己的生命，文天祥就是这么一个什么都不怕的人。但若像《套中人》中的主人公别里科夫那样，什么都怕，也并不是一个好的选择，别里科夫最终的结局可以说是被吓死的，这便是什么都怕的结果。

因此，我们现在需要做的就是不畏，不去畏惧我们所遇到的困难，但也不一味地向前冲，那会使你丧失理智，最终失败。

这里，我们有必要区分想当然的以偏概全、缺乏分析的事理论证和有理有据的典型材料的说理是完全不同的。请看下面的例子：

生命的光芒，因位置而变幻。（观点）

扎拉·菲利普斯是英国伊丽莎白女王的外孙女，曾被《人物》杂志评为"全球最美丽的50个人"之一，她高雅的举止让英王室为之自豪。然而，当扎拉公主毅然决定成为一个马术骑手时，她生命的光芒改变了颜色。脱去冠冕，褪去礼服，她和普通骑手一样艰苦地训练，挤在地摊上挑选别人用过的马鞍。2006年9月，她成功地赢得了"欧洲全能骑术锦标赛"冠军，整个英伦为之振奋。（事例）

在赛场这个新位置上，扎拉公主宛如露珠，尽显光芒。她那金黄色的皇室标签变成了鲜红色的勋章。在皇宫里，她的美丽让皇室生辉；在赛场上，她的技术让众人折服。（评论）

在生命的锦缎上，我们每个人都应该向25岁的扎拉学习，怎样让适合锦色的繁花添到锦缎上绽放，怎样在不同的位置中找到生命光芒的方向。（小结引申分析）

分析：这是一个标准的议论语段，虽然是个别事例，但是因为典型，因为事例突出，因为评论分析具有合理性，并不是想当然的以偏概全，因而是有效的论证。

四、提供范例

季羡林的《有为有不为》这篇议论文,作者以唯物辩证法观点予以分析观照,文风平易近人。读后予以赏析。

阅读评析:

什么可为,什么不可为,这是一个论述起来比较烦琐的问题。作者举重若轻,巧妙地引古人话语"勿以善小而不为,勿以恶小而为之",运用矛盾分析法归结出"大善大恶""小善小恶"两组对立的概念范畴,然后以此为着力点,运用事实论据,简捷明快地解开中心论题"有为有不为"的内涵,论说明白晓畅。最后作者从普遍联系的角度与量变质变的角度,分析了对于某些事"有为"的害处,从而语重心长地告诉人们要做到"有为有不为"。

五、提炼方法

"联"是运用材料提供的道理来类比社会生活,议论社会生活的过程。可以联想类似的道理(从道理上论证),也可以联想相关的社会生活现象(从事实上论证)。这部分是作文的重点,既要放开思路,又要概括力强;既要重点突出,又要尽量正反结合。思考的角度:

1. 原因:从"为什么"的角度思考
2. 结果:从"结果会怎么样"的角度思考
3. 态度:从"应该以什么态度去对待"的角度思考
4. 方法:从"如何去做"的角度思考

六、课堂练习,修改作文

附:学生优秀习作

带着敬畏之心前进

交大附中嘉定分校　林博文

害怕是人与生俱来的一种情感。它往往是人们厌恶的对象,因为害怕常使人畏首畏尾,桎梏了人类前进的步伐。但所谓一切事物的存在必有其存在的意义,害怕也体现了一种敬畏之心。什么都不怕的勇气只能成为鲁莽,带着敬畏之心才能成功地迈进。

在面对人生路上的艰难险阻时，害怕所带来的畏惧与软弱，是心灵上的一剂毒药。泰戈尔曾说过："我不会因为失去星星而哭泣，因为如果那样我也将错过月亮。"只是懊悔过去，害怕面对未来，那么人类的进程也只能停滞不前。如果史铁生无法走出"在最狂妄的年纪失去了双腿"的痛苦，又怎能使其灵魂突破肉体的束缚，用文字在精神的世界中大步前行？如果贝多芬因耳聋而放弃音乐，后世又怎会有那叩问命运的，直达人心灵的乐章？唯有克服内心的恐惧，才能直面人生的痛苦与磨难；唯有心中不怕，才能拥有战胜一切、勇往直前的勇气。

罗曼·罗兰说过："真正的英雄是在看清了生活的本质后。仍能勇敢前进的人。"害怕有时是前进的绊脚石，却也是一座长悬的警钟。

人总会有对于未来的恐惧。可正因为有了怕，才让人警醒，谨慎有所准备。如果什么都不怕，反而更可怕。明知前方是悬崖或是有陷阱，仍一头向前冲进去，这便不是勇气而是愚蠢了。在空城计中，人们常常说司马"疑"胆小，可在未知真相的情况下，这便是他的慎重，即便错过，却未真正失去。"怕"让人面对未知有所敬畏，因此更会谨慎前进，有所预备。

我们一直佩服那些有勇有谋之人。为何？那便是因为他们面对挫折困境时，有着冲破束缚、勇往直前的勇气；同时，在面对未知风险时，他们能够早做准备，谨慎周密地考虑所有可能性。他们这一类人是在怕与不怕之间找到了一个微妙的平衡点，既不舍弃害怕的谨小慎微，也不会让软弱的怕阻碍前进的步伐——有所怕，也有所不怕。

害怕一切的软弱，只是停滞了前进的脚步；什么都不怕的勇气，只能成为鲁莽。应该在怕与不怕间寻求一个支点。带着敬畏之心，不断大步迈进。

✲ 使用建议

建议将学生作文分类整理，筛选出其中存在以偏概全问题的作文，然后引导学生运用从个别到一般再到个别的思维方式，仔细思考个体特殊性与普遍性之间的差异，再以此指导自己的生活。"原因、结果、态度、方法"这些思考的角度，可以给学生比较清晰的思考方向。

✲ 教学反思

事例说理是议论文写作中最为普遍的，大部分学生说理不足时自然依赖这种说理方法，但是写作过程中堆砌材料现象比较普遍，最重要的是，很多学生由个别名人的事例经过简单分析后得出的结论,无法适用于普通人,因而不具有普遍意义。本课内容的缺失之处在于对个体身上所具有的品质与精神还缺少更细致的提炼与归纳。个别用以指导普遍的规律认识归纳还不够深入。

范雅君

3 呼唤良知
——从正面到反面

❋ 教学目标
运用正反对比说理的构思方式,培养辩证科学的思维方式。

❋ 教学重点
明确正反对比说理过程中常见的思维误区,建立科学合理的思维路径,进而构建辩证科学的思维方式。

❋ 教学难点
运用鉴赏评析的方式构建理性的说理结构和说理方式。

❋ 教学设想
从正面到反面的思维过程集中体现了客观辩证的说理方式,也是议论文写作中学生经常用到的说理方式,但是仔细研究可以发现,学生写作中所谓的对比论证方法常常是简单的对比,有时甚至是对比点发生严重的错位而不自知。

因此通过本系列的作文指导,意图教给学生比较严谨的客观辩证的说理方式:(1)比什么;(2)怎么比;(3)怎么说理(比的目的:探寻原因;比的效果:臧否人物;比的意义:发扬否定)。关于"怎么比",可以用比喻对比的方式,也可以用举例对比的方式;可以是一组对比,也可以是多组对比反复突出强调。大多数学生都习惯于人物对比,且都是一组人物,如果能综合运用则更好。

这里更值得思考的是确立对比点分析说理,也就是说"比什么"和"比的意义"更为重要。

❋ 教学设计

一、导入

考试作文回放:

有的考试作文本身就含有对比的成分,在对比中引导学生去思考探寻人生哲理,培养学生的思辨意识。比如2015年上海高考作文"坚硬与柔软";比如考试作文"微信看咫尺天涯与天涯咫尺";又如考试作文"芬兰女诗人索德格朗说,想让人升华,最佳的方法是高估,而不是贬低"。

二、课文链接:《拿来主义》正反对比

鲁迅的《拿来主义》,用祖上的大宅子设喻,形象地分析了"拿来主义者"对文化遗产的态度,鲁迅在这里用的就是辩证分析法。

鲁迅先从反面分析对待大宅子的三种错误态度——因为"怕"而"不敢进门"的是"孱头";由于"怒"而"放一把火"的是"昏蛋";由于"慕"而"大吸其剩下的鸦片"的是"废物"。继而转到正面阐述:"'拿来主义'者是全不这样的。""他占有,挑选",对"鱼翅"——"吃掉",对"鸦片"——"送到药房"去,对"烟枪和烟灯"——"除了送一点到博物馆之外",其余的"毁掉",对"姨太太"——请"各自走散为是"。如此分析,既使论据很好地为论点服务,又避免片面性。

三、问题呈现

学生习作中出现的对比论证的问题。

四、提供范例

课前印发资料给学生并布置思考:这些范例都用了正反对比说理的方式,你归纳出哪些有实用价值的写作方式?

1. 人生就是生命的一次燃烧。它可能发出美轮美奂的光彩,可能发出巨大的热能,温暖无数人的心,它也可能光热有限,却也有一分热发一分光,发一分电,哪怕只是点亮一两个灯泡,也还照亮了自己与邻居的房屋,燃烧充分,不留遗憾。(正)而如果你一直欲燃未燃,如果你受了潮或者发生了霉变,那就不但燃烧不好,而且留下大量的一氧化碳与各种硫化物,碳化物,发出奇奇怪怪的噪声,带来对人类环境的污染,乃至成为社会的公害,这实在是非常非常遗憾的。(反)

——王蒙,《人生即燃烧》

技法点睛:

观点置于段首。用比喻的手法形象说理,先正后反,从其作用与效果的角度对比说理。

2. 想和做怎样才能够联结起来呢？我们常常听见说"从实际出发"这句话，这就是想和做联结起来的一条路。想的时候要从实际出发，就不能"空想"，必须去接近实际。怎么样才能够接近实际？当然要观察。光靠观察还不够，还得有行动。举个例子来说，人怎么样学会游泳的呢？光靠观察各种物体在水中浮沉的现象，光靠观察鱼类和水禽类的动作，那是不够的，一定要自己跳下水去试验，一次、两次、十次、几十次地试验，才学会了游泳。如果只站在水边，先是一阵子呆看，再发一阵子空想，即使能够想出一大堆"道理"来，自己还是不会游泳，对于别的游泳的人也没有好处。这样空想出来的"道理"，其实并不算什么道理。真正的道理是在行动中取得经验，再根据经验想出来的。而且想出来的道理到底对不对，还得拿行动来证明；行得通的就是对的，行不通的就是错的。

——胡绳，《想和做》

技法点睛：

先提出问题，引出观点："从实际出发……就是想和做联结起来的一条路"。接着阐释观点，最后举生活中常见的游泳为例，先正后反，在纵向对比中说明道理。

3. 造心需要时间。少则一分一秒，多则一世一生。片刻而成的大智大勇之心，未必就不玲珑。久拖不决的谨小慎微之心，未必就很精致。（结果）有的人，小小年纪，就竣工一颗完整坚实之心。有的人，须发皆白，还在心的地基挖土打桩。（立志）有的人，精雕细刻一辈子，临终还在打磨心的剔透。有的人，粗制滥造一辈子，人未远行，心已灶冷坑灰。（坚持）

——毕淑敏，《造心》

技法点睛：

观点置于段首。用正面的和反面的概括性人物（非具体人物）为例，从不同角度反复对比，先横向、再纵向、再横向的思考模式。

4. 要做一个生活的强者，就要让乐观的旗帜永远飘扬。悲观只能产生平庸，乐观才能造就优秀。从平庸的人那里，我们很容易找到悲观的影子；从优秀的人那里，我们不难发现乐观的精神。悲观的人，先被自己打败，然后才被生活打败；乐观的人，先战胜自己，然后才战胜生活。在悲观的人眼里，原来可能的事也能变成不可能；在乐观的人眼里，原来不可能的事也能变成可能。悲观的人，即使所受的痛苦有限，前途也有限；乐观的人，即使所受的磨难无量，前途更无量。因此,航行在生活的海洋中,我们要选择乐观,要让乐观的大旗在我们的桅杆上高高飘扬。

——王蒙,《让乐观的旗帜高高飘扬》

技法点睛:

观点置于段首。用正面的和反面的概括性人物(非具体人物)为例,从不同角度反复对比,最后再以议论作结。

5. 阮籍目睹世间的浑噩不堪和好友的身首异处,借醉酒逃避现实。他的一生一直在逃避、逃避、逃避,却终因一篇《为郑冲劝晋王笺》被人唾弃。嵇康则完全生活在现实之中,不肯向生活做出任何妥协,最终一曲《广陵散》成为绝响。其实人生由阮籍的醉酒向前一步便是嵇康的《广陵散》,人生由嵇康的《广陵散》向后退一步便是阮籍的醉酒,殊途同归的境遇竟是如此迥异。若是两人各向中间迈出一步,将幻想与现实稍加中和,也许就不会落得生者隐入迷幻,死者融入苍穹,只留给后人无尽的怅惘。

——2006 年山东高考语文卷满分作文《梦想在现实中起舞》

技法点睛:

先简述反面的典型人物和正面的典型人物的事迹,再作<u>分析比较</u>,<u>巧妙扣题</u>。

6. "古人学问无遗力,少壮功夫老始成",可见做学问,做出真正具有价值的学问是需要长时间的。司马公三十年著《史记》,曹雪芹十年语红楼,这其中凝聚着他们的血与泪,超绝的学者必使用超长的时间来成长。由此看来,我们今天那细网中无数未成大鱼的专家们大师们背后浮现的是一个个看似华丽的泡沫。何不将网眼放宽,让鱼儿们有更多时间来经历人生,充分成长?

除了时间,细雨带去的还有学者们本应坚守的宁静。学者,本应是耐得寂寞的。钱钟书先生笔耕一生,留下无数让人惊叹的华章,《围城》《谈艺录》《管锥编》,先生以他的博学一次次震惊世界,然而人们在惊于其文时却总是忽略先生两耳不闻窗外尘嚣事的用心苦读,忘却了先生图书馆的一杯淡茶、一本书的宁静身影。梦醒推窗望残月,哪堪只影映孤墙,也许,只有宁静淡泊的心才能在文化的殿堂中行得更远。书中曾说到剑桥为霍金留下了一个宁静的空间,可我们为什么就一定要急于将学者们套入网中,曝于公众之下? 给他们留下一片宁静吧!

——2010 年上海高考语文卷优秀作文《放宽网眼,让学术长大》

技法点睛：

两段都用正反对比的方法。第一段先以诗句引出观点，接着以两个正面的典型人物事例，和反面的概括性人物（非具体人物）作对比，最后以反问作结。第二段先提出观点，接着以人们对正面的典型人物钱钟书的丰富成果的惊叹，和对他的寂寞的忽略作对比，最后再以剑桥为霍金留下空间和我们将学者套入网中作对比。

五、提炼方法

"对比说理"法，就是用正反对比的方法来分析问题，证明观点。应试作文一般应避免空泛议论，所以"对比说理"主要体现为相反例证的对比，是"事例剖析"法的一种特殊形态，一种扩展运用。要用好"对比说理"法，需注意以下几点：

1. 用来对比的材料，可以是人物，也可以是事件，可以是具体的、典型的，也可以是概括的、非典型的。

2. 对比有"横比"和"纵比"之分。横向比较，就是比较两种人物或事物的不同情况；纵向比较，就是比较同一人物或事物在不同时间、不同场合的不同情况。

3. 与"事例剖析"法一样，在叙述事例时要紧扣论点的需要，严加剪裁，不要大段讲故事，而应增加分析议论的分量。

4. 对比可以体现为段落内部的两个不同层次，也可以体现为句子内部的两个不同层次。一个段落可以只有一组正反对比，也可以有多组正反对比。

六、当堂练习指导

课前学生完成作业，课堂上学生共同修改。

请使用"对比说理"法，写一个 200 字左右的议论性语段，作为这篇作文的一个主体段。（请先拟出作文提纲，提纲的主体部分不能少于三个自然段，再写出完整的开头，在开头部分明确提出全文的中心论点，最后写出其中一个主体段）

俗话说："有舍有得，不舍不得。"人们为了生活，整天忙忙碌碌，急于获得，而吝于割舍。事实上，该舍不舍，造成生活的负担；不该舍而舍，又造成人生的遗憾。到底何者该舍？何者不该舍？值得我们深思。请以"舍与得"为题，或提出自身体验，或举出古今事例，书写一篇文章，谈谈你的看法。文长不限。

提供的例文：

1.《舍与得》例一

开头：（第一段）人之所欲多也，然鱼与熊掌常不可兼得。于是在历史长河中，不乏舍本逐末之流，亦不少舍生取义之士。取舍乃大学问，君子不能不深思笃行也。（第二段）而追名逐利的错误心态，恰应舍去。

提纲：1.舍去对名利的追逐，保持高尚的品格。2.舍去对名利的追逐，品味世间的真情。3.舍去对名利的追逐，获得超卓的见识。

名利是阻碍探索者发现真理的屏障。那些想以名利为垫脚石采摘名利的科研者，很难不被名利欺骗，身陷金钱与权力的泥潭之中，停滞不前。心不正则事不成，他们将背离真理，也无缘于名利。而真正的科学家从来都是淡泊名利之士，如此方得专心致志，苦心孤诣，握住揭开世界奥秘的钥匙。居里夫人不重名利，拿奖牌给小孩子当玩具，她也不曾想过申请镭的专利以牟取暴利。袁隆平曾说："用金钱来衡量一个科学家的价值，太庸俗。"真理是无价的，净化追名逐利的心，才能获得超卓的见识。

2.《舍与得》例二

开头：人生的过程就是一个不断取舍的过程。只有敢于舍弃困扰身心的世俗之物，留下高风亮节，才能在岁月洗礼中沉淀出美好的人生。

提纲：1.一切身外之物，钱财、权利、地位，皆可舍弃。2.内在的气节、品格，是人之所以为人的支柱，绝不可舍弃。3.只有掌握舍弃的艺术，才能有所收获，否则，难免一事无成。

只有掌握舍弃的艺术，才能有所收获，否则，终难免一事无成。人生像是一个小小的细胞，时刻控制着物质的进出。那些懂得舍弃的人，能及时将废物排出，从而保持自身的强大生命力，并对整个躯体产生积极的影响。反之，那些吝于舍割，紧抱一切不放的人，却犹如一个残留着一氧化碳、二氧化碳以及一切毒素的细胞，日积月累，终有一天会因此而衰亡，却发现，自己抓紧了一生不肯舍弃的东西，不过是一些躯体所不需要的废物。

3.《舍与得》例三

开头：舍与得包括人生的一切命题。舍是条件，得是要证明的结论。在舍与得中，有舍有得，不舍不得，包含着人生的大道理。大智大勇，方能演绎人生奋斗的永恒主题。

提纲:1.引出"舍与得"是人生的大命题。2.舍得是需要智慧的。用对比说明舍得的智慧性。3.舍得是需要勇气的。列举历史名人用勇气抉择的事例。4.舍得是一种需要瞻前顾后的大局观,在舍与得中均衡利弊,放眼未来。5.结尾,照应前文,再次强调要用人生的大智大勇去诠释"舍与得"。

舍得是需要智慧的。鲁迅弃医从文,他舍弃了学医的理想,毅然决定用锋利的匕首刺醒沉睡的国民,最终成为新文化运动的先驱;钱学森舍弃了美国的优厚待遇,选择用自己的学识力量建设新中国,最终成为倍受国人尊敬的"导弹之父"。他们用智慧去衡量舍与得之间的主次与利弊,而正是这种大智慧造就了他们高尚的人格。相反,有的人为了眼前的利益,愚昧地舍弃了长远的利益,轻易地"不辨礼义而受之";有的人为了追求当前片刻的享受,舍弃了当前努力的机会,最终得到的只是对逝去青春的无限感慨。舍与不舍,不同的舍有不同的得,而这其中蕴含的是一种人生的大智慧。

附:学生优秀习作

大步流星与慎步前行

交大附中嘉定分校　胡嘉年

人生之初,总有"初生牛犊不怕虎"的气势,越是成长,越有衰老和死亡的忧惧。走在人生路上,从起初的大步流星,渐成慎步前行。然而年岁的增长不可仅仅平添几分忧惧,我们更应学会思考人与恐惧的关系,于是可推想,人应该有所怕,有所不怕;大步流星和慎步前行应兼取之。

面对自然、生命和人性,人应选择怕,而有所敬畏。

自然孕育万物,创造世间一切智慧和神奇秀美。人类出于对自然的无知和好奇,原始崇拜和敬畏,创造了神话,开始了祭祀。看看古代礼器上绚丽的图文,文化也从自然中来,礼教也由此而生。礼教是修身之术,也是治国之方。从周公旦的礼乐制度,到儒家千百年来的文化滋养,今日的我们依然受益于此,却不知自然在其中的巨大作用。反观当今人们对自然的贪婪和冷酷,难道我们不应反思吗?不应对自然有所畏惧吗?

在礼教之后,便有法律,法律产生于道德,而道德又是人行于世的基本准则和崇高理想。无视道德,毫不敬畏的人,对自身,对他人,对社会的伤害都是不可估量的。就如不久前因投毒而被执行死刑的林森浩,若是将道德与法律置于心上,如达摩克利斯之剑一般,心存敬畏,又怎不会拥有光明的前程呢?

人应有所怕,也应有所不怕,面对手中的人生,和充满艰险的世界,人就不能畏惧,而应勇往直前。

困境,是人生必经之地,就如航海者不会遇到必定一帆风顺的天气,旅行者定会涉过崎岖之路一般。此时若是畏畏缩缩,望而却步,前方的美景终是黄粱美梦。唯有放下恐惧,才有大步前行的动力。

世间的艰险不止人生困境,黑暗与邪恶也处处存在,此时我们更不应退缩。傅雷曾说,真正的光明绝不是永没有黑暗的时间,只是永不被黑暗所掩蔽罢了。我们所需做的,便是相信光明定将战胜黑暗,并向着光明不断奋斗、前行。

有所怕,不是怯懦,而是心怀敬畏和尊重;有所不怕,不是蛮干,而是不畏艰险。一个能够对自然、生命、人性心存敬畏的人,他必定懂得感恩,和人生的珍贵;一个对困境和黑暗毫不畏惧的人,他必定坚毅隐忍,永不言弃。

因而,我们可以坚定地说出:人应有所怕,有所不怕。唯有大步流星和慎步前行并取,我们才能像约翰·克里斯多夫那样,勇敢去爱,勇敢地活着!

点评:作文的主体部分,在怕与不怕的内容上,"自然"与"充满艰险的世界"并不是同一个概念,显然对自然中的礼教与道德应该有所怕的理由并不充分;如果礼教与道德应该让人有敬畏(怕)的心理,那么下文"不怕"的内容是否也应该从这个角度去阐述,才更有说服力呢?

❋ 使用建议

正反对比说理虽常用,但学生容易存在一些弊端,如不是一体两面的对比,而是不同方向的比较。因而在指导前同样应该先分析学生作文中的缺点,归纳作文中常见的对比误区,恰切地运用教材文本和名家经典作品予以指导。

❋ 教学反思

对比说理是议论文中常见的写作方式,虽反复训练,学生往往还是不得其门而入,究其原因,还是学生的思维缺少普遍联系和辩证统一的认识。本节课在学生作文点评的时候还是产生了许多问题,主要是占有资料不够充分、全面,用以分析比对的样本不够典型,因而在方法归纳时缺少针对性。

范雅君

第 二 学 期

第一单元 高蹈宏阔 生命境界

1 审视个体生命的价值
——意义分析法

❋ 教学目标

1. 具体认识意义分析在说理中的作用。

2. 学习经典片段，归纳意义分析说理的常见方法。

3. 根据具体的作文题目，思考个体生命在社会中的价值，练习意义分析的说理方法。

❋ 教学重点

归纳意义分析说理的常见方法，形成个人说理特色。

❋ 教学难点

通过写作实践掌握意义分析的说理方法。

❋ 教学设想

学生在作文中进行说理分析时，往往凭借的是自己的日常生活经验，分析问题时比较随意，缺少对问题系统全面的思考和层层深入的追问剖析。本课设计从审视个体生命在社会中的价值角度入手，引导学生学习意义分析法。如果学生能够将自我和社会联系起来思考，探寻自我在社会中的价值，形成比较系统的说理分析的思路，在构思作文时就会克服随意的毛病，从而形成自己说理的特色。通过课堂教学，探究对自我在社会中的价值进行具体分析的方法，从不同角度思考社会价值，掌握意义分析说理的几种方法。课堂教学主要分为两个步骤，第一步先分析优秀习作片段中的意义分析方法，寻找意义分析说理的常见角度，归纳说理方法。第二步通过对具体作文题目的构思,列出关键词句,进而组织成段,通过实践掌握意义分析的说理方法。

✲ 教学过程

一、导入

社会由个体组成,个体的存在对于社会这个整体到底有怎样的意义? 短暂的人生到底又有怎样的价值? 生而为人,这些问题缠绕着我们,在人类诞生至今的若干年里,经久不息。

二、问题探究

1. 实用价值

爱因斯坦说:"一个人对社会的价值首先取决于他的感情、思想和行动对增进人类利益有多大作用。"衡量一个人社会价值的大小,应以他对人类社会的存在和发展所作的贡献大小为标准。古今中外的科学家、思想家以及很多行业的开创者都以其贡献推动了人类文明的前进和发展,如布鲁诺、居里夫人等科学家,《宽容》一书中提到的思想家,比尔·盖茨、乔布斯等伟大人物。当然,除了伟大人物,在平凡岗位上兢兢业业默默奉献的普通人亦有其价值。他们是维持社会正常秩序和运转的必不可少的力量,其价值也不可抹杀。

2. 精神价值

孔孟的仁义与社会责任感,老庄的清静自由的追求与无为思想,苏武和文天祥的民族气节,苏轼的豁然达观,这些人以形形色色的精神营养和人格魅力感染和影响着一代代人,他们的人生价值提供了一种精神图景,建构着人类灵魂品格的大厦和图腾。

3. 审美价值

艺术家、音乐家、戏曲家、美学家……他们塑造了美好的形象和作品,为人类提供了审美对象,其自身也以美德或高雅趣味成为具有审美价值的构成。对他们及其作品的审美欣赏,是功利社会中的一泓清泉,给人们带来精神愉悦、诗意享受和高雅品位。

明确:对个人在社会中的价值分析,可以从以上三个方面去思索和探究,进而去发现人存在的意义。当然,这种分类方法也并非是绝对的、不可变更的,通常一个人的价值是兼而有之的,如梅兰芳,既为人类贡献了曼妙的戏曲,也有着蓄须明志的感人的精神贡献。

三、赏析经典

1. 赏析经典片段一,探究个人在社会中的实用价值

这点美丽的淡蓝色的荧光,融入了一个女子美丽的生命和不屈的信念。玛丽的性格里天生有一种更可贵的东西,她坚定、刚毅、顽强,有远大、执着的追求。这种可贵的性格与高远的追求,使玛丽·居里几乎在完成这项伟大自然发现的同时,也完成了对人生意义的发现。在发现镭之后的不断研究中,居里夫人也在不停地变化着。在工作卓有成效的同时,镭射线也在无声地侵蚀着她的肌体。她美丽健康的容貌在悄悄地隐退,逐渐变得眼花耳鸣,浑身乏力。皮埃尔不幸早逝,社会对女性的歧视,更加重了她生活和思想上的负担。但她什么也不管,只是默默地工作。她从一个漂亮的小姑娘,一个端庄坚毅的女学者,变成科学教科书里的新名词"放射线",变成物理学的一个新的计量单位"居里",变成一条条科学定律,她变成了科学史上一块永远的里程碑。

......

有的人止于形,以售其貌;有的人止于勇,而呈其力;有的人止于心,而有其技;有的人达于理,而用其智。大音希声,大象无形,大智之人,不耽于形,不逐于力,不持于技。他们淡淡地生活,静静地思考,执着地进取,直进到智慧高地,自由地驾驭规律,而永葆一种理性的美丽。

——梁衡,《跨越百年的美丽》

明确:居里夫人的人生价值正在于对镭的研究和发现,在于其对科学的伟大贡献。而从居里夫人到所有大智之人,无不如此,他们的价值就在于静静思考,执着进取,直达智慧高地。

方法1:挖掘实用价值,包括对科技发展、思想深化、文明进步的推动贡献,以及为此付出的艰苦卓绝的努力。

2. 赏析经典片段二,探究个体在社会中的精神价值

苏子曰:"客亦知夫水与月乎? 逝者如斯,而未尝往也;盈虚者如彼,而卒莫消长也。盖将自其变者而观之,则天地曾不能以一瞬;自其不变者而观之,则物

与我皆无尽也,而又何羡乎? 且夫天地之间,物各有主,苟非吾之所有,虽一毫而莫取。惟江上之清风,与山间之明月,耳得之而为声,目遇之而成色,取之无禁,用之不竭,是造物者之无尽藏也,而吾与子之所共适。"

——苏轼,《前赤壁赋》

明确:苏轼也许并没有改变历史的命运,甚至仕途的浮沉使他连治国平天下的理想都成了奢望,但苏轼却以其面对逆境的理性思考和圆融人格赢得了一个世界,他的襟怀如绵延不绝的雨丝滋润着后世无数人。这也是一种价值,更具有震撼和拯救人心的作用。

方法2:探究人物的精神人格,以及其哲思或襟怀对后世的影响和熏染作用。

3.赏析经典片段三,探究个体在社会中的审美价值

伟大不见得都是巍巍乎、昂昂乎,如庙堂之器哉。伟大可以是高山、是江河,但伟大也同样可以是溪水。巴赫就是这样清澈的小溪水,当世事沧桑,春秋代序,高山夷为平地,江河顿失滔滔,大河更改河道,小溪却一如既往,依然涓涓在流,清清在流,静静在流。

这就够了,这就是小溪的伟大之处。

听巴赫的音乐,你的眼前永远流淌着这样静谧安详、清澈见底的小溪水。

——肖复兴,《小溪巴赫》

明确:文中用"小溪"的意象来象征巴赫的品格、巴赫的音乐。巴赫的性格如同小溪,沉静内敛,坚忍执着,润泽世人;巴赫的音乐如同小溪,恬静安详,慰藉心灵;巴赫的创作如同小溪,作品众多,源远流长,滋养了众多的音乐大师。肖复兴正是深入挖掘了巴赫身上的审美价值,并以此来表现巴赫的伟大之处的。

方法3:个体创造出的审美对象和创造者都具有一定的审美价值,去发掘真正杰出的美的作品和艺术家身上超越时代、民族、阶级的普遍审美价值。

小结:意义分析法就是层层深入,由实到虚去挖掘一个人在社会中的价值,从最实际的实用价值到逐渐虚化的精神价值和审美价值,也是思想深入、境界渐高的过程。特别要注意多重价值在个体身上的重叠,写作时要层次清晰。

四、写作实践

运用所学的方法,选择一个人物,进行片段写作,交流讨论

材料1:疯癫给予堂吉诃德不朽的生命,而疯癫也与凡·高的艺术创造相伴相生。人们称他为"疯狂的天才"。他对现实的了解透彻而深入。他认为美术品的交易已腐败堕落,艺术上已失去了美好的精神,偏离了健康、高尚的开端,公众中普遍存在着怀疑、冷淡和超然的氛围。他是那么深切地认识到弥漫在他身上的厄运。疯癫是凡·高的一种表达。疯癫一直深植于他的内心中,是他身上最内在、最自由奔放的力量的释放。

材料2:值得钦佩的是彼得·巴菲特。作为巴菲特家族的一员,他勇敢地拒绝了子承父业,而是执着地追寻自己的音乐梦想,成为一位著名的配乐大师,我们所熟知的,再不是巨商之子彼得,而是那位因电影《与狼共舞》配乐而斩获奥斯卡的彼得。解放天性,越过俗累的牵绊,勇敢地拥抱了自己的灵魂。他没有亦步亦趋地再努力续添商业传奇,或许,他也可以成功,但唯有如今的彼得·巴菲特让世人铭记,是他自己的华美篇章。遵循一个平稳的奋斗模式,我们或许会有所成,但历史终将会淹没我们的名字,我们无法书写传奇。与天性的疏离看起来不会影响我们向成功行进的道路,但真正的成就与俗鄙广义的成就之间却相隔天涯。

材料3:龙质凤章的嵇康,一代学者的典范,然而他只留下了临刑抚琴的悲壮和"《广陵散》从此绝矣"的慨叹,成为万世流芳的道德楷模。假如他只想安稳活着,他大可不必为友人辩护,他完全可以顺从司马集团的意思徒有满腹才华唯唯诺诺地活着,大不了不伸张正义就是了。然而,是心中的公理与正义,是原则和底线教他站了出来,他的满腹经纶不是为了卖弄,也不只是为了修养身心,获取利禄功名,更是为了坚守自己的人格,做一个堂堂正正的学者。

明确:材料1中疯癫给予凡·高力量和一种表达方式,和他的艺术创造相生相伴,这则材料体现的是人身上的审美品格和价值。疯癫对正常人来说并无价值,但对艺术家凡·高,却是一种价值——审美价值。材料2和3,避开了世俗认可的成功、成就和实用价值,挖掘的是人物身上的精神追求。巴菲特是为实现个人梦想不走寻常路的精神价值,嵇康是对抗强权坚守自我的人格追求,二者都给后人以精神上的鼓舞和引导。

五、作业

根据以下材料,自选角度,自拟题目,写一篇不少于 800 字的文章(不要写成诗歌)。

庄子说,高山上看到的山下人,皆如蝼蚁,大小高低如一,何必去争谁高谁低。胡适先生说,我是山下人,就在山下看人,怎能不计较大小、高低、胖瘦?

附:学生优秀习作

拥帝王心做草民事

交大附中 陈凯文

历史长河滚滚翻流,淹没时空变换下的沧桑百态。翻开历史的文献卷轴,我们多感叹自古帝王将相心胸豪迈,多鄙视市井小人唯利是图。其实不必,各人处事心态不同,皆因其地位不同。站于山顶之人,因其可俯瞰众生,一览群山小,方能笑山下人目光浅陋,争无聊长短。山下人因其只可仰视,每日挑担劈柴,为生计所迫,如何让其不计较那所谓得失。

作为现代人,身处十字路口,难免随波逐流,早已抛却象牙塔内的天真单纯,为世俗所侵染,变得贪图利益,斤斤计较眼前得失,活得疲惫不堪,心情抑郁。人心向贪并不可耻,却是不必。不妨将心放轻松,拥有洒脱豁达的心态,自可活得轻松自由不少。房屋不必非住豪宅,够住即可;钱财不必富甲一方,衣食不愁即可;功名荣誉不必过于在意,得之可喜,失之亦无可悲。古有庄子甘苟活于泥泞,不入仕为官;汉末有鲁肃随手指囷送米于周瑜;今有见义勇为和拾金不昧之人。我们不必像庄子那般即使人请也固守清高,也不必像鲁肃一般豪迈慷慨。我们要做的,只是拥有他们一般的心态,待物处事,想象自己便是清高之人,就不会去计较太多。

然而,我们不能故作潇洒,刻意做作。只有真正认清自己、认清现实,有了务实的基础,才能拥有更为洒脱的心态。眼下物质社会,如果一味清高,视万物为无物,那么连基本的生存都无法保障,谈何为人处世的高尚姿态?胡适先生说,我是山下人,就在山下看人,怎能不计较大小、高低、胖瘦?试想,一个生活困苦之人,天天为生计拼搏,让他去不在意得失显然颇为可笑。该做什么还得做什么,只是度不必过。

大隐隐于市。真正有智慧的高人必有山上人的心态,也必有山下人的务实。我们在生活中要做的,就是拥帝王之心态,做草民之实事。在努力做好眼前实事的前提下,将心态放宽,将得失淡化,心不为形所役使。这样,我们即使在山下,也一样可欣赏到山顶的风景。把握住那个度,便可让被束缚的心灵得到释放,让被禁锢的灵魂得以自由,活得更为轻松快乐。

✿ 使用建议

本课教学意在培养学生的思维能力和分析说理的具体方法,应以个体在社会中的价值为研究切入点,以意义分析法为主要训练方法,帮助学生养成透视个体生命能力的习惯,逐步形成社会责任感和社会归属意识,思考个体在社会中存在的意义和价值,并形成高踏的人格境界和心怀天下的大情怀,所以适用于思维相对比较成熟的高三学生。对个体价值的条分缕析,又需要具有清晰的思维逻辑和井然的语言秩序,建议使用时同时关注思想、表述的条理性和语言表达三个方面。

✿ 教学反思

从三个角度分解个体在社会中的价值,实用价值和精神价值相对比较容易理解,而审美价值作为最高层次,学生比较陌生,从概念理解到价值的挖掘和分析都有一定难度,所以作为教学难点,还是要花一定时间落实到思考和写作实践中。在片段写作的实践中,学生要正确选择合适的人物进行写作练习,需要有开阔的视野,能挖掘人物的价值意义,需要对人物具有全面深入的了解,这些都是以丰厚的阅读为基础的。所以意义分析法的练习虽然放在高三进行训练,但是学生的阅读积淀却是从高一抓起的,否则无法达成既定目标。

申玲娣

2 生命本质意义的探寻
——辩证分析法

✿ 教学目标

1. 具体认识辩证分析法的内涵和作用。

2. 以古今中外典型人物为例,分析生死问题与生命本质意义之间的关联。

3. 根据具体的作文题目,思考生命的本质意义,以辩证分析法构思成文。

❉ 教学重点

收集古今中外典型人物事例,分析生死问题的根源,以及与生命意义之间的关联。

❉ 教学难点

深入挖掘生命的本质意义,在实践中掌握辩证分析法。

❉ 教学设想

辩证思维方式是人类哲学思想深广智慧中的一种,是正确认识问题、揭示规律的理性思维方法。高中学生在作文审题立意和分析说理时,都不可避免地会用到辩证思维,这样才能全面看待问题,发现事物之间的联系,不断深入分析问题,抓住事物的本质,发现事物之间、事物内部的互相作用,使作文思路纵横捭阖,论述有理有力。本课设计引导学生用辩证思维的方式,剖析个体在面对生死选择时的价值取向,探究生命存在的本质意义,从古今中外众多典型事例出发,去分析人类生死取舍背后的思想根源,辩证看待生与死,短暂与永恒的转化,意义与虚无的对立统一。再通过具体作文的审题立意和论述分析,锻炼学生辩证看待和分析论述问题的能力。

❉ 教学过程

一、导入

古语云"近朱者赤,近墨者黑",讲的是环境对人的影响不可忽视,这句话在一般性和普遍性上是有一定道理的。从这个意义上来说,我们要创造一个良好文明的社会环境。但是近墨者一定黑吗? 在什么情况下未必黑呢? 这就需要对特殊情况进行辩证分析。既要看到普遍性,也要看到特殊性,既要看到客观环境的影响,也要看到主观因素的作用,这就用到了辩证分析法。

辩证分析法是指运用对立统一规律,对事物进行一分为二的分析,既要分析优势,也要分析劣势,要看到现象背后的本质,偶然之中的必然,要兼顾分析主观与客观,普遍性和特殊性之间的联系,所以要求我们用发展、变化、全面、适度的观点分析问题。这种方法可以避免分析问题的片面性和绝对性,使说理更全面深刻,观点更符合客观实际。

具体方法:先找到观点的普遍性和合理性,对其进行正面肯定的论述,以"但是"转折,找到其特殊性或存在问题的地方进行论述分析,从而得出自己的看法。找到对立观点之间的统一性,将对立的两方面统一于自己的总论点之中。

二、问题探究

1. 生命的本质意义

生命短暂却又可以永恒,意义虚无却也可以实际。一个生命存在于宇宙天地间,应该有怎样的意义? 一个人应该怎样对待生死,才能赋予短暂的一生最大的意义? 这是生存的智慧,也是抉择的标准。

生命的本质意义是什么,并没有标准答案,对不同的人来说,答案是多元而丰富的。有人穷其一生追求仁义,有人毕生服膺于自己的治国理想,有人只为体验生活的过程,不管哪一种,只要向着光明与善美,崇高与充实的方向,生命就是有其意义和价值的。

伟人的生命是有意义的,那么普通人的生命是不是也有其意义呢? 是不是活着的生命就有意义呢? 消亡的生命有没有意义呢?

2. 对生死问题的辩证分析

一般情况下,生是开始,是拥有,是得到,是实际;死是结束,是失去,是虚无。但是却未必尽然,臧克家说:"有的人活着,他已经死了;有的人死了,他还活着",死亡有时候恰恰是永恒的开始……有的人,活在那些杰出的生里;有的人,活在那些杰出的死里。

3. 古今中外人物典型事例分析——生死抉择背后的意义探询

哈姆雷特:生存还是毁灭,这是个问题。莎士比亚借哈姆雷特之口发出了千古之问,激发了无数人的思考和叩问。

(1) 求死事例

屈原:面对政治失败,不甘受辱,自沉汨罗江,高贵独立而死。

项羽:乌江自刎,慷慨赴死,维护意志和尊严。

王国维:民国年间在北京投昆明湖自尽,悄然离去。对其死因,陈寅恪如是分析:凡一种文化值衰落之时,为此文化所化之人,必感苦痛……迨既达极深之度,殆非出于自杀无以求一己之心安而义尽也……此观堂先生所以不得不死,遂为天下后世所极哀而深惜者也。

谭嗣同:戊戌变法失败后,他在能够出走的情况下没有出走,而是选择了舍生

取义，准备用他的鲜血来唤醒沉睡的国人，"我自横刀向天笑，去留肝胆两昆仑"。

苏格拉底：相信自己无辜，饮鸩而死。

（2）求生事例

司马迁：受刑忍辱，弃政从文，完成千古《史记》。他认为人的生存价值要远大于死亡价值，把不朽看成人生追求的最高境界，他更注重人生存的最大价值；他大胆质疑和批判了传统的"死节""死仁""死义"的价值观。

苏武：出使匈奴被扣留，持节牧羊十九年，艰难求生。

史铁生：在风华正茂的年龄瘫痪了双腿，用文字书写自我和世界，他说，"死是一件不必急于求成的事""活着是为了满足活着本身的意义"。

（3）生死抉择背后的思想根源

人物作出关于生死抉择的依据是自己对生命意义的思考和探询。一个人会根据自己追求的生命意义，作出相应的生死抉择。

生死与理想：死以明志；生可践志。为了崇高的理想，可以生，也可以死，同样是为了追求永恒不朽。

生死与品格：择生择死的思考背后，是一个人乃至一个民族的脊梁，维护人格尊严，追求气节和生命道德的完整独立。有时，死是为了保名节，活是为了成事业。视死如归需要勇气，苟活于乱世需要毅力。

生死与抗争精神：生死皆可是抗争，死是简单直接的控诉和反抗；生也要在艰难困厄的境遇里奋发崛起，或著书立说，或报仇雪恨，或建功立业，都是对于生命选择的理性的反思精神，更是一种人生的自由意识，是对不幸命运的抗争，是对生命真谛顽强追求的意志。

生死与社会价值：慷慨赴死，或忍辱求生，都是以人生核心的价值观为转移的，价值又是以社会贡献的大小作为标准来衡量的。

（4）生死的对立统一

生死看似截然对立，其实不然。在机体存活的意义上，二者是对立的，但是从精神存亡的角度来看，却未必如此。

死并非是对生的单纯否定，择生也不是对择死的刻意反驳，两种选择本质上是互相包容、可以互相转化、可以一致的思想内涵。

择死者看重的是生命的高尚纯洁，士可杀不可辱；择生注重生命的最终价值，追求理想的切实实现，或是对生命自身的尊重和珍惜。两种选择着眼点不同，但是都以生命价值作为共同的理想追求。珍惜生命并不意味着苟且偷生,而是在艰难的余生中时刻保持生命的自觉;慷慨赴死也并不意味着意气用事舍弃性命。人生的意义最终是要实现自身价值,这也正是生死观的统一之所在。

明确:学生首先要思考出典型的择生或择死的事例,并思考其背后的本质和根源,各自的优劣利弊,以及生死之间的对立统一、互相转化,生死抉择与价值观念、生命意义之间的因果关联。

四、写作实践

现年 77 岁的罗纳德·韦恩是苹果公司的三位创始人之一,不过现在的韦恩并没有多少财富,更没有豪宅名车,而是靠着州政府发放的退休金过着普通人的生活。35 年前,韦恩以 800 美元的价格出让了他所拥有的苹果股份。如果他没有卖掉那些股份,现在的韦恩可能会是一个身价超过 260 亿美元的富翁。有人据此认为,韦恩犯下了"史上最昂贵的错误"。然而韦恩对此并不以为然。

韦恩说,他对现状还算满意。苹果的另外两名创始人乔布斯和沃兹尼克都是"像旋风一样的工作狂",如果他当年继续留在苹果公司工作,巨大的工作强度可能会令他活不到现在,而"成为坟墓中最富有的人"。

这则材料引起了你怎样的思考?请自选角度,自拟题目,写一篇文章。

要求:(1)不少于 800 字;(2)不要写成诗歌。

附:学生优秀习作

请允许别人不富裕

交大附中 许 盈

谈及成功,人们往往会用荣誉、财富、地位去衡量,去比对。以此标准,我们发现苹果公司的创始人乔布斯毫无疑问是个成功者,而另一位创始人罗纳德·韦恩则不然,他曾犯下"史上最昂贵的错误",迄今为止只是个普通人。

因此,对他的评价似乎那样简洁明快、一针见血,仿佛韦恩真的犯下愚不可及的错误。我们的判断只是基于这样一个标准:金钱是衡量人生价值的标准。我们将自己的逻辑强加在别人身上,将韦恩归到了不成功的那一类人。我们忘记了人生的本质是什么,忘记了每一个人都有选择通向财富或通向平凡人生的权利。

请允许别人不富裕。尊重别人的人生选择,允许别人不选择巨额的财富,而是选择心灵的幸福。

华盛顿在告别权力的瞬间,选择了回归真实、平凡的生活;袁隆平放弃了成为亿万富翁的机会,一心置身田间研究杂交水稻;托尔斯泰放弃贵族地位,执笔为平民写作……物质的充实代替不了心灵的幸福。静静旁观,韦恩对乔布斯的再次邀请无动于衷,只是不想成为坟墓中最富有的人,选择虽不富裕但悠闲长寿健康的生活。

这世上有人选择青史留名的人生,有人选择不富裕,允许选择的多元,才有社会的多元,才有社会的文明。

而事实上,我们常常用习以为常的实用主义观点去肆意评点他人的人生,我们用所谓成功学的思想武器去限制别人的人生选择,这种无形的舆论与观念的力量其实比任何有形的界限更可怕,它用教化逐渐浸染人们的思想,培养出一种模式化的利益至上的意识形态。

请允许别人不富裕,即使那些"沉默的大多数"都认为物质财富是衡量人价值的标尺,我们也应该允许那"小众"的价值观——随心所欲、自由快活的价值观——的存在。

今日之社会,我们习惯谈"主流",这些固然是主流,但应警惕它的排他性。当整个社会沦入某种价值体系的"高压统治"下时,我们便都在一种令人"窒息"的主流之下了。

请允许别人不富裕吧,用尊重与理性沉默旁观他人的人生。

✿ 使用建议

对生命本质意义的探询,对生死问题的判断,无论是对于课本或社会上出现的各种相关现象的理解,还是对于一个即将成年的高中生价值观的形成,都是不可回避的一个问题。通过本课教学,高三学生应有自己的思考,形成自己的价值立场,书写在作文中,也践行在人生中。辩证思维方式作为一种成熟理性的思维方式,高中生也应该逐步掌握,能娴熟运用,所以这一专题放在高三第二学期,也起到对写作思维总结,对学生人生价值观升华之用。

✿ 教学反思

生死抉择如此残酷的问题,其实也并非学生一定要直面和思考的,但是从这一问题出发去思考人生的本质意义,训练学生辩证思维的能力,的确是一个不错的切入点。典型事例的选择,学生相对比较容易完成,对生死问题的本质的思考,学生能想到各自的利弊得失,而两者之间互相转化的条件和实际价值意义的一致性,尚需要通过讨论和交流互相激发,必要的时候需要教师的提点,才能梳理出不同的层次和深意。在作文实践中分析论述生死问题的辩证统一,也需要通过反复训练才能真正落实。

申玲娣

3　人类终极命运的思考
——反向假设法

❀ 教学目标

1. 具体认识反向假设法在议论文写作中的作用。

2. 从对人类终极命运的思考这个话题切入,掌握反向假设法的实际操作方法。

3. 根据具体的作文题目,练习用反向假设法来分析材料,论证观点的写作技巧。

❀ 教学重点

从现象切入思考人类终极命运,掌握反向假设法。

❀ 教学难点

掌握反向假设法,训练正反对比论证观点的写作技巧。

❀ 教学设想

议论文写作中,学生较习惯使用例证法,借助一个典型的既定事实,来证明观点。其实在使用例证法分析时,如果想使论述进一步深入,可以使用反向假设法,通过追问"如果不这样,可能会怎么样"来探察"不这么做"可能带来的严重后果和危害,或者这样做的作用和裨益,来证明观点的不可辩驳性。本课设计希望教会学生使用反向假设法分析论述材料,在这种假言因果的论述过程中,两种截然相反的做法及结果就可以进行比较,其条件的必然性就得到了有力的论证,这样论证更令人信服,具有不可辩驳的正确性。第一步先通过具体例子了解什么是反向假设法,明确其对议论的作用。第二步以人类终极命运的思考为切入点,具体练习反向假设法的写作。第三步再通过对具体作文题目的构思,掌握反向假设法的说理方法。

❋ 教学过程

一、导入

夫霸君若齐桓晋文者,桓不倍柯之盟,文不负原之期,而诸侯畏其强而亲信之。存亡继绝,四方归之,此管仲舅犯之谋也。今商君倍公子卬之旧恩,弃交魏之明信,诈取三军之众,故诸侯畏其强而不亲信也。藉使孝公遇齐桓晋文,得诸侯之统,将合诸侯之君,驱天下之兵以伐秦,秦则亡矣。天下无桓文之君,故秦得以兼诸侯,卫鞅始自以为知霸王之德,原其事不喻也。

然惠王杀之亦非也,可辅而用也。使卫鞅施宽平之法,加之以恩,申之以信,庶几霸者之佐哉。

——《全汉文·新序论》

这两段文字使用了什么手法来论证自己的观点?

明确:运用"大胆的假设"重构历史情境论证自己的观点。

假设秦孝公遭遇的是齐桓公、晋文公这样的霸主,统率天下诸侯的军队一起攻打秦国,秦国早就灭亡了。作者以此证明商鞅虽然打败了魏国,但是当时的诸侯只是害怕强大的秦国,但并不亲附信任秦国。这都是商鞅不讲诚信的恶果,从而告诫后人要讲求诚信。

假设在秦国实施宽厚公平的法律制度,对老百姓多施加恩惠,在外交上讲求诚信的话,商鞅或许可以成为"霸者之佐",作者借此"大胆的假设"对上文中的观点作了一个总结,从而告诫后世的统治者实施仁政,讲求诚信。

反向假设法就是假设与所给事实相反的情形及结果,与原事例进行比较,通过这种比较来论证论点的成立。一般的思路是:假设反面情况出现—分析相应的结果—正面强调论点。主要步骤是:先列举事实事例,然后从反面假设(试想,若无……),推出反面假设导致的结果,再正面强调论点的正确性。标志性词语有:"如果……不……那么(就会)……"(或:如果……不……那么他怎么能……呢)等。

运用这种方法,突出了反面条件下无法实现正确的结果,就可以总结出正确结果出现时,一定是正面条件成立的情况下,因此就可以正反两方面相映衬,增强论点的说服力。

二、问题探究

1. 人类的终极命运是什么?

明确:灭绝或永生。

相关资料:

(1) 一位科学家说:"智慧生命是宇宙产生的一种认识自己的东西,当智慧生命真正认识到宇宙的本质时,智慧生命的使命就结束了,他要么永生了要么灭亡了。"

(2) 在这个世界上存在两种生物发展模式,一种是个体相对于集体的不断强化,一种是个体相对于集体的不断屏弱。

费曼:"在所有的生物科学中,没有任何证据说明死亡是必需的。如果你说你想造永动机,那我们对于物理学的研究已经让我们有足够的理论来说明这是不可能的。但是在生物领域我们还没发现任何证据证明死亡是不可避免的。也就是说死亡不一定是不可避免的,生物学家早晚会发现造成我们死亡的原因是什么,而死亡这个糟糕的'病'就会被治好,而人类的身体也将不再只是个暂时的容器。"

(3) 乔治·奥威尔《1984》:"人类的终极命运就是如蚂蚁,如蜜蜂似的群体的存在。"

(4) 尼采:"超人哲学,超人是人类生物进化的顶点,是人类物种中最优秀的部分。他高踞于整个人类之上,而不能混同于平庸的群体,是人类、社会、民族不平等的见证。"

(5) 加缪:世界是荒谬的,"哲学的根本问题是自杀问题,明知终有一死,为什么还要活?"

(6) 科幻小说:刘慈欣《三体》,阿西莫夫《永恒的终结》,卡梅隆《阿凡达》。

2. 导致这种终极命运的原因是什么?

学生可展开讨论、交流。

明确:(1) 自然与宇宙环境:自然灾害、环境污染、臭氧层被破坏、地球衰老等。

(2) 科技发明:计算机、超人工智能、核能等。

(3) 人类社会问题:经济、种族问题、战争、道德问题,人类的认识与观念。

(4) 生物进化规律:宇宙万物从无中来又回到无中去。

3. 如何解决这一问题

问题的解决,最终还是要求助人类自身。无论是外在的社会问题,还是人类内心的贪欲和邪念,或者人类文明前进道路的方向,归根结底还是人类的观念和认知决定的。所以无论结局是喜是悲,人只能用强大自己的方式去面对。首要的是提升自我的道德人格境界,让人性永葆真善美的发展倾向,去尊重外在的世界,追求和谐平衡的发展,也可以借助哲学思想来坚韧自己的内心,能够直面和坦然面对最残酷的终极命运。

三、片段写作实践

阐述你对人类终极命运的看法,并运用反向假设法进行论证。

要求:观点明确,理由充分,用假设论证来分析事实。

示例1:正如霍金所言"世界是无中生有的,从虚无而来,去往虚无",万物皆空,终将归于虚无,止于幻灭,人亦不例外。人类的终极命运与人生的目的相关联,余世存先生认为:"人的目的在于唤醒自身生命的时间空间,进而跟外界的时间空间发生积极的连线,参与时空的演进。"外界的时空是我们赖以生存的地球和宇宙,地球终有尽头与归期。如果人类能够永生,那地球宇宙则必须永存,那就违背了万物终归于无的生命"流程",所以人类的终极命运是和他赖以生存的外界时空一致的。地球和宇宙的生命规律决定了人类的命运走向,我们,终将一起归于虚无。

示例2:有人说,超人工智能可能是人类最后一项发明,因为超人工智能的智商和各种能力已远远超出人类可以控制的范围。超人工智能产生之后,毁灭人类就跟剪掉头发一样毫无恶意,所以由此得出人类的终极命运就是毁灭的说法。我却很想乐观地相信人类可以借助人工智能达到永生的目的。如果人类在写入代码时将人工智能塑造成一个充满仁慈,懂得尊重人类生命的机器,即使人类无法控制他的行为,只要我们足够小心翼翼,为其输入爱与悲悯,有道德性的人工智能会给予未来所有人类以生命,甚至是永生。

明确:对语段进行分析时,如果所举例子是正面的,那么就从反面进行假设分析;如果所举例子是反面的,那么就从正面进行假设分析。假设分析法用的是假设性语言,把事物之间的逻辑关系讲出来,从而使人信服。

四、作业

芬兰女诗人索德格朗说:"想让人升华,最佳的方法是高估,而不是贬低。"

对于这句话,你有怎样的认识和看法,请自拟题目,写一篇不少于800字的文章(不要写成诗歌)。

要求:写作时要运用反向假设法。

附:学生优秀习作

示君一法登高山
交大附中嘉定分校　胡嘉年

"怎样才能登上高山呢?"

你向一位登山者虔诚地发问,他煞费苦心,搜肠刮肚,将一系列专业术语抛给你,而你仍疑惑不解。

"那么,怎样登上高山呢?"

你无知,无奈,再次发问,这次却轮到他一头雾水。

人类思想的进步,就有如攀登高山,永远向上,不曾停歇。曾有人问,思想如何进步? 我将如之何? 芬兰女诗人给出这样的答案:"想让人升华,最佳的方法是高估,而不是贬低。"

多么抽象啊! 什么是"高估"? 又怎样去"高估"呢?

"高"应体现在高要求、高境界上,其中蕴含的是一种思进取的拼搏之心。梁启超先生曾教导青年人"知不可为而为之",是要求一代人将自己放到时代洪流中去,以高要求、高水准完成中华民族伟大复兴的理想。倘若心中全无这种念头,人就难以探索新知,开拓自我。化学元素溴的发现便是这样一个曲折的过程:老科学家不愿探索,错失成就;年轻人勇于求知,收获成功。可见"高"对于人生成败的重大作用了,拥有它,便可奔向成功,丢弃它,便连何处落脚都不知。

徒有向上的主观意愿显然不够,光会仰望的人,怎可登上绝顶,一览众山小?"高估",这"估"字半边有个人,便是告诉我们,人要升华,也离不开个人的实际努力。如果不愿拼搏努力,再好的理想也只是南柯一梦;甘心受苦受累的人,往往能够到达成功的彼岸。孟子有云:"虽千万人吾往矣!"即便面对千万强敌，枪林弹雨，即便要跋山涉水，披荆斩棘，即使人世间种种苦痛都来成为我的阻碍，我也要乘风破浪，矢志不渝。若拥有这样不抛弃、不放弃的志向，又何须担忧自己无法向上攀缘呢？

"高估"，是对己严格，也是对人的肯定。处于社会的芸芸众生，互相交往杂处，也需互相"高估"，他人优良品质，应赞赏、弘扬；他人疏漏之处，应宽容、帮助。这世上没有见人好就嫉妒眼红，见人败就窃喜藐视的理，那样的人是将自己置于千万人之上，傲视众生，绝非高估自己，只是贬低罢了。

物极必反，"高估"过度便是捧杀。鲁迅先生曾向世人阐释过"骂杀"与"捧杀"，前者是一棍子将人击死，后者是将人吹上了天——飞得越高，摔得越惨。神童仲永之所以"泯然众人矣"，便在于时人过度捧杀，使其失去就学时机，洋洋自得，走向堕落。

谈到这里，大概你也懂得了登山之法——用高标准要求自己，孜孜不倦地向上攀缘。人生这座高山，我们也只有怀着"高估"的态度，才可实现升华，究其本源，唯有一颗拼搏的心而已矣。

❈ 使用建议

人类终极命运的思考，是一个严肃又宏大的话题，但是并非无病呻吟杞人忧天般的预测。随着科技文明的发展和各类环境社会问题的不断涌现，人类已经到了必须小心谨慎面对前行每一步的阶段了，尤其是人工智能的快速发展，人类如不加以注意，后果也许难以设想。作为序列作文的最后一个教学主题，也是在之前系列主题基础上的最后深化，希望能由此引发学生对这一宏大话题未雨绸缪的思考。而假设分析也是学生比较生疏的一种思维方式和论证方法，虽然并非是议论文写作的必用技巧，但让学生掌握并且能够应用，也为议论文写作起锦上添花的作用，所以放在高三最后的作文升格阶段进行教学。

❈ 教学反思

这一话题距离学生有些遥远，学生展开思考时也许会觉得比较沉重，课堂教学难以快速进行。教师课前向学生布置收集素材的任务，借助一些流行事件引发学生的思考，比如柴静制作《穹顶之下》，阿尔法狗战胜李世石等，从较小角度引发学生的兴趣，再逐步引申到全人类共同的终极命运的话题，可能教学效果会更好些。

申玲娣

第二单元　字里行间　哲理闪现

1　人　文　关　怀
——涌动精神信仰

❉ **教学目标**

引导学生涵养道德情操，升华思想境界，提高文化品位，追求做人的精神信仰。

❉ **教学重点**

培养批判性思维和创造性思维，从而使自我不断得到升华。

❉ **教学难点**

多种视角下个体和社会之间的关系。

❉ **教学设想**

惠特曼说："把我的眼睛献给从未见到过光明的孩子，把我的心脏献给在车祸中不幸丧生的人！"这段朴实而感人的话，让我看到了这位伟大的诗人崇高的灵魂与无私的品质。我们无法选择人生的长度，却可以追求人生的高度，我们无法增加生命的数量，却可以提高生命的质量。陆幼青的《死亡日记》选择了自己独特的生命方式，他的生命在文字中趋于极致。生命，只有在不断付出和给予的过程中，才能绽放出无比灿烂和迷人的光彩！我们不一定要付出自己的生命，不一定要做一些惊天动地的大事业才算为社会作了贡献，只要像曾获过诺贝尔和平奖的德兰修女所说：我们都不是伟人，但可以用平凡的手做一些平凡的事，这也是一种伟大！人文关怀，不只是我们看待社会的视角和眼光，同时也是自我内心的精神信仰的闪现，只有内心树立培植高尚的精神信仰，才能更好地温暖他人，奉献社会。

❉ **教学设计**

一、导语

冯友兰说：人生有四种境界，分别是"自然境界，功利境界，道德境界和天地境界"。后两种境界是精神境界，他把自己看成是社会和宇宙中的一员，为社会和宇宙的利益做各种事,并且了解所做的事的意义,这是一种觉解。那么,我们怎么看待自我和社会的关系,怎样承担自我对社会的责任,换句话来说,我们如何追求自我的精神觉解呢?

二、课文链接

《世间最美的坟墓》(茨威格)

三、提供范例

《巨人何以成为巨人》(摩罗)

其议论层次是:

1. 赫尔岑精神信仰的诞生:目睹了 12 月党人被绞杀的画面,内心时刻不停地激荡着为光明和正义而奋斗的伟大冲动。

2. 赫尔岑精神信仰的培植:一个少年难以长期独自品味这样大的冲动和梦想,他必须把它说出去,必须以某种方式与这个世界发生联系并得到反应和验证。他郑重地向他的老师倾诉了他的感情和决心。当老师了解到赫尔岑的精神世界后,禁不住说:"我的确以为您不会有出息,不过您那高尚的感情会挽救您。但愿这些感情在您身上成熟并且巩固下来。"这位不苟言笑的老师还以激动的拥抱,将他的革命热情和自由主义信念传导给这位 14 岁的贵族少年。

3. 赫尔岑精神信仰的影响:倘使这位老师是个怯弱而又世故的人,他对赫尔岑的倾诉不予理睬;倘使他是一个愚昧而又迂腐的人,按着官方立场来解说那场起义和镇压,用官方意识对赫尔岑的高贵激情给予挫伤和清洗,那么,还会有后来的赫尔岑吗?倘若雷列耶夫、别林斯基、车尔尼雪夫斯基、米海依洛夫斯基、涅恰耶夫、托尔斯泰、巴枯宁、克鲁泡特金、陀思妥耶夫斯基、普列汉诺夫等人在其成长道路上不曾得到这样的鼓励和支持,他们作为革命家和文化英雄的形象还能站立得起来吗?

4. 赫尔岑精神信仰的本源:没有这些人的挺立和闪耀,俄罗斯的 19 世纪究竟还有多少光彩可言呢?赫尔岑的这个故事,让人不能不对领袖与人民的关系有所领悟。领袖不只是代表人民,而且的的确确是由人民培养出来的。这些精神巨人最需要的并不是世俗的功德圆满,而恰是这种被理解,这种在精神上与世界的联系和沟通。他们因为有了这样的人民而伟大,也因为有着这样的人民而幸福。有恃才能无恐,谁能够在精神上无所凭依就自然地强大起来呢? 越是精神强大的人,越是需要拥有最丰厚的精神资源。一个巨人不但需要通过研读典籍占有历代先贤的精神财富,不但需要通过研究人性和社会来把握人性的需要和历史的走向,他还同时需要周围那些有血有肉的人的理解、支持、温暖、尊敬、鼓励,他需要从这样的心灵交流中得到勇气和力量。如果没有这些条件,再伟大的人也会枯竭夭亡而无从成其伟大。在这样的意义上,任何一个伟大的人都是凭着他的族群并代表他的族群成为伟人的。所以,那些产生了巨人的民族必是像巨人一样可敬可仰的民族。

四、学生习作呈现

人生的出与入

交大附中嘉定分校　张之瑞

中国传统文化中,儒家强调积极进取,道家则主张看淡放下。现代人通常对此有各种议论。我以为,可以把儒家看作是对人生"入"的态度,把道家看作是对人生"出"的态度。那么,这其实本就是人生的对立统一。

人生当然需要"入世",在红尘中经历过,体验过,才会有一个个有喜怒哀乐的活生生的人。这时,儒家的思想就发挥出作用来了。胡适先生曾说:"我是山下人,怎能不计较高矮胖瘦呢?"这就是对人生"入世"的积极进取的解读。人生在世,人人都想做出一番丰功伟绩,这就是一种积极的表现。试想,没有儒家积极进取的思想,怎会有越王勾践卧薪尝胆,以致最终的"苦心人,天不负,三千越甲可吞吴"? 怎会有苏秦的刺骨之痛,最终又身挂六国相印? 又怎么会有那无数的科学家们,为了人类的进步,历经无数次失败来发明各种科技呢? 可见,人生在世,我们就应积极进取,为社会的发展贡献出自己的力量。

然而,一味地积极进取会让人变得刚愎自用,这时,我们又需用道家的思想来调节自我。

道家思想主张看淡放下,清静无为。这也是所谓"出世"思想的体现。"出世"思想的代表人物,自然是老庄、陶渊明一流。他们宁愿"曳尾于涂中",也不愿到红尘中创出一番事业。对于我们高中生来说,自然不可能像他们一样找一座山,建个草屋,自给自足地生活。那么,"出世"思想对于我们来说有什么积极意义呢?

其实，当我们在红尘中奋力拼搏、努力奋斗时，难免会有失败挫折。正所谓"人生之不如意十之八九"。这时，我们就需用道家的清静平淡的思想来面对这些挫折。所以，人生中的儒道思想，可以解释为对于未来的不可知的一种积极进取的态度，与对已有结果的一种看淡放下、不再被名利所缚的真正恬淡。

于是乎，儒家与道家的思想紧密地代入到了人生之中，成为对于人生"出"与"入"的看似矛盾、其实统一的解读。

因此，朋友们，让我们把儒道思想同时代入人生，对未来积极进取，对过去平淡放下。这样，我们才会有一个精彩的人生！

五、当堂修改

学生修改自己的习作。

✿ 使用建议

课前可以组织学生结合自我个体内在的信仰的意义作专题探讨，达成共识后作为写作的思想基础。

✿ 教学反思

精神信仰是人文关怀的思想基础。学生对自我价值的思考认识普遍不足，在习作中对儒家进取和道家看淡的思辨，依然以形式上的分别议论为主，没有形成自己完备的理性说理，仍需要教师有针对性地指导。

范雅君

2　社会责任
——憧憬崇高之美

✿ 教学目标

引导学生明确公民的责任感是个体人生价值的重要体现，完善自我人格，成为有担当的时代人。

✿ 教学重点

以责任感为切入点，思考辨析公民的精神信仰和人生价值，学会理性思考。

✿ 教学难点

批判性思维能力的构建。

❉ **教学设想**

　　纵观近几年的高考,上海高考作文在理性思辨的过程中一直倾向引导学生思考个体的人生价值,这种人生价值关乎多个层面,其中加强自身修养,完善人格追求,培养自己的精神信仰也被纳入到了高考写作教学目标中,而责任感的追求则是当代公民最应该具有的精神情怀。这种精神情怀既是中华民族信仰的传承和根基所在,也是现代社会发展过程中逐渐消失的精神信仰的重新思考和追回。作为即将结束高中生涯的高三学生,将会直面这个动荡风云的时代,如何在这个多元发展的社会中远离诱惑,坚守自我,是这个作文母题设计的初衷所在。

❉ **教学过程**

一、导语

　　在 20 世纪初曾有一位移民美国的意大利人叫弗兰克,经过艰苦奋斗,用积蓄开办了一家小银行。但一次银行遭抢劫导致了他不平凡的经历。他破了产,储户失去了存款。当他带着一个妻子和四个儿女从头开始的时候,他决定偿还那笔天文数字般的存款。所有的人都劝他:"你为什么要这样做呢? 这件事你是没有责任的。"但他回答:"是的,在法律上也许我没有责任,但在道义上,我有责任,我应该还钱。"偿还的代价是三十年的艰苦生活。寄出最后一笔"债务"时,他轻叹:"现在我终于无债一身轻了。"弗兰克用一生的辛酸和汗水写出两个工整的字,那就是"责任"二字,他寄出的不是债务,而是他闪光的心。弗兰克用自己的行为教会了人们如何做一个对社会负责的人。

二、课文链接

　　学生阅读课文《我有一个梦想》,感悟马丁·路德·金是如何阐述谋求公民的自由平等是自己承担的责任的。

　　关于责任的名人名言:

　　世上最奇妙的是我头上的灿烂星空和内心的道德准则。

——康德

　　即使道德穿着褴褛的衣裳,也应该受到尊敬。

——席勒

这个社会尊重那些为它尽到责任的人。

——梁启超

一个人若是没有热情，他将一事无成，而热情的基点正是责任心。

——列夫·托尔斯泰

责任感与机遇成正比。

——威尔逊

要使一个人显示他的本质，叫他承担一种责任是最有效的办法。

——毛姆

我们不是为自己而生，我们的国家赋予我们应尽的责任。

——西塞罗

人生须知负责任的苦处，才能知道尽责任的乐趣。

——梁启超

每一个人都应该有这样的信心：人所能负的责任，我必能负；人所不能负的责任，我亦能负。如此，你才能磨炼自己，求得更高的知识而进入更高的境界。

——林肯

三、问题呈现

根据以下材料，自选角度，自拟题目，写一篇不少于800字的文章（不要写成诗歌）。

美国社交网站"脸书"创始人扎克伯格喜得千金，宣布捐出所持99％股份用于慈善事业，并在个人主页上附上一封给女儿的信，信中说："和所有的父母一样，我们希望你能够在一个比今天更好的世界里长大。我们将为此作出自己的贡献，而这不仅仅是因为我们爱你，也是因为我们对下一代所有儿童负有道义上的责任……"扎克伯格的举动引起了人们广泛的思考。

题解：如果仔细梳理一下，就会发现这个材料包含如下这些我们感兴趣的信息：核心是扎克伯格捐款，其次是给女儿写了一封信，在信里谈到自己这么做的理由，再次是扎克伯格喜得千金后的作为，最后是扎克伯格的举动引起人们的广泛思考。如果我们进一步提炼，就会得出如下这些问题：如何做慈善？如何做父母？如何做富豪？甚至如何做人？

· 527 ·

当然这都是一些宽泛的话题,据此写文章会出现泛化的倾向,所以应该对话题作进一步的界定:

如何做慈善,应该是"做慈善与期待一个更好的世界";

如何做父母,应该是"我们爱你与对下一代所有儿童负有道义上的责任";

如何做富豪,应该是"喜得千金与捐出所持99%的股份";

如何做人,应该是"扎克伯格(对待金钱、对待爱的态度)与我们"。

这些都是材料的应有之义。

当然,如果聚焦一下的话,扎克伯格的那句"不仅仅是因为我们爱你,也是因为我们对下一代所有儿童负有道义上的责任",似乎更能触发我们的思考:到底怎样的爱才是更为深沉的爱? 亲情之爱与对社会负有的道义上的责任有怎样的关联? 倘若能在这方面深入思考,似乎会更好。

看下面三个同学的作文提纲,比较一下,你发现了什么? 哪一份更好?

[第一份]

1. 引题:简述材料。

2. 扎克伯格值得称赞——对社会作出贡献;对下一代儿童负有道义上的责任。

但不适用于所有人。

3. 一般人如何为孩子创造一个更好的世界——成长的关怀(爱);公平竞争的权利(未来发展空间)。

4. 更好的世界需要所有人都努力,而非个体。

5. 总结。

[第二份]

1. 道义上的责任来源于自己对社会所抱有的一种责任感:春秋战国百家争鸣,孔子巡游传送思想——这种道义上的责任早就扎根在历史中。

2. 如今的人们也需要这样的责任意识。作为先辈有传承的责任,作为后辈有发扬、创造的责任,二者最终意义都在于创造更好的世界。传承——铁肩担道义的思想仍然适用。

3. 可惜的是,现如今绝大多数人缺乏道义责任的意识——信仰问题与精神危机,物质和欲望对人责任意识的侵蚀——但也不是完全失去责任意识:巴金《随想录》中体现出不能忘却的责任感。

4. 木心所谓"万丈悬崖,下去,也是前程万里",从某种程度上也表现出他对责任的担当与肯定。作为社会性动物,人终究不能忽略道义上的责任及履行。

[第三份]

1. 入题:我要把有限的生命投入到无限的为人民服务的事业中去(雷锋)。

2. 对于奉献的理解一般是个人建立在爱的基础上。联系扎克伯格的行为。

素材:慈母手中线——因为骨肉之爱。

比干以死谏纣王——因为对苍生之爱。

横眉冷对千夫指——因为对国家与民族之爱,鲁迅投身文坛。

小结:奉献因爱而起,因爱而伟大。

3. 转:世上有素不相识的陌生人之间的奉献,是因爱而生的吗?

我想对奉献的另一种理解是责任。

素材:乡村教师甘于贫穷——肩负传播知识的责任。

解扬诓楚以成君命——固守忠臣的责任。

苏格拉底教化百姓——坚守哲学启迪蒙昧的责任。

奉献不仅是爱与责任,更是唤起爱与责任的一曲赞歌。

四、提供范例

1. 责任不是一个甜美的字眼,而是具有岩石般的冷峻。一个人真正成为社会一分子的时候,责任作为一份厚重的礼物不知不觉地落到了你的肩上。它是一个你时时不得不付出一切去呵护的孩子,而它给予你的,往往是灵魂和肉体的痛苦,这样的十字架我们为什么要背负呢? 因为它带给你的是人类的珍宝——人格的伟大。

2. 有位哲人曾说过这样一句话:"如果一个人肩负责任,那么他必定是精神上的成功者。"范仲淹的"先天下之忧而忧,后天下之乐而乐"的强烈责任感流传至今。像范仲淹这样有强烈责任心的人哪一个又没有名留千古呢? 责任是社会所必需的。

3. 我们要培养责任心,只有这样我们才能在自己和朋友之间建立起一个心灵的花园,才能让自己变得更容易赢得他人的尊重。所以,让我们从现在做起,努力培养自己的责任心吧! 让赞扬时时围绕着我们,让我们的心像金子一样永远闪光!

4. 责任是我们与生俱来的一种约束,一种力量,一种享受安定和谐社会的基本。我们每天生活工作都是有一定的责任存在的,每个人对自己、对家人、对朋友都会有一定的责任,责任是一个人人生观、价值观和世界观的体现,是一个人对待人生和生命环境的态度。

5. 我们降临到这个世上,就注定有属于自己的使命和任务,就注定有些逃不掉的事。而责任就是我们最特殊的使命。你会不会去花些时间想想,责任是什么,我们怎样才能把它发挥到淋漓尽致? 责任是晶莹的露珠,折射出人的精神光芒;责任是炙热的岩浆,喷发出无穷的潜能;责任是凝重的砝码,真实地称量出人生的价值;责任是坚硬的磐石,为你铺好面向理想的光明大道。

6. 责任心靠意志来维持。尽责尽心并非听他说得如何动听,主要反映在行动之中。不管承担什么样的责任,都离不开坚强意志和毅力的支撑,只有在克服困难中,在抵制各种诱惑中,才能反映一个人的责任感。

五、提炼思维方法

对一个作文材料展示的社会现象,怎样分析才有深度? 考纲中关于写作,有明确的立意要求:深刻。要想达到这一点,应该做到:

1. 透过现象深入本质。
2. 揭示事物内在的因果关系。
3. 观点具有启发作用。

六、文章结构布局

作文的提纲思路应该这样安排:领起段—阐理段—展开部分(多个材料段)—升华段—结尾段。

1. 领起段:扣材料,明观点

冯友兰说:人生有四种境界,分别是"自然境界,功利境界,道德境界和天地境界"。后两种境界是精神境界,只有把自己看成是社会和宇宙中的一员,为社会和宇宙的利益做各种事,并且了解所做的事的意义,才是一种觉解。可见,个人对社会、对宇宙是担负着一种责任的。

2. 阐理段:承接观点,简括思路

责任是什么? 是我们对他人、对社会分内应做的事。我们每个人从出生的时候起就注定了要肩负起责任。学会承担责任对一个人来说很重要,只有承担了属于自己的责任,自己的人生才是有价值的人生;只沉迷在自己的世界,只为了自己的利益,对他人毫不关心,对社会毫无贡献,乃至为求利益不择手段,这样的人生毫无价值,也必将为人所鄙弃!

3. 材料段:精取角度,揭示因果

承担对他人的责任,有助于实现自己的人生价值——支援贫困山区的人,就是责任感的驱动,责任感让他们实现了自己的人生价值。

承担对社会的责任,有助于实现自己的人生价值。人之于社会,如鱼之于水,鱼离开水不能生存,而人生的价值离开了社会也无从实现。是责任,把我们与社会紧紧地联系在一起,让我们更好地实现人生的价值。

4. 升华段:联系现实,预测发展

但缺乏责任感的事件还时有发生……这些人唯利是图,为了一己的私利,罔顾他人的生死,造成了极为恶劣的社会影响。试问这样的人,他们的人生有何价值?

5. 结尾段:总结全文

生活中我们拥有的或许很微小,但是我们应有"位卑未敢忘忧国"的想法,努力培养自己的责任感,时刻想到他人、想到社会,以自己微小的、仅有的力量去实现人生价值的最大化!

七、布置作业

附:学生优秀习作

责　任

交大附中嘉定分校　韩疏桐

我们个人的存在,我们的命运总与他人与社会紧密相连、息息相关。造物者赐予我们生命、财富、智慧,是要我们怀有一颗奉献的心,去关心他人,去回报社会。如果我们不以奉献自己、回报社会为己任,那我们的人生价值从何体现?("阐理段"承接观点作进一步的阐释,初步揭示事物内在的因果关系,简括论证思路)

生命诚可贵,可却有无数鲜活的生命因一丝压力和苦恼而被无情放弃。大自然赋予我们生存的权利,绝不是叫我们去轻生,相反,它是要我们用生命使一切变得神奇、美好。一度痛苦绝望如桑兰,遭受着苦难折磨,但她总是以那灿烂的笑靥向世人诠释生命的含义,鼓舞着一切人积极生活。这便是对他人、对社会的责任感,而她的微笑,便是对社会的最好回报和奉献,她的人生也因她对这份责任的承担而有了不同寻常的价值。

造物者不仅给我们宝贵的生命,也送我们丰硕的财富。作为一名富翁,霍英东总是记住一句话:"人一生一定要做有意义的事。有钱,就是给他一个机会,能对国家作自己的贡献。"他聚财有道,散财也有道,真正做到了"共富"。他以国家的兴旺发达为己任,用自己手中的财富为国家昌盛作贡献。这颗赤子之心,这种对国家强烈的责任感,使他倍受他人、社会敬重,也将会使他的名字流芳百世。他的人生更是有价值的。

人类的高贵之处在于其思想和智慧。社会的发展,需要我们的智慧为它出谋划策。作为学生,我们的责任不是只在于学好知识,更不是终日沉溺于嬉戏享乐而虚度光阴。我们学习科学知识不仅为了自己的生活,更应该时刻怀有"为中华崛起而读书"的责任心,这才是智慧的存在价值,也是我们实现人生价值的最好途径。("材料段"中的分论点是支撑中心论点的若干理由,体现事物内在的因果关系;议论部分要揭示事物内在的因果关系)

在其位谋其职。我们每个人都拥有自己特有的才能,不管是生命、财富,还是智慧,都要我们善于利用它们去回报他人、回馈社会,以实现自己的人生价值。(展开部分小结,结构完整)

但令人心痛的是,缺乏责任感的事件还时有发生。前有"毒奶粉",近有"照片门"……这些人唯利是图,为了个人利益不顾他人生死和社会影响,这种缺乏责任感的行为最终会受到社会的抨击,受到社会鄙弃,受到应有的法律制裁。这样的人,他的人生有何价值?("升华段"揭示观点的现实意义,预测未来的后果,使观点具有启发作用)

生活中我们拥有的或许很微小,但是我们应有"位卑未敢忘忧国"的想法,努力培养自己的责任感,时刻想到他人,想到社会,以自己微小的、仅有的力量去实现人生价值的最大化!

❋ 使用建议

可以结合当今社会责任感缺失的现象引发学生的讨论,让学生结合自己的认知,在激浊扬清中,就当代学生应该承担的社会责任形成共识。

✿ **教学反思**

　　责任感、有担当理应成为现代公民的一种精神追求,这种精神追求的背后到底是什么驱动的呢? 很多学生在谈到责任二字时空泛说理,并没有认真思考公民的这种责任感的精神动力是什么,也没有思考责任感的培养应具有哪些要素。设计这堂作文课,其用意便在于引导学生思考上述这些问题。

范雅君

3　哲　学　灵　性
——追求精神觉解

✿ **教学目标**

　　学会用辩证思维的眼光去看待自我和世界,在返求于己的过程中追寻生命的觉解。

✿ **教学重点**

　　通过对自我心灵的叩问反观自我在社会中的定位,进而提升自我人格境界。

✿ **教学难点**

　　总结提炼思维路径,引导学生树立辩证思维的意识。

✿ **教学设想**

　　中国哲学既入世又出世,追求一种内圣外王之道,这是中国古代伦理思想中的理想人格。意为内修圣人之德,外施王者之政或外务社会事功。这种理想人格,成为中国历代士人与知识分子追求的理想目标。也就是说,知识和德性在个体身上是统一而不可分的。个体的哲学需要他生活于其中,以身载道。个体要做的事就是修养自己,连续地、一贯地保持无私无我的纯粹经验,使个体能够与宇宙合一。显然这个修养过程不能中断,因为一中断就意味着自我复萌,丧失他的宇宙。因此在认识上个体永远摸索着,在实践上个体永远行动着,或尝试着行动。《赤壁赋》中苏轼"变与不变"的叩问何尝不是一种哲学灵性的闪现? 他最后的恬然自适和放逸旷达的人生态度何尝不是在自然中获得了一种精神上的觉解? 这个作文训练的主题就是要引导学生从哲学思维的角度去思考自我和社会、自然之间的关系,从而追求精神上的觉解。

533

✳ **教学过程**

一、导语

据说,德尔菲神庙的墙上有一些铭文,其中一条是:"认识你自己。"可见,人只有认识了自己才不会盲目,才可能求助于灵魂内的原则去发现事物的真理,就像通过水面去看太阳就不会刺伤眼睛一样。从苏格拉底开始,才把哲学从研究自然转向研究自我,即后来人们所常说的,将哲学从天上拉回到人间,即人不再仅仅是自然的一部分,而是和自然不同的另一种独特的实体。事实上,连苏格拉底都说"我只知道我一无所知",可见,认识自我是非常困难的一件事,认识自我的什么,该如何认识自我,将是我们着重思考的问题。

二、课文链接:《兰亭集序》(王羲之)

作者由美景引发出乐与忧、生与死的感慨。他认为人生的快乐是有极限的,待快乐得到满足时,就会感觉兴味索然。往事转眼间便成为历史,人到了生命的尽头就会死亡。作者批判了"一死生,齐彭殇"的虚妄,表达了珍惜时间、眷恋生活、热爱文明的理性思考。作者认识到盛衰、生死是必然的,从而表达了人生无常、时不我待的积极生活态度。

思维路径:

乐:美丽山水、尽情欢娱。

痛:老之将至,时过境迁。

悟:生命最终归于结束。所以生就是生,活着能享受乐趣。暗含有生之年应当做些实事,不宜空谈玄理之意。

三、问题呈现:"坚硬与柔软"

根据以下材料,自选角度,自拟题目,写一篇不少于800字的文章(不要写成诗歌)。

人的心中总有一些坚硬的东西,也有一些柔软的东西,如何对待它们,将关系到能否造就和谐的自我。

"对待"是什么意思? 既指态度又指处理策略。

讨论的命题就是：面对或处理它们与造就和谐的自我。

"坚硬和柔软的东西"又是什么？能找一个替代物吗？比如钢铁？棉花？

不行，因为它是一种复杂情绪。说不定两者并存，或者你中有我，我中有你，甚至你认为是坚硬的我认为是柔软，反之亦然。

什么是"和谐"？可以指心境的恬然、自足，也可以指"自我"与社会、自然的和谐。

写作中的问题：

1. 大部分同学将坚硬的东西指为准则，将柔软的东西指为情感；当然也有例外，比如一位同学说坚硬的东西是人性中冰冷、无情的东西；一位同学将坚硬的东西说成是理想（梦想），柔软的东西是家；还有一位同学这样表述：第一颗不能柔软的心是"对待自己的要求"，第二颗不能柔软的心叫做"毅力"，而柔软呢，第一颗柔软的心是"宽容"，第二颗柔软的心是"爱心"（善心），还有一些心是可硬可软的。

2. 有一个同学将坚硬的东西理解成社会的法律，法律成为人们心中的原则，是坚硬的。倘若只有原则，那么这个世界就过于冷漠了，因而社会还需要有温暖的人情。

另外两个同学将坚硬与柔软分散到不同的人身上。

能体现一个同学的思维深度的：

示例一：如果准则是坚硬的东西，是不变的，那么它从哪来？请看这段文字：一个人的价值观决定了他看待世界的方式，他是否重义，是否势利，便从他的底线中体现出来。硬，要求人正直、坚守；软，则需要包容、温厚，需要有兼容并包的胸怀。

示例二：坚硬是信念，柔软是爱，为什么要成就和谐的自我？请看同学的分析论证：现如今总强调和谐，社会的和谐，国际关系的和谐，乃至于身体营养的和谐。中国文化要求人们达到如太极八卦图般的交融，成就一个人自我的和谐。

怎样才能写出坚硬与柔软的关系以及其与"和谐的自我"的关系？以下的文字表述可以吗？

示例一：坚硬的东西也好，柔软的东西也好，辩证地对待他们才能达到更好的和谐。在需要我们理性的时候我们不能优柔寡断，摇摆不定，而应做出更合理的决定。在我们需要感性的时候我们要重视身边的感情，无视亲情、友情等会让我们变得冷漠。所以,坚硬的东西与柔软的东西共同作用,达到合适的平衡,才能造就更和谐的自我。

示例二:在面对不同状况时,坚硬和柔软孰强孰弱应有不同。该坚硬时决不柔软,特别是在原则性甚至法律严肃规定的问题上,就必须保持绝对的坚决,对恶人的宽容和同情有时候往往会造成另一场悲剧。而在面对需帮助之人时,我们应让柔软的一面来主导我们的行为,哪怕那个人无恩于你或不感激于你,帮助过便无怨无悔。在坚硬和柔软之间自由转化才是我们所应真正学习的。

下列素材表述不好:

示例一:有些人过于柔软,不仅同情弱小,还同情敌人,却将此误认为是德义。鸿门宴上,范增几次三番地让项羽杀了刘邦,项羽最终却没有动手,这不是有情义,这是妇人之仁,也正是因为项羽始终放不下自己的柔软,让自己的失败成了定局,成了千古之恨。

示例二:大禹治水,三过家门而不入,正是因为他心怀他人的安危,这坚硬和柔软在他的身上得到了最完美、最和谐的体现,也造就了一个和谐的自我。

四、提炼方法

学会一分为二的辩证思维方法。世界上没有绝对的黑与白,在黑与白之间还存在着灰色地带,人性也是如此,反观自我心灵的时候可以从以下角度思考:

1. 相互联系:柔软带来温暖,坚硬让人理智。反过来,坚硬可以让盲目的柔软更多一些成熟,而柔软也可以让自私的坚硬更多一些人文关怀。这些都是相互联系的。

2. 相互矛盾:理解、温暖、聪慧、坚强与误解、冰寒、木讷、脆弱分别是相互矛盾关系。疾风知劲草,烈火见真金。事物在相互矛盾关系中表现出深刻的本质,真实的气息,感人的魅力,富有现实针对性。

3. 变化关系:温暖让人变得更善良,坚硬让社会发展更良性。人内心中看似矛盾的情节都会有变化的时候,把握好这种变化并驾驭发展方向,可以让人更优秀。

这三种关系关联紧密,应该全面体现在作文每一个段落和语句中,作文根据这些在选择取舍中重点突出,强调展开。

五、师生修改升格文

1. 修改升格文

原稿：人是万物之灵，也是一种有血有肉的社会性动物。科学家钱学森回国后工作条件艰苦，面对一杯冲好的热奶粉，他笑着把它递给了小辈，让年轻工作者深受感动和鼓舞。我想，这样的小细节只是时间长河中的一瞬，但却满含了关爱、理解的人情。它能温暖每一个人，甚至是整个社会。

修改：科学家钱学森不顾周围人的阻挠，毅然回国，坚守了自己心中的道义，是他的理性；而回国后他满腔热情，倾注心力建设一穷二白的国家，则是他心中秉持的对祖国的深沉的挚爱之情，是他的感性。面对义与利，钱学森为我们作出了最好的回答，而他的坚守道义正是根植于内心中柔软的情怀，是他人性深处的向善向美之花。

2. 其他修改成功的总结

以下修改文稿来自于交大附中嘉定分校学生。

（1）修改之后对坚硬与柔软辩证关系议论精当的学生

• 坚韧，是涵盖了人内心坚硬与柔软的一种和谐。它意味着坚强，难以动摇，但一个"韧"字，也意味着面对困难时可以四两拨千斤，以柔克刚。坚韧意味着一个人有自己的坚守，不是一堆扶不上墙的烂泥，也同样代表着一个人明白木强则折的智慧。坚韧是内心中坚硬与柔软的和谐统一，也造就了一个和谐的自我。

• 用坚硬来支撑自己，用柔软来温暖自己。

• 坚硬筑起我们的骨架，柔软填充我们的血肉，才造就一个活生生的人。

（2）对素材分析说理较好的学生

• 冰心笔下的文字柔软而细腻动人，处处透出能够抚慰人心的力量，但那文字又是新文化运动及五四革命最锋利的武器。

• 庄子屡次拒绝楚王的礼物，曳尾于涂中，他的看似不近人情的坚硬外壳，却守护着一个无拘无束的自由灵魂，造就了随性性格与真纯自然融合的和谐伟大。

• 张翰秋风起而思故乡莼菜鲈鱼之美，这游子之思是每个背井离乡的人心中永远的感怀。故乡是柔软的温床。所以陶渊明"乃瞻衡宇，载欣载奔"，李白"举头望明月,低头思故乡"。不论他们平日如何用坚硬反抗权贵,意气驰骋,这一刻也是柔软的。或许正是柔软与坚硬的融合,使他们的人生熠熠生辉。

　　• 纵然陶潜对世间污浊如此深恶痛绝,他仍能在山野间觅得人生之和谐。纵使朱自清爱国气节刚烈,他心中也还是有一片幽静的荷塘。

　　(3) 文意有递进(逻辑推进)的学生

　　风云动荡那几十年出了无数惊才绝艳的才子佳人,而我唯独欣赏推崇金岳霖。为了完成《知识论》,他于废墟中掘地三尺寻稿,执着不息,而他也能为内心所学守候一生,书生柔情只为那一隅。正是他的执着与痴情成就了那一个独一无二的金岳霖。他有为学术研究穿梭于艰险的毅力,更有那份细嗅蔷薇的百转柔肠。

　　再看看中国古时候那些大将们的历史,总会看到一种"自古忠义难两全"的挣扎。之所以会有这样的挣扎,便是因为人内心中除了坚硬,也有柔软的地方。原则、理性铸成了坚硬的外壳,而这其中包裹的,是世间各种难以砍断的感情羁绊。两者对立,总有冲突的时刻,人就陷入进退两难的境地,所以做到平衡两者,造就和谐的自我便尤其重要。

　　京剧大师梅兰芳旦角顾盼生辉,秋波媚骨,将柔软娇弱演绎至极致,但这不说明他内心也全是柔弱无骨的,面对日军时他不惜蓄须撕画,这份铮铮铁骨坚不可摧。梅大师的柔骨中透出的是挺立不屈的民族之魂。他不仅仅是把柔美在舞台上尽情挥洒,更是将坚硬藏于内心最深处始终坚守不忘。

❋ 使用建议

　　教师要充分了解学生的心灵世界,思考他们的人生观以及生命态度,进而在日常文本阅读中展开这方面的系统阅读和专题学习,以读促写,通过间接经验的丰富指导写作。

❋ 教学反思

　　追求自我精神觉解是一种人格的升华,是自我境界的提升,这种理想人格的构建在写作过程中如何运用哲学思辨意识去展开分析,是一个难题。这种精神上的分析不仅仅要有一种哲学思考,还蕴含着个人的生命态度以及生活阅历等,而这些仅仅靠几节作文课是没有办法完成的,需要持之以恒的训练方能达成。

范雅君

图书在版编目（CIP）数据

让写作和心灵一起枝繁叶茂：中学生"写作成长"教学设计系列集 / 孟琰玲主编. -- 上海：上海教育出版社, 2018.7

ISBN 978-7-5444-8126-7

Ⅰ. ①让… Ⅱ. ①孟… Ⅲ. ①作文课—教学设计—中学 Ⅳ. ① G633.342

中国版本图书馆CIP数据核字(2018)第142841号

责任编辑　严　岷　林　翘
封面设计　王　捷

让写作和心灵一起枝繁叶茂
——中学生"写作成长"教学设计系列集
孟琰玲　主编

出版发行　上海教育出版社有限公司
官　　网　www.seph.com.cn
地　　址　上海市永福路123号
邮　　编　200031
印　　刷　上海颛辉印刷厂
开　　本　700×1000　1/16　印张 35.25
字　　数　559 千字
版　　次　2018年7月第1版
印　　次　2018年7月第1次印刷
书　　号　ISBN 978-7-5444-8126-7/G·6721
定　　价　69.00 元

如发现质量问题，读者可向本社调换　电话：021-64377165